U0851400

"十四五"高等职业教育公共课程新形态一体化系列教材

# 大学生心理健康教育

王淑桢◎主　编

苗婷婷　郭　姝　吴梦思　王　琳◎副主编

中国铁道出版社有限公司
CHINA RAILWAY PUBLISHING HOUSE CO., LTD.

## 内 容 简 介

本书根据任务型教学方式编写，结合当前大学生的心理健康状况，对大学生在认知、情绪、意志、行为等心理过程和人格、能力等个性心理中表现出来的发展特点，以及在学习、生活、人际、恋爱、情绪、职业生涯等多个实践中遇到的困惑进行了讲解。全书共分十四个项目，主要包括心理健康导论、心理适应、自我意识、情绪管理、压力管理、人格发展、常见心理障碍及防治、心理咨询、调适学习问题、学会交往、恋爱心理、大学生网络心理、职业生涯规划、生命教育等。

本书既适合作为高等职业院校各专业学生心理健康教育课程的教材，也适合作为从事心理咨询工作人员的参考书，还可供高校辅导员、班主任和家长使用。

**图书在版编目（CIP）数据**

大学生心理健康教育 / 王淑桢主编. -- 北京 : 中国铁道出版社有限公司, 2024. 10 (2025. 6 重印) . -- (“十四五”高等职业教育公共课程新形态一体化系列教材). -- ISBN 978-7-113-31540-5

Ⅰ. G444

中国国家版本馆CIP数据核字第2024NU9336号

**书　　名：大学生心理健康教育**
**作　　者：**王淑桢

---

**策　　划：**潘星泉　　　　**编辑部电话：**（010）51873090
**责任编辑：**潘星泉
**封面设计：**刘　颖
**责任校对：**刘　畅
**责任印制：**赵星辰

---

**出版发行：**中国铁道出版社有限公司（100054，北京市西城区右安门西街 8 号）
**网　　址：**https://www.tdpress.com/51eds
**印　　刷：**天津嘉恒印务有限公司
**版　　次：**2024 年 10 月第 1 版　2025 年 6 月第 2 次印刷
**开　　本：**787 mm×1 092 mm　1/16　**印张：**19　**字数：**467 千
**书　　号：**ISBN 978-7-113-31540-5
**定　　价：**59.00 元

---

# 前言

高校心理健康教育是促进大学生身心健康和谐发展的教育，是高校人才培养体系的重要组成部分、思想政治工作的重要内容、立德树人的重要环节。2023年，教育部等十七部门联合印发的《全面加强和改进新时代学生心理健康工作专项行动计划（2023—2025年）》指出，高校要把心理健康教育与德智体美劳“五育”教育深入融合，全面融入学生成长服务之中。

目前，高职院校普遍开设了大学生心理健康教育课程，目的是让大学生学会调适自己，打造健康心理，塑造健康人格，从而在学校期间能够快乐地学习、健康地成长，未来进入社会后积极地实现自我，拥有健康幸福的美好人生。为了更好地发挥课程教育的实效，编者结合教学工作实际，编写了本书。

本书以学生为主体，以项目为引领，以任务为驱动，共设有十四个项目：项目一通过了解心理学基本常识，旨在了解大学生心理健康现状，分析大学生心理健康的影响因素；项目二列举了大学生常见的心理问题，帮助大学生打开久闭的心灵门扉；项目三通过认识自我，探索大学生自我接纳与成长的路径；项目四教会大学生调适不良情绪，学会做好情绪管理；项目五帮助大学生掌握压力管理与挫折管理的方法；项目六帮助大学生学会健全人格的塑造方法；项目七帮助大学生掌握常见心理障碍的类型及表现，熟悉大学生常见心理障碍的防治方法；项目八帮助大学生正确认识心理咨询，了解心理咨询技术；项目九分析大学生常见的学习困扰，为自主快乐学习提供指导；项目十重点解读大学生人际关系问题，树立人际交往的信心；项目十一让大学生了解爱情，学会正确处理恋爱中的困扰，树立正确恋爱观；项目十二让大学生正确认识网络，学会远离网络困扰；项目十三帮助大学生制定和调整职业生涯；项目十四让大学生了解生命的意义，认识心理危机并掌握应对心理危机的基本方法。

本书侧重于心理健康活动、知识拓展、心理训练、心理测试等内容，形式丰富，互动性强。在教材体例方面，设置“故事导入”“心灵能量包”“知识窗”“心灵俱乐部”“自助测试”等版块，还有拓展延伸——“心灵影院”“有氧书吧”供学习参考。本书具有以下特点：

### 1. 科学性强

本书注重心理健康理论知识的讲解，专辟“知识窗”版块，深入浅出地介绍了心理健康的知识和理论，形成科学的理论体系。

### 2. 针对性强

针对大学生常见的心理问题，用“故事导入”走进任务，故事基本取材于学生中的真实案例，侧重于对大学生的实际指导作用；“自助测试”版块则提供了大量有针对性的实操训练。

### 3. 趣味性强

结合心理健康知识选取了生动形象的案例，有助于学生在自主阅读时轻松愉快地领会、接受心理健康知识。

### 4. 启迪性强

本书深入浅出，结合大学生实际设计心理素质训练，在“心灵能量包”“润物无声”“心灵俱乐部”等版块选用了大量名人名言、哲理短文和心理科普短文，能够拓宽大学生心理健康视野，对大学生进行较好的思想启迪。

本书由多年从事心理健康教育教学、管理和服务的教师编写，在借鉴以往优秀教材成果的基础上，秉承增强大学生心理健康意识、促进大学生自我成长的理念，从知识普及入手，既关注心理知识的通识教育，也着眼情感态度和行为习惯养成；既关注与大学生学习生活休戚相关的各个成长环节，也规划和展望完整人生；既着眼问题解决，着力心理健康素质培养，又贴近大学生具体生活实际和发展需要。

本书由黑龙江农业工程职业学院教师团队负责编写，由王淑桢担任主编，主要负责体例架构、版块设计和书稿审核修改工作；由苗婷婷、郭姝、吴梦思、王琳担任副主编，苗婷婷负责统稿和校稿工作，吴梦思负责思维导图设计。各项目编写分工如下：项目一由李双双、郭姝编写；项目二由权宏编写；项目三由东杰夫编写；项目四由徐丽编写；项目五由王淑桢、田海泉编写；项目六由郭萌萌、姜旭编写；项目七由苗婷婷、张帅编写；项目八由吴梦思编写；项目九由蔺彩娜编写；项目十由李可编写；项目十一由杨萱编写；项目十二由王琳编写；项目十三由李玥、姜春兰编写；项目十四由王淑桢、赵颖慧编写。

在本书编写过程中，编者参阅和借鉴了同类教材和中外专家的大量文献资料，在此一并向其作者表示感谢。

由于编者水平有限，加之编写时间仓促，书中难免会有疏漏之处，恳请专家、同行及读者批评指正。

编　者

2024 年 7 月

# 目录

# 项目一

# 走进心理学的世界
## ——心理健康导论

## 学习目标

- 学习目标
  - 知识目标
    - 掌握心理学的基本概念、理论和方法
    - 识别和了解影响大学生心理健康的内外因素
    - 理解心理健康教育的重要性、目标和实施方法
  - 能力目标
    - 能够识别和评估大学生心理健康问题及其原因
    - 能够进行心理健康风险评估和应对策略制定
    - 设计和实施有效的心理健康教育计划，评估其效果并进行调整
  - 素质目标
    - 增强对心理健康重要性的认识，培养自我保健能力
    - 积极参与心理健康的推广和教育工作，展现社会责任感
    - 培养全面的心理素质，包括自我认知、情绪管理、压力调适等

## 故事导入

### 向左还是向右

赵芳芳（化名）升入大学刚一个月，就有了不少的烦恼，最大的烦恼在于她不能很好地融入宿舍生活。她喜欢读书，喜欢打排球，也想加入很多社团，培养兴趣爱好。在新生破冰活动中，赵芳芳认识了学生会的学姐，她觉得学姐很有魅力，并且认为加入学生会一方面可以锻炼自己的能力，另一方面也能认识更多的人，让自己的大学生活更充实。但是宿舍室友似乎并不这样想，她们觉得终于进入大学了，就应该享受大学生活，于是每天除了上课就是睡觉、逛街。赵芳芳担心被孤立，想和室友保持一致，但是又想遵从自己的内心，做自己想做的事。现在，她陷入一种“左右为难”的困境。

## 心灵能量包

一个人的身体，决不是个人的，要把它看作是社会的宝贵财富，凡是有志为社会出力、为国家成大事的青年，一定要十分珍视自己的身体健康。

——徐特立

非淡泊无以明志，非宁静无以致远。

——诸葛亮

# 任务一　了解大学生心理健康现状

大学阶段为青年人提高自身素质、走向成熟提供了新的发展契机。同时，它也是人生的一次重大转折。在这一过程中，个体可能会遇到很多困难，承受比较大的压力，并且伴随着焦虑、抑郁等负面的情绪反应。由于人的心理和生理是密切相关、互为影响的，心理不健康不仅会导致身体疾患，也会影响人的生活质量，因此要提高大学生的整体素质，就必须关注大学生的心理健康。

## 一、走进心理学

要了解积极心理学，首先需要从科学的角度认识什么是心理学。

### （一）心理学的概念：一门关于人的学问

心理学是关于个体的行为及精神过程的科学研究。毫不夸张地说，有人的地方就有心理学。无论是个体，还是个体组成的社会群体，以及一个国家、一个民族，都有心理学因素的存在。

### （二）心理学的目标

首先，心理学的目标是能通过对行为进行精确的观察，描述事情的原貌，解释已经发生的事情，即通过一个潜在的原因解释多种行为。例如，你的室友不会主动参与课堂发言或课外活动，即使他很想参与并提前做好了充足的准备。我们可以合理猜测，他是因为性格害羞而无法做出社会期望的行为。其次，心理学还能预测将要发生的事情，即对某一特定行为将要发生的可能性和某一特定关系将被发现的可能性的陈述。例如，我们可以很有信心地预测，害羞的室友在和陌生人交谈时一定会感觉不舒服。最后，心理学能够提供帮助人们改进生活质量的途径。例如，心理学可以提供一些干预手段或技术，让害羞的室友学会逐渐化解交往困扰，从而拥有更好的人际关系。

### （三）心理健康的含义

现代科技的飞速发展与社会文化的迅猛变革，使生活在现代社会的人普遍面临着激烈的竞争；快速的生活节奏、前所未有的巨大心理压力使人不堪重负，对人们的健康产生了重大影响。人们逐渐认识到心理、社会因素在健康与疾病及其相互转化中有不容忽视的重要作用，进而逐步确立了身心统一的健康观，并从更全面的角度诠释了健康概念。

人类对健康概念的认识是随着社会发展以及人类自身认识的深化而不断丰富的。在生产力低下的时期，人类只关注如何适应和征服自然，维护自身的生存。随着生产力水平的提高，人类开始关心身体健康，防病、治病的医学科学应运而生。数百年来，生物医学的巨大成就为人类的健康作出了卓越贡献，这种成就使人们对健康的认识局限于过分关注躯体的生物学变化，而忽视了人的心理活动及社会存在对健康的影响。长期以来，很多人认为“无病即健康”，显然这种认识尚局限在生物医学的范畴，健康也仅指身体的健康。

随着社会的发展和科学技术的不断进步，人类对自身健康与疾病的认识也在不断深入。从世界卫生组织 1989 年对健康的表述来看，人的健康包括身体健康、心理健康、社会适应良好和道德健康四个部分，缺一不可，心理健康是健康的重要组成部分。世界卫生组织将健康表述为：“一个人只有在身体、心理、社会适应和道德四个方面都健康，才算是完全健康的人。”革命的本钱不仅包括强健的体魄，而且包括健康的心理。没有疾病仅是健康的最低要求，健康的目标是追求一种更积极的状态及更高层次的适应和发展。

### 知识窗

#### 心　理　学

心理学是一门古老又年轻的科学，以现代心理学的观点来看，心理学起源于西方哲学。西方哲学则发展自两千多年前的古希腊。到 19 世纪末，生物科学的发展让心理学脱离了哲学，并逐渐发展成一门独立的科学。心理学开始被界定为科学的范畴。

心理学的英文“psychology”，由古希腊的“psyche”与“logos”两个词演变而来，意思分别为“灵魂”“讲述”，连在一起称为“心理阐述心灵”。1502 年，塞尔维亚人马如立克首次用这个词发表讲述大众心理的文章，这是有记载的心理学这一术语的最早出处。

2001 年，世界卫生组织对心理健康的定义为：“心理健康不仅仅是指没有患上心理疾病，更可视为一种幸福状态，在这种状态中，每个人认识到自己的潜力，可应付正常的生活压力、有效地从事工作并能够对社会做出贡献。”还有的学者将心理健康定义为“人在成长和发展过程中，认知合理、情绪稳定、行为适当、人际和谐、适应变化的一种完好状态”。

### 成长时刻

近年来，党中央、国务院高度重视学生心理健康工作，作出一系列重要指示、批示。习近平总书记高度重视心理健康教育工作，强调要“培育理性平和的健康心态，加强人文关怀和心理疏导”。心理健康教育课程是高校普及心理健康知识、提升学生心理素养的主渠道，是全面发挥育人作用所必须回答的教育命题。

## 二、了解大学生心理健康的标准

当大学生活的画卷铺开时，你是否发现在寻寻觅觅的尽头，并不都是以往“那人却在灯火阑珊处”的喜悦。“众里寻他千百度”，却是“犹抱琵琶半遮面”。在痛苦的反思之后，有的人开始调整目标，调适心态，积极面对新生活；有的人则灰心丧气，觉得前途阴云密布，以消极的心理和行为去应付生活。积极面对生活的人，为了梦想，会珍惜时光，一点一滴地积累，让大学生活变得更加充实、丰富、有节奏;消极的人则会生活在徘徊、迷茫、抱怨之中，最后可能一事无成。因此，在大学阶段，把握心理健康标准，掌握促进心理健康的方法与途径，树立良好的心理健康观，关系着每一位学子的成长。

## 心灵互动营

### 心灵探秘：猜一猜?

**互动目标：**

通过互动游戏的形式，在轻松愉快的氛围中学习心理学知识，增进对心理学基本概念的理解；培养团队合作能力和沟通技巧，促进同学之间的交流与合作；激发对心理学的兴趣，鼓励学生在课后继续探讨心理学术语，并尝试将这些概念应用到自己的日常生活中。

**所需材料：**

心理学相关词汇卡片（每张卡片上写有一个心理学术语或概念）；计时器；记分板或白板。

**互动步骤：**

分组：将班级学生分成若干小组，每组 4 ～ 6 人。

准备卡片：准备一系列心理学术语卡片及其他学科专业术语卡片，如“认知失调”“潜意识”“条件反射”“自我实现”“人工智能”等。

解释规则：每组选出一名成员抽取一张卡片，首先辨别出哪些是心理学术语卡片，如果成员认为词语是心理学术语，然后向组内成员解释卡片上的术语，但不能直接说出术语的名称。

猜测术语：组内其他成员根据解释猜测术语名称。每猜对一个术语，该组获得相应分数。

轮流进行：每组轮流进行，每轮抽取一张新卡片。

计时挑战：每组限定时间（例如，1 分钟）来完成解释和猜测，增加互动的紧迫感。

互动讨论：每轮结束后，让各组分享他们对术语的理解，教师可以提供更深入的解释或补充信息。

总结反馈：活动结束后，教师总结学生的表现，强调心理学术语的重要性，并鼓励学生在日常生活中应用这些概念。

### （一）心理状态的划分

心理状态大体上可分为心理正常和心理异常，如图 1-1 所示。

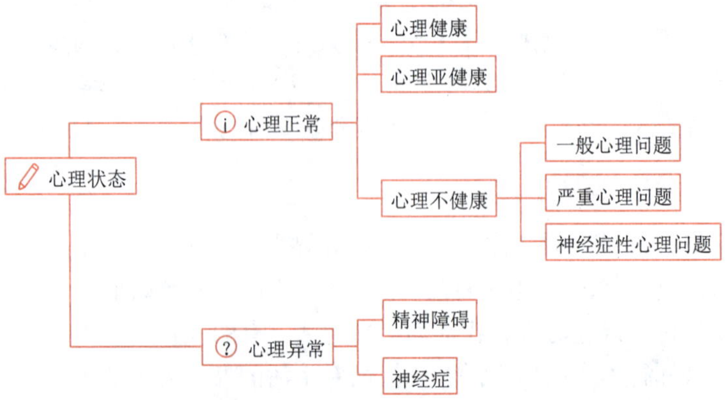


图 1-1　心理状态的划分

知识窗

### 心理亚健康

处于心理亚健康状态的人虽然各项体检指标均正常，也无法证明患有某种器质性疾病，但与健康人相比生活质量差、工作效率低、极易疲劳，大多数人常有食欲不振、睡眠不佳、腰酸腿痛、疲劳乏力等不适症状。从心理健康的角度来看，心理亚健康者虽然没有明显的精神疾病和心理障碍，但会表现出情绪低落、反应迟缓、失眠多梦、白天困倦、注意力不集中、记忆力减退、烦躁、焦虑等。

## （二）心理健康的标准

人体的身高、体温可以用尺子、温度计准确测量，心理健康水平的测量就困难多了。但是人的心理健康也是有标准的，测量时要考虑不同的年龄阶段、不同的群体，一般可以根据心理测验、观察和个人主观体验等方式进行综合分析，做出较明确可靠的判断。

知识窗

### 关于心理健康标准的学界观点

1. 马斯洛和密特尔曼提出的心理健康十条标准

关于心理健康的标准，著名心理学家马斯洛曾在他与别人合著的《变态心理学》一书中列举了心理健康者的十条标准。

（1）有充分的安全感。（2）对自己有较充分的了解，并能恰当地评价自己的行为。（3）自己的生活理想和目标能切合实际。（4）能与周围环境保持良好的接触。（5）能保持自我人格的完整与和谐。（6）具备从经验中学习的能力。（7）能保持适当和良好的人际关系。（8）能适度地表达和控制自己的情绪。（9）能在集体允许的前提下，有限地发挥自己的个性。（10）能在社会规范的范围内，适当地满足个人的基本要求。

2.《简明不列颠百科全书》中提出的心理健康标准

（1）认知过程正常，智力正常。（2）情绪稳定乐观，心情舒畅。（3）意志坚强，做事有目的性。（4）人格健全，性格、能力、价值观等均正常。（5）养成健康习惯，无不良行为。（6）精力充沛地适应社会，人际关系良好。

3. 我国学者黄坚厚的观点

我国学者黄坚厚在其著作中强调：“心理健康的人应有朋友，而且乐于和别人交往；对自己有适当的了解，而且颇能喜欢自己；能和环境有良好的接触，并能运用有效的方法解决他所遇到的问题。”他提出了心理健康的十条标准：（1）能充分地了解自己，并对自己的能力作出恰当的判断估价。（2）生活目标切合实际，与社会生产发展水平和物质生活条件相适应 。（3）不脱离周围现实环境，与外界环境保持接触，能忍受生活中的挫折与打击。（4）能保持人格的完整与和谐，个人价值观能适应社会的标准。（5）具有一定的学习能力，善于从经验中学习。（6）能保持良好的人际关系，有爱与被爱的能力。（7）能适度表达发泄与控制自己的情绪，以求得心理上的平衡。（8）在符合集体要求，不违背集体利益的前提下，能有限度地发挥自己的个性。（9）在不违背社会道德规范的前提下，能恰当地使个人的基本需要应得到一定程度的满足。(10)有足够的安全感,包括生活中有自信心,对自我成就有价值感。

#### 1. 心理健康的五条标准

(1)明确的自我意识;

(2)良好的人际关系;

(3)能有效地工作、学习和生活;

(4)具有适应环境的能力;

(5)具有情绪自控的能力。

#### 2. 大学生心理健康的标准

我国学者马建青综合国内外专家学者的观点,根据大学生这一群体的年龄特征、心理特征和社会角色特征,提出了我国当代大学生心理健康的基本标准,概括为七条:

(1)智力正常;

(2)情绪健康;

(3)意志力强;

(4)人际关系协调;

(5)人格品质完整统一;

(6)社会适应能力良好;

(7)心理行为符合年龄特征。

### (三)正确理解大学生心理健康的标准

(1)心理健康的标准是相对的,而不是绝对的。这既是由于人的心理健康的表现形式是多样的,也是由于人的社会生活和人的遗传因素是多样的。另外,衡量人的心理状态,还应考虑社会背景和个体差异等方面。

(2)心理健康状态不是固定不变的,而是动态变化的。随着人的成长、经验的积累、环境的改变,心理健康状况也会有所改变。心理健康的标准应包括情绪、智能、人际关系和社会适应等方面的内容。

(3)心理健康是指一种持续的良好的状态。偶尔出现一些不健康的心理和行为,并不等于心理不健康,更不等于心理疾病。因此,不能只看到一时一事就简单地对人对己做出心理不健康的结论。

(4)心理健康与不健康是一种连续的状态。在许多情况下,异常心理与正常心理、变态心理与常态心理之间没有绝对的界限,只是程度的差异。心理完全健康和完全不健康的人都是极少数的,大多数人都处于中间区域。

# 任务二　明确大学生心理健康的影响因素

## 一、了解影响大学生心理健康的生物因素

现代神经科学认为,人类所有的心理活动均由大脑调控,人们的记忆、喜怒哀乐、一言一行、所思所感等,都是大脑活动的产物。正常的大脑功能产生正常的心理活动,而异

常的大脑功能与结构可能导致异常的心理活动和行为表现。大脑与心理密不可分，大脑是心理活动的生理基础。心理活动的生理基础有一定的物质证据，这让人们开始了解脑的病理机制与行为之间的关联，下面介绍一下有关大脑的基础知识。

## （一）大脑的结构和功能

如果在横截面上观察脑半球，中心看起来更亮的部分被称为白质；覆盖白质且较暗的部分被称为灰质，又称皮质。大脑的结构和功能，如图 1-2 所示。

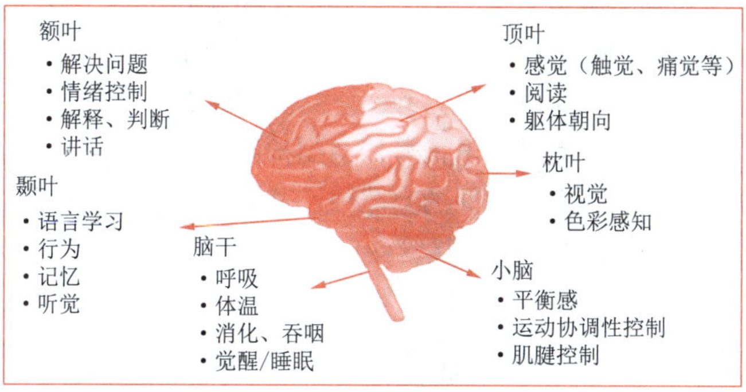


图 1-2　大脑的结构和功能图

### 1. 大脑皮质

大脑皮质是大脑最发达的部分，是个人特质的决定性部分。大脑皮质主要包括额叶、枕叶、颞叶、顶叶共四部分。

额叶包含前额叶皮层、书写中枢、运动前区等，主要负责高级认知，功能主要体现在决定性格特征、问题解决、社会行为和行为的抑制等方面。

枕叶是主要的视觉皮层，负责一切有关视觉的感知。

颞叶是主要的听觉皮层，负责处理来自触觉、听觉、嗅觉等的大量感觉信息。

顶叶主要负责空间导航，以及整合来自触觉、听觉、嗅觉和味觉等的大量感觉信息。

### 2. 边缘系统

边缘系统让人能够“嗅”到恐惧，是环绕脑半球内部的区域。边缘系统主要包括杏仁核、海马体、丘脑、下丘脑。

杏仁核负责情绪反应，比如感知危险、产生战或逃的反应。

海马体的主要功能是形成新的记忆。

丘脑是大脑的中继站，处于皮层和脑干中间的位置，它的功能是在皮层和脑干之间传递信息。

下丘脑的主要功能是调节体温、控制食物和水的摄入量、接收来自全身的激素信号。

### 3. 小脑

小脑是保持平衡与协调的关键，其主要功能是监控和调节运动行为，负责动作的协调。

### 4. 脑干

脑干是通往外部世界的桥梁。脑干接收所有来自身体的感觉信息输入，以及来自大脑皮层的运动信息输出。

### 5. 自主神经系统

自主神经系统是身体的“自动驾驶仪”，其主要负责那些不需要自主输入或有意识地思考就能发挥作用的功能，比如呼吸、心率、血压和消化。

### （二）大脑功能的基础：神经元

大脑的各个部分之间是靠什么来传递信号的呢？答案是神经元。神经元是中枢神经系统的基本信息处理结构，让人们能够接收来自外界的信息，同时根据大脑的“指令”来对外界做出反馈。神经元或神经细胞指的是单个的细胞，神经指的是由神经元构成的神经束。

神经之间如何交流呢？人体是靠电信号来维持身体运转的。人体的主要成分是水、脂肪、蛋白质等，神经和肌肉遍布全身，是电信号传递的主要路径。神经元几乎可以把所有的信号都转换为电信号。最常见的转换是从化学信号转换到电信号，但是神经元也能将光、声音、温度、压力等信号转化为电信号。神经之间的交流并非像电路一样直接将电信号从一个地方传递到下一个地方，而是当电信号传递到神经元的远端时，神经元将其转化为一种化学物质，扩散到它和相邻细胞之间的空隙中，这种化学物质被称为神经递质。如果神经网络的一部分被破坏了，其他部分将接管受损区域的功能。

### （三）大脑神经的可塑性

大脑神经的可塑性又称神经塑性或脑的可塑性，是指大脑在结构和功能上对经验做出响应的能力。这种能力使得大脑能够适应环境变化、学习新技能、形成新记忆，以及从损伤中恢复。

当你长期练习某一种行为时，大脑就可以让负责这个行为功能的脑区的神经连接生成和巩固。比如你每天坚持练习弹钢琴，你大脑中负责手指活动的脑区就会长出越来越多的神经连接，手指在大脑中的“地盘”会随之变得越来越大。又比如你每天学英语，你大脑中负责英语读写的区域就会越来越大。但是，如果你偶尔偷懒，几天没练钢琴，或者几天不学英语，则大脑中刚刚建立起来的“钢琴神经网络”或“英语神经网络”就会罢工，变得日渐虚弱，一些微弱的神经连接甚至会被修剪掉，几天后当你重拾钢琴和英语时，就会觉得生疏许多。总而言之，大脑的功能在人的一生中是可以改变的，而且能积极适应环境。

### （四）大学生大脑发育的特点

#### 1. 前额叶（额叶的重要组成部分）的成熟

前额叶是大脑中与高级认知功能（如规划、决策、抑制、控制）相关的区域。在大学时期，人们的前额叶仍在发育，这可能影响大学生的判断力和冲动控制。

#### 2. 认知能力的增强

大学生的注意力、记忆、逻辑推理和抽象思维能力通常有所增强。这有助于他们更有效地处理复杂信息和解决问题。

#### 3. 学习与记忆的优化

大学生的海马体（与记忆形成密切相关的大脑区域）可能更加活跃，有助于新知识的学习和长期记忆的巩固。

#### 4. 情绪调节的成熟

尽管情绪调节能力在青少年时期开始发展，但大学生可能仍在学习如何更有效地管理情绪波动和压力。

#### 5. 自我认知的发展

大学生在形成自我认同和理解自己的价值观、信念和目标方面可能会有显著进展。

6. 社会和文化认知

大学生在理解社会规范、文化差异和他人观点方面的能力可能会提高，这有助于他们更好地适应多元化的社会环境。

7. 风险行为的倾向

尽管认知能力在提升，但大学生可能仍会表现出一定程度的风险行为，这可能与大脑的奖励系统和冲动控制的不成熟有关。

8. 压力和应对策略

大学生可能会面临来自学业、人际关系和职业规划的压力。他们需要制定有效的应对策略，如时间管理、寻求支持和建立积极心态。

9. 创造力和思维的灵活性

大学生时期的大脑具有较高的创造力和思维灵活性，这有助于他们在学术和职业生涯中进行创新和适应变化。

10. 技术的影响

作为数字时代的原住民，当代大学生对技术的依赖可能影响他们的注意力、记忆力和社交技能。同时，技术也可能提供新的学习和交流方式。

11. 睡眠模式与健康

大学生的睡眠模式可能不规律，晚睡晚起可能影响他们的认知功能和情绪状态。良好的睡眠习惯对于大脑健康至关重要。

12. 神经递质的变化

大脑中的神经递质，如多巴胺和血清素，对情绪、动机和奖励感知有重要影响。大学时期这些神经递质的水平可能发生变化，影响大学生的行为和情绪。

**知识窗**

### 人类大脑的形状决定了其功能

有一项研究特别引人注目，它提出了一种新的视角，挑战了大脑研究领域中一个长期存在的范式。这项研究由澳大利亚莫纳什大学的研究团队负责，并发表在 *Nature* 杂志上，题为“Geometric constraints on human brain function”。

研究结果表明，大脑的整体形状对大脑功能的影响远远大于其复杂的神经元连接。这项研究推翻了强调复杂大脑连接重要性的百年范式，转而强调了大脑形状和大脑活动之间的关系。这些发现提高了直接从大脑形状预测其功能的可能性，为探索大脑如何影响个体行为差异以及精神和神经疾病风险开辟了新的途径。

## 二、分析影响大学生心理健康的心理因素

大学阶段是大学生不断自我成长、逐步走向成熟的阶段，这是大学生心理发展的总体特点。本书从以下几个方面来介绍影响大学生心理健康的心理因素。

### （一）两面性

心理的两面性是青春期的一般特征，大学生心理既有积极的一面，又有不成熟的一面。比如当代大学生有鲜明的个性、敢想敢干、敢于表达、勇于尝试新的事物、兴趣广泛，但

社会经验不足，对危险的事情缺乏判断力，有时会按自己的思路一直干到底，不撞南墙不回头。随着自我意识的发展、自我同一性的确立，大学生的心理在迅速走向成熟，并且表现出积极的一面。比如，他们情感丰富、精力充沛，勇往直前，善于思考、敢于创新等。

### （二）矛盾性

大学生的心理发展不平衡，容易引起矛盾冲突。例如：理想的我与现实的我的矛盾；独立与依赖的矛盾；交往需要与封闭孤独的矛盾；自尊自信与怯懦自卑的矛盾；强烈求知欲与识别力低的矛盾；情感与理智的矛盾；积极勇敢与消极退缩的矛盾；强烈的性欲望与正确处理异性关系的矛盾等。这些矛盾冲突虽然会使大学生感到焦虑苦恼、痛苦不安，但也促使他们设法解决矛盾、促进自我发展，使心理发展更加趋于成熟。

### （三）统一性

大学阶段是大学生逐步走向成熟和独立的阶段，无论内心有两种怎样不同的心理、它们之间有怎样激烈的矛盾冲突，大学生在某一时间、地点的外在表现总是尽量统一的。绝大多数大学生所做的都是消除矛盾冲突，使自己趋近社会评价高、体现个体成熟的一面。比如努力改善现实自我，让现实趋近理想；修正不切实际的过高标准，使理想趋近现实。

## 心灵互动营

### 心理案例：“张蕾的大学焦虑之旅”

案例描述：张蕾（化名），女，20 岁，大学二年级。本人主诉：最近感到非常焦虑，尤其是在考试和演讲前。她报告说，自己经常感到心跳加速、出汗、难以集中注意力，并且晚上难以入睡。

背景信息：张蕾是一名成绩优异的学生，来自一个高期望值的家庭。她对自己的学业和未来职业有很高的期望，但同时也承受着巨大的压力。张蕾在高中时期就有过轻微的焦虑症状，但进入大学后，由于学习压力和社交环境的变化，她的焦虑症状有所加剧。

临床表现：经常感到紧张和不安、睡眠障碍，包括入睡困难和频繁醒来，在考试和演讲前出现明显的生理反应，如心悸、出汗、难以集中注意力，经常感到疲劳，在社交活动中感到不自在。

诊断：根据张蕾的症状，可能的诊断是广泛性焦虑障碍（generalized anxiety disorder，GAD）。这是一种常见的焦虑障碍，特征是持续的、过度的担忧和焦虑。

成因分析：①生物学因素。可能存在遗传倾向，因为焦虑障碍在某些家族中更为常见。②心理因素。高成就动机和对失败的恐惧可能导致张蕾对自己的期望过高，从而产生焦虑。③社会环境因素。大学环境的竞争压力和社交要求可能加剧了她的焦虑感。

## 三、了解影响大学生心理健康的社会因素

### （一）社会因素

人的心理品质的形成是和特定的社会条件相适应的。当社会生活条件发生变化，人不能做出相应的调整而出现社会文化关系失调时，就有可能出现心理问题。社会经济结构的变革、多元文化价值观念的冲击、社会竞争的加剧，以及知识更新加快、成才周期缩短等

因素，都给大学生带来了巨大的心理压力。

### （二）家庭因素

家庭的影响主要包括家庭的情绪氛围、父母的教养态度、家庭结构及家庭经济状况四个方面。家庭的情绪氛围是良好心理素质形成的前提,家庭成员间的语言交流及人际氛围，直接影响着每个成员的心理，尤其是对个性逐渐成熟的大学生而言，更具有特别的意义。父母的教养态度和教育方法直接影响孩子的行为和心理，民主、平等、开明的教养态度与教育方法有利于子女心理的健康发展。家庭结构的变化也会对正在上学的大学生的心理产生一定影响，如单亲家庭、重组家庭等。家庭经济状况拮据，特别是需要勤工俭学的学生易产生心理不适感。可见，家庭环境对大学生心理健康的影响是深远而持久的。

### （三）学校因素

学校是大学生生活的场所，因而学校氛围对大学生心理健康的影响是直接而深刻的。

#### 1. 人际关系的复杂化

大学是集体生活，然而一些大学生以自我为中心，容易造成人际摩擦。同时，大学生在寻求友谊中表现出对他人的苛求、交流的被动性等也会造成人际的疏离；在人生观方面流露出消极性，如主观认为人是自私的、虚伪的，这也妨碍着人际交往的进行。

#### 2. 学习生活的紧张化

大学生心理上的紧张和压力一方面来自繁重的学习任务以及需要应对的各种考试，另一方面来自同学之间的竞争以及社会责任感等。

## 心灵互动营

### 心理活动：家庭影响探索工作坊

**活动目的**：让学生了解家庭因素对心理健康的影响，促进学生之间的交流和分享，增进相互理解，培养学生的自我反思能力和解决问题的能力。

**活动准备**：准备一些情景卡片，上面描述不同的家庭情境和可能的心理影响；准备大白纸或黑板,用于记录学生的想法和讨论点;准备标记笔、便笺纸和贴纸等绘图和记录工具。

**活动流程**：学生分成小组，每组抽取一个情景卡片，讨论卡片上描述的家庭情境如何影响个体的心理健康；每组选出一名代表，向全班分享讨论结果和分析的案例，进行小组分享；邀请学生小组进行角色扮演，模拟如何在家庭中应对和解决某些特定的心理健康问题。学生小组讨论并制定策略，以建立更积极的家庭关系和支持系统。每组向全班展示自己的策略，并接受其他同学的反馈和建议。

**活动延伸**：鼓励学生与家人进行开放和诚实的对话，探讨家庭关系和沟通方式。教师可以组织一次家庭心理健康工作坊，邀请学生家长参与，共同探讨如何建立支持性的家庭环境。

# 任务三 探究大学生心理健康的教育实施

## 一、认识加强大学生心理健康教育的重要意义

### （一）有助于大学生正确认识自我、规划自我

“认识你自己”是古希腊一句著名的格言，它体现了人类的一种智慧。大学生学习心理学，掌握人的心理过程与个性心理特征形成的规律，就能采取有效步骤发挥自己的优点和优势，矫正自己的缺点，弥补自己的不足。大学生掌握一定的心理学知识，就等于掌握了认识自我的钥匙，有利于找准自己的位置，达到理想自我与现实自我的统一，发挥自身的潜能，成为一名合格的社会成员。

**心灵互动营**

#### 越读越开心：心理与传统文化的对话

古代有则笑话：一位解差押解一位和尚去府城。住店时和尚将他灌醉，并剃光他的头发后逃走。解差醒时发现少了一人，大吃一惊。继而一摸光头转惊为喜：“幸而和尚还在。”可随之又困惑不解：“我在哪里呢？”

这则笑话一定程度上印证了诗人苏东坡的两句诗：“不识庐山真面目，只缘身在此山中。”即人们对“自我”这个犹如自己手中的东西，往往难以正确认识；从某种意义讲，认识“自我”比认识客观现实更为困难，而准确地认识自己的心理状态并自发地进行调节，又比认识“自我”要难。

### （二）有助于大学生提高适应能力、形成良好心态

心理健康教育能使大学生积极适应自我、适应环境、适应社会的各种变化，学会调控学习、生活中的各种烦恼，通过有意识地训练，掌握排解心理困扰、减轻心理压力的方法，提高抗挫折的能力，保持心理健康。大学生心理健康教育可以使大学生充分了解人的情绪的正常值及自身情绪变化的特点，通过有效的调控手段，使自己经常保持乐观、自信、愉悦的心态。

### （三）有助于大学生建立良好的人际关系

从中学升入大学，不同省市、不同习惯的同学相聚在一起，有一个相互适应、相互熟悉的过程。学习心理学知识，可以增进相互间的理解，促进人际关系的和谐。大学生的友谊往往是深刻而持久的，它可以成为大学生情感的寄托，可以增强归属感，满足被尊重与被爱以及自我实现的需要。与此同时，关心他人、理解他人，也能促使自己拥有博大的胸怀，从而极大增强生活、学习、工作的能力和力量，最大限度地减少心理应激和心理危机感，这是人们维护和保持心理健康最基本、最重要的因素之一。

### （四）有助于提升大学生的综合素质

健康的心理既是素质教育的重要组成部分，也是素质教育的基础和载体。心理素质是人的素质中一个重要组成部分，同时也是各方面素质发展的重要基础。在大学生中有计划

地进行心理知识教育与普及，对帮助大学生认识自己、完善自己、提高自身心理素质具有重要作用。通过系统的心理知识的学习和辅导训练，使大学生的心理素质得到整体优化，在培养科学精神和创新思维意识、培养坚韧不拔的意志、增强适应社会生活的能力、从容应对心理困扰、预防精神疾患、提升综合素质等方面发挥积极作用。

### 心灵互动营

#### 越读越开心：体验了飞翔的乐趣

有一块石头孤零零地躺在山上很长一段时间。它有一个梦想：有一天它会像鸟一样飞翔。当它告诉同伴时，立刻引起了它们的嘲笑："什么叫心比天高，你就是啊！""这真是异想天开！"……这块石头没有理会同伴们的冷嘲热讽，仍然抱着理想，等待着机会。

一天，一个名叫庄子的人经过，这块石头知道这个人有非凡的智慧，就把自己的梦想告诉了他。庄子说："我可以帮你实现这个目标，但是你必须先长成一座山，这需要承受很大的痛苦。"石头说："我不怕。"

从此，石头尽力吸收天地的灵气，接受雨露的惠泽。不知道经历了多少风雨的洗礼，最后它变成了一座山。于是，庄子招来大鹏用它的翅膀去击山。一声巨响，山被撞击得炸开了，无数的石头飞向天空。在飞的那一瞬间，石头会意地笑了。但很快它就从空中掉了下来，落在原来的地方。庄子问："你后悔吗？""不，我不后悔。我已经成长为一座山，并体验了飞翔的乐趣！"

### 成长时刻

人的一生就像这块石头一样，最初的开始和最终的结局都是一样的，但过程各不相同。一个人的目标定得高，他就必须付出更多的辛劳和汗水，即使经过全力打拼仍不得实现，但至少比他人走得更远、站得更高。

## 二、获取增进心理健康的途径与方法

### （一）掌握一定的心理卫生知识

大学生要积极参加学校主办的心理健康知识讲座，通过报纸、图书、海报、广播、电视、网络等途径获得心理健康知识，选修有关心理健康教育的课程，正确认识心理健康和心理问题，掌握心理问题的鉴别方法和常用的心理调适方法。

另外，大学生还要积极参加校内外各种心理健康方面的社团及实践活动，如心理沙龙、心理健康主题班会、心理剧表演、心理知识竞赛、心理健康教育活动周（月）等，丰富生活体验，增加社会阅历，以此提高大学生的心理自助及助人能力。

### 心灵互动营

#### 心理关怀：辨别自己的心理困扰程度

**1. 实践目的**

帮助大学生了解自己的心理健康状况，学会辨别自己的心理困扰程度，并能恰当应对，形成正确合理的心理健康观。

#### 2. 实践准备

（1）准备 10 cm × 10 cm 纸片若干张（根据人数确定），大头针一盒，彩色笔一盒（36 色），双面纸一卷，B5 纸若干（根据人数确定）。把标有各组名称或标记的纸片别在学生衣服上，相同名称或标记的学生为一组，形成一个团队。

（2）安排各组学生进行课前准备或即兴表演，将校园心理现象以各种形式在课堂上表现出来（如漫画、相声、心理剧、文学作品等）。

#### 3. 实践过程

（1）各组学生将课前准备或即兴表演的校园心理现象在课堂上进行展示和表演，供全班分享。

（2）指导教师提问：①无病等于健康吗？②心理健康等于没有烦恼吗？③你怎么判断自己的心理是否健康？④哪些校园心理现象是正常的？哪些是不正常的？哪些心理现象给你带来了冲突？⑤心理健康与不健康的区别是什么？⑥心理健康就是要控制自己的情绪吗？

（3）各组同学对指导教师提出的问题进行讨论辨析，并提出各自的理由。

### （二）建立合理的生活秩序

#### 1. 要勤用脑和合理用脑

心理学的研究表明，勤用脑不但不会用坏脑子，反而会越用越灵。但用脑也须合理，如连续学习时间不宜过长，不要因持续用脑而经常引起大脑的疲劳。不同的学习内容宜合理安排，不要使大脑某一部分的细胞负担过重，比如在经过一番计算、分析、记忆等学习活动后，可安排听听音乐、欣赏图画，开展一些想象活动，或学习某些动作技能等，使大脑有关部位的活动得到适当的调节。要适时用脑，用脑要讲究最佳用脑时间，在人精力最充沛、大脑皮层处于高度兴奋与清醒状态时进行学习。大脑细胞在一天之内的活动是有一定节律的，这种节律既有共同的特点，又有个人的特征：就共同特征来说，早上 6 ～ 7 时、上午 8 ～ 11 时、下午 2 ～ 4 时和晚上 7 ～ 10 时是大脑皮层机能状态相对活跃的时段；而以个人特征来看，有的人清晨状态最佳，有的人则在傍晚、深夜时精神最集中，思维最活跃。所以，大学生可根据个人大脑活动的节律，建立合理的生活秩序，做到学习负担适量，生活节奏合理，科学使用大脑。

#### 2. 养成良好的生活习惯

大学生一定要养成良好的生活习惯，做到不吸烟、不酗酒、不赌博，也不要长时间沉溺于游戏机房，更不能对电子（网络）游戏成瘾。要严格遵守学校的作息制度，积极参加文体活动，加强体育锻炼。

### （三）保持健康的情绪

#### 1. 保持良好情绪状态

积极乐观的精神能促使人保持良好的情绪状态，从而轻松、从容地应对生活中的各种挑战。

#### 2. 学会合理宣泄

找到充分表达自己情绪的方法，既不要压抑自己，也不要放纵自己。合理宣泄的方法有很多，如自言自语，这方面阿Q要算典型，他挨了打，骂一句“儿子打老子”，心理就平衡了，高高兴兴地去摇船割麦；用文字宣泄，当你对某人某事感到气愤时，不妨用你手中的笔，一写为快；找人倾诉，当你有一肚子的气感到无比压抑时，找一个亲近或理解你的人，把肚子里的怨气全部倒出来，心情立即就会轻松许多；以创作宣泄，这是宣泄的最高境界，历史上有屈原被流放而作《离骚》，司马迁遭腐刑而著《史记》，曹雪芹贫困潦倒而写《红楼梦》。

对于消极情绪，要学会自我疏导、自我排遣，以便使郁积于心的不良情绪得到释放，或者通过从理智上消除或转移注意力等方法予以控制和调节。

#### 3. 学会自娱

一个人如果能注意培养和发展自己的业余爱好，进行多方面的自我娱乐活动，就可能在寂寞孤独或烦闷忧郁时，通过自我娱乐来缓解心境压抑，这对保持乐观的情绪、维护心理健康是极有好处的。每个大学生在大学阶段，都有必要依据自己的性格特点和条件，培养与发展一些兴趣和业余爱好，积极参与丰富多彩的活动，以扩大自己的生活领域，丰富精神生活，培养自己开阔的胸怀。

### （四）建立良好的人际关系

#### 1. 培养优秀的个性品质是建立良好人际关系的前提和基础

不同性格类型的人其优点和缺点的表现是各有其特征的，比如性格外向的人喜欢交往，爱活动，比较乐观，但同时也容易激动，有时表现为暴躁；而性格内向的人安静、谨慎、细致，但容易产生悲观情绪。所以大学生应该深入了解自己，发展乐观、热情、诚实、宽容等良好的性格特征，努力克服和改造不良的性格特征。

#### 2. 良好的人际关系是大学生心理健康的标准之一

很多大学生带着良好的人际关系期望与同学来往，但往往几个回合下来便失去了耐心和宽容，高傲、自卑、孤独、无聊、无望、恐惧等心理体验频频光顾，几乎在历数与别人交往中的缺点与不足，感到大学的人际关系复杂。实际上，良好的人际关系应是个体在与人交往的过程中用诚实、宽容和谅解的原则，树立自我的良好形象，形成集体中融洽的人际关系，学会去爱。建立良好而真诚的人际关系，是非常重要的心理保健途径。健康的心理是需要丰富的营养的，而最重要的营养就是爱。

### （五）树立符合实际的奋斗目标

#### 1. 大学生的目标价值

每个大学生都有自己的梦想，但若只有梦想而没有目标，梦想就会成为空想、幻想。梦想是远处一道美丽的风景，确立目标则是在自己与那道风景之间修筑一条路。有目标才会成功，它是你努力的依据，也是对你的鞭策。目标会引导大学生做出正确明智的决断，一个目标清晰的人，总是能够迅速地做出决断，他知道需要什么，该舍弃什么，先获得什么，后获得什么，这是一种生活的智慧。有目标才会有效率，一个人成功的尺度不是做了多少工作，而是做出多少成果。目标明确的人总是把时间投放在与目标有关的事情上。有目标才会发现机会，机会永远是留给有准备（目标）的人。

#### 2. 大学生的目标特性

大学生要摆脱心理上的困惑，首先要为自己建立一个远大的目标，如周恩来在年少时就立下“为中华之崛起而读书”的宏大志向，最终为中华民族复兴建立了卓著功勋。大胆地设置目标，可使自己的潜能不断发挥。目标既要符合个人的实际，也要从国家和社会的利益出发，不对自己苛求，把奋斗目标确立在自己能力所及的范围之内，以便通过艰苦努力，最终能够实现目标，从而获得成功的体验。其次，把长期目标、中期目标、短期目标结合起来。长期目标指引方向和美好的前景，能激励自己不断立志。中期目标能让自己的人生目标保持一种均衡，使自己尽量做到全面、协调发展。短期目标能让自己不断获得阶段性的成就感，不断强化自己成功的信心和决心，让自己始终沉浸在奋斗的充实和成功的喜悦中。

**心灵互动营**

### 心理案例：成长的烦恼

**问题呈现：**大学生唐思茹（化名）向心理咨询师坦言：我是一个性格软弱的女孩，曾经是一名优秀的学生。然而，我的学业受到了身体疾病的影响，自信受挫，导致我有强烈的自卑感。为了吸引同学的注意力，我经常和同学一起打闹，做一些让人不可接受的事情。我越是这样，我的同学就越讨厌我，不理我，甚至嘲笑我，说我“有毛病”。我似乎是个无用的人。我感到孤独甚至绝望。我真的很想摆脱这个困境，但我很无助，希望老师能帮助我。

**解决方案：**针对这种情况，咨询老师提出自己的几点建议。第一，消除自卑，树立自信心。第二，要不断磨练意志，提高战胜挫折的心理承受能力和把握自己命运、行为的能力。第三，调整学习目标，发奋学习。第四，要善于交际，矫正自己的个性行为，建立良好的人际关系。第五，要多与父母和老师沟通，取得宽慰。

#### （六）积极接受心理咨询

心理咨询与心理治疗是保持和维护心理健康、预防和矫治心理异常的重要途径。当心理压力过大、心理冲突激烈、自我调节无法奏效时，接受心理咨询和心理治疗是最好的选择。

**心灵互动营**

### 心理健美操：自我松弛训练

下面这种方法是要求被训练者记住指导语，或是把指导语做好录音。松弛时，找个舒适的姿势躺下或坐下，闭上双眼，不要动，让身体和精神平静下来。把记住的指导语在心里默念，或者是放录音给自己听。松弛训练的指导语如下。

（1）我要休息。我摆脱了一切的紧张，我在放松。我感到轻松自如，我是平静的，我是平静的。我什么也不期待。我在摆脱压力和紧张，全身都轻松了。我感到轻松愉快。我在休息。

（2）腿脚的肌肉放松。脚的肌肉放松了，脚是轻松而自如的。左腿的肌肉放松了，右腿的肌肉放松了。腿是轻松自如的。我是安静的，我是安静的。我感到温暖。我很舒服。我已排除了一切紧张。我是非常安静的，是安静的。

(3)手臂的肌肉放松。手臂的肌肉都放松了。左手的肌肉放松了,肩部的肌肉也放松了,整个左手臂都放松了。右手的肌肉放松了，肩部的肌肉放松了，整个右手臂都放松了。

(4)躯体的肌肉放松。两臂是自然下垂的，背部的肌肉放松了，胸部的肌肉放松了，腹部的肌肉放松了，放松了，感到全身都放松了。

(5)头部的肌肉放松。头颈部的肌肉放松了。面部的肌肉放松了,双眉自如地分开了,面额是舒展的。眼皮下垂,柔和地闭住眼睛。鼻翼放松了。口部的肌肉放松了。两唇微开,颈部的肌肉放松了，感到颈部是凉爽的。

(6)我已摆脱了紧张。我全身都放松了，感到轻松自如。我感到呼吸均匀而平衡，感到清爽的空气舒服地通过鼻孔，肺部感到舒服。我是安静的。我的心脏跳得很缓慢，我已感觉不到心脏在跳动。我感到轻松自如。我很舒服。人休息好了。

(7)我已休息好。我感到爽快，感到浑身轻松、舒服，感到精神倍增。我在睁眼。我想起来并立即行动。我精力充沛了。起立!

## 自助测试

### 心理测量：你的心理复原能力如何?

指导语：请根据以下陈述，选择出你对题项的同意程度，如果有些情况并未发生，那么就想象如果真的发生了，你的感受会是怎样的，请在最能描述你感觉的数字上画“√”。

0. 从不； 1. 很少； 2. 有时； 3. 经常； 4. 几乎总是

1. 当发生变化时，我能够适应。
2. 当面对压力时，我至少拥有一个亲近而且安全的人可以帮我。
3. 当我的问题无法清楚地获得解决时，有时命运能够帮助我。
4. 在我的人生路途中发生任何事情，我都能处理。
5. 过去的成功让我有信心去处理新的挑战和困难。
6. 当面对问题时，我试着去看事情幽默的一面。
7. 由于经历过磨炼，所以我变得更加坚强。
8. 在生病、受伤或苦难之后，我很容易就能恢复过来。
9. 不管好坏，我相信事出必有因。
10. 不管结果如何，我都会尽最大的努力。
11. 纵然有障碍，我依然相信我能够实现我的目标。
12. 纵然看起来没有希望，我仍然不放弃。
13. 当压力或危机来到时，我知道在哪里可以获得帮助。
14. 在压力下，我能够精神集中地思考问题。
15. 我宁愿在解决问题时自己起带头作用，而不是让别人决定全局。
16. 我不会轻易被失败打倒。
17. 当处理生活中的挑战和困难时，我想我是一个坚强的人。
18. 如果有必要，我能做出不寻常的或艰难的决定。
19. 我能够处理一些不愉快或痛苦的感觉，例如悲伤、害怕和生气。
20. 在处理生活难题时，有时我不得不按直觉办事。

21. 在我的生活中，我有明确的目标。
22. 我觉得可以控制自己的生活。
23. 我喜欢挑战。
24. 不管在人生路途上遇到何种障碍，我都会努力达到我的目标。
25. 我为自己的成就而感到自豪。

计分方式：共 25 个题项，包含韧性、毅力和乐观三个维度，其中韧性 13 题、毅力 8 题、乐观 4 题，总分 100 分。总分越高说明心理复原力越好。

## 拓展延伸

### 心灵影院：《阿甘正传》

《阿甘正传》是由罗伯特·泽米吉斯执导，瑞克·罗斯、温斯顿·格鲁姆编剧，汤姆·汉克斯、罗宾·怀特和莎莉·菲尔德等人主演的美国剧情电影。

《阿甘正传》改编自美国作家温斯顿·格鲁姆于 1986 年出版的同名小说，讲述了智商只有 75 的阿甘如何凭借纯真善良和坚持不懈的精神，从童年的被欺凌中跑出一条人生道路，成为大学橄榄球明星、战斗英雄，经历多次与挚爱珍妮的悲欢离合，无意中参与重大历史事件，最终成为成功的企业家和父亲，展现了一个普通人在非凡时代背景下的非凡人生旅程。

### 有氧书吧：《不抱怨的世界》

《不抱怨的世界》是由美国心灵导师威尔·鲍温（Will Bowen）所著的一本励志书籍。该书于 2018 年由湖南文艺出版社出版。这本书通过一个简单的“21 天不抱怨”活动，鼓励人们改变抱怨的习惯，转而采取积极的行动去改善自己的生活。参与者需要戴上一个特制的紫手环，每当意识到自己抱怨时，就将手环换到另一只手上，直到能够连续 21 天不抱怨为止。

这项活动在全球范围内广受欢迎，有 106 个国家和地区上千万人参与其中。书籍的目的是帮助人们创造一个更加积极、充满正能量的生活，并减少抱怨带来的负面影响。威尔·鲍温通过这本书传达了一个核心理念：“抱怨不如改变”，并提倡通过积极的态度和行动来实现个人的成长和幸福。

# 项目二

# 推开心灵的窗扉
## ——心理适应

## 学习目标

- 学习目标
  - 知识目标
    - 了解并适应大学生活
    - 了解大学生在适应方面常见的问题及成因
    - 了解影响大学生适应的因素
  - 能力目标
    - 了解大学生各个阶段的心理发展状况
    - 熟知心理发展的特点
    - 掌握适应的四个基本阶段
  - 素质目标
    - 尽快适应大学生活，融入新的集体
    - 学会如何提高自己的适应能力
    - 规划大学学习目标

## 故事导入

### 新生坎坷的适应之旅

小安是今年刚入学的大一新生，入学一个月后情绪持续低落，而且经常伤心落泪。舍友担心她，陪同她前去学校的心理咨询室咨询。

原来，小安是独生女，家庭条件较为优越，从小受到父母和爷爷、奶奶的精心照顾，上大学之前从未住过校，生活上从未独立过，也没有遇到过什么大的挫折。因为家庭条件好，学习成绩也好，小安从小有些骄傲，上高中时期朋友比较少。小安说，开学父母陪同她一起入校，刚入校的几天还挺开心的，可是过了忙碌的几日后就开始想家了，越想越难过。本来以为习惯几天就好了，可是一个月过去了还是如此。面对全新的环境和周围陌生的面孔，加之大大小小的事情都需要自己处理，这让她感到无所适从。一旦遇到一点小问题，她就有些不知所措、烦躁不安。小安说，前几天舍友错用了她的热水，导致她晚上没有热水洗脚，为此她就跟舍友大发脾气。后来跟妈妈打电话，妈妈告诉她这样做不对。之后小安跟舍友道歉了，虽然舍友们也都原谅她、理解她了，可她还是觉得无法适应宿舍生活。她睡觉时要求宿舍必须熄灯，她在屋内看书时要求室内必须保持安静，渐渐地她与室友产生了一些小矛盾。于是，她就开始疯狂地想家，一给妈妈打电话，眼泪便无声无息地落下。她说，家现在成了她最向往的地方。想着家的温馨，她就有一股提着书包跑回家的冲动。

### 心灵能量包

情况是在不断地变化，要使自己的思想适应新的情况，就得学习。

——毛泽东

智慧的本质就是适应。

——皮亚杰

适应可以让我们变得更加强大，能够在不断的变化中前进。

——斯蒂芬·霍金

人在身处逆境时，适应环境的能力实在惊人。人可以忍受不幸，也可以战胜不幸，因为人有着惊人的潜力，只要立志发挥它，就一定能渡过难关。

——戴尔·卡耐基

## 任务一　了解心理适应

对于一名大学生而言，“适应”不是一个陌生的词汇，因为你曾多次经历“适应”的场景，诸如初入幼儿园、小学，再比如结交新朋友、涉猎新游戏，或者出入新场所等。人生其实就是一个不断适应环境的过程。适应是一个发展变化的过程，是个体与环境之间一种动态的和谐与平衡的过程，大学生活是从适应开始的，适应是大学的必修课，也是完善、拓展、增强心理强度的好契机，可以说大学生活适应得好坏，不仅关系着学业的完成质量，甚至直接影响对人生的态度，以及自身的心理健康状况。“适应大学生活”是大学生保持心理健康的基础和前提。

### 一、了解适应的含义

适应 (adaptation) 一词源自拉丁文“adaptare”。适应原为生物学概念，是指有机体通过改变自身（身体或行为）来增加生存的机会。心理学中的适应，一般是指个体与个体、个体与群体，以及个体与环境之间相互作用，确保自身处于协调关系之中的过程。可见，大学的适应可以延伸为：在全新的大学环境中，新生通过不断调整自己的思想、认知和行为方式，使自身与大学环境之间相互作用，并最终达到平衡状态，从而身心愉悦、健康，并顺利完成受教育的目的，实现自身的成长和发展。那么适应的动态过程是什么样的呢？是否有规律可言呢？下面介绍有关适应的四个阶段。

## 二、分析心理适应的四个阶段

一般而言，人们对新环境的适应需要经历一个过程，这个过程遵循着一定的规律，这个过程的规律就像一个抛物线，通常称之为“适应的 U 形模式”，如图 2-1 所示。按照“适应的 U 形模式”，适应大致可分为四个基本阶段，即：新奇阶段、失落阶段、受挫（冲击）阶段、适应（融入）阶段。

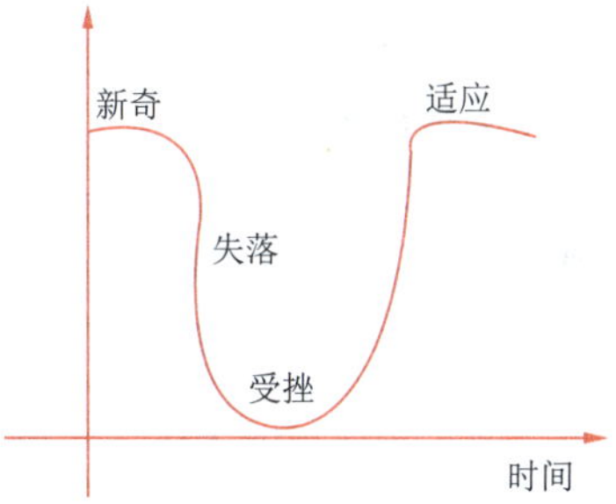


图 2-1　适应的 U 形模式

### （一）新奇阶段

适应的第一个阶段是适应的“新奇阶段”。适应的“新奇阶段”通常是指初入大学，一般发生在刚入学的前三个月。此时，同学们对大学充满了新鲜感，对接下来的大学生活注入了无限遐想。同学们大都认为大学的老师必然是博学的，大学的同学必然是高素质的，大学的氛围必然是自由的，甚至大学的花草树木都格外有灵性，“大学的月亮格外圆”，也大有“甩开膀子重新开始”的豪迈。在这个阶段，个体往往感到重获人生，并踌躇满志。

处于适应的“新奇阶段”的个体就像处在用憧憬编织的童话故事里，也像生活在一个绚丽的泡沫中。在此阶段，个体往往被接二连三的新鲜事物所吸引，沉浸在因新鲜感所带来的刺激和喜悦中，容易忽略周遭事物本来的样子，以及自身可能或者已经产生的不适感。处在这一阶段就如同“不识庐山真面目，只缘身在此山中”一般，各种不适感被无意识地过滤，却又有意识地一点点累积，虽未察觉，但它已在进行量的累加，累加到一定程度，就意味着下一阶段的到来。

**心灵互动营**

### 心理游戏：分享初入大学“新奇阶段”的样子

（1）以小组为单位进行分享，每个小组 5 ～ 6 人。

（2）小组内每位成员依次分享，分享内容包括初入大学时的感受（形容词 3 ～ 5 个），记忆犹新的一个场景或者一件事情。

（3）通过整理组内的分享精华，描绘出本组成员初入大学的画面，然后进行小组间分享。

（4）分享完毕后进行自我反思：现在的你是沿着初心前行，还是已偏离了初心的方向？

### （二）失落阶段

当适应的“新奇阶段”的各种“不适感“累加到一定程度，引起了个体明显的情绪反应，便进入适应的第二个阶段，即适应的“失落阶段”，此阶段大约发生在入学后第三至第四个月。

由“新奇阶段”到“失落阶段”，大都由“理想和现实的落差”所致。显然，在适应的“失落阶段”，前三个月曾被忽略掉的种种“不适感”猝不及防地累积至可以明显感觉到的量级。这种看似毫无征兆的变化，使个体不得不对自我、对大学甚至对人生开始产生怀疑，这时“失落感”产生了。

处于适应的“失落阶段”的个体就像所处的绚丽泡沫陡然间破灭般无助，会面对诸如学业无从下手，室友间摩擦不断，人际交往不知所措，甚至是思念家人的情绪正“一发不可收拾”等情形。在这一阶段，个体往往感到困惑迷茫，并一蹶不振，适应的“失落阶段”是非常关键的一个阶段，是需要也是最容易进行自我调整和外部干预的阶段。若此时个体能够积极地进行自我调整，或者获得有效的外界支持和引导，会大大缩短甚至跨越极易出现问题的“受挫（冲击）阶段”，帮助个体尽快步入“适应阶段”。所以在此期间，班主任、辅导员或者专业教师对新生的引导和帮扶非常必要，且效果显著。

## 心灵互动营

### 心理辅导：新生宿舍团体辅导

**背景：**新生入学后，经过三个月的学习与生活，逐渐进入适应的“失落阶段”，这一时期往往伴随着对新环境的迷茫、人际关系的探索及个人角色的重新定位等挑战。宿舍作为新生最初也是最常接触的小团体，其内部的和谐与相互支持对新生的整体适应至关重要。

**时间：**新生入学三个月左右，即第一学期临近期末，选择一个周末下午或晚上进行，以确保全体成员能参与。

**地点：**团体辅导室，确保环境温馨、舒适，有利于成员放松并敢于表达。

**对象：**以新生宿舍为单位，每个宿舍全体成员参加。

**召集人：**班主任、辅导员或其他具备团体辅导技巧的学生工作者，需提前接受相关培训，确保能够有效引导活动进程。

**目的：**

1. 建立信任桥梁

加强学生工作者与新生之间的沟通与联系，建立信任基础。

2. 促进宿舍团结

通过集体活动增进宿舍成员间的相互了解与信任，形成积极向上的宿舍氛围。

3. 引导自我反思与调整

帮助新生识别并正视适应过程中的困惑与挑战，鼓励其主动寻求解决方案，实现自我成长。

4. 增强适应能力

以宿舍适应为起点，辐射至学习、生活等多个方面，全面提升新生的适应能力与心理素质。

**活动流程：**

1. 引言与热身

简要介绍活动目的、流程及注意事项，营造轻松氛围，通过“名字接龙”“破冰游戏”（如“两真一假”自我介绍）等活动，增进成员间初步认识。

2. 建立共识

明确辅导过程中的基本原则，如自愿参与、相互尊重、坦诚交流、隐私保护等，确保每位成员都了解并同意。

3. 宿舍团体辅导

主题设计：围绕“宿舍生活与适应”展开，可设置多个小环节。如：

（1）宿舍故事分享：每人分享一件宿舍中的趣事或感人瞬间，增进情感共鸣。

（2）角色扮演：模拟宿舍冲突解决场景，学习有效沟通技巧与问题解决策略。

（3）未来展望：共同绘制宿舍愿景图或制定宿舍公约，增强团队凝聚力。

（4）引导技巧：召集人需灵活运用提问、反馈、总结等技巧，引导成员深入思考与表达。

4. 分享与反馈

个人分享：鼓励每位成员分享参与活动的感受与收获，特别是关于宿舍适应的新认识或改变。

集体反馈：通过小组讨论或全体讨论的形式，收集对活动的整体反馈与建议。

5. 总结与建议

概括活动亮点，肯定成员表现，强调宿舍适应的重要性及未来努力方向。

提出建议：针对学生普遍存在的适应问题，提供具体可行的建议。

6. 后续跟进

建立联系网：活动后可通过微信群、QQ 群等方式保持联系，便于后续交流与辅导。

定期回访：召集人可定期回访宿舍，了解成员适应情况，提供必要的帮助与指导。

效果评估：通过问卷调查、访谈等方式，对活动效果进行评估，以便持续优化后续团辅活动。

### （三）受挫（冲击）阶段

个体在适应的“失落阶段”若没能及时地进行有效的自我调整，各类“不适感”“失落感”将持续量的累加直至发生质的变化，引发个体强烈的情绪反应，这时便进入适应的第三个阶段，即适应的“受挫（冲击）阶段”。此阶段持续时间因人、因事、因景不一而论。

由“失落阶段”至“受挫（冲击）阶段”，不仅是各种不良感受的累加，伴随而来的还有个体的负向情绪累积至爆发的边缘极值，这个阶段各类不良感受已转化为各个尖锐的“矛盾”和“冲突”，这些“矛盾”和“冲突”强烈冲击着个体固有的观念、认知和行为方式，个体感受到压抑、喘不过气。

处于“受挫（冲击）阶段”的个体迫切需要有效的自我调整和外界帮扶，以便缓解当前的紧张状态。个体若在此阶段不能有效应对，那么蓄势待发的情绪通常会有两条途径：其一，由一个诱发点引爆，个体情绪彻底爆发，伤人、伤己、伤感情；其二，通过强大的自制力继续压抑情绪，这不亚于用生命对抗情绪，既拧巴又扭曲，其结果往往导致个体产生心理问题，将自己和他人置于更为危险的境地。当然，这个阶段也可以理解为“黎明前的黑暗期”，也是个体世界观、人生观和价值观重塑、完善的好时机，如果此阶段个体的心理和生理都得到了有效调适，那么受挫（冲击）阶段就会持续较短的时间，也会以比较温和的形式度过，否则，受挫（冲击）阶段就如持续的暴风骤雨般强烈，很多大学生的心理问题都是在这个阶段被激发和显露的。

## 心灵互动营

### 心理游戏：当忍耐达到极限，我们该怎么办?

（1）情境：当别人把你的一言不发当宽容时，你该怎么办?

（2）过程：请 3 ～ 5 名同学分享。

（3）总结：事实上，我们之所以会忍耐别人，无非是不想把关系变得糟糕，不想因为一点小事斤斤计较，但“忍耐是有限度的”，事实上，适当的行动并不会影响我们与他人的关系。

（4）参考方法：一是审视自身。个体不能养成发生什么事都从别人身上找问题的习惯，因而忽略自身不足。仔细体察自身情绪，找出引发它们的原因，对症下药，在审视自身之后，发现对方的做法仍是影响自己的主要因素，那么就进入下一条。二是委婉地表明对方做的令你无法接受的地方。三是告诉对方自己的状况与情绪。

### （四）适应（融入）阶段

顺利经受“挫折（冲击）阶段”的考验方能进入适应的最后一个阶段，即“适应阶段”，也称“融入阶段”，此阶段个体的不良情绪已得到有效释放，各种“不适感”“失落感”也得到有效缓解，个体与环境处于动态的平衡关系中，此阶段通常出现在新生第二个学期中期以后。

步入“适应（融入）阶段”意味着个体已顺利经历了刺激的“新奇阶段”，度过了无措的“失落阶段”，战胜了腥风血雨般的“受挫（冲击）阶段”，越过黑暗到达黎明，这时，个体已然能够适应大学的节奏，并在此次适应过程中得到历练和成长，以更加成熟、自信和坦然的姿态主宰着自己的大学生涯，这个阶段的个体能够正确地认识并悦纳自我，客观地评价、对待他人，了解并适应所有的环境，有效地安排、管理时间，正确处理学业、工作和人际交往等一系列关系和问题，在学校生活中有目标，有满足感、愉悦感和成就感。

### 成长时刻

适应新环境，不单单指适应舒适安逸的环境，更是适应陌生甚至是复杂、艰苦、恶劣的境遇。艰难困苦能够磨练一个人的意志。七年上山下乡的艰苦生活对习近平同志的锻炼很大，他说：“后来无论遇到什么困难，只要想起青葱岁月里迎难而上越挫越勇的自己，就没有任何困难能够阻止自己前进的脚步。”大学生要勇于面对新环境，克服遇到的新困难，坚信一切困难不过是通往成功的绚丽风景。

## 三、心理适应四个阶段的意义

其一，个体通过了解适应的四个阶段可以自我检测所处的适应阶段，从而有的放矢；其二，个体掌握适应的四个阶段的表现便可正确认知、对待每个阶段，循序渐进，有效应对，抓住机会努力实现自我成长和完善；其三，通过了解适应的四个阶段，个体能够明白除了自我的调适，积极寻求外界资源的支撑也是有效的适应方式，尤其是处于失落和受挫（冲击）阶段；其四，适应的四个阶段不是一成不变的，个体与环境的适应本身只是暂时动态的平衡，但每次的顺利适应都能促使个体的身心更加强大、有力、成熟。

# 任务二　探讨大学生易出现的适应问题

大学生适应的不良表现是形形色色的。比较常见的有：低年级大学生进校时的生活环境适应不良；中年级期间的学习适应不良、情感适应不良和交往适应不良；高年级的毕业与就业压力造成的适应不良等。综上所述，可以归纳为低年级大学生的心理适应问题、中年级大学生心理适应问题、高年级大学生的心理适应问题。

## 一、熟悉低年级大学生的心理适应问题

低年级大学生一般指刚入学的大学新生。通过调查，相当比例的大学新生认为，最烦恼的问题有：对环境不适应，感到孤独和寂寞；学习上不适应，心理压力大；人际关系不适应，感到同学之间、师生之间没有在中学时那么融洽。大学新生的心理适应问题主要可以归结为以下几个方面：

### （一）环境适应性问题

入学前，许多学生为了应付考试，全身心地投入到学习之中，父母也为此给予无微不至的关怀，特别是作为独生子女的当代大学生，从小就一直受到父母的宠爱，对家庭有较强的依赖性，缺乏必要的生活经验与处理问题的能力，自理能力较差，面对生疏的人群和陌生的环境，他们不知如何去应对，从而产生孤独、焦虑、不安和沮丧等心理问题。

### （二）学习的适应问题

大学教育强调自主学习，注重学生独立思考与创新能力的培养。由于缺乏必要的过渡，一些大学新生不能很快适应学习方式的变化，也不知道该怎么学，久而久之就会带来一定程度的心理压力，表现出厌学、紧张、自卑等消极的心理状态。

### （三）自我认知的矛盾问题

低年级大学生在心理适应过程中，自我认知的矛盾问题尤为显著，其产生的原因是多个方面的，包括环境变化的冲击、自我期望与实际情况的落差、以及缺乏必要的心理调适能力等。在中学时期，这些学生往往是学习上的佼佼者，享受着老师、家长和同学的赞誉，形成了较高的自我评价和优越感。然而，进入大学后，面对来自全国各地的优秀同学，竞争环境变得更加激烈，他们可能发现自己在学业上不再处于领先地位，这种现实与理想自我之间的差距导致了自我认知的失调。一方面，他们渴望继续维持原有的优越感；另一方面，现实的挫败感又让他们不得不重新审视自我，这种内心的冲突和矛盾严重影响了他们的心理适应过程。大学新生需要独立面对生活和学习中的各种挑战，而自我认知的矛盾正是这一适应过程中不可避免的心理现象。

### （四）人际交往的困惑

不知如何与来自不同家庭、不同社会背景的人相处，是一些大学新生人际交往障碍的主要表现。由此引发的人际矛盾和心理不适，会给一些大学新生带来许多烦恼。这在大学生的心理问题中占很高的比例。例如，有的学生与同寝室的同学长期关系冷漠，稍有不和便恶语相加;有的学生不愿与人交往，也很少参加集体活动，缺少朋友，对外界很少关心，经常把自己封闭在狭小的天地中;有的学生奉行“我行我素”的处世原则，过分关注自我，注重自我在人际交往中的地位，过多考虑自己的需要，而忽视他人的需要和存在，对别人缺乏关心和谅解，导致人际交往中的自命不凡和过于敏感挑剔；还有不少新生不能适应新的师生关系；有些同学不知如何处理与异性的关系，有的新生受习惯心理影响，对男女交往过分敏感，从而使正常的异性交往不能自然进行，甚至相互隔离；有的学生过快地将同学关系发展成恋爱关系，过早地沉溺于“两人世界”；有的学生陷入单相思而不能自拔，

由此产生情感冲突。这些学生大都会因人际关系失调而造成焦虑不安、心慌意乱、孤单失落、寂寞失眠、注意力分散甚至社交恐惧等症状。

**知识窗**

### 阿伦森效应

阿伦森是一位著名的心理学家，他认为，人们最喜欢对自己不断夸奖、赞扬和表达喜欢的人或者事物，最不喜欢对自己贬低，或者原来奖励现在减少奖励，原来支持自己现在不支持，甚至反对自己的人或事物。为什么会这样呢？其实主要是挫折感在作怪，从被褒奖到不再被褒奖，甚至被贬低，从被赞扬到不再被赞扬，甚至被指责，这种递减的行为会导致一定的挫折心理，但一次小的挫折大多数人是可以接受的，或者是有人没太在意，事情就会被忽略，从而没有引发矛盾。但若次数不断增加，而且在某个阶段突然剧增，那么这种挫折感就会陡然增大，在这种情况下，一般人就会有所反应和排斥，并开始因接受不了而引发不悦，产生反感心理。

**效应启发：**在平时的人际交往过程中可以借助“阿伦森效应”避免矛盾。就好比刚开始我们和一个陌生人接触，不需要事事都表现得太好，这是因为事事都很棒，那么接下来就是减法印象在作怪了。人生肯定会有一些突发事件，而且有时还是不那么好处理的事，这时往往人的情绪波动会非常大，就算你之前对他做过 9 件好事，也会被这一件突发事件所影响，甚至对他人来说，你可能是一直在表演，假装自己很好。如果想避免这种减法印象，最好的办法就是做真实的自我。你不可能一次性把自己的缺点一一展现，所以不要害怕对方因为你的这些缺点而离开。反而是当这些缺点慢慢凸显的时候，尝试正视它，以及学会如何去改善，让对方对你有个肉眼所见的改变过程，这对两个人的关系来说至关重要。

#### （五）理想与现实的差异导致失望迷茫

中学阶段为了升入理想的高校，努力学习，虽身心疲惫但目标十分明确。进入大学后，原来的理想实现了，而新的目标和动力尚未找到，所以，大学生活反倒显得失落和茫然，导致不少大一新生认为自己“缺乏生活目标，从而得过且过”，“学习上提不起兴趣，考试通过即可”。

**知识窗**

### 喜 欢 独 处

近年来，心理学研究者们通过对人格因素进行数据分析，虽然得到的结果不尽相同，但是却几乎都发现了五个共同的人格维度：“神经质”(neuroticism)、“外向性”(extraversion)、“开放性”(openness)、“亲和性”(agreeableness)、“尽责性”(conscientiousness)。因为这五个维度的第一个字母组成了 OCEAN（海洋）一词，因此也被称作人类人格的“海洋”，其中“外向性”最受瞩目。

有趣的“柠檬汁实验”发现，给每个被试者舌头上滴上等量的柠檬汁，内向者产生的唾液量比外向者更多。因此，内向者更不倾向于从外界寻求刺激，而是将关注点和兴趣集中在自己的内部世界，他们喜欢安静、低调，较少参加社交活动。在独自的活动中，内向者轻松自在，感到快乐，与他人交流相处其实是在消耗内向者的精力，而独处可以让他们恢复精力。

内向者是一个广泛被接受的人格类型，它并不直接对应于那五个共同的人格维度，但与这些维度有所关联。内向者与“外向性”人格维度相对，外向者（具有“外向性”人格维度的人）倾向于从外界寻求刺激和能量，而内向者则更倾向于从内部世界寻求满足。内向者可能更容易体验到神经质的特点，如焦虑、担忧和情绪波动。这并不意味着内向者不善交际，他们只是更注重朋友的质量而非数量，因此往往拥有较少的但更深入的友谊。内向者可能更倾向于开放性和创造性，因为他们有更多的时间独处，可以深入思考、探索新的想法和观念。内向者可能不像外向者那样热衷于社交活动，但他们仍然可以表现出高度的亲和性。内向者可能更倾向于尽责性，因为他们往往更注重细节和计划，以确保他们的独处时间和活动得到充分利用。他们可能更倾向于有序和有条理的生活方式。

### （六）期望与现实不相符的困惑

每个人都有自己的梦想和追求，特别是对青年大学生来讲，大学是实现理想至关重要的一环，然而在高考选择专业时，由于家庭、社会、就业等各种因素的影响，有些大学生所选择的专业与他们的兴趣、性格和能力优势并不相符，经过一段时间的学习后，依然无法建立学习兴趣，表现出厌学、空虚、无聊、烦躁等消极心理状态，缺乏学习动力；有的则对未来丧失信心，表现为怠学、焦虑、不安、逃避学习，甚至破罐破摔、放任自流，沉迷于网络游戏之中。

## 二、了解中年级大学生的心理适应问题

中年级大学生一般指二、三年级的大学生。此时的大学生经历了入学之后的种种不适和困惑，经过调整，心态有了较大变化，各方面的关系已趋于稳定，新的生活、学习秩序开始良好适应，新的心理平衡正在建立之中，但在这看似平静的阶段，大学生依然会遇到一些新的问题和情况。

### （一）学习、生活的再适应问题

随着知识的增长和眼界的开阔，大学生与社会现实不断贴近，于是他们发现原有理想中不切实际的幻想成分太多，人生理想与奋斗目标需要调整和重新确立，有的需要在发展方向上重新定位；有的需要在时间安排上科学计划；有的需要在学习内容的选择上进行科学把握；有的需要提高自身的判断力、鉴别力和抵抗诱惑的能力。

**心灵互动营**

### 心理案例：我本优秀

**背景介绍：**小轩是一名大二男生，做事踏实、认真，性格略显内向，喜欢踢足球，是学校足球队队长，与同学关系良好。一天，辅导员接到小轩母亲的求助电话，说雅思连续两次失利，给小轩带来了很大压力，自周五下午回家至周日下午离家，小轩几乎没吃什么东西，也没说什么话，母亲十分担心，希望老师可以帮其开导小轩，让其尽快摆脱困扰，步入学习和生活的正轨。

据小轩表述，在学习上他挫败感强烈，现在都有退学的想法了，他认为自己属于认真的学生，从不缺课，课上也能认真听讲，第一次雅思考试，他只考了 5 分，很多缺课的同学，甚至经常熬夜打游戏的同学都考过了 5.5 分，他和小宇一起吃饭、睡觉、踢足球，甚至一起去图书馆学习，他并不认为自己比小宇付出得少，但小宇考了 6.0 分。第二次，他铆足了劲，没黑没白地学了一个月，自我感觉比第一次好多了，但竟然又是 5.0 分，这一次他彻底对自己的学习能力产生了怀疑，面对学习他感觉毫无办法，无能为力，这种情绪困扰让他感觉浑浑噩噩，不知所措，陷入自我否定当中，看到英语单词就烦，什么事也不想做，什么事也做不下去，难受极了。

**思考：**你是否也有类似小轩同学的学业困惑。请帮忙找出小轩存在的学习问题，并帮小轩出出主意。

### （二）性和情感的心理适应问题

在大学这一年龄阶段，性的欲望已经明显地有所表现，恋爱已经成为普遍的现象，而许多中年级大学生在情感方面都感到一些说不清、道不明的心理困惑。

有的会错误地认为恋爱等同于性，性也等同于恋爱，甚至把握不住自己，酿成恶果，给身心带来损害；有的会为自己还没有恋人而自卑，认为自己对异性没有吸引力，觉得别人瞧不起自己，不敢坦然与异性交往，更怕在异性面前失误，只好用回避与异性接触的办法保护自己的自尊心，并极力掩盖内心深处的痛苦与失落；有的会因为追求未果而陷入极端情绪，导致失去理智甚至酿成悲剧。

## 三、分析高年级大学生的心理适应问题

高年级是指临近毕业的大学生，大学生活虽然丰富多彩却十分短暂，似乎刚刚适应就面临毕业，对于即将毕业的大学生来说，大多会面临适应社会不良的问题，这将阻碍他们顺利就业及就业后的发展，也会影响国家对人才的培养和使用。

大学毕业生面临着就业这一重大抉择问题，他们在几年大学生涯里无不考虑自己未来的职业和前途，在求职择业过程中必然会承受各种心理压力与冲突，会出现消极的情绪反应和心理失衡，产生求职适应障碍，这是对社会环境适应的不良反应，有部分大学生毕业后因不能顺利地完成从大学生到社会人的角色转换，以致不能很快地适应社会生活。大学毕业生的适应主要表现在以下方面：

### （一）知识结构与社会需求不符

一方面，进入大学以后，在学习压力大大减轻的情况下，大学生们普遍注重完成学校安排的必修任务，注重知识的增长和学历的提高，而忽视个人能力的提高，或多或少会出现社会交际能力欠佳、应变能力不足、知识过于除旧、动手能力缺乏等问题；另一方面，随着社会的发展、科技的进步，劳动者不仅要成为智能型、复合型的劳动者，而且要成为社会型和创造型的劳动者，从而导致知识结构和社会需求不符的矛盾日益突出，大学毕业生的择业往往处于高不成、低不就的尴尬境地。

### （二）实践操作能力与社会需求不符

大学生虽然学习了大量的理论知识，但缺乏实践机会，导致实践操作能力相对较弱。有些同学受“只要成绩好，工作就好找”观念的影响，缺乏就业心理准备，导致他们在求

职和面对实际工作时出现适应困难；有些大学生在求职就业时存在“眼高手低”问题，不具备较强的动手实操能力，不愿意从基层做起，却给自己定过高的目标；有些学生对自我定位不准确，没有做好社会角色认知的转变，在求职时容易忽视自身的实际技能与社会需求之间的差距，从而加剧了大学生在求职中的心理压力。针对这些情况，大学生应当调整心态，在日常学习生活中注重强化实践能力，多动手、勤操作、广探索，主动适应更广阔的职业需求，在实践中锻炼自我，为未来职业发展打下坚实的基础。

### （三）就业意识、就业方式与发展趋势的不适应

面对当今严峻的就业形势，许多学生在多次碰壁、大失所望之后，干脆采取推迟就业或不就业的态度，成为“啃老族”。在许多人感慨就业难的情况下，“推迟就业”一族也在悄然增多，他们并非找不到工作，而是自己主动放弃一些机会；有部分毕业生潜意识里不愿面对职场上严格的制度和复杂的人际关系，因而持续待在相对单纯的校园环境里，这种逃避的态度也反映出当代大学毕业生在社会适应方面存在的问题。

### （四）不良心理反应

对于求职择业阶段的大学毕业生来说，过度焦虑是一种比较突出的适应性障碍。引起焦虑的主要问题有：不能找到一个理想的单位怎么办？到单位后不能胜任工作怎么办？不能和恋人在一个城市怎么办？等等，过度焦虑往往使大学毕业生们精神紧张、心神不宁、无所适从、心慌失眠、茶饭不思，进而演变成心理障碍。

此外，在职业尚未最终确定之前，大学毕业生还可能出现急躁情绪，有的匆匆签约，事后又追悔莫及；有的盲目攀比，择业没有明确目标。这些都是适应不良的表现。作为大学生，完成学业只是人生成长道路上的一小步，适应社会才是关键的人生环节，大学毕业生应准确地把握自己，尽快适应从校园到社会的重大转变，开始新的征程。

## 知识窗

### 布朗定律

布朗定律是由美国职业培训专家史蒂文·布朗提出的。布朗定律是指：当你知道别人在意什么后，别人的意愿就会在你的把握之中。布朗有一句话是这样说的：“一旦找到了打开某人心锁的钥匙，往往可以反复用这把钥匙去打开他的某些心锁。”它是打破沟通障碍的秘诀之一。

我们遇到的人性格迥异，心锁也都不一样，那该怎么办呢？寻找心锁是有规律可循的，建议大家多了解对方的感受和想法，这才是核心问题。每个人的心锁都不同，这个人可能是因为“挂科”而不甘，那个人可能是因为跟朋友吵架而难过，如果你只盯着这些表面问题，可能永远也无法触及他的内心，不管是什么问题，你要做的是挖掘他对这件事情的看法和感受，这才是最能体现对方价值观的要点。如果这时候你能表示理解他、支持他，那他就会认为你是可以信赖，可以依靠的人，在这个基础上你提出的建议或者要求，对方才有可能更愿意去倾听。另外要记住一句话：关注对方的情绪比单纯给出建议更加容易打开对方的心房。

由此可见，基于大学新生特殊的心理阶段，在大学这一新的环境中产生人际交往不适

的状况不可避免。这种人际交往的不适应往往导致人际关系紧张，并容易导致新生沉浸在对“昨日”友情和亲情的怀念中，致使个体丰富的情感体验无法倾诉、分享，也导致个体的学业、工作、思想认识得不到有效支撑。长期的人际关系紧张，会使个体体验到强烈的孤独感，因而常常表现为沉迷网络、烦躁，产生“知音难觅”的心理困惑，甚至出现严重的人际交往障碍。

## 任务三　有效解决大学生典型适应问题

环境的变化、知音难觅的孤独、中心地位的失落和强烈的自卑心理是导致大学新生难以适应高校生活的重要因素。

### 一、转变角色：正确评价自我

离开中学的小天地，进入人才济济的大学，自我评价会受到不同程度的冲击。在大学里，人们越来越多地把能力、特长作为衡量一个人水平的重要因素，知识面宽、社交能力强或有文体专长的学生会备受关注，这会使那些只看重学习成绩而缺少能力或特长的学生在心理上产生困惑迷茫。在这种情况下，千万不要消极、否定，认为“我不行”，遇到竞争就放弃，不敢在公共场合表现自己，这样下去，可能会变成真正的平庸者。正确的做法应该是，正确认识到角色的转变，从客观的角度重新认识自己，正确评价自己。大学生要尽早做好思想准备，主动进行心理调整，少走弯路，减少心理压力，顺利适应大学生活。

#### （一）做好心理准备

认识到适应是大学生活应有的第一堂课。适应是自我成长的机会，当遇到困难的时候，要勇敢坦然地去面对，不因心理上的不适应而产生恐惧感，不因生活环境上的不适应而产生失望感，不因学习上的优势消失而产生失落感，不因经济上的一时困难而产生自卑感，不因人际关系处理不当而产生压抑感。学生们可以借助积极心理暗示，比如：用“适应能力是在实践中提高的，我一定能够很快地适应新生活”来增强自己适应新生活的信心，帮助自己度过适应期。

#### （二）调整角色心理

适应就需要改变自我，人的社会角色变化了，相应的角色心理就应该跟着转变，让自己在心理上实现从中学生到大学生的转变。大学生应学会正确评价自我：一是破除优越感，正视“大学生的相对平庸化现象”，以平常心态面对新的生活；二是破除自卑感，正确对待与同学的差距；三是优化学习动机，树立新的理想和奋斗目标，把大学生活作为人生新的起点，这样才能获得经久不衰的学习动力；四是调节失落心理，面对适应期的失落，应采取乐观豁达的态度，积极进行调适和补偿。如学习成绩不尽如人意，应注意调整学习动机，改进学习方法；没有当学生干部，就把时间用来多读书和参加社会实践活动；有想不通的不快之事，主动找老师同学谈心，必要的话，可以求助专业的心理辅导老师。

## 心灵互动营

### 心理案例：自由得无所适从

某高职院校新生小李，觉得大学生活太自由了，自由到不知该做些什么。他说："上大学以前，总会有很多作业，每天忙忙碌碌，过得很充实。上了大学后，课少了，作业几乎没有，每天除了上课和自习外，还有很多空余时间。宿舍的同学总是在一起，不是睡觉就是打游戏，要么就是出去打球，我觉得这种生活太无聊了，但又实在想不出能干些什么有意义的事儿，渐渐地，我发现自己没有了热情，看着网上毕业生面对就业时的焦虑愁闷，自己实在觉得未来很迷茫……

**案例分析：**首先，大学的学习方式与中学不同，不再是老师主导学生学习，而是学生主动去请教老师，这种从被动学习到主动学习的转变，让许多学生难以适应；其次，大量的时间需要自我管理，而不是被他人支配，这种管理能力的缺失，也是很多学生迷茫的原因之一。对于习惯了学习被老师安排的、习惯于死记硬背的学生来说，进入大学后可能突然感到"失重"，不知道学什么、怎么学。学习的具体方法因人而异，但有一点是共同的，即变被动学习为主动学习，学习并非仅仅是听课与阅读教科书，还包括和老师同学交流、阅读参考书目、参加实践锻炼等，关键是要充分利用校园中的各种资源，并将所学的知识很好地应用到实践中去，所以，合理安排时间，多和老师同学沟通，充分利用好身边的资源，会帮助新生尽快适应大学生活。

## 二、正视现实：提高自立和自理能力

作为大学生，只有解放思想，实事求是，与时俱进，勇于实践，才能适应不断变化着的客观环境，才能在复杂多变的自然环境和社会环境中健康地生活和积极地发展。

### （一）调整生活方式、培养自理能力

#### 1. 应学会日常生活的打理

要学会准时起床、运动，学会自己整理床铺、收拾房间，学会自己洗衣服、晾晒被子，学会自己照顾自己……在生活中，应多和同学进行交流，同学间的互相影响和互相学习能够在一定程度上促进生活自理能力的提高。

独立生活的另一个重要方面是对钱财的管理。由于家长一般每月或每几个月给一次生活费，所以大学新生就要独立计划如何进行消费，要培养"理财"的基本观念，要考虑生活中哪些开支是必需的，哪些开支是完全不必要的，哪些是可有可无的，要根据父母的经济能力和自己"勤工俭学"挣钱的能力来确定自己每个月的"消费计划"，并且要尽量按照计划执行，多余的钱可以存入银行，以备急需，要学会把钱花在刀刃上。

#### 2. 了解学校的各项规章制度

明确什么是该做的，什么是不允许做的，安排好自己的业余生活。在熟悉新的生活、老师和同学的同时，还要迅速熟悉学校的教学及辅助设施，如教学办公地点、食堂、图书馆、实验室、复印室、录音室的开放时间和使用方法等，为了适应新的校园环境，多向高年级的同学请教，加强与老师、同学的联系，掌握各方面的信息，这样才能尽快适应新生活。

### （二）转变学习方式、化被动为主动

#### 1. 要培养学习的独立性

大学校园里的学习，是学生自己做主，为自己规划未来该学什么，学到什么程度。据心理学家测定，一个优秀学生所获得的知识，约60%是靠教师的讲授和辅导所获得的，约40%是依靠自己独立学习获得的，因此，大学生要克服学习的依赖性，逐步学会主动学习，自己确定学习目标，制订学习计划，检查学习效果，主动向老师征询意见、请教问题，变“要我学”为“我要学”，变被动为主动，增强学习的目的性，激发成就欲望。

#### 2. 要实现由应付升学考试到提升自身素质和能力的转变

进入大学以后，由于专业设置的不同和个人发展目标的不同，原来学习名次上的竞争逐渐弱化，逐步形成了“大学习”观念上的综合评价体系，在这种体系里，竞争是潜在的、综合的、全方位的、更为激烈的，所以，在打牢理论基础知识、拓宽知识面的同时，要通过实习、第二课堂活动、社会实践等多种渠道获取知识、技能，开阔视野，提高认知，培养动手能力和创新能力，努力提高自己的综合素质。大学生在大学期间，要主动制订生活、学习计划，实施自我监督，每天的生活学习要有规律，要克服随意性。

#### 3. 要培养学习的选择性

大学生要努力学好学校设置的各门必修课程，还要根据专业需要和个人兴趣选修其他课程。对专业课的学习，应目标明确、具体，克服各种困难，不断提升学习兴趣；对公共课的学习，要认识到其实用的价值，努力把对公共课的间接学习兴趣转化为直接学习兴趣。对选修课的学习，应注意克服仅根据浅层的了解而盲目选修的倾向，选择公选课需要有针对性，无论选择什么课程，涉猎什么知识，都要精心筛选，若这也想学，那也想学，结果将顾此失彼。此外，还要处理好学习与课外活动、人际交往的关系，尽量少去或者不去网吧，避免上网成瘾，浪费时间，荒废学业，影响身心健康。

### （三）培养人际交往能力、积极融入新集体

人人都有优点，可以互相学习，人人也都有缺点，更该彼此宽容，取长补短。合适的人际交往原则，会帮助新生建立良好的人际关系。

## 心灵互动营

### 心理健美操：连环报

1. 分组

按照生日月份分组（一月组、二月组、三月组等）。

2. 教师指导语

每位同学介绍自己时，在自己名字前面加三个定语，比如来自哪里、兴趣爱好、对未来的向往等。

3. 分享

（1）每个小组集体上台，演示连环报。

（2）教师任意指出一个同学，小组成员需要说出他（她）的名字。

4. 总结反思

（1）同学分享本次活动的感受。

（2）教师总结本次活动，给予正面的反馈。

## 三、付诸行动：学会自我心理调适

踏入大学这个新环境，不仅意味着学习内容的深化与专业技能的锤炼，更是一次心理成长与自我认知的深刻历程。为了帮助大学新生更好地应对这些挑战，实现平稳过渡，以下将详细探讨六种心理调适方法，并结合实际案例，提供全面而深入的指导。

（1）认识现实，拥抱变化的魅力：从抗拒到接纳的转变。在适应期的初期，许多新生会因为理想与现实的差距而感到失落和沮丧。他们期待中的大学生活与现实中的严格管理、繁重课业相去甚远，从而产生抗拒心理。然而，正视现实、接纳现状是迈向适应的第一步。

**案例分析：**李明（化名），一名刚入学的高职高专新生，原本对大学充满憧憬，但入学后发现课程难度远超想象，且生活节奏紧张。他一度陷入自我怀疑和焦虑之中。然而，在辅导员和学长学姐的帮助下，李明开始调整心态，认识到这是成长的一部分。他通过参加校园活动、与同学交流学习经验，逐渐发现了高职高专教育的独特价值，并找到了自己的学习节奏。

**方法详解：**

认知调整：认识到高职高专教育的特点，理解其培养目标和课程设置，避免盲目比较和过度理想化。

积极思维：培养乐观向上的心态，关注自己的成长和进步，而非过分关注眼前的困难和挑战。

情绪管理:学会识别并合理表达自己的情绪，通过积极的方式缓解负面情绪，如运动、听音乐等。

（2）树立目标，引领前行的方向：为梦想插上翅膀。明确的学习目标和职业规划是大学新生适应期的重要动力源泉。它们不仅为新生提供了努力的方向，还增强了他们的自我驱动力和成就感。

**案例分析：**王芳（化名）在入学之初就对自己的未来充满迷茫。她不知道自己所学专业的前景如何，也不清楚自己将来想要从事什么职业。经过一段时间的摸索和尝试，王芳决定通过参加职业规划讲座、与业界人士交流等方式了解自己的兴趣和优势所在。最终，她明确了自己的职业目标，并制定了详细的学习计划和实习规划。在这一过程中，王芳不仅找到了学习的动力，还对未来充满了期待。

**方法详解：**

自我探索：通过性格测试、兴趣测评等方式了解自己的优势和兴趣所在。

职业规划：结合专业特点和市场需求，制定科学合理的职业规划。

目标设定：将长远目标分解为短期目标，制定详细的学习计划和行动步骤。

（3）以心交心，共筑友谊的桥梁：构建和谐校园生态。良好的人际关系是大学新生适应期的重要支撑。良好的人际关系不仅能为大学新生提供情感上的慰藉和支持，还能促进彼此之间的学习和成长。

**案例分析：**张强（化名）是一个性格内向的大学新生，在入学之初很难融入集体。他常常感到孤独和无助，对校园生活缺乏兴趣。然而，在一次班级活动中，张强鼓起勇气参与了小组讨论，并分享了自己的想法。这一举动让他意外收获了同学们的认可和友谊。从此以后，张强开始积极参与班级和学校的各项活动，逐渐融入了集体生活。

**方法详解：**

主动交流：勇敢地向同学、老师等表达自己的想法和感受，建立初步的联系。

参与活动：积极参加班级、社团等组织的各项活动，扩大自己的社交圈子。

倾听与理解：在与人交往中学会倾听和理解对方，建立基于信任和尊重的友好关系。

（4）情绪调控，让心灵回归宁静：做情绪的主人。面对新环境带来的压力和挑战，大学新生需要学会合理管理自己的情绪，避免情绪失控对学习和生活造成负面影响。

**案例分析：**赵敏（化名）是一个情绪敏感的新生。她经常因为一些小事而陷入焦虑或抑郁的情绪中，导致学习效率下降和生活质量降低。在心理咨询师的帮助下，赵敏学会了识别并合理表达自己的情绪。她通过写日记、向朋友倾诉等方式缓解负面情绪，并学会了运用深呼吸、冥想等技巧来放松身心。渐渐地，赵敏的情绪管理能力得到了提升，她变得更加自信和乐观。

**方法详解：**

情绪识别：学会识别自己的情绪变化，了解情绪产生的原因和影响。

情绪表达：通过适当的方式表达自己的情绪感受，如写日记、与亲朋好友倾诉等。

情绪调节：运用深呼吸、冥想、运动等方式缓解负面情绪；寻求专业心理咨询师的帮助以解决情绪困扰。

（5）切实增强自信，深度悦纳自我：发现不一样的自己。在大学的学习生活中，新生们需要不断地进行自我反思和评价，以形成更加全面和准确的自我认知。理性自我评价不仅有助于新生认识自己的优点和不足，还能帮助他们树立自信心，更好地应对挑战。

**案例分析：**陈磊（化名）是一个对自己要求极高的新生。他总是担心自己做得不够好，害怕在同学和老师面前出丑。这种过度的自我否定让陈磊在学习和生活中都感到十分压抑。然而，在一次偶然的机会下，陈磊参加了一个自我认知工作坊。通过一系列的活动和讨论，他逐渐意识到自己的优点和潜力，并学会了如何以更加宽容和接纳的态度看待自己的不足。这次经历让陈磊重拾了自信，他开始以更加积极的心态面对学习和生活。

**方法详解：**

自我反思：定期对自己的学习和生活进行反思，总结经验和教训，明确自己的优点和不足。

积极比较：避免与他人进行无谓的比较，而是关注自己的成长和进步，与过去的自己进行比较。

正面肯定：学会用积极的语言肯定自己，关注自己的成就和贡献，增强自信心。

接受不完美：认识到每个人都有不足之处，学会接受并包容自己的不完美，以更加平和的心态面对挑战。

（6）习惯决定未来，塑造高效自我：为成功奠定基石。大学的学习生活节奏与中学阶段大不相同，大学新生们需要尽快适应新的学习和生活方式，培养良好的习惯，为未来的成功奠定坚实的基础。

**案例分析：**刘欣（化名）是一名大学新生。她发现大学的学习更加自主和灵活，但同时也更加考验个人的自我管理能力。起初，刘欣常常因为时间管理不当而耽误学习进度，导致成绩下滑。为了改变这一状况，刘欣开始制订详细的学习计划，并坚持每天执行。同时，她还养成了早睡早起、健康饮食等良好的生活习惯。这些改变让刘欣的学习效率和生活质量都得到了显著提升。

**方法详解：**

制订计划：根据自己的学习目标和时间安排，制订详细的学习计划，并坚持执行。

时间管理：学会合理安排时间，优先处理重要和紧急的任务，避免拖延和浪费时间。

自主学习：培养自主学习的能力，学会独立思考和解决问题，提高学习效率。

健康生活：保持规律的作息时间，养成良好的饮食习惯和运动习惯，保持身心健康。

持续反思：定期对自己的学习和生活习惯进行反思和调整，不断优化自己的学习和生活方式。

## 心灵互动营

### 心理故事：两棵树，你砍哪一棵？

曾有这样一个故事。有一位老教授同学生说：“如果面前正好有两棵树，一棵粗，另一棵细，你会砍哪一棵？”问题一出，大家都说：“当然砍那棵粗的了。”

老教授一笑，说：“那棵粗的不过是一棵普通的杨树，而那棵细的却是红松，现在你们会砍哪一棵？”大家一想，红松比较珍贵，就说：“当然砍红松了，杨树又不值钱！”老教授带着微笑看着学生，问：“那如果杨树是笔直的，而红松却七歪八扭，你们会砍哪一棵？”学生们觉得有些疑惑，就说：“如果这样的话，还是砍杨树，红松弯弯曲曲的，什么都做不了！”老教授目光闪烁，学生们猜想他又要加条件了，果然，老教授又说道：“杨树虽然笔直，可由于年头太久，中间大多空了，这时你们会砍哪一棵？”虽然搞不懂老教授葫芦里卖的是什么药，但学生们还是从他所给的条件出发，说道：“那还是砍红松，杨树中间空了，更没用了！”

老教授紧接着问：“可是红松虽然不是中空的，但它扭曲得太厉害，砍起来非常困难，你们会砍哪一棵？”学生们索性也不去考虑他到底想得出什么结论，就说：“那就砍杨树，同样没啥大用，当然挑容易砍的砍了。”老教授紧接着又问：“可是杨树之上有个鸟巢，几只幼鸟正躲在巢中，你会砍哪一棵？”终于，有人问：“请问教授，您到底想告诉我们什么？测试些什么呢？”这个时候老教授收起了笑容，回答说：“你们怎么就没人问问自己到底为什么砍树呢？虽然我的条件不断变化，可是最终的结果却取决于你们最初的动机啊！如果想要取柴，你就砍杨树，如果想做工艺品，你就砍红松，你们总不会无缘无故地提着斧头上山砍树吧。”

**分享：**这个故事告诉我们，一个人只有心中先有了目标，做事的时候才不会被各种条件和现象迷惑。你的大学目标明确了吗？那就加油吧！

大学新生适应期的心理调适是一个复杂而持续的过程。通过正视现实、明确目标、建立良好的人际关系、合理管理情绪、理性自我评价以及养成新的学习生活习惯等方法，大学新生们可以逐步适应新环境，实现自我成长和发展。在这个过程中，保持积极乐观的心态、勇于面对挑战和困难、不断学习和进步是至关重要的。希望每一位大学新生都能顺利度过适应期，开启精彩纷呈的大学生活。

## 自助测试

### 心理测试：UCLA 孤独感量表测量问卷

本问卷共 20 题，每题均给出 4 个答案，请从中选择一项最适合你的答案。

| 题　项 | 从不 | 很少 | 有时 | 一直 |
|---|---|---|---|---|
| 1. 你与周围人的关系和谐吗? | 4 | 3 | 2 | 1 |
| 2. 你常感到缺少伙伴吗? | 1 | 2 | 3 | 4 |
| 3. 你常感到没人可以信赖吗? | 1 | 2 | 3 | 4 |
| 4. 你常感到寂寞吗? | 1 | 2 | 3 | 4 |
| 5. 你属于朋友们中的一员吗? | 4 | 3 | 2 | 1 |
| 6. 你与周围的人有许多共同点吗? | 4 | 3 | 2 | 1 |
| 7. 你常感到与任何人都不亲密了吗? | 1 | 2 | 3 | 4 |
| 8. 你常感到你的兴趣和想法与周围的人不一样吗? | 1 | 2 | 3 | 4 |
| 9. 你想要与人来往、结交朋友吗? | 4 | 3 | 2 | 1 |
| 10. 你想与人亲近吗? | 4 | 3 | 2 | 1 |
| 11. 你常感到被人冷落吗? | 1 | 2 | 3 | 4 |
| 12. 你常感到你与别人来往毫无意义吗? | 1 | 2 | 3 | 4 |
| 13. 你常感到没有人很了解你吗? | 1 | 2 | 3 | 4 |
| 14. 你常感到与别人分隔开了吗? | 1 | 2 | 3 | 4 |
| 15. 当你愿意时就能找到伙伴吗? | 4 | 3 | 2 | 1 |
| 16. 有人真正了解你吗? | 4 | 3 | 2 | 1 |
| 17. 你常感到羞怯吗? | 1 | 2 | 3 | 4 |
| 18. 你常感到有人围着你但并不关心你吗? | 1 | 2 | 3 | 4 |
| 19. 有人愿意与你交谈吗? | 4 | 3 | 2 | 1 |
| 20. 有人值得你信赖吗? | 4 | 3 | 2 | 1 |

**计分规则：**

计分标准涉及对每个条目的评分，其中一些条目需要反向计分。具体来说，每个条目采用 4 级评分：A. 从不，B. 很少，C. 有时，D. 一直。对于正向计分的条目，评分从 1 到

4 逐渐增加，表示孤独感的增加；而对于反向计分的条目，评分则是从 4 到 1 逐渐减少，以表示孤独感的减少。

**结果分析：**

UCLA 孤独量表还包括一些特定的指导原则，例如，对于年轻男性和年轻女性来说，得分高于或等于某个数值可能意味着他们比大多数同龄人更容易感到孤独。例如，得分等于或大于 53 的年轻男性比大多数同龄男性更容易感到孤独；而得分等于或大于 49 的年轻女性则比大多数同龄女性更容易感到孤独。相反，得分等于或小于 31 的年轻男性相对于大多数同龄男性来说孤独感较弱；得分等于或小于 29 的年轻女性相对于大多数同龄女性来说孤独感较弱。老年人的平均得分是 32。需要注意的是，UCLA 孤独量表主要用于评价个体由于社会交往的渴望与实际水平的差距而产生的孤独感，并且反映个体的人际关系质量和情感状态。各条目得分之和即为该量表的总分。高分表示孤独程度高。其中，大于 44 分说明孤独感很强，小于 28 分说明孤独感很弱，大部分人得分为 33 ～ 39 分。

## 拓展延伸

### 心灵影院：自强不息的风雨之路——《三傻大闹宝莱坞》

影片采用插叙手法，讲述了三位主人公法罕、拉加与兰彻的大学故事。法罕、拉加与兰彻是印度著名学府帝国工业大学的同寝室的同学。法罕并不想学习工业设计，而是想成为一名野外摄影师，毕业时收到了匈牙利摄影师的工作邀请；拉加的家庭十分贫困，他的家人希望他毕业后能找个好工作以改善家庭经济状况，最终得到了公司的聘用；兰彻十分热爱机械，成绩名列前茅，但他的身世一直是个谜。除了成绩出众之外，兰彻还是一个喜欢开导别人的人，每当他人在无助、错误或者是生活即将步入歧途的时候，他总是会恰当地出现，恰当地给予指点。因为他的这种高强的“本领”，他得罪了学校的院长，整蛊了只会死记硬背的同学，十年之后，当年被兰彻整蛊的查尔图找了回来，在他被整蛊的那个夜晚，他和兰彻打了一个赌，要在十年之后一比“事业的成功”。然而毕业时兰彻却选择了不告而别。如今他拿着高薪，开着沃尔沃，自诩为“成功人士”，带着法罕和拉加开始了寻找兰彻之旅。在旅途过程中，他们回忆起大学生活的点点滴滴，兰彻的身世和经历也被不断揭露。

### 有氧书吧：《青年之声 · 新生宝典》

由团中央学校部、全国学校共青团研究中心编著的《青年之声 · 新生宝典》选编了大量深受青年学生认可和信赖的专家名人、公众人物、朋辈榜样所提出的真知灼见，并配以文献节选、资料注解和案例介绍等拓展式内容，力求为广大青年学生特别是每年秋季踏入大学校门的新生带来思想之源、精神之光。全书分为报考篇、学业篇、人际篇、发展篇、生活篇、权益篇 6 个篇章，对大学新生经常遇到的典型问题、热点话题、实际难题进行了深入剖析和科学解答。该书不仅是大学新生认识大学、适应大学、“主宰”大学的良师益友，也是广大教育工作者特别是高校团干部、辅导员做好新生教育和服务工作的“参考教材”。

# 项目三

# 打开自我的大门

## ——自我意识

## 学习目标

- 学习目标
  - 知识目标
    - 知晓自我意识的含义及内容
    - 了解大学生自我意识的特点
    - 学习认知自我悦纳及自我发展
  - 能力目标
    - 掌握认识自我的方法，能够从多方面认识自我
    - 能够灵活使用悦纳自我的方法
    - 能够掌握发展自我的途径
  - 素质目标
    - 通过学习，促进学生良好心态的形成，克服个性弱点
    - 培养大学生正确的世界观和人生观
    - 形成积极向上的心态

## 故事导入

### 自己的颜色

鹦鹉是绿色的，金鱼是红色的，大象是灰色的，小猪是粉红色的，所有的动物都有它们自己的颜色。只有变色龙例外，它们走到哪儿，颜色就会随之变化。站在柠檬上面，它们是黄色的；藏在石楠花丛中，它们是紫色的；坐在老虎身上，它们就有了和老虎一样的条纹。

有一天，一只站在老虎尾巴上的变色龙对自己说：“如果我一直待在叶子上，我就会永远是绿色的，那样我也会有自己的颜色了。”想到这儿，它就高高兴兴地爬上最绿的一片叶子。可是到了秋天，叶子变黄了，那只变色龙也变黄了。后来，叶子变红了，变色龙也变红了。再后来，冬天的寒风把叶子吹落枝头，变色龙也跟着落下来了。在漫长的冬夜里，变色龙变成了黑色的。

当春天来临时，它走到外面，来到一片青草地。在那儿，它遇到了另一只变色龙。它讲述了自己的伤心故事。“难道我们就不会有自己的颜色吗？”它问道。另一只变色龙年纪大一点，也更有智慧。它说：“恐怕我们不会有自己的颜色的。”“可是，”它接着说，“为什么我们不待在一起呢？我们走到哪儿，颜色虽然还是会随之变化，但是你的颜色和我的颜色总是一样的。”它们就这样肩并肩待在一起。它们一起变成了绿色的、紫色的、黄色的，还有红色带圆点的，从此幸福地生活在一起。

### 心灵能量包

知仁者智，自知者明。

——《道德经》

在世界上你唯一能够确定可以改善的就是你自己。

——赫曼·赫塞

我们生活中的很多时间都花费在努力去理解别人，同时希望别人更好的理解我们。

——高尔顿·奥尔波特

## 任务一 学会认识自我

“人是什么”这是一个古老而永恒的话题，也是每一个人毕生都在探寻和不断获取不同答案的问题。古希腊的神殿上有句名言——“认识你自己”，这句名言警示世人：人的一生就是一个探索自我的过程，认识自己是人生之旅的出发点，是实现自我价值的基础。斯芬克斯之谜、写在神殿上的箴言“认识你自己”和中国那句熟知的古训“人贵有自知之明”，都表明人类在认识自然的同时要认识人类本身。

### 一、认知什么是自我意识

自我意识是一个人在社会化过程中逐步形成和发展起来的，对自我以及自己与周围环境关系的多方面、多层次的认知、体验和评价，是个体关于自我全部的思想、情感和态度的总和。自我意识也是一个完整的多维度、多层次的心理系统，由自我认识、自我体验和自我调控三方面构成。自我意识具有目的性、社会性、能动性等特点，对个性的形成与发展起着调节、监督的作用，正因如此，我们可以通过多种途径来认识自己和认识他人。比如，你喜欢自己的外表，能力、性格、家庭背景吗？你满意自己的成绩和努力吗？你认为别人对你评价如何？这些问题都属于自我意识的范畴。

#### （一）个体对自身生理状态的认识和体验

个体对自身生理状态的认识和体验是指对自己身高、体重、容貌、身材、性别等的认识以及对生理病痛、温饱饥饿、劳累疲乏等的评价和感受。如果一个人对自己的生理自我不能接纳，如嫌自己个子矮、不漂亮、身材差、皮肤黑等，就会讨厌自己产生自卑。

### （二）个体对自身心理状态的认识和体验

个体对自身心理状态的认识和体验是指对自己知识、能力、情绪、兴趣、爱好、性格、气质等的评价和体验。如果一个人对自己的心理自我评价低，如嫌自己能力差、智商不高、情绪起伏太大、自制力差等，就会否定自己。

### （三）个体对自己与周围关系的认识与体验

个体对自己与周围关系的认识与体验是指对自己在群体中的地位、作用以及自己和他人的相互关系的认识、评价和体验。如果一个人认为周围的人不喜欢自己，不接纳自己，找不到知心朋友，就会感到很孤独、寂寞。

**成长时刻**

自我意识理论对同学们的启发是，学会用恰当的方法对自己进行全面、正确的评价，认清自己的优点和缺点，在日常的学习和生活中，发挥自己的优势，弥补自己的不足，从而学会热爱生命，做到自尊自信。正确的自我评价具有重要的社会意义，它不仅影响社会中人与人的交往方式，而且影响社会中人的心理健康程度，影响人的价值观和人生观的合理程度。另外，马克思主义关于意识的主观能动性原理对同学们的方法论指导是，要充分发挥意识对于人体生理活动的调节和控制作用。

## 二、了解自我意识的具体内容

### （一）生理自我

生理自我是个体对自己身体、生理状态（如身高、体重、容貌）的认识和体验，它是一个人在与他人交往的过程中通过学习而逐渐形成的，它将一个人从自我和非我中区别开来，意识到自己的存在，并明白生存是依托于自己的躯体。人出生时，并不能区分自己和非自己的东西，生活在主客体未分化的状态；七八个月婴儿开始出现自我意识的萌芽，即能意识到自己的身体，听到自己的名字会明确做出反应；2 岁左右的儿童，开始掌握第一人称“我”的使用，在自我意识的形成中是一大飞跃；3 岁左右的儿童，开始出现羞耻感、占有心，要求“我自己来”，其自我意识有新的发展，但这一时期的幼儿其行为是一种以自我为中心的行为，以自己的身体为中心，以自己的想法和情感来认识和投射外部世界，因此这一时期的自我意识被认为是生理自我时期，也有人称之为自我中心期，它是自我意识最原始的形态。

### （二）社会自我

社会自我是指被他人了解的个体，即个体对自己在社会关系中的角色意识，主要受他人看法的影响，这阶段大致从 3 岁～ 14 岁逐步形成。在此阶段，个体在社会化过程中学习承担社会角色，从少年时开始积极关注自己的内部世界，但他们主要从别人的观点去评价事物、认识他人，对自己的认识也服从于权威或同伴的评价。这一时期，是个体接受社会教化影响最深的时期，也是角色学习的重要时期，儿童在幼儿园，少年在小学、中学接受正规教育，通过在游戏、学习、劳动等活动中不断地练习、模仿和认同，逐渐习惯社会规范，形成各种角色观念，如性别角色、家庭角色、同伴角色、学校中的角色等，并能有意识地调节控制自己的行动。因此，这一时期个体自我意识的发展被称之为“社会自我”

发展阶段，也称之为“客观化”时期。

### （三）心理自我

心理自我指个人内在的心理自我，是个人对自己心理特征的意识，如性格、气质、情绪、智能、行为、理想等。这阶段大约需要 10 年的时间才能完成，即从青春期一直到成年。自我意识经过这个阶段的分化、矛盾、统一而趋于成熟，个体开始清晰地意识到自己的内心世界，开始有明确的价值探索和追求，强烈要求独立，产生了自我塑造、自我教育的紧迫感和实现自我目标的驱动力，青年的世界观、人生观、价值观的形成是心理自我成熟的标志。这一时期被称之为心理自我发展时期，也被称之为自我意识“主观化”时期。青年的世界观、人生观和价值观的形成是心理自我成熟的标志。

## 心灵互动营

### 心理游戏：自我投射

假如我是一种动物，我希望是________________

因为________________

假如我是一种花，我希望是________________

因为________________

假如我是一棵树，我希望是________________

因为________________

假如我是一种食物，我希望是________________

因为________________

假如我是一种交通工具，我希望是________________

因为________________

假如我是一档电视节目，我希望是________________

因为________________

假如我是一种乐器，我希望是________________

因为________________

假如我是一种颜色，我希望是________________

因为________________

假如我有万能的力量，我希望是________________

因为________________

## 三、分析自我意识的结构

自我意识的结构主要是指自我意识具有哪些表现形式，以及自我意识都包括哪些心理成分。由于自我意识既是心理活动的主体，又是心理活动的客体，涉及认知、情感、意志过程的多层次、多维度的心理现象，因此，自我意识的结构表现在自我认知、自我体验和自我调控方面。

### （一）自我认知

自我认知是自我意识的认知成分，是指个体对生理自我、心理自我和社会自我的认识。

它包括自我感觉、自我观察、自我观念、自我分析和自我评价等层次。其中，自我观念和自我评价是自我认知中最主要的方面，集中反映了个体自我认识乃至自我意识的发展水平；自我观念又分为现实自我、投射自我和理想自我三个维度。自我认知是自我意识的首要成分，是自我体验的前提，也是自我调控的基础。

## 心灵互动营

### 心理故事：阿德勒与自卑

1870 年 2 月 17 日阿德勒生于奥地利首都维也纳郊区，他的父亲是一名犹太商人，主要做谷物生意，由于父亲经营有方，他的家境颇为富裕。阿德勒从小生活舒适安逸，物质生活相对满足，但他却认为自己的童年是不幸的。在 6 个兄弟姐妹中他排行老二，哥哥体格健壮，是个典型的模范儿童，而他自觉长相既矮又丑，与长兄有一种激烈的对抗情绪，母亲似乎偏爱哥哥，但阿德勒与父亲相处融洽。阿德勒是一个直到 4 岁才会走路的体弱多病的儿童，他患有佝偻病，无法进行激烈的体育活动，但他并没有让身体上的缺陷压倒自己，相反却刺激了他的上进心。阿德勒喜欢结交各种各样的朋友，在孩子们的游戏中也总是试图超过他的哥哥，他的父亲鼓励他说："阿德勒，你必须不相信任何事。"就是告诉他，不能让眼前的困境束缚住自己，不能相信当下的困难就是人的一生，而要勇于突破，大胆地去创造自己的生活，这种坚强的信条造就了阿德勒一生的功名。

5 岁时的一次遭遇几乎改变了他的一生。那年，他患上了致命的肺炎，医生认为他快死了，家人也不抱什么希望，但几天后，他竟奇迹般地康复了。这场病加上他 3 岁时大弟弟的死亡使他萌生了要当一名医生的愿望，他要用这个生活目标去克服童年的苦恼和对死亡的恐惧。所以，尽管他很喜欢音乐，也对许多艺术门类有很深的造诣，他还是选择了心理医生的职业，他认为许多个体心理学的现象都可以追溯到童年时的一些遭遇。

阿德勒 5 岁时上小学，9 岁时进入弗洛伊德 14 年前上过的中学，刚上中学时，由于他数学不好而被老师视为差等生，老师因此看不起他，并建议他的父亲让他去当一名制鞋的工人。当然，他的父亲拒绝这样做，但这事也刺激了好强的阿德勒，促使他努力学习，在数学上有了很大进步，偶然的一个机会，他解决了一道连老师也感到头疼的数学题，成了班上的优等生，更增强了他的自信心。阿德勒后来经常提到这件事，在不无自豪的同时，也启示人们：人的潜力是没有局限的，更不是天生注定的，只要肯去挖掘，每个人都有成功和飞跃的机会，这也是阿德勒个体心理学的一个重要原则。中学毕业后，阿德勒如愿以偿，进入维也纳医学院，系统学习了有关心理学、哲学的知识，并受到良好的医学训练。

看到阿德勒的成长经历后，有人不禁要问：这是一个什么样的心理学家？

他的成长经历与后来的心理学观点有什么联系？正是阿德勒从小有这样的成长经历，他才从中总结出了一些心理学的规律。

阿德勒认为：自卑感是人们在追求更加优越的地位和完美的人生过程中必然会出现的心理体验。阿德勒对于自卑的理解主要局限在生理机制方面，他认为儿童主观上的自卑感常常是生理上的缺陷引起的，带有依附、服从和软弱的品质。这种自卑任其发展下去，儿童就会成长为弱者。由生理机制引起的自卑可能会导致个体从生理上进行补偿：一种情况是集中所有力量发展功能欠佳的器官机能；另一种情况是转而发展其他器官的机能，进而以其他器官的优势机能来弥补有缺陷的机能。

阿德勒发现每个人都有不同程度的自卑感，而没有人能长期忍受自卑感，都会采取某种行动，来解除自己的自卑状态。假如一个人已经气馁了，他仍会努力摆脱自卑感，只是他采取的方法不能使他有所进益，自卑在某种程度上能够促进我们的成长，因为只有发现了自己所处的状态是自己希望加以改进的，才能促进人们更加努力。

### （二）自我体验

自我体验是自我意识的情感成分，在自我意识的基础上产生，反映个体对自己所持的态度。它以情绪体验的形式表现出人对自己的态度，这种情绪体验既可以是正面的，比如自尊、自爱、肯定、接纳、优越感等，也可以是负面的，比如自卑、否定、不满意等。如果个体感知的现实自我比理想自我好，就比较容易产生正面的情绪体验，如果个体感知的现实自我没有理想自我好，则容易产生负面的情绪体验。其中，自尊是自我体验的主要方面。自我体验以情绪体验的形式来表现个体是否悦纳自己，主要涉及“我是否满意自己或悦纳自己”等问题，良好的自我体验有助于个体进行自我调控。

### （三）自我调控

自我调控是自我意识的意志成分，指个体对自己行为与心理活动的自我作用过程。它监督、调节人的行为活动，调节、控制自己对自己的态度和对他人的态度，包括自我监督、自主、自立、自我塑造、自我控制、自我教育等，其中，自我控制和自我教育是自我调控中最主要的方面。自我调控能力较强的个体，在做事的过程中更加自制、自律、独立和坚定，往往有详细的计划，不太容易受内在和外界影响，相反，自我调控能力较弱的个体更容易受到内部情绪的阻力和外在因素的诱惑，往往会缺乏主见，遇到困难容易产生退缩和畏难情绪。

由上所述，自我意识结构的三个方面是有机统一的，自我认知是自我体验和自我调控的基础，自我体验强化着自我认知，并决定了自我调控的方向和行动力度，自我调控又对自我认知、自我体验起着调节作用，构成了个体心理面貌的一个重要组成部分，通过自我认知，使人明确“我是一个怎样的人？”通过自我体验，可以解决“我这个人怎样？”“我是否接受自己？”通过自我调节，特别是自我控制和自我教育，可以最终解决“我应当成为一个怎样的人？”

# 任务二　探索大学生自我意识特点

## 一、认识自我意识发展的总体特点

### （一）自我意识开始分化、自我矛盾开始出现

进入大学以后，随着学习、生活方式的改变和心理意识的发展，大学生的自我意识有了明显变化，出现了理想自我和现实自我的分化，并且迅速发展，导致矛盾日益凸显。

学生对自己的生活充满信心，对未来抱有希望，而现实往往不是他们所想象的，于是就出现了所谓理想自我和现实自我的矛盾。这种矛盾分化，使得学生越来越多地注意到

“我”的许多细节，发生自我意识的改变，经过自我体验和自我调控，表现出各种激动、焦虑、喜悦与不安的情绪。当理想自我（指个体想要达到的比较完美的自我）占优势时，往往会使“客体自我”萎缩到实际能力以下，总认为自己事事不如人，从而产生较强的自我否定，乃至放弃努力，形成自我怜悯或伤感的心理状态；相反，当现实自我（指一种能被人感知到的客观存在）占优势时，往往表现出较强的虚荣心和自我陶醉，特别在乎他人对自己的评价，担心暴露自己的缺点。另外，学生进入大学后自我意识中“投射自我”（个人想象中他人对自己的看法）意识成分明显增强，人际关系也因此变得较为复杂，同学之间的矛盾日益增多，常会产生自己不为别人所理解的想法，常常要求别人理解自己，呼吁理解万岁。

## 心灵互动营

### 心理案例：失败的自我控制

一个高职二年级女生小车，3月份来咨询时，说自己很矛盾，既想努力复习专升本，又想努力考过英语四级，但不知如何下手，不知道该选择哪一个，辅导老师说：“无论选哪一个都是有发展意义的，关键在于果断决策。”随后她告诉辅导老师，要先努力专升本，5月份她再次来咨询时，说还是一直很矛盾，以至于专升本考试自己并没有认真复习，觉得肯定没希望，决定安心复习英语，6月份来咨询时，她说四级已经考完，可由于惦记着期末考试，英语几乎没复习，根本不可能通过，她痛苦地说，自己失去了所有机会。辅导老师告诉她，你失去的是自己不曾努力过的，不意味着所有，接下来应努力把期末考试考好，她表示认同。考试结束后，她一脸沮丧地告诉辅导老师，期末“挂”了三科，因为她始终没有行动起来。想得太多可做得太少，很难让自己安心下来做事。

**案例分析：**这是一个典型的自我控制能力较差的例子。通常情况下，二年级相比一年级，高职高专学生自我控制的自觉性和独立性是显著增强的，自我控制的水平是明显提高的。案例中的小车满心的想法与追求，却始终没有付诸行动，最后的结果只能是失败，对自己的行为不能有效控制，最终导致自信心降低，学习不见成效，高职高专学生应学会对自己一定阶段内要完成的事情进行合理规划，有计划、有重点地逐个完成。

### （二）自我意识矛盾日益突出、调控能力相对较弱

由于自我意识的分化，“主体自我”和“客体自我”“理想自我”和“现实自我”之间的各种矛盾开始出现，随着自我意识的进一步发展，这种矛盾也越来越突出。在这种矛盾心理的作用下，自己对自己的评价也通常是矛盾的，对自己的态度也是波动的，对自己的调控总是不自觉、不果断的，面对自我意识中的种种矛盾，大学生便开始通过各种活动来重新认识自己，自觉或不自觉地在调节矛盾中完善自我。他们常常会问自己：“我聪明吗？”“我长得美吗？”“我的性格如何？”“我有什么能力和特长？”“我应该成为什么样的人”“我应该怎样度过自己的一生？”等，经过一段时间的矛盾冲突和自我调节后，大学生的自我意识会在新的水平和方向上趋于一致，达到暂时的自我统一，然而，新的自我意识矛盾又会产生，还需要不断自我调控和自我探究，但大学生的这种自我调控能力相对较弱，往往需要借助外界环境的帮助。

### （三）自我意识矛盾转化不断进行且渐趋稳定

在自我意识的“矛盾—统一—新矛盾—新统一”转化发展过程中，大学生自我意识不断发生重大变化，由刚进校的“依赖性”和“盲目性”，渐渐转变为“想入非非”，到毕业前趋于稳定，正是由于这种矛盾转化，使得自我意识发生了明显的变化，个体之间出现了不同的差异，自我意识逐渐趋向成熟。

## 二、了解自我意识发展的具体表现

### （一）自我概念往往偏高

自我概念是指怎样看待自己，是自我的认知部分。自我概念包括四个相关因素：身体上的自我概念、社会上的自我概念、情绪上的自我概念、才智上的自我概念。由于社会对大学生评价和要求较高，因此大学生往往自觉认为社会责任重大，认为自己已是祖国的栋梁之材，从而导致自我概念偏高且不准确。

### （二）自我认识更具有主动性和自觉性

大学阶段，学生的自我认识与中学阶段相比更具有主动性和自觉性，并上升到更高的水平，他们经常参照周围的老师和同学进行自我评价，设想自己的发展或进行自我设计，并自觉地将自我的命运和集体、国家的命运结合起来，经常考虑如何发展自我，如何为社会服务。

### （三）自我评价日趋完善且具有不平衡性

大学生的知识增加了，社会经验丰富了，他们更善于根据社会、学校、同学对自己的要求，不断地评价自己的思想和行为，且此时的评价逐渐变得全面、客观，他们对自己的优缺点也有了较为正确的认识与评价。但大学生自我意识具有不平衡性，通常表现为两种类型：一种是过高的自我评价，另一种则是过低的自我评价。过高或过低的自我评价往往导致个体自我意识在确立过程中的过分自负或过分自大，它们是妨碍良好自我意识形成的主要心理障碍。

## 三、感知自我体验的发展特点

自我体验是个体在自我评价的基础上对自己产生的情感体验，大学阶段是人的一生中“最善感”的年龄阶段，大多数学生喜欢自己，满意自己，自尊、自信、好胜，自我体验主要表现为以下两个方面：

### （一）自我体验的内容日益丰富

独立感意识、自尊心、自信心、好胜心强烈等。

### （二）自我体验的形式日益丰富

如自我认知、自我评价等。

## 四、感知自我控制的发展特点

### （一）自我控制的水平提高

大学生自我控制的自觉性和独立性显著增强，自我控制的水平明显提高。

### （二）自我设计的愿望强烈

大部分大学生都奋发向上、力争成才，并且根据自我设计的目标，自觉调节行为，力图摆脱社会传统的束缚，按照自己的意愿行事，也能够自觉地根据社会的要求来调节自己不合实际的目标和动机。但大学生自我控制的能力还不完全成熟，不善于及时、迅速地操纵自我追求的目标和行为，也不善于用理智控制自己的行动，学生的打架斗殴、违反校规校纪等现象就是不善于自我控制的结果。

### （三）有强烈的独立意识和自信心

大学生生理发育已基本成熟，社会化程度有了很大提高，心理上产生强烈的成人感和独立感，期望能够摆脱对成人的依靠，向周围人表现自我的主张和本事，不喜欢旁人的过多干预。这种独立意识的增强使大学生更愿意独立思考和行动，不依赖于他人。同时，大学生还具有合作精神和自信心，能够充分发挥自己的潜力，形成合作共赢，为社会发展做出更大贡献。

## 五、了解常见的自我意识困扰

### （一）自我中心

自我中心者考虑问题和做事都从“我”出发，不能进行客观地思考和分析，盛气凌人，常常得不到他人的信任与好感，导致人际关系不和谐，做事较难得到他人帮助，易遭挫折。

### （二）从众心理

从众是个体在群体的影响和压力下，放弃自己的意见而采取与大多数人保持一致的自我保护行动。有过强从众心理的大学生，在现实生活中会丧失自我，缺乏主见，遇到问题束手无策，从而导致自主性受阻，创造力受抑制，在大是大非面前无法正确把握自己，严重影响心理健康发展。

## 心灵互动营

### 心理案例：讲真话的小龙

小龙是一位高职院校的学生，从进校以来，他总觉得周围的人都不喜欢他，都对他不满。3 年来，他几乎没有朋友，与同学之间也少有来往，他很孤独，但内心却很想交朋友，言谈中能感觉到小龙并不是胆小害怕交往型，在咨询室和辅导老师面对面，他也能从容不迫，侃侃而谈。小龙抱怨说：他的思想特成熟，看到自己身边的同学，俨然就是中学生的生活状态，这让他非常看不惯。有次上某老师的课，室友回来纷纷抱怨老师照本宣科，课堂枯燥无味，以后有机会就旷课，小龙就打断大家说：“学习要靠自己，你们这样是给自己的懒惰找借口。”当时寝室气氛很尴尬；去食堂打饭，小龙看见炒的蔬菜色泽不好，会大声嚷嚷“这菜喂猪还差不多”，刚巧同班两位女同学正在打这种菜，她俩回过头丢下两个白眼；全班去郊游，班委提前商量方案，大家想去风景区，可小龙认为当下的季节风景区人多，据理力争要把活动安排在附近儿童福利院，结果讨论会不欢而散，最后郊游还是去了风景区，大家却没有通知小龙。小龙一再表明，他说话率直是因为说的都是真话、大实话，为什么现在的人不能理解呢？他还说，如果坚持真理就注定孤独的话，他要坚持下去，走自己的路让别人去说吧。

**案例分析：**乍一看，觉得小龙确实挺委屈，但仔细分析就会发现，小龙的主要问题是在人际交往上过于以自我为中心来思考和看待问题。在上述事情中，他都是从自我的角度思考其行为的合理性，明显缺乏换位思考，所以，小龙在思考和解决他所面临的问题时不能正确地归因，更不能从他人的角度去反思其行为的不合理性。这样思考问题的学生为数不少，他们为人处世都以自己的兴趣和需要为中心，只关心自己的想法和感受，不考虑他人的感受，完全从自己的角度、自己的经验去认识和解决问题，似乎自己的态度就是他人的态度。

### （三）自傲、自卑

进入青年时期，随着对外界认识的不断提高，生活经验的不断积累，生活空间的不断扩大，思想的不断进步，往往要求与社会有更广泛的交往，要求在学校里有一席之地，将来在社会上有用武之地，对未来生活充满憧憬，在这种需求下，若不能很好地对自己及周围事物做出恰当评价，很容易出现问题，产生自傲或自卑。

### （四）独立感、依赖感、逆反心理

从心理学的角度看，大学生正处于"第二断乳期"，正在从幼稚走向成熟。新生入学后，自我意识的发展产生了一次飞跃，他们长大成人，常具有时代强者之感，独立感增强对传统的家长式教育形成逆反心理，但刚刚脱离家庭踏上独立之路的他们，面对许多实际问题却束手无策，缺乏信心，难以做决断，缺乏独立解决问题的能力。因此，心理上产生了主观要求独立和客观上不能完全独立的矛盾。

### （五）理想与现实差距过大

随着自己主体意识逐步成熟，大学生往往会运用所学科学知识设想自己。他们对未来充满信心，成就欲望较强，但由于生活范围相对狭窄，社会交往比较单一，缺乏社会阅历，对自我认识的参照点较少，从而使"理想自我"与"现实自我"之间产生了较大差距。这种差距在给大学生带来苦恼和不满的同时，也会激发大学生奋发进取的积极性，但如果这种矛盾与冲突不能及时加以调适，则会导致自我的分裂，从而带来一系列心理问题。

### （六）主观需求与客观现实的冲突

在校大学生经常抱怨：伙食太差，价格又贵，资料太少，课程太多，自由支配时间少，管理太过严格，中学时代憧憬的美好大学生活与现实不符，这种需求与现实的矛盾会很大程度上阻碍大学生的积极性。

## 心灵互动营

### 心理训练营：自我意识写作工作坊

自我意识写作工作坊是一种有效的自我探索工具，可以帮助大学生更深入地了解自己的内心世界、情感、信念和经历。

**工作坊目的：**解释写作如何帮助自我意识的发展。让大学生明确他们希望通过这次自我意识写作工作坊达到的个人目标。

**写作练习：**提供写作提示或主题，如“我是谁？”“我最重要的价值观是什么？”“我对未来的愿景”等。分为自由写作与主题写作，前者给学生一段时间进行自由写作，鼓励他们不受限制地表达自己的想法和感受，后者围绕特定的主题或提示进行写作，如个人成长、成功经历、失败与教训等。

**分享与反馈：**①自愿分享。鼓励学生自愿分享他们的写作片段，但要确保这是一个安全和支持的环境。②同伴反馈。在分享后，让其他学生提供正面的反馈和建设性的评论；鼓励学生反思他们的写作，考虑如何将这些洞见应用到他们的生活中。

**写作作品展示：**组织一个小型的展示会，让学生展示他们的写作作品，可以是书面的，也可以是口头的。让学生写下他们从这次工作坊中学到了什么，以及他们如何计划将这些学习应用到未来的写作和生活中。进行一次集体讨论，分享每个人的学习体验和收获。

## 任务三　探索拥抱自我、迈向成长之旅

人生是一段一直在探索未知的旅途，我们在旅途中成长，学会面对，学会适应，学会拥抱自我，更学会坚强。拥抱自我并迈向成长之旅，是一段深刻而美好的内心探索与自我实现的旅程，这不仅是对外在世界的探索，更是对内在世界的深刻理解和接纳。以下一些建议将帮助你踏上这段旅程。

### 心灵互动营

#### 心理训练营：认识你自己

一、认识自己的积极部分

首先找一个舒适的地方，把所有可能分散自己注意力的东西都收起来，准备好纸以及彩色画笔，可以放一些舒缓的轻音乐，闭上眼睛，深呼吸，让自己彻底放松下来。

想象有一部通往你内心深处的电梯，走进电梯，按下最底层的按钮，进入你心中的秘密花园。在花园里散步，欣赏周围的风景，天气晴好，鸟儿在周围歌唱，想象自己穿着最美丽、最舒适的衣服，提醒自己，在内心的秘密花园里，你是绝对安全、绝对舒适的，找一个安静的地方坐下来，闭上眼睛，你的心中会出现另一个你，这一个“你”代表的是你积极的一面，拥有你全部的力量、勇气、同情和爱。

让这个光彩照人的“你”走进来，在你身边坐下，握住“你”的手，凝视“你”的眼睛，问这个积极的“你”是否会永远陪在你身边，保护你，指引你前进的方向。问“你”究竟该怎么做才能敞开心扉，让被压抑的情感释放出来，跟这个积极的“你”拥抱，感谢“你”来看你，邀请“你”常来你心中的花园做客。睁开眼睛，记下你刚才的感受，包括你所看到、听到和感受到的一切。那个积极的“你”是什么样子？对你说了些什么？不必着急，当你看清楚积极的“你”的样子之后，就可以睁开眼睛了。用彩色画笔给积极的自己画一幅画，即使你从未学过绘画也没关系，画的水平并不重要，关键是用心去画。

二、认识自己的消极部分

请你重新闭上眼睛，深呼吸五次，让自己放松下来，在这个环节中，我们会带领大家

去看自己消极的部分，这个过程可能会带来一些不舒服的感觉，希望你可以试着挑战自己，允许这些不舒服的感觉出现并体验它们，如果你觉得实在很难受，你也可以睁开眼睛，停止这个活动。现在，请想象有一部通往你内心深处的电梯，你走进电梯，按下最底层的按钮，这一次电梯门打开的时候，外面是一个阴暗肮脏的地方，要多糟糕就有多糟糕，你可以想象一片臭气熏天的垃圾场，也可以想象一个恐怖的山洞，总之，这是一个你最不愿意来的地方，继续深呼吸，然后朝最阴暗的角落望去，你会看到一个最谦卑、狠心的自己，这一个“你”代表的是你消极的一面，仔细观察“你”的样子，注意“你”身上的气味，以及“你”带给你的感觉，当你看清楚消极的“你”的样子之后，就可以睁开眼睛了，然后，请你在另一张白纸上，用彩色画笔给消极的自己画一幅画。

三、融合积极部分与消极部分

请你再次闭上眼睛，深呼吸，放松下来。坐电梯回到你心中的秘密花园，欣赏周围的风景，然后找一个安静的地方坐下来，当你感到无比舒适、无比安全的时候，再度让那个积极的“你”来到身边，等到积极的“你”在身边坐好，再邀请那个消极的“你”到你的花园里，让积极的“你”与消极的“你”彼此拥抱，让你最光彩照人的一面和最消极的一面拥抱在一起，让积极的“你”释放出爱与同情的光芒，照亮那个消极的“你”，告诉消极的“你”，这里很安全，随时都可以来拜访，得到你的接纳和原谅。给自己充分的时间，如果那个消极的“你”不愿意被积极的“你”抱在怀里，不要紧，每天都尝试一次，直到有所进展为止。用彩色画笔把你刚才经历的一切都画下来，至少画上五分钟的时间，画好之后，再将你的经历和感受写在纸上。

## 一、学会自我接纳——发现自己的宝藏

心理学家认为能力和自我接纳是自信的两个主要维度和构成因素；并指出能力是指掌握和控制自我及环境的感觉，自我接纳意味“包含个人承认自身缺点的自我尊重”。

### 1. 真正的转变来自接纳

萨提亚说“我们能在多大程度上接纳自己的价值，就能在多大程度上以一种友好的方式对待自己的行为并在需要的时候改变它，我们不是要去攻击自己的行为，而是要去肯定自身的价值，只有这样做，我们才能获得引导和改变自身行为的机会和动力。”

人们常将自己认为需要改变的地方看成一个缺点，把生命中需要改变的地方当成一个敌人。请试想，当你面对敌人时，你会采取什么方式？你首先就是想要击败它、摧毁它，然后当你觉得敌不过它时，就会避开它，然而，这些部分是无法被消灭、被摧毁的。

你只能把它压制下来，而此时，它会跑到生命的其他层面，仍然在影响你、控制你，因此，真正的转变并不是要避开它，而是来自接纳。当你发现生命中的每一个部分都曾经帮助你生存下来时，你会带着感激的心去面对过去你认为是敌人、缺点的部分，开始将它们当作朋友。这时，我们自然就不会想要摧毁它、打败它，或是避开它，当我们把它当作朋友时，就会想去接近它、了解它，而当我们开始接近它、了解它时，这部分就在我们的生命中融化，成为我们生命能量的一部分并被我们吸收，这时真正的转变才开始产生，生命中开始充满喜悦、平和、宁静，有一种在内心深处开花的感觉。

## 心灵互动营

### 心理活动：自我接纳宣言活动

1. 引入和讨论

开场介绍：向学生介绍自我接纳的概念，解释为什么接纳自己是重要的。

小组讨论：让学生小组讨论自我接纳的意义，分享个人对自我接纳的看法和经历。

2. 理解自我

帮助学生开始他们的宣言，例如："我接受自己是一个……""我欣赏自己的……""我理解并原谅自己的……""我承诺……"

3. 分享与反馈

自愿分享：邀请学生自愿在班级前分享他们的宣言，确保提供一个安全和支持的环境。同伴反馈：其他学生可以提供积极的反馈和支持性的评论。

4. 结束语

总结：结束活动时，总结学生在活动中学到的关于自我接纳的要点，并鼓励他们继续这一活动。

这个活动的设计旨在帮助学生通过写作和创造性表达来探索和加深对自己特点的接纳。通过分享和讨论，学生可以相互支持，共同成长。

### 2. 接纳自己的不同——每个人都是独特的

每个女生都希望拥有牛奶般的肌肤、靓丽的外表，小敏就是这样一个女生，可是偏偏她的右脸颊靠近耳朵的地方有一块小小的胎记，这让她一直很苦恼，从小到大都留着长头发，因为只有这样才可以遮住胎记，不让别人看到。进入大学，到了可以恋爱的年龄，小敏一直渴望爱情，但是每每想到自己脸上的胎记，她就心灰意冷，所以，她开始努力地做兼职，想要攒钱做激光手术把胎记去掉。在大二的时候，班上一个男生开始追求小敏，小敏觉得自己配不上他，总是远远地躲着，尽量踩着铃声上课，一下课就走，不给男生一点搭话的机会，直到有一次，男生下课追上她，问她是不是很讨厌他，小敏支支吾吾："我配不上你……我又不好看。"男生惊异道："你很好看啊，哪里不好看了？""可是我有胎记啊……"我一直想告诉你，你的那个胎记很可爱，像一个爱心，你不觉得吗？"小敏忍不住笑了："哪里像一个爱心啊？""就是很像啊，特别可爱。"两人相视而笑。

小敏一直不想接纳自己的胎记，这个胎记已经成为她独特的一部分，在她眼中这个独特性是个累赘，但在这个男生的眼中却变成了爱心，我们每个人都应该接纳自己的"胎记"。

我们每个人都是独特的，每一个人在这世上都有自己独特的、不同的经历，就如同在这世上没有两朵完全相同的花、没有两个完全相同纹路的贝壳一样，所以，当我们要求自己和他人一样，或者要求他人和我们一样时，痛苦就产生了。

### 3. 接纳自己的缺点

有一个画家画了一幅颇为得意的画后，拿到画廊里展出，为了提高自己的绘画技艺，画家在旁边放了一支笔并附上他的要求，哪一位观赏者如果认为这画有欠佳之笔，请在画上做记号。晚上，画家取回了这幅画，发现整个画面涂满了记号，几乎没有一处不被指责。画家决定换一种方式试试看，他又摹了一张同样的画拿到画廊展出，不过这次要求与上次不同，他请每位观赏者在他们最为欣赏的地方标上记号，当他取回画时，他看到画面又被涂满了记号，原先被指责的地方，都换上了赞美的标记。

从这个故事中你得到了什么启示？任何一件事情都有两面性，就像一枚铜钱的两面。想想看，那些让我们深深自责、讨厌的缺点，其实一直在陪伴我们、保护我们，这些缺点都是我们为了要生存在这个世界上而学会的。因此，我们不仅要接受生命中的缺点，我们也要懂得感谢在过往生命中曾经认为的困难，更重要的是，现在你知道你不再像小时候那样无助，你的身体已经变强壮了，你的力量已经变大了，你可以在自己的生命里重新再做不同的选择。

#### 4. 无条件地爱自己

无条件地爱自己即没有任何代价和条件地爱我们本来的样子。心理研究者发现人们对自己都有完整的评价，即整体自尊。整体自尊有两个阶段。第一阶段，人们先确定对他们来说很重要或者说可决定其自身价值的领域，对一个人来说，这些可能是学习成绩和道德行为，对另一个人来说，外貌、家人朋友的接纳可能最重要。研究者把人们用来评价自己的多个方面因素称为自我价值组合。第二阶段，人们根据自己在所选领域的表现，对自己作出评价，形成整体自尊。根据学习成绩建立自尊的一个女生，当她在课堂上表现出色时就会自我感觉良好。

**知识窗**

### 自我价值组合

多数时候，我们会发现只有极少数人感觉自己是完全好或完全不好的，即使对自己最满意的人，也能找出自己的缺点和不足，以及相对于别人不够自信的方面。

从自我价值组合看自尊，可以帮助我们理解，为什么人们明明有不足和缺点，但还可以自我感觉良好。你也许在体育或数学方面有所欠缺，但只要你不把自我价值感建立在这些方面，它们就不会影响你的整体自尊。几位研究者确定了大学生常用的自我价值组合，共六个领域，如下所示：

（1）胜任力——在多个领域的能力和执行力，对于大学生来讲，主要是指学习能力。

（2）竞争力——在各种竞技情境下优于他人。

（3）多数人的赞同——来自他人的赞同和接纳。

（4）家庭支持——从最亲密的人，尤其是家人那里得到赞同与温情。

（5）外貌——对别人怎么看待我们的身体外貌的重视。

（6）美德——坚持个人道德标准，认为自己是善良而有道德的人。

## 二、觉察并克服生命的限制

你见过马戏团的大象吗？它们原来生活在非洲大草原，被人类捕获，起先人们用铁链困住它们，它们想挣脱，但是徒劳无益，放弃了挣扎，多年下来，它们在人类食物的安抚下，忘了自己的本性，即使人们用不能束缚它们的麻绳困住它们，它们也不会反抗，而是温顺地待在有限的范围内。我们就像这些马戏团的大象，在经历了许多痛苦、无助和挣扎之后，在心灵最深处的地方，我们记住了许许多多的限制。

### 1. 你拥有哪些限制

我们如何知道自己有哪些限制呢？第一步就是觉察，深入地察觉我们是怎样把早期（儿童时期）的禁令内化进自己的生活，使其变成了自己的限制，我们要知道生活中的“必须”和“应该”都有哪些，并且是怎样让禁令影响了我们的生活，然后，我们可以做出新的选择，而不再像过去那样被自动化的反应所控制，即，我们将逐渐成为自己的主人。以下是一些常见的禁令：

（1）“不许犯错。”经常听到并且接受这一信息的儿童会害怕冒险，以防让自己看起很愚蠢，在他们看来，犯错就等于失败。那么儿童可能会认为：“既然我害怕做出错误的决定，那么我就简单点，索性不做决定好了。”“既然我已经做出了一个错误的选择，那么以后我再也不做任何重要的决定。”

（2）“别和他人亲近。”“别相信别人！”“不要爱别人！”接受这一信息的儿童就会认为：“亲近他人是一件令人恐惧的事情，所以我应该保持冷漠。”

（3）“你不重要。”如果你在说话的时候经常被忽视，你就有可能认为自己是不重要的。

（4）“不要做你自己。”这暗指儿童的性别、外形、身高等不符合父母的期望，或者他们有一些父母不能接受的想法和感受，儿童可能会认为：“如果我是个男孩（女孩），他们就会爱我了，所以，他们不可能爱我。”“我要像个男孩（女孩）一样。”

## 心灵互动营

### 心理训练营：找到限制你的禁令

（1）在以下“别……”的禁令中，在每个你认为适合你的选项前画“√”。

________别做你自己

________别思考

________别失败

________别有什么感受

________别显得愚蠢

________别太亲近他人

________别觉得自己重要

________别那么性感

________别吹嘘

________别改变

（2）检验你是不是有时会被这些“要……”所束缚。

________要做得完美

________要说好的事情

________要超越自己

________在任何时候都要讲究实际

________要听权威的

________要顺从

________要发挥自己的潜力

________要展示自己好的一面

________要先人后己

________要做而不要只说

2. 如何克服这些限制

要克服这些限制，学会反驳那些对自己不利的想法，学会挑战内心的家长和批评家，例如，你在大学里可能认为自己学不好某门课程，因为你很早以前就认为自己在这门课程上“不够聪明”，你可能告诉自己：我在这门课程上永远不可能及格，所以为什么还要尝试？然而，你可以选择不在障碍面前停下脚步，你可以问自己：“谁说我无能？就算老师说我反应慢，难道这就是事实吗？我为什么要不加思考地接受这种看法呢？让我尝试一下，瞧瞧结果是怎样的？”可以选择和不同的自我进行对话。例如，你试图努力地把自己向他人开放、信任他人，但同时又听到自己的内心在说：“不要信任任何人！”在这种情况下，你可以和你的信任方与怀疑方进行双向沟通，需要注意的是，我们现在不一定要把儿时的信息都当作真理一样毫无保留地接受，因为作为成年人，可以检验这些信息是否准确。

## 三、锻炼用发展的视角看自己

### 1. 成长与转变是渐进的过程

成长与转变是缓慢、渐进的，而不是快速、跳跃式的，成长与转变是螺旋上升的，而不是直线向上的，犹如爬山一样，有时当你爬到某一点会看到与前面相似的风景，但高度却已不同了。在成长的道路上有时你会觉得返回了原点，但是即使你外表是相同的，内心、能量却已不同，回到原点，并不表示你在倒退，而是内心正在统合更大的能量，等下一次再出发时，步伐会跨得更大，走得更远。成长与转变是过程，而不是结果，在整个过程中，每一个不同的自己，每一个不同的刹那，都值得去享受。生命的品质一天天提升，每天都会因转变而看到不同的世界和自己，所以，成长与转变是觉察生命的过程，而不是一个目的。

**心灵互动营**

### 心理训练营：冥想

冥想是一种在短时间内有效达到深度放松的方式，冥想的状态不仅能引起全身放松，而且会降低身体和心理的疲劳。冥想能集中人们的注意力，提高人们的思维能力，冥想能够让人们从现实的无奈中解脱出来，重新开始理解现在，恢复人们内部聆听的能力，让人们做出最佳选择。人们的心理就像一个桌面，上面堆积了非常多的信息，使得人们不能有效运作，从而使得心理变得混乱，有担忧、悔恨、恐惧、记忆、反应和负面的自我印象，这些都让人们自我埋葬得越来越深。冥想是一种把混乱剔除出去的方法，让人们能集中有益的想法并发现自己正面的印象，通过冥想人们能够得到放松，体验到一种自我更新的感觉。

现在，请注意你的呼吸。只关注它，不要强迫，也不要憋气，你可以做的也许就是给身体更多放松的信息，再花一点时间在体内四处检查一下，看看是否还有某个地方紧绷着，如果找到这样的地方，请向它们微笑，因为它们是在告诉你它们需要你，将它们放松，并让那份张力随着下一次呼出的气息消失。

现在，请更深地进入内在，给自己一个欣赏的信息，你是生命力的体现，独一无二。在这个世界上没有一个人与你完全相同，每个人与你都既有许多相同之处又有许多差别，包括你的家庭成员在内，因此，在这一刻，当你给自己一个欣赏的信息时，请注意自己是独一无二的，不需要你和其他任何人相比较，作为一个独一无二的人，你理应受到最深的尊重，在一切场合肯定和珍惜自己，因为你是生命力的体现。

也许此刻，我们可以开始有所区别，将体现生命力的你——本质上完美而纯净——与你不见得总是纯净的行为区分开来，用你的力量来认识自己精神上的纯洁，这将有助你与自己的其他部分相互合作，而这些部分也许想要改变或增加些什么，这就是我们力量的来源。它源于我们与自己本质的联结，这样的联结从根本而言是精神上的。当然，在我们成长的道路上，还有很多其他的方法能够帮助我们，比如大自然，我们要像拥抱大自然的春夏秋冬一样拥抱我们的喜怒哀乐，当我们懂得欣赏春天的莺飞草长、万物滋生，感受夏天的茂盛、繁华，懂得面对秋天的萧瑟、寂寞，更懂得蕴藏在严冬背后的无限生机，我们就能欣赏生命的分离聚散、悲欢离合。

### 2. 成长与转变——你准备好了吗?

下决心转变并不是一件简单的事情，也许你会感到迷茫：我是否真的需要转变？为了转变而付出的代价是否值得？人们在转变时有顾虑、有恐惧是正常的。认识到你是谁，并接受自己，是转变的起点。转变不是自我批评，或是走向你现在生活的反方向，只有当你能够准确评价自我，并且能恰当地处理自己的问题时，才能获得成长与转变。转变的过程是最重要的，不在乎是一步到位还是循序渐进，只要有不同之处就是新的开端。

### 3. 自我成长

（1）不要给自己贴上消极的标签，如“我是个笨蛋”。

（2）不要总将自己和他人比较。记住，你自己是独特的，学会欣赏这种差异。

（3）人人都有自己所不知的问题和弱点。即使是最自信的人，也有感到不安全的时候。

（4）与处世积极、喜欢与你同行并共享人生的朋友交往。

（5）笑口常开，寻找并体味人生中的幽默。

## 自助测试

### 青春的事——自我和谐量表（SCCS）

自我和谐量表（SCCS）是北京大学心理系的王登峰教授，在 Rogers 关于自我和谐概念的论述上，结合心理治疗实践编制的，能反映出自我与经验之间的关系，包含对能力和情感的自我评价、自我一致性、无助感等。

下面是对自己看法的一些陈述，填答时，请看清每句话的意思，然后勾选一个数字，以代表该句话与自己看法相符合的程度，每个人对自己的看法都有其独特性，因此答案是没有对错的，依心而答。（1—完全不符合；2—比较不符合；3—不确定；4—比较符合；5—完全符合）

自我和谐量表（SCCS）

| | | | | | |
|---|---|---|---|---|---|
| 1. 我周围的人往往觉得我对自己的看法有些矛盾 | 1 | 2 | 3 | 4 | 5 |
| 2. 有时我会对自己在某方面的表现不满意 | 1 | 2 | 3 | 4 | 5 |
| 3. 每当遇到困难，我总是首先分析造成困难的原因 | 1 | 2 | 3 | 4 | 5 |
| 4. 我很难恰当表达我对别人的情感反应 | 1 | 2 | 3 | 4 | 5 |
| 5. 我对很多事情都有自己的观点，但我并不要求别人与我一样 | 1 | 2 | 3 | 4 | 5 |
| 6. 我一旦形成对事物的看法，就不会再改变 | 1 | 2 | 3 | 4 | 5 |
| 7. 我经常对自己的行为不满意 | 1 | 2 | 3 | 4 | 5 |
| 8. 尽管有时做一些不愿意的事，但我基本上是按自己意愿办事的 | 1 | 2 | 3 | 4 | 5 |
| 9. 一件事好是好，不好是不好，没有什么可含糊的 | 1 | 2 | 3 | 4 | 5 |
| 10. 如果我在某件事上不顺利，我往往会怀疑自己的能力 | 1 | 2 | 3 | 4 | 5 |
| 11. 我至少有几个知心朋友 | 1 | 2 | 3 | 4 | 5 |
| 12. 我觉得我所做的很多事情都是不该做的 | 1 | 2 | 3 | 4 | 5 |
| 13. 不论别人怎么说，我的观点决不改变 | 1 | 2 | 3 | 4 | 5 |
| 14. 别人常常会误解我对他们的好意 | 1 | 2 | 3 | 4 | 5 |
| 15. 很多情况下我不得不对自己的能力表示怀疑 | 1 | 2 | 3 | 4 | 5 |
| 16. 我朋友中有些是与我截然不同的人，这并不影响我们的关系 | 1 | 2 | 3 | 4 | 5 |
| 17. 与朋友交往过多容易暴露自己的隐私 | 1 | 2 | 3 | 4 | 5 |
| 18. 我很了解自己对周围人的情感 | 1 | 2 | 3 | 4 | 5 |
| 19. 我觉得自己目前的处境与我的要求相距太远 | 1 | 2 | 3 | 4 | 5 |
| 20. 我很少去想自己所做的事是否应该 | 1 | 2 | 3 | 4 | 5 |
| 21. 我所遇到的很多问题都无法自己解决 | 1 | 2 | 3 | 4 | 5 |
| 22. 我很清楚自己是什么样的人 | 1 | 2 | 3 | 4 | 5 |
| 23. 我很能自如地表达我所要表达的意思 | 1 | 2 | 3 | 4 | 5 |
| 24. 如果有足够的证据，我也可以改变自己的观点 | 1 | 2 | 3 | 4 | 5 |
| 25. 我很少考虑自己是一个什么样的人 | 1 | 2 | 3 | 4 | 5 |
| 26. 把心里话告诉别人不仅得不到帮助，还可能招致麻烦 | 1 | 2 | 3 | 4 | 5 |
| 27. 在遇到问题时，我总觉得别人都离我很远 | 1 | 2 | 3 | 4 | 5 |
| 28. 我觉得很难发挥出自己应有的水平 | 1 | 2 | 3 | 4 | 5 |
| 29. 我很担心自己的所作所为会引起别人的误解 | 1 | 2 | 3 | 4 | 5 |
| 30. 如果我发现自己某些方面表现不佳，总希望尽快弥补 | 1 | 2 | 3 | 4 | 5 |

续表

| | | | | | |
|---|---|---|---|---|---|
| 31. 每个人都在忙自己的事，很难与他们沟通 | 1 | 2 | 3 | 4 | 5 |
| 32. 我认为能力再强的人也可能遇上难题 | 1 | 2 | 3 | 4 | 5 |
| 33. 我经常感到自己是孤独无援的 | 1 | 2 | 3 | 4 | 5 |
| 34. 一旦遇到麻烦，无论怎样做都无济于事 | 1 | 2 | 3 | 4 | 5 |
| 35. 我总能清楚地了解自己的感受 | 1 | 2 | 3 | 4 | 5 |
| 总分 | | | | | |

**评分与解释：**

每题所选择的数字就是该题所得分数，35 道题的分数相加。

三个分量表包含的项目及题号如下：

1. 自我与经验的不和谐：1，4，7，10，12，14，15，17，19，21，23，27，28，29，31，33 共 16 项。

2. 自我的灵活性：2，3，5，8，11，16，18，22，24，30，32，35 共 12 项。

3. 自我的刻板性：6，9，13，20，25，26，34 共 7 项。

“自我与经验的不和谐”反映的是自我与经验之间的关系，包含了对能力和情感的自我评价、自我一致性、无助感等，它所产生的症状更多地反映了对经验的不合理期望。

“自我的灵活性”与敌对和恐怖有显著相关，可以预示自我概念的刻板与僵化。

“自我的刻板性”不仅可信度较低，而且与偏执显著相关，其使用仍然在探索中。

计算总分：将“自我的灵活性”反向计分（本量表中的记分是 5 点，即选 1、2、3、4、5 的分别得分是 5、4、3、2、1），再与其他两个分量表得分相加，得分越高自我和谐程度越高。在大学生中，低于 74 分为低分组，75 ～ 102 分为中间组，103 分以上为高分组。

## 拓展延伸

### 心灵影院：一次精彩的心灵旅程——《心灵捕手》

一个麻省理工学院的数学教授，在系里的公布栏中写下了一道他觉得十分困难的题目，希望他那些杰出的学生能解开答案，可是却无人能解，结果一个年轻的清洁工威尔在下课打扫卫生时，发现了这道数学题并轻易地解开了这道难题。

威尔聪明绝顶却叛逆不羁，甚至到处打架滋事，并被少年法庭宣判送进少年看护所，数学教授有心提拔这个个性不羁又非常自我的天才，要他定期研究数学和接受心理辅导。数学难题难不倒他，但对于心理辅导，威尔却特别抗拒，直至遇到一位事业不太成功的心理辅导专家桑恩教授，在桑恩的努力下，两人由最初的对峙转化成互相启发的友谊，从而使威尔打开心扉，走出了孤独的阴影，实现了自我。

## 有氧书吧：《幸福生存——一只名叫啦啦的小熊对生活认知的读白》

导读："我是熊，一只叫作啦啦的熊，我有时调皮，有时多愁善感，有时坚持自己的原则，但是有一点是不变的：那就是，每天吃过饭，我就会拍拍肚子对自己说，吃得真饱，真高兴！于是，心就变得很温暖。我并不是没有理想，没有人的时候我会很努力地练习唱歌，我也不是没有心眼儿，我会帮比我小的熊洗澡，但是也不会允许比我大的熊侵占我的地盘。我之所以幸福，是因为我懂得生活。如果你觉得自己不够幸福，那么来看看我，一只开心的小树袋熊。"

该书作者方建国是中国台湾畅销书作家，他认为快乐地生活其实非常容易，只要懂得掌握正面的心态即能获得，因为幸福来自我们自己，而不是外在。

# 项目四

# 解开烦忧的枷锁

# ——情绪管理

## 学习目标

- 学习目标
  - 知识目标
    - 知晓情绪的内涵及作用
    - 认知大学生的常见情绪问题及大学生情绪健康标准
    - 学习大学生情绪管理的方法
  - 能力目标
    - 掌握大学生常见情绪特点与情绪困扰的关系
    - 能够掌握并灵活使用情绪调节的方法
    - 能够控制自己的情绪，改善不良情绪体验
  - 素质目标
    - 通过调整认知，正确看待情绪，理解情绪对大学生的影响
    - 培养大学生积极的情绪、情感
    - 陶冶高尚的情操

## 故事导入

### 职场冲突

在一家大型公司中，项目经理王先生和团队核心成员李小姐因为一个决策问题产生了分歧。王先生性格急躁，对李小姐提出的方案持怀疑态度，并在会议上公开批评了她。李小姐感到受到了冒犯，她的自尊心和自信心受到了严重打击，因此在接下来的工作中变得消极抵触。这种情绪化的冲突不仅影响了两人之间的关系，还导致了项目进度的延误和团队士气的低落。

**案例解析：**情绪在关键时刻会影响我们的行为和决策。为了避免受到情绪的负面影响，我们需要学会管理自己的情绪，保持冷静和理智。我们也应该关注自己的情绪变化，及时寻求支持和帮助，以维护心理健康和生活质量。

## 心灵能量包

成功的秘诀就在于懂得怎样控制痛苦与快乐这股力量，而不为这股力量所反制。如果你能做到这点，就能掌握住自己的人生，反之，你的人生就无法掌握。

——安东尼·罗宾斯

最有害的东西，就是怨恨和内疚。前者让我们把恶毒的能量对准他人；后者则是掉转枪口，把这种负面的情绪对准了自身。你可以愤怒，然后采取行动；你也可以懊悔，然后改善自我。但是请你放弃怨恨和内疚，它们除了让你丑陋以外，就是带来疾病。

——毕淑敏

# 任务一　认知并了解我们的情绪

## 一、了解情绪的内涵

### （一）情绪的定义

情绪是指人类对外界事物和事件的主观体验及其伴随的生理变化和行为反应，是个体心理活动的重要组成部分。情绪不仅是简单的感觉，而是包含了一系列复杂的心理和生理过程。情绪的研究是心理学中的一个重要领域，因为它直接影响我们的行为、决策和健康。它具有以下几种特点。

#### 1. 情绪以刺激为条件

情绪不是自发的，情绪会被外在和内在刺激引发。外在刺激包括自然情境和社会情境两种。自然情境，如广袤无垠的草原、清澈见底的湖泊让人心情舒展；沙漠中干枯的仙人掌、铅灰色的天空又让人心情低落；学校毕业典礼上，同学回忆一起度过的美好时光；街头的突发事件中，一位勇敢的路人救助受伤的陌生人等。这些引起情绪的外在刺激很多是我们无法回避的。内在刺激包括生理性刺激和心理性刺激，前者如身体的疲累、疾病等；后者是由回忆、联想、想象等心理活动，引起的情绪反应，如一个人在准备期末考试时，联想到学期结束，可以回家见到父母，不自觉得心情愉悦，面露笑容。

#### 2. 情绪以需要为中介

情绪的产生与个体的需要是密切相关的，和人情绪无关的事物，不会对这件事物产生情绪，其性质具有一定的主观性。如某校大学生小 A 因研究生考试成绩不理想，没考到自己理想中的学校，这件事对小 A 来说会产生比较强烈的情绪反应，但这件事对学校里的教师来说，可能未引起情绪反应。当客观事物符合并满足人的需要和愿望时，就会引起人积极肯定的情绪体验，诸如喜悦、幸福和满意；当客观事物不符合、不能满足人的需要时，就会引起人的消极否定的情绪体验，诸如愤怒、焦虑、沮丧等。大学生的需要比较复杂，有合理的、不合理的需要，但就算是合理的需要，也可能因为某些原因无法得到满足。

情绪还可以反映人们需要的满足程度。例如，焦虑情绪可能暗示人们对安全感或确定性的需要未得到满足；而持续的低落情绪可能意味着人们在社交、自我实现等方面的需要没有得到充分的关注和实现。

情绪还会影响人们满足需要的行为和方式。积极的情绪能够增强人们的动力和信心，促使人们更积极地去追求和满足自己的需要；而消极的情绪可能会削弱人们的行动力，或者导致人们采取不恰当的方式来试图满足需要。

#### 3. 情绪以认知为主导

由于存在个体差异性，个体已有的认知会支配不同的人产生不一样的情绪反应。如同样面对考试失利这一事件，一个人如果认为考试失利意味着自己能力不足，未来没有希望，那么他可能会产生极度沮丧和自我否定的情绪；而另一个人如果将考试失利看作是一次查缺补漏、提升自己的机会，那么他可能会产生积极的情绪，更积极主动的去学习。

#### 4. 情绪往往伴随着生理变化

情绪作为心理现象的一种，其产生和发展过程往往伴随着人的生理变化，包括内脏器官、内分泌腺和神经系统等生理变化，如血压、呼吸速率、肠胃运动、瞳孔大小等的变化。

### （二）区分情绪的类型

#### 1. 情绪的基本分类

人的情绪在中国古代就有“五情”“六情”“七情”等多种情绪分类法。我国最早的情绪分类思想源于《礼记》，其中记载人的情绪有“七情”分法，即喜、怒、哀、乐、爱、恶、欲；《白虎通》记载，情绪可以分为“六情”即喜、怒、哀、乐、爱、恶；古希腊亚里士多德把情绪分为欲望、愤怒、恐怖、欢乐和怜悯等五种。

“快乐”“愤怒”“悲哀”“恐惧”通常被认为是最基本和最原始的四种情绪，因为它们是其他更多复杂多样情绪产生的基础，同时也是人和动物共有并见之于世界各民族的情绪体验。

#### 2. 情绪的状态分类

根据情绪发生的强度、速度和持续时间的长短，情绪状态可分为心境、激情和应激三类。

心境：又称心情，是微弱、平静又持久的一种情绪状态，没有特定的指向性，不指某一特定对象，具有弥散性，使人们的整个生活都染上某种情绪色彩。例如，人逢喜事精神爽，闷上心来瞌睡多（人遇到喜庆的事，便觉得精神清爽，轻松愉快；心情愁闷便觉精力疲惫，总想瞌睡）。心情还具有一定的长期性。例如，学生接到心仪大学录取通知书，整个假期心情都愉悦，对未来充满期待。

激情：是一种剧烈的、爆发式而又短暂的情绪状态。激情的状态十分明显，通常是由对个人有重大意义的刺激事件引起的，具有特定的指向性，并伴随一定的生理变化和比较明显的外部行为表现。激情的特点是短暂的、爆发的。例如，在体育比赛中，当运动员在最后一刻反超比分赢得冠军时，那一刻他们可能会爆发出激情，欢呼雀跃、拥抱队友，甚至喜极而泣。但这种极度兴奋的状态通常是短暂的，比赛结束后会逐渐恢复平静。

应激：是出人意料的遭遇紧张性或具有威胁性情况所引起的急速而高度紧张状态。应激的特点是难以应对的、紧张的。例如，一位司机在正常行驶中，突然前方一辆车失控冲过来，眼看就要发生碰撞。在这关键时刻，司机的身体会进入应激状态，心跳加速、血压升高，迅速做出紧急刹车和转向的反应，以避免事故的发生。个体在应激状态下的反应有积极的也有消极的，积极的表现为急中生智，消极的表现为惊慌失措。一般的应激状态能使人精力充沛，思想清晰明确，动作灵活，能让人化险为夷摆脱困境。但长期紧张的应激会影响人的注意力和知觉，使人反应变缓、动作紊乱、语言不规则。

## 心灵互动营

### 心理实验台：应激反应

心理学家曾经做过这样一个实验：把两只猴子同时关在笼子里，一只被捆住了，不能动；一只可以在笼子里活动。实验者每隔 20 s 对猴子进行一次电击，每次放电前 5 s，笼子里的红灯就会亮起来。笼子里有一个开关，可以自由活动的猴子在笼子里活动时发现了这个开关，每当红灯亮时，它就会按动开关逃出笼子。实验不间断地进行，有一只猴子先死了。

请你判断：你认为是哪一只猴子先死的？为什么？专家解答：实验的结果是能够活动的猴子先死了。因为猴子害怕电击，都希望逃避。被捆住的猴子毫无办法，只好听天由命；可以活动的猴子为了逃避电击，在整个实验过程中需要时刻注意红灯的闪动，时刻处于紧张、焦虑、恐惧中，这些都是消极的情绪状态，对生物机体的健康有重大影响。这只猴子的死是和不良情绪相关联的。

### （三）情绪的表现

情绪作为内心体验，总是伴随着某种外部表现（这种外部表现也就是可以观察到的某些行为特征），一旦产生，会伴随相应的非语言行为。这些与情绪有关的外部表现被称为表情。

#### 1. 面部表情

面部表情是指以眼部、嘴部、鼻部及面部肌肉的变化所表现出的人的不同情绪状态。常见的面部表情有微笑、皱眉、瞪眼、撇嘴等。面部表情在人际交往中起着非常重要的作用，它能够帮助我们传达内心的感受，也能让他人更好地理解我们的情绪状态。

#### 2. 姿势表情

姿势表情是指通过四肢与躯体的各种动作和姿态变化来传递各种情绪和态度，以达到沟通的目的。姿势表情可分为身体表情和手势表情两种。

1）身体表情

高兴时“手舞足蹈”，着急时“坐立不安”，愤怒时“张牙舞爪”。

2）手势表情

可以单独使用，能够表达赞扬、同意、鼓励等情绪，如图 4-1 所示。

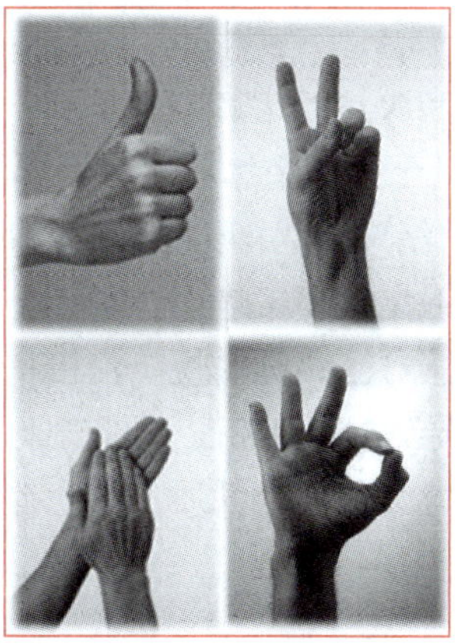

图 4-1 手势表情

3. 声调表情

主要指通过语调、节奏与音量的变化表现各种情绪状态。如开心时语调激昂，节奏较快，音量高低差别较大；悲伤时语调低沉，节奏缓慢，声音断断续续且音量高低差别很小；愤怒时语调生硬，节奏快速，音量大多较高。声调表情在人际交往中扮演着至关重要的角色，不仅能够传达情感状态，还能揭示性格特征、性别差异，以及微妙的情感变化。

## 二、认识情绪的作用

情绪的作用可以分为以下几个方面：

### （一）情绪的信号作用

情绪的外部表现是表情，表情具有信号传递作用，是非言语交际的重要组成部分。在人际交往过程中，人们可以通过双目注视、点头微笑、眉毛紧皱表示自己的想法，将自己的愿望、观点、态度通过情感表达的方式传递给别人以影响他们，比如班级里学生上课不注意听讲，教师的一个眼神或者一个手势都会起到提示、警醒的作用。听朋友叙述工作中不公平的事情时，倾听过程中也会表现出一脸愤怒。在人际交往的许多场合，有些想法、态度、观点，仅靠言语无法充分表达，有时甚至不能言传，只能意会，这时表情就起到了信息交流的作用。在表情中，面部表情和体态表情更容易突破一些距离和场合的限制，发挥独特的沟通作用。例如，着急上课途中，遇到熟人没有太多时间聊天就可以通过招手、微笑、点头示意。在许多影视作品中，人们用情绪的表露代替了语言的表达，具有“此时无声胜有声”的效果，更具感染力。

### （二）情绪的动机作用

情绪的动机作用又称情绪的调节作用，是指情绪对人的活动具有发动、促进和调控的作用，能够对人的学习、生活和工作产生强大的影响。情绪可以影响人的心理状态，使人感到快乐、悲伤、愤怒、焦虑等。积极的情绪可以提高人的幸福感和满足感，而消极的情绪则可能导致心理问题和心理疾病。在生理影响方面，情绪会引起人的生理反应，如心率、血压、呼吸等方面的变化。例如，当人感到紧张或恐惧时，心率和血压可能会升高，呼吸也可能变得急促。长期的消极情绪还可能导致身体疾病，如心血管疾病、免疫系统疾病等。在行为影响方面，情绪也会影响人的行为表现。积极的情绪可以激发人的创造力和行动力，使人更加自信和乐观。而消极的情绪则可能导致人变得消极、被动、易怒或暴躁，影响人际关系和工作效率。

此外，情绪还会对人的认知和决策产生影响。例如，当人处于愉悦的情绪状态时，更容易做出乐观的决策和判断，而处于消极情绪状态时则可能更加悲观和保守。

在每个人身上，适度的积极情绪又称为增力情绪，会使人的身心处于活动的最佳状态，保持心情舒畅，精神愉快，提高工作效率，进而推动人们有效地完成任务。有时特别喜欢去做一件事，是因为做这件事能让自己感觉愉悦。消极情绪即产生减力效果的负性情绪会使人处于消极的情绪状态之下，导致情绪低沉，降低工作效率。但因为人情绪的复杂多样性，有些情绪同时具有增力和减力两种动力性质，如悲痛可以使人消沉，也可以使人化悲痛为力量。

### （三）情绪的健康作用

情绪对人的身体健康、心理健康及社会适应都有直接的影响。积极情绪有助于身心健康，消极情绪会引起人的各种疾病。我国古代医书《内经》中就有“怒伤肝，喜伤心，思伤脾，忧伤肺，恐伤肾”的记载。有些人患病也与长期的消极情绪有关。一项长达 30 年的关于情绪与健康关系的追踪研究发现，年轻时性情压抑、焦虑和愤怒的人患结核病、心脏病和癌症的比例是性情沉稳的人的 4 倍，所以需要对消极情绪进行管理。

### （四）情绪的社交作用

情绪在社交互动中起到重要作用。通过情绪表达，个体可以传达自己的情感状态，并理解他人的情感，从而建立和维持社会关系。例如，通过微笑和拥抱，我们可以表达友好和关爱，通过哭泣和倾诉，我们可以寻求支持和理解。

### （五）情绪的适应作用

情绪有助于个体适应环境的变化和挑战。通过情绪的调节和表达，我们可以更好地应对生活中的各种压力和困境，提高心理和生理的适应能力。例如，积极的情绪（如愉快、满足）可以增强我们的心理韧性，使我们在面对挫折和失败时更具应对能力。消极的情绪（如悲伤、愤怒）虽然可能带来痛苦，但它们也可以促使我们反思和改变，从而推动个人的成长和发展。

总之，情绪在人们的生活中发挥着多方面的重要作用。它不仅是人们的主观体验，更是影响人们的行为、决策、适应和社交互动的重要因素。通过理解和掌握情绪的作用，人们可以更好地管理和调节自己的情绪，提高生活质量和心理健康水平。

## 心灵互动营

### 心理故事：情绪的力量

在古老的西藏，有一个叫爱地巴的人。每次他生气和人起争执的时候，就会绕着自己的房子和土地跑 3 圈。爱地巴工作非常努力，他的房子越来越大，土地也越来越广。但不管房、地有多大，只要与人争论生气，他依然会绕着房子和土地跑 3 圈。

爱地巴已经很老了，他的房、地都十分广大。当他又一次生气时，拄着拐杖艰难地绕着土地和房子走，好不容易走了 3 圈，太阳都下山了，他独自坐在田边喘气。

这时，他的孙子在身边恳求道：“阿公，您可不可以告诉我这个秘密，为什么您一生气就要绕着房地跑上 3 圈呢？”

爱地巴禁不起孙子的恳求，他说：“年轻时，我若和人吵架、争论、生气，就绕着房地跑 3 圈，边跑边想，我的房子这么小，土地这么小，我哪有时间、哪有资格去跟人家生气，一想到这里，气就消了，于是就把所有时间用来努力工作。”

孙子接着问：“阿公，您年纪老了，又变成了富有的人，为什么还要绕着房地跑呢？”

爱地巴笑着说：“我现在还是会生气，生气时绕着房地走 3 圈，边走边想，我的房子这么大，土地这么多，我又何必跟人计较？一想到这，气就消了。”

**启示：**这个故事告诉我们，不要让愤怒等不良情绪控制自己，而是要学会转换思维，以更豁达的心态看待问题，避免把时间和精力浪费在无意义的生气上。

# 任务二　探析大学生典型情绪问题

## 一、探究大学生情绪特点

大学生的情绪反应和情绪调节能力具有一些独特的特点。具体表现在以下几方面。

### （一）丰富性和复杂性

大学时期是大学生在生理和心理渐渐走向成熟的时期，大学生既有少年时的天真幼稚，又有成长后的稳重多思，这使大学生的情绪表现得丰富多彩。

大学生在学习、生活、社交、家庭等多个领域扮演着不同的角色，这些角色的要求和期望可能会产生冲突，从而引发复杂的情绪反应。例如，学业和兼职工作的平衡、人际关系和个人空间的平衡等都可能导致情绪上的困扰。

大学生在面对某些事件时，往往会同时体验到多种情绪。例如，在毕业季，许多大学生可能既因对未来的不确定性而感到焦虑，又因对即将离别的同学和校园生活的不舍而感到伤感。

### （二）稳定性和波动性

大学生会面临学习、友情、爱情、择业等人生大事。随着年龄的增长，认识水平的提高，大学生普遍对自身情绪具有一定控制能力，可以对一些不良情绪进行自我调解。但与工作的成年人相比，大学生比较敏感，情绪带有波动性，听到一首喜欢的歌，看到一则悲伤的故事，一次活动后老师对自己的表扬，都可能使大学生的情绪发生肯定或否定、积极或消极的骤然变化。

### （三）冲动性和爆发性

心理学家霍尔认为青年处于“蒙昧时代”向“文明时代”演化的时期，情绪具有动摇的、起伏的特点，犹如狂风暴雨。大学生由于兴趣比较广泛，加之年轻气盛，自制力较弱，因此对外界事物的刺激比较敏感，情绪非常容易被激发。例如，同学之间交流了一些事件或观点，如果事件或观点与自身比较符合，就会产生积极的正面情绪，反之，就会迅速产生消极的否定情绪，这种情绪来得快、平息得也快，具有冲动性。

大学生的情绪体验通常更为强烈。在某种强烈的刺激下，大学生受情绪的影响，理智力会受到抑制，在表情、语言、举止上会有失常的反应。在这种刺激下极易爆发情绪变化，并产生破坏性的行为和后果。这主要是由于他们的生理和心理发育尚未完全成熟，情绪调节能力较弱所致。

**知识窗**

#### 情 绪 犯 罪

情绪犯罪倾向的发展，可分成九个梯级。随愤怒发展的九个梯级名称分别是：不满；气恼；愠；怒；忿；激愤；大怒；暴怒；狂怒。一般认为，愤怒处于三、四梯级时，人的愤怒情绪还处于可控范围，处于四、五梯级时，别人的劝阻也能让人的愤怒有所缓解，只有发展到第六梯级以上，才有可能进入激情性犯罪的危险领域。第六梯级以下的愤怒，一般是不可能产生激情性犯罪的（这是激情性犯罪与其他犯罪不同之处）。因为愤怒发展到六级、七级以上时，人就会被强烈的情绪所支配。这时人的理智力受到抑制，自我控制能力减弱，不能正确地评价自己行为的意义及后果，也不能正常地约束自己。此时如果没有人加以劝阻与约制，就能发生狂乱的犯罪行为。

### （四）外显性与内隐性

大学生往往对外界刺激反应迅速和敏感，情绪表达比较外露和直接，看面部表情就知道他们的喜、怒、哀、乐，具有外显性特点。但与中小学生相比，大学生随着认知水平的提高、自制力的增强和思维的成熟，渐渐能够隐藏或抑制自己的真实情感，使自己的外部表情与内部体验不一致，从而表现出内隐、含蓄的特点，甚至会深藏不露。

## 二、剖析大学生情绪问题表现

正值青春年少的大学生，原本应是最风华正茂，富有活力、想象力、激情的时期，但大学生心理健康调查结果却显示：有 27% 的大学生认为自己经常有心理方面的困扰，有 66% 的大学生认为自己偶尔有心理方面困扰。造成现在大学生心理困扰的原因很多，但与大学生的情绪关系最为密切，特别是一些强烈而持久的情绪问题，对大学生的心理健康影响很大。

### （一）焦虑

焦虑是指个人对即将来临的、可能会造成的危险或威胁所产生的紧张、不安、忧虑、烦恼等不愉快的复杂情绪状态。焦虑是个体主观情绪中十分常见的现象，它与危急情况和难以预测、难以应付的事件有关。事过境迁后焦虑就可能解除。焦虑这种情绪感受，可以通过身体特征体现出来，如心慌出汗、恶心、口干和眩晕等。

焦虑是大学生在学习、交友、工作、生活各方面遭遇挫折或担心需要付出巨大努力的事情来临时，所产生的情绪困扰。焦虑对大学生的影响主要有两方面：首先，焦虑对大学生成长具有促进作用，例如，学生对自己期末考试产生焦虑感，这种中等的焦虑能让学生具有适度的紧张状态，紧张及压力能让学生的注意力高度集中，提高学习效率。但高度焦虑则会给学生带来极度的紧张不安，惶恐害怕、心神不宁、思维混乱、注意力不能集中，甚至记忆力下降，同时还容易产生头痛、失眠、食欲缺乏、胃肠不适等不良生理反应，对学习起到了一定的阻碍作用。

大学生焦虑主要有自我形象焦虑、学习焦虑与情感焦虑三种。自我形象焦虑是因担心自己外貌、气质没有吸引力，担心自己的身材等外在形象引发别人嘲笑而引起的焦虑，这类焦虑需要通过调整自我认知，学会悦纳自我来解除。学习焦虑是因担心自己的平时学业及考试成绩所引起的焦虑。情感焦虑多因大学期间的友情与爱情产生的挫折感而引起自我否定，认为自己不被人喜爱与接受。

**心灵互动营**

#### 心理案例：小李的心理

小李来自一个普通的家庭，父母对他寄予了厚望，希望他能在大学取得优异的成绩，毕业后找到一份好工作。进入大学后，小李发现课程难度比他想象的要大，尤其是专业课，他需要花费大量的时间和精力去学习，但成绩仍不尽如人意。

与此同时，他看到身边的同学参加各种社团活动、比赛，获得了不少荣誉和奖励，而他因为专注于学习，社交活动参与较少，感觉自己的人际关系比较单一。最近，学校又开始组织各种实习和实践项目的报名，他担心自己因为成绩不够好、实践经验不足而无法获得好的机会。

这些压力让小李出现了以下症状：经常失眠，难以入睡；注意力难以集中，学习效率低下；情绪波动大，容易烦躁和发脾气；对未来感到迷茫和恐惧，缺乏自信。

**思考：**如果你是小李的朋友，结合前面的内容，你会对他说些什么呢？

### （二）愤怒

愤怒是一种常见的强烈情绪，是指因客观事物与人的主观愿望相违背，或因愿望无法实现，内心产生不满时的一种紧张、激烈的情绪反应，是人类基本情绪之一。愤怒也是大学生常见的一种消极情绪反应，大学生大多年轻气盛，精力充沛，遇事好激动、易动怒。愤怒的原因也许是因为人际关系受到挫折或与别人观点意见不统一，就会暴躁、恶语相向甚至严重到有肢体冲突。心理学研究表明，愤怒会严重损害人的身心健康。突然的、强烈的愤怒可能导致人心跳加快、呼吸困难、血压升高等，同时，人的自制力减弱甚至丧失，思维受阻，行为冲动，甚至干出一些悔之晚矣的事情。愤怒会对人的身心产生明显的不良影响。因而有人说："愤怒是以愚蠢开始，以后悔结束"。

## 心灵互动营

### 心理故事：卡斯丁一家糟糕的一天

卡斯丁早上起床后洗漱时，随手将自己的高档手表放在了洗漱台边，妻子怕被水淋湿了，就随手拿过去放在餐桌上。儿子起床后到餐桌上拿面包时，不小心将手表碰到地上摔坏了。卡斯丁心疼手表，就照儿子的屁股揍了一顿。然后黑着脸骂了妻子一通。妻子不服气，说是怕水把手表打湿。卡斯丁说他的手表是防水的。于是二人激烈地吵了起来。一气之下卡斯丁早餐也没有吃，直接开车去了公司，快到公司时突然想起忘了拿公文包，又立刻转回家。可是家中没人，妻子上班去了，儿子上学去了，卡斯丁钥匙留在公文包里，他进不了门，只好打电话向妻子要钥匙。妻子慌慌张张地往家赶时，撞翻了路边水果摊，摊主拉住她不让她走，要她赔偿，她不得不赔了一笔钱才摆脱。待拿到公文包后，卡斯丁已迟到了 15 分钟，挨了上司一顿严厉批评，卡斯丁的心情坏到了极点。下班前又因一件小事，跟同事吵了一架。妻子也因早退被扣除当月全勤奖。儿子这天参加棒球赛，原本夺冠有望，却因心情不好发挥不佳，第一局就被淘汰了。对于全家人来说真是"闹心的一天"。试想，卡斯丁在愤怒产生后，换一种反应，比如，他抚慰儿子："不要紧，儿子，手表摔坏了没事，我拿去修修就好了。"这样儿子高兴，妻子也高兴，他本身心情也好，那么随后的一切就不会发生了。

**解析：**人们完全可以通过心态与行为控制愤怒，因为愤怒常常使人失去理智。

## 心灵互动营

### 心理测试：你是一个容易愤怒的人吗？

| 你是一个容易愤怒的人吗？ | A | B | C |
| --- | --- | --- | --- |
| 1. 你想看的报纸被揉皱了，你是否生气？ | | | |
| 2. 看见上了年纪的妇女打扮得像年轻姑娘一样，你是否生气？ | | | |
| 3. 说话者离你太近，你是否生气？ | | | |
| 4. 在大街上看见吸烟的妇女，你是否生气？ | | | |
| 5. 有人对着你咳嗽，你是否生气？ | | | |
| 6. 见到有人咬指甲时，你是否生气？ | | | |
| 7. 见到有人假笑时，你是否生气？ | | | |
| 8. 假如有人以教训的口吻告诉你应该干什么、怎样干，你是否生气？ | | | |
| 9. 看到某个年轻人老迟到，你是否生气？ | | | |
| 10. 在电影院里，坐在你前边的人总是摇头晃脑并评论电影的情节，你是否生气？ | | | |
| 11. 当有人极力向你介绍你打算看的小说的有趣情节时，你是否生气？ | | | |
| 12. 有人赠给你不需要的东西，你是否生气？ | | | |
| 13. 在公共汽车上有人大声交谈，你是否生气？ | | | |
| 14. 遇到某人香水味太大，你是否生气？ | | | |
| 15. 有人在交谈时总是打手势，你是否生气？ | | | |

下面题目回答方式是：A 表示“非常生气”；B 表示“一般生气”；C 表示“从不生气”。根据实际情况，选择一个最适合的答案。

计分方法：

每题回答“非常生气”记 3 分，“一般生气”记 1 分，“从不生气”记 0 分。各题得分相加统计总分。

解释：

30 分以上：说明你容易发脾气，容易失去自制力，鸡毛蒜皮的小事也会使你生气。

12～29 分：你是最普通的一种人。只有最不愉快的事情才能使你生气，一般的痛苦不会给你造成不幸。你善于把不愉快的事“抛到脑后”，很快将它们忘记。

11 分以下：你能很现实地看待生活。很少有事情让你不开心，你善于自制，不易失去平衡，很少生气。

#### （三）嫉妒

嫉妒是指人们为竞争一定的权益，对应当团结的人怀有的一种冷漠、贬低、排斥、甚至敌视的心理状态。嫉妒是一种复杂且常见的情绪，通常当个体看到他人拥有自己渴望却缺乏的东西，比如财富、地位、能力、外貌、爱情等时，就可能产生嫉妒的情绪。嫉妒会对人的心理和行为产生多种影响。从心理层面看，它可能引发焦虑、自卑、怨恨等负面情绪，使人内心感到痛苦和不安。在行为上，嫉妒可能导致人们采取消极的行动，如诽谤、中伤嫉妒的对象，或者通过不正当手段试图获取他人所拥有的东西。

在大学生的日常生活中，嫉妒的存在也是很常见的。主要表现在对同学的人品、学习成绩、个人能力都不承认不服气，想与其一较高下，争个输赢，但未能如愿时就以发现别人的缺点、看到别人的失败为乐，甚至恶意诋毁他人的名誉，有时还会为一点小事寻衅闹事。例如，有某学生在发现以前学习成绩不如自己的同学成绩提高很快，超越自己的时候，就认为其作弊，成绩是不真实的。

嫉妒是人与人真诚交往的一种情绪障碍，是不良的消极情绪，长期处于这种状态，容易引起忧愁、消沉、怀疑、痛苦、自卑等消极情绪，会严重损害身心健康。在嫉妒状态下，人是冷漠、贬低、排斥他人的，嫉妒心强的人，常常陷入苦恼之中不能自拔。时间长了会产生自卑，甚至可能采取不正当的手段去伤害别人，使自己陷入更恶劣的处境，尤其是在现今需要更多团结协作的时代，嫉妒不但给人际交往带来负面影响，同时也影响自身在集体中的形象，严重影响大学生的自我发展。

### 心灵互动营

#### 心理故事：嫉妒的伤害

马蕾蕾（化名）15 岁时以优异成绩考入名牌大学少年班，大学期间表现优秀。大四时，马蕾蕾发现同学陈馨收到了美国明尼苏达大学的邀请，而马蕾蕾也向美国明尼苏达大学提交了入学申请，却未接到入学邀请，于是，她冒名陈馨发邮件拒绝了美国明尼苏达大学的邀请，并向校方推荐了自己。后期陈馨久未接到通知，于是发现被马蕾蕾冒名一事，而事发前马蕾蕾也已经收到美国纽约州立石溪大学的邀请信。

强烈的嫉妒心使马蕾蕾无法面对别人优于她的现实，才有了错误的行动，马蕾蕾也在事情败露后受到了惩罚。这一致命的弱点毁掉了两个青年的前程。

### （四）抑郁

抑郁与焦虑常常伴发，抑郁常表现为情绪低落，使人处于一种失望、无助、痛苦及悲伤的情绪中，并具有持续性的苦闷与不满、烦恼与困惑等复杂情绪。大学生正处于人生的重要转折期，面临着学业、社交、未来规划、家庭环境等诸多问题。

学业方面，大学课程难度增加，考试竞争激烈，对于追求高成绩的学生来说，可能会因学习压力过大而感到焦虑和抑郁。例如，有些学生为了获得奖学金长时间高强度学习，一旦成绩不理想，容易产生自我否定和抑郁情绪。

社交方面，离开熟悉的环境进入大学，需要建立新的人际关系。一些性格内向、不善交际的学生可能会感到孤独和被排斥，从而引发抑郁。比如，在宿舍关系中，如果与室友存在矛盾和冲突，又无法妥善解决，可能会导致心理压力增大。

对于未来的不确定性也是导致大学生抑郁的一个重要因素。毕业后是继续深造还是实习就业，选择的困惑和对未来生活的担忧，都可能让学生陷入焦虑和抑郁。

家庭环境也会产生影响。比如家庭经济困难、父母期望过高、家庭关系不和谐等，都可能给大学生带来心理负担。

大学生抑郁的主要表现是意志消沉、思维缓慢、多愁善感、自寻烦恼，并伴有语言动作减少和迟缓，做事情没有积极性，失去信心，对于遇到的一些不美好的事情过度难过，对于美好的事情却又无动于衷。抑郁也伴随着个体思维方式的改变，这些变化可以表现在认知方面，比如注意力不集中、记忆衰减或者做事犹豫，常消极地看待世界、自我和未来，他们对美好的事情很难有记忆和回忆，总责怪自己。

### （五）冷漠

冷漠就是人对外界刺激缺乏相应的情感反应，对生活中的悲欢离合都无动于衷，总生活在自己的世界中，游离于社会群体之外。这种情绪状态的人从表面看表现冷淡，但多是压抑内心情感的一种消极逃避反应，内心处于强烈压抑、痛苦、孤独状态。如果大学生长期处于这种消极情绪状态下，压抑的、痛苦的心理无法缓解，将会对大学生的身心健康产生巨大的破坏性。

冷漠是一种消极情绪的内化而非外显的行为，会使人的责任感下降、缺少生活的动力以及对自我价值进行否定。冷漠是有百害而无一利的消极情绪体验。冷漠的形成大多与个体的生活和重大经历有关。想要改变这种消极逃避的情绪困扰，最好的方法就是在思想上改变认知，找寻生活的意义，发现自我价值；从行为上，进行积极的自我暗示，参与更多有意义的活动，融入人群与社会，正确认识自我与他人、个体与社会之间的关系。

## 三、了解大学生情绪健康标准

对大学生来说，情绪健康的具体标准如下：

### （一）心态积极乐观、有稳定的情绪

情绪健康的大学生通常能够保持积极乐观的心态，在平常的学习、工作、生活中，对挑战和困难持有正面的看法。他们能够在遭遇挫折时迅速调整心态，保持稳定的情绪状态，情绪表现自然快乐，有积极的生活态度，有自己的兴趣爱好，能感受到更多的幸福与快乐，很少出现心境反复无常、忽高忽低的现象，也不会时常处于对事物的焦虑与恐惧中，不会轻易陷入消极情绪中。

### （二）情绪反应适度

情绪健康的大学生在面对不同情境时，能够做出适度的情绪反应。他们既不会过于敏感，也不会过于迟钝，能够根据具体情况灵活调整自己的情绪状态，以适应环境变化。

### （三）善于控制和调节不良情绪

情绪健康的大学生能够有效地控制和调节自己的情绪。他们能够在情绪高涨时保持冷静，避免冲动行为；在情绪低落时能够积极寻求帮助，通过合理的方式宣泄情绪，避免情绪积压。

### （四）自信、乐观、有主见

情绪健康的人，对自己的未来充满信心，勇于努力与奋斗，有自己的世界观、人生观，能独立地发现问题、解决问题，有创新精神。

### （五）具备正常的智力水平

大学生应具备正常的智力水平，能够独立思考、解决问题，具备正确的自我评价能力。他们既不会过高估计自己，也不会过于自卑，能够客观看待自己的优点和不足，并根据实际情况进行自我调整。良好的智力状态有助于个体更好地理解和应对情绪问题。

### （六）有深挚的感情

情绪健康的大学生能够与同学、老师、家人等建立良好的关系，有效沟通，解决冲突，并在人际交往中体验到快乐和满足。

### （七）富于哲理的、善意的幽默感

情绪健康的人，他们对幽默风趣有自己正确的认知，幽默感是一种较特殊的情绪表现，以亲切感为基础。具有健康情绪的人认为幽默是一种富有哲理的、善意的幽默，而不是恶意的、体现优越感的幽默和低级趣味性的幽默。

# 任务三　大学生如何做好情绪管理

## 一、掌握培养健康情绪的途径

大学生为了更有益于自己的成长，应学会培养健康情绪，发展有益于身心健康的情绪。

### （一）树立正确的人生态度

人生态度是人们在一定社会环境的影响下，通过生活体验所形成的对人生问题的一种稳定的心理倾向和基本看法。一个人对人生的态度如何，往往直接影响到他对整个世界和人生的看法，而这些心理倾向和基本看法都会对人的情绪产生影响。消极的、悲观的人生态度、会让一些大学生认为人生无意义，对人生和社会充满悲观失望，得过且过，无所追求；而积极、乐观的人生态度，则是一种健康的、正确的、符合人类情绪需要的人生态度。因此大学生在学习、生活中应树立正确的人生态度，培养健康情绪。

**心灵互动营**

#### 心理故事：小李和情绪

小李是一名大二学生，最近因为学业压力、人际关系等问题，常常感到焦虑、烦躁，情绪波动较大。为了改善自己的情绪状态，小李决定学习情绪管理技巧，并付诸实践。

他注意到自己在面对学业压力时，容易出现紧张和焦虑的情绪；在与同学相处时，由于沟通不畅或误解，也容易引起情绪波动。

为了更深入地了解自己的情绪问题，小李进行了影响因素分析。他发现学业压力主要来自对自己的期望过高，以及对未来职业规划的不确定感；人际关系问题则主要源于沟通方式和理解偏差。

针对自己的问题，小李采取了一些情绪管理策略，例如，进行放松训练、积极沟通、寻求支持等。

经过一段时间的努力，小李的情绪管理取得了显著的成效。他的焦虑和烦躁情绪得到了缓解，学习和生活变得更加轻松和愉快。与同学之间的关系也得到了改善，误解和冲突减少了，彼此之间的理解和信任增强了。

### （二）开阔宽广的个人胸怀

## 心灵互动营

### 心理故事：禅师和他的小徒弟

禅师有个爱抱怨的小徒弟，禅师为了帮助他领悟人生，就叫他去市场买了一袋盐，并吩咐他将一把盐放进一杯水中，然后饮一口，随即问道："味道如何啊？"小徒弟往外一吐，说："咸的发苦。"然后，禅师把小徒弟带到一个湖边，叫他抓一把盐撒入水中，并叫他去尝尝湖水。"什么味道啊？""甘甜可口！""有咸味吗？""没有。"于是禅师告诉小徒弟："我们生命中的痛苦好比是盐，其咸淡取决于盛盐的容器，你愿意做一杯水，还是一片湖呢？"

从以上故事中不难看出，如果想保持健康情绪，不因生活中的琐事而增加烦恼和怨恨，不让自己处于不良情绪中，就需要我们在遇到负面的人、事、物时，在面对痛苦时，开阔眼界，开阔包容的胸怀，把自己的精力放到更有意义、更长远的事情上，走出渺小的个人世界。

### （三）增强对生活的适应能力

对生活的适应能力是一种良好的生存状态。适应是一个人通过不断调整自身，使其个人需要能够在环境中得到满足的过程。增加对生活的适应能力，大学生要认清自己与环境之间的现状，接受现实，因为现实是不以人的主观意志为转移的。

### （四）培养幽默感

用幽默来处理人际关系中的烦恼与矛盾，会使人感到和谐愉快，相融友好。幽默是人们适应环境的工具，是人类面临困境时减轻精神和心理压力的方法之一。俄国文学家契诃夫说过：不懂得开玩笑的人，是没有希望的人。幽默感是人际交往中一种宝贵的品质，它不仅可以为我们的生活增添乐趣，还能在关键时刻缓解紧张气氛，促进人际关系的和谐。

对于大学生来说，培养幽默感不仅可以提升个人魅力，还能帮助自己更好地融入校园生活和社会环境。那么大学生该怎样培养幽默感呢？

首先，需要领会幽默的内涵。幽默不是嘲笑不是讽刺，它是智慧的表现，需要建立在丰富知识的基础上。一个人要有审时度势的能力，广博的知识，才能做到谈资丰富，妙言成趣，从而做出恰当的比喻。大学生可以多阅读幽默的文学作品，例如，幽默小说、漫画、笑话集等，感受幽默语言的魅力；可以关注一些以幽默为主题的公众号、博客或社交媒体账号，定期浏览和分享幽默内容。

其次，幽默是一种宽容精神的表现。大学生要乐观对待现实，培养良好的心态，学会宽容和自嘲，用幽默的方式面对自己的不足和错误，保持乐观的心态，用幽默的眼光看待生活中的困难和挑战。在工作、学习中，如果能多一点趣味和轻松，多一份乐观与幽默，很多事情就不会让人陷入消极情绪中。

再次，提升语言能力。练习语言表达的灵活性和巧妙性，掌握一些常用的幽默修辞手法，如夸张、反语、双关等；也可以学习一些幽默的词汇和短语，丰富自己的语言库。

最后，幽默还需要培养机智和敏捷地观察事物的能力。只有迅速地捕捉事物的本质，以恰当的比喻、诙谐的语言表述出来，才能使人们产生轻松的感觉。还要注意观察生活中的幽默元素，留意日常生活中的幽默瞬间，如人们的言行举止、场景布置等。学会从不同的角度看待问题，发现生活中的趣味性。

培养幽默感是一个长期的过程，需要不断地学习和实践。大学生可以通过阅读幽默文学作品、观察生活中的幽默元素、提升语言能力、参与幽默活动、培养良好的心态以及注重实践和反思等方式来培养自己的幽默感。通过努力，我们可以逐渐提升自己的幽默能力，成为一个更有趣、更受欢迎的人。

### （五）培养良好的性格特征

当人们面对某种事物时，会以自己的性格特征去甄别事物并同时做出积极或消极的心理反应，随之滋生出相应的情绪情感。性格坚韧者，不容易被不良情绪影响；性格柔弱者，遇到难事或失败的事情容易滋生消极情绪；性格爽朗的，不喜欢斤斤计较；而心胸狭窄者，敏感且喜欢计较，容易产生情绪上的波动；脾气暴躁者，情绪则多变。许多不良的情绪反应往往都能从性格上找到原因。如希望培养健康情绪，脾气暴躁者就要克制自己情绪；由心胸狭窄引起的消极情绪，就应开阔心胸；因多愁善感引起的情绪波动，则应培养自身开朗、豁达的胸怀。

### （六）培养和体验高级情感

有效管理情绪，还需培养道德感、理智感及美感等高级情感，因为情绪是情感的外在表现，而不是个体的存在。大学生应多投身各种社会实践活动，丰富自己的眼界与提高自己的认知，在实践中学习并感受生活中丰富的情绪和情感，培养自己的正向情绪和情感。

### （七）创建快乐情绪

大学生学业、人际交往及就业压力都比较大，容易出现焦虑、烦躁、紧张、精神疲劳等不良情绪，长期的不良情绪，会降低人体对各种疾病的抵抗力。快乐不仅能提升生活质量，还能增强人们的免疫力和心理健康。大学生要想保持良好的情绪，就要积极、主动地发现和创造能使自己感到快乐的事物，并能充分地享受。

积极的心态是创建快乐情绪的基础。大学生需要学会用积极的心态去看待生活中的每一件事，即使在遭遇挫折和困难时，也要保持乐观和坚韧。可以通过自我激励、正向思考、感恩日记等方式来培养积极的心态。

健康的生活方式对情绪的稳定和愉悦有着重要影响。大学生需要保证足够的睡眠时间，让身体和大脑得到充分地休息。同时，适度的运动能够释放身体的紧张和压力，提高情绪水平。还可以尝试探索不同的领域和兴趣，如音乐、绘画、阅读、旅行等，找到让自己感到快乐和满足的活动。

**知识窗**

#### 改善情绪、提升快乐的方法

快乐不仅是一种情绪，也是一种动力与优势，这是积极心理学家肖恩·埃科尔的观点，他在《快乐竞争力》一书中，介绍了 6 种改善情绪、提升快乐的方法。

第一，找到一个让你期待的目标。很多时候，一个事件里最让人开心的就是期待的部分，可能无法立刻实现，但只是期待就能提振心情。

第二，做帮助别人的人。利他行为有助于缓解压力，人在做好事帮助别人的时候有更多的幸福感、被认可感，哪怕事情过去很久，依然能给你带来快乐的感觉。

第三，营造正向环境。埃科尔说，环境会影响人们的心态和幸福感。虽然我们不可能改变所有的环境，但我们可以努力营造正向的环境。

第四，运动。运动不仅具有提振情绪、缓解压力的效果，而且效果相当持久，不管你是走路、骑车、跑步，只要运动起来，就可以产生愉悦情绪。

第五，花钱。这里的花钱不单指买东西，埃科尔说，把钱花在实际经验，尤其是与他人相关的经验上，可以创造出更有意义、也更持久的正向情绪。

第六，发挥性格优势。埃科尔的一个性格优势是喜爱学习，他一年有三百天都要出差，长期奔波在机场和酒店会影响他的健康心情。于是他决定每到一个新地方，就去学习认识一段当地的历史，这么做改善了他的情绪和心境。他建议，每个人都要找出自己的性格优势，试着把至少一项特质融入到日常生活里。

#### （八）寻求心理咨询与治疗

如果情绪问题严重影响到日常生活和工作，就需要及时寻求专业的帮助。心理咨询师或心理医生能够为人们提供专业的评估和建议，帮助人们找到适合自己的情绪调节方法。

大学生还可以寻求学校、社会上的心理咨询和心理治疗机构，及时解决情绪上的困扰与障碍。

### 成长时刻

晚清两代帝师翁同龢在教导子弟时说："凡成大事者必有静气"。他认为：自古以来贤圣之人，越是遇到惊天动地的大事、险事，越能心静如水，处变不惊。静于表，敛于心，化于行，成于事。华春莹，作为中国外交史上第 5 位女性发言人，便具有这种从容不迫的静气。她多次进行外交斡旋，每次都沉稳大气，既有从容不迫的温文尔雅，也有怒目金刚的横眉冷对。在主张上寸步不让，在态度上不卑不亢，一言一行，不失大国风采。同学们应该学习她这种静于表，敛于心的情绪状态。

## 二、学习自我调节情绪的方法

掌握调节情绪的方法对于大学生身心发展有着非常重要的作用。以下结合心理学的内容，介绍几种情绪调控的理论。

#### （一）改变认知——情绪 ABC 理论

### 心灵互动营

#### 心理故事：改变认知

有一个年轻人失恋了，情绪低落，已经影响到了他的正常生活和工作。他认为自己在感情上付出了，却没有收到回报，自己很傻很不幸。于是，他找到了心理医生。心理医生告诉他，其实他的处境并没有那么糟，只是他把自己想象得太糟糕了。心理医生在给他做了放松训练，减少了他的紧张情绪之后，给他举了个例子："假如有一天，你在公园的长凳上休息，把你最心爱的一本书放在长凳上，这时候走来一个人，径直走过来，坐在椅子上，把你的书压坏了。这时，你会怎么想？""我一定很气愤，他怎么可以这样随便损坏别人的东西呢！太没有礼貌了！"年轻人说。"那我就告诉你，他是个盲人，你又会怎么想呢？"心理医生接着耐心地问。"哦，原来是个盲人。他肯定不知道长凳上放有东西！"年轻人摸摸头，想了一下，接着说，"谢天谢地，好在只是放了一本书，要是油漆、或是什么尖锐的东西，他就惨了！""那你还会对他愤怒吗？"心理医生问。"当然不会，他是不小心才压坏的嘛，盲人也很不容易的。我甚至有些同情他了。"心理医生会心一笑："同样的一件事，他压坏了你的书，但是前后你的情绪反应却截然不同。你知道是为什么吗？""可能是因为我对事情的看法不同吧！"

对事情不同的看法，能引起自身不同的情绪反应。让人愤怒或难过的，不是事件本身，而是对事件的解释和评价，这就是心理学上的情绪 ABC 理论的观点。

美国心理学家艾利斯在 20 世纪 50 年代创立了著名的合理情绪理论，也称"情绪 ABC 理论"。艾利斯认为人的情绪主要来源于自己的信念以及对生活情境的解释和评价的不同。即对于发生的事件 A（activating events）通过人们对该事件的解释与评价，以及对该事件所形成的信念 B（beliefs），决定产生什么样的情绪及行为后果 C（consequences）。在三者关系中，A 对 C 起间接作用，B 对 C 起直接作用，也就是说引起人们情绪变化及不良行为事件的本身只起间接作用，一些不合理的信念才起直接作用，如图 4-2 所示。

事件对行为结果只起间接作用，态度才是直接作用，积极的态度就会有积极的结果。

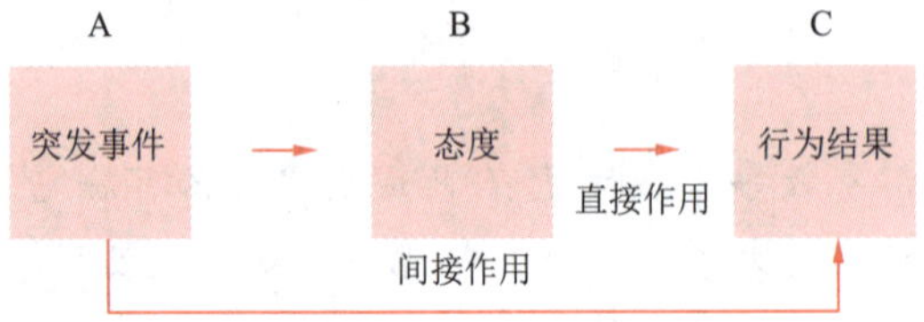


图 4-2　情绪 ABC 理论

以下是当今人们经常存在的不合理信念。

（1）绝对化要求：人们以自己的意愿为出发点，认为某一事物必定发生或不会发生的信念是：人们无视现实，对人或事件有着绝对化的要求。比如，常与"必须""应该"等词语联系，如"我必须成功""他们应该对我好"等。主要影响：容易使人陷入情绪困扰，因为客观事物的发生、发展都有其规律，并不完全以人的意志为转移。

（2）过分概括：是一种以偏概全、以一概十的不合理思维方式。例如，对自己的不合理评价，某次失败即认为自己"一无是处"。对他人的不合理评价，某人稍有差错即认为他"一无是处"。主要影响：容易导致自责自罪、自暴自弃的心理及焦虑、抑郁情绪的产生；对他人则易产生敌意和愤怒等情绪。

（3）糟糕透顶：一种认为如果一件不好的事发生了，将是非常可怕、非常糟糕，甚至出现灾难性后果的不合理信念。对发生的困难和挫折产生非常强烈的不良情绪反应，过分夸大事情的严重性。例如，一次考试失败，就认为自己是彻底失败的。主要影响：容易使人产生悲观、抑郁等情绪，影响个人的心态和行为。

总的来说，这些不合理信念都是个体内心中不现实的、不合逻辑的、站不住脚的信念，这些信念会导致人们对事物的看法产生偏差，进而引发不适当的情绪和行为反应。为了消除这些不合理信念，个体需要采用一些方法，如使用“情绪 ABC 理论”明确自身焦虑源头，利用“SMART 原则”[SMART 原则是一种目标管理方法，旨在帮助个人或组织设定和实现具体（specific）、可衡量（measurable）、可实现（attainable）、相关（relevant）和有时间限制（time-bound）的目标。] 设定可实现的目标等。

## 心灵互动营

### 心理实验台：烦恼实验

心理学家做过一个“烦恼实验”，让实验者把自己未来一周的所有烦恼写下来，然后投入一个指定的“烦恼箱”里。三周之后，打开“烦恼箱”，让所有实验者逐一核对自己写下的烦恼，结果发现其中 90% 的烦恼并没真正发生过。然后心理学家要求实验者把记录自己真正烦恼的字条重新投入“烦恼箱”，又过了三周，再打开这个“烦恼箱”，让所有的实验者再次逐一核对自己写下的烦恼，结果发现，绝大多数曾经的烦恼已经不再是烦恼了。心理学研究认为：一般人所忧虑的烦恼，有 40% 属于过去，50% 属于未来，只有 10% 属于现在。其中 92% 的烦恼并没有真正发生过，剩下 8% 则多是可以轻易应付的。因此，烦恼多是自己找来的，正所谓“世间本无事，庸人自扰之”。

### （二）转移注意力

转移注意力是指将个体的注意力从当前的对象、任务或思维中转移到其他对象、任务或思维上的过程。在一定情境刺激下引起不良情绪，又不想难以控制或爆发，就可以有意识地转移自己的注意力，把注意力转移到自己感兴趣的事情上，这个过程在日常生活中经常发生，因为人的注意力是有限的，无法同时集中在多个事物上。

转移注意力通常有以下几种方法：

#### 1. 消遣转移法

例如，刚刚失恋，心情不佳，不如约三五好友聊聊天；出门散步；看一场电影；吃一顿美食；读一本好书等，都有助于情绪缓解，并能在自己感兴趣的事件中找到新的快乐。

#### 2. 繁忙转移法

在个体心态不佳时，有意地安排一些工作任务，通过将注意力集中在工作上，忘却烦恼或无暇顾及烦恼。

#### 3. 开阔转移法

使用能够开阔个体心胸的方法来转移注意力。例如，通过旅行、观赏风景、阅读等方式来调节心态。

#### 4. 心理暗示法

通过个人心理上的暗示，改变当时的状态。如曹操所用的“望梅止渴”就是心理暗示法的典型案例。

转移注意力并非逃避问题，而是在面对问题时采用的一种积极应对策略。在转移注意力的过程中，要注意选择合适的方式和时机，避免对工作和生活造成不良影响。按照条件反射学原理，在发生情绪反应时，会在大脑皮层上出现一个强烈的兴奋中心，此时如果另外建立一个或几个新的兴奋中心，便可以抵消或冲淡原有的兴奋中心。也就是说，当人们注意某一事件时，这一事件对人们才会产生影响。当人们把注意力放在其他事件上时，原来的事件对人们的影响就会降低或消失。这种方法不仅能让人们在一定程度上隔离不良情绪，还能让人们在新的活动中提高积极情绪体验。

心灵互动营

### 心绪整理：老寿星长寿秘诀

一位老寿星讲到他长寿的秘诀，就是他和夫人婚前约定，婚后如果俩人吵架，谁没有道理，谁就去屋外散步。“这么多年，我一直在外面散步。”老寿星幽默地说，这说明出去走既锻炼身体，也分散了注意力，不把自己局限在不良的情绪中。

### （三）合理宣泄

长期处于不良情绪中并过分压抑并不会让情绪有所缓解，反而会加重情绪上的困扰，所以需要适度、合理地宣泄，以把不良情绪释放出来。

#### 1. 诉说

找自己信赖的人诉说自己的不良情绪或者引起不良情绪的事件，将压在自己心上的痛苦与难过倾诉出来，并听取一下别人的观点与看法，从而得到疏解和指导，调整自己的不良情绪。

#### 2. 痛哭

有心理调查发现，爱哭的人不易患溃疡病，而生理学家也经过化学测定发现，人因情绪激动，哭出来的眼泪能把身体里因精神受到刺激所产生的有关化合物排出。所以若遇到意外刺激，产生比较强烈的悲伤、愤怒和委屈时，在合适的场合可以使用痛哭的办法宣泄自己的不良情绪。除此之外，情绪本身也有自我调节的机制，情绪表现越激烈，之后缓解得越充分。情绪得到发泄之后，因情绪紧张而引起的感觉也能慢慢消退。痛哭也有利于更客观、理智地感知事物，寻找不良情绪出现的原因和解决问题的方法。

#### 3. 行动

在无对象诉说或不适合痛哭的情况下，也可以对着沙包狠揺一通，或到空旷无人的地方尽情地大声唱歌和喊叫，借此释放聚集的负面压力，缓解情绪，达到宣泄的目的。

### （四）自我放松

#### 1. 深度呼吸训练法

这种方法简单易行，不受空间、时间限制。首先放下手中工作，身体放松，坐在椅子上，也可以选择仰卧在床上，如果什么都没有，就全身放松保持站立姿态。然后用鼻子深吸一口气，感觉肺部充满气息，再慢慢地、均匀地呼出，呼气的时候要平和而舒畅。我们可以数一下深呼吸的次数，保持深呼吸，重复 10 ～ 20 次。同时感知身体的各个部位，是否在与呼吸的节律趋于一致。渐渐地，就会感觉到身体的各个部位逐渐放松下来。

2. 意象训练法

去想象让自己感觉轻松、愉悦的情境，在进行意象训练时，可以想象某一个动态的情境，也可以想象静态情境，这取决个人的自身想象力。选择适合的场合，闭上眼睛，放松全身，可以想象自己光着脚，踩在松软的沙滩上，缓缓吹动的海风像一双温暖的手轻轻地抚摸着自己的头发、脸颊。也可以想象自己把脚踩在凉爽的海水里，清凉的气息从脚底传遍全身，驱散了浑身的烦躁，取而代之的是一种清爽的愉悦感。训练的效果取决于想象的生动性和逼真性，想象越清晰、生动，放松的效果就越明显。可以重复想象上面描述的情境，在不断地重复训练中，一闭眼，头脑中大海的动态画面就会显现且越来越真实，如果动态想象比较困难，也可想象静态情境，例如，可以想象草地上，一个安静看书的少女。这种训练方法可以做几分钟、几十分钟或更长时间，如果能坚持训练，就会发现意象训练不仅可以消除疲劳，恢复精力，还可以提高自己的身体素质和学习效率，甚至还有开发智力的效果。

### （五）情绪音乐法

情绪音乐法属于音乐疗法的一种，它借助音乐的力量来帮助人们缓解压力、减轻焦虑、改善情绪和促进身心健康。音乐能够直接作用于人的情绪中枢，通过旋律、节奏、音色等元素来触发特定的情绪反应。聆听音乐可以降低人体的心率和血压，减缓呼吸和放松紧张的肌肉。这些生理上的变化能够帮助人们减轻内心的焦虑感，并提升情绪状态。不同类型的音乐会产生不同的情绪体验。例如，欢快活泼的音乐能够让人产生愉悦和快乐的情绪，悲伤的音乐能让人感受到悲痛和伤感。通过选择适合自己情绪的音乐，人们可以调节自己的情绪状态，在心理上得到满足和安慰。

**知识窗**

#### 情绪的曲调

古希腊人认为，不同的曲调代表不同的情绪：

A 调代表高扬，B 调代表哀怨，C 调代表和蔼，D 调代表热情奔放，E 调代表安静优雅，F 调代表悲伤忧愁，G 调代表浮躁。

### （六）情绪食谱

其《汉书·郦食其传》，云：“王者以民为天，而民以食为天。”食自古以来就是民之所系，所以人们还可以通过吃来调节自身情绪。

多吃富含蛋白质的食品可以增强人的耐力与意志力，如牛奶、蛋、水果、豆制品；多吃莲藕、小麦、红枣、龙眼，有养心安静的功效，对焦虑、抑郁有很大帮助；多吃富含维生素的全麦食品、蔬菜、香蕉非常有助于改善情绪，德国营养心理学家帕德尔教授发现，香蕉含有一种能帮助人脑产生五羟色胺的物质，它可减少不良激素的分泌，使人安静、快活。

除了以上六种情绪调节方法外，我们还要保证自身睡眠，睡眠有助于克服恶劣情绪，稳心定神；还可以尝试多晒晒太阳，著名精神病专家缪勒指出，阳光可改善抑郁病人的病情；还可以养养花草，花草的颜色和气味，也有调解人情绪的作用。

## 自助测试

### 焦虑自评量表（SAS）

指导语：下面有20条内容，请仔细阅读每一条，把意思弄明白，然后根据自己最近一星期的实际情况在适当的位置标记。每一条内容后有4栏，其中，A表示没有或很少的时间；B表示小部分时间；C表示相当多的时间；D表示绝大部分或全部时间。

| 实际感觉 | A | B | C | D |
|---|---|---|---|---|
| 1. 我觉得比平常容易紧张或着急 | | | | |
| 2. 我无缘无故地感到害怕 | | | | |
| 3. 我容易心理烦乱或觉得惊恐 | | | | |
| 4. 我觉得我可能要发疯 | | | | |
| 5. 我觉得一切都很好，也不会发生什么不幸 | | | | |
| 6. 我手脚发抖打颤 | | | | |
| 7. 我因头痛、颈痛和背痛而苦恼 | | | | |
| 8. 我感觉容易衰弱和疲乏 | | | | |
| 9. 我觉得心平气和，并且容易安静坐着 | | | | |
| 10. 我觉得心跳很快 | | | | |
| 11. 我因一阵阵头晕而苦恼 | | | | |
| 12. 我曾经晕倒，或觉得要晕倒 | | | | |
| 13. 我吸气和呼气都感到很容易 | | | | |
| 14. 我感到手脚麻木和刺痛 | | | | |
| 15. 我因胃痛和消化不良而苦恼 | | | | |
| 16. 我常常要小便 | | | | |
| 17. 我的手脚常常是干燥的、温暖的 | | | | |
| 18. 我脸红发热 | | | | |
| 19. 我容易入睡并且睡得很好 | | | | |
| 20. 我常做噩梦 | | | | |

**计分方法：**A、B、C、D分别记1、2、3、4分。将所有题得分相加，再将总分乘以1.25，取整数部分即可得到标准分。5、9、13、17、19题为反向计分（得分=5-原始得分）

**判断：**以50～55分为界，超过55分为异常，说明你的情绪处于焦虑状态。

## 拓展延伸

### 心灵影院：《奇迹·笨小孩》

《奇迹·笨小孩》是2022年由文牧野执导，宁浩监制，易烊千玺领衔主演的电影，该片主要讲述了一个20岁的少年景浩为了让妹妹景彤过上更好的生活，与一群平凡人组队创业，共同追逐幸福的故事。

景浩和妹妹在深圳相依为命，为了筹集妹妹的手术费用，景浩不得不采取极端措施。他偶然发现了一批残次品手机，这些手机虽然有缺陷，但经过修理后仍有可能作为翻新机出售。景浩决定利用这些手机作为契机，贷款购买这些手机，并计划将其修复后销售。然而，他很快发现政府正在打击翻新机市场，这使得他的计划面临巨大风险。景浩决定放手一搏，他创办好景电子元件厂，拆解残次机中的零件卖给手机公司，只要良品率达到85%以上，4个月就可以赚80万元。但公司却既不管人员、厂房、设备，也不支付定金，既没钱又没人。尽管故事充满了挑战和困难，但景浩的坚持和勇气最终帮助他实现了目标，为妹妹筹集到了手术费用，也为自己的生活带来了新的希望。

### 有氧书吧：《人生终要有一场触及灵魂的旅行》

趁阳光正好，趁微风不躁，趁繁花还未开至荼蘼，趁现在还年轻，还可以走很长很长的路，还能诉说很深很深的思念。去寻找那些曾出现在梦境中的路径、山峦与田野吧。

旅行最美妙的感觉，是它在不断轻声提醒我们——你所知甚少，而这个星球如此美好。

旅行不仅是行走，更是与自己的心灵和解、与世界温柔相拥的过程。灵魂命令我们对这星球的美一见倾心。人不能一味走下去，而要驻扎在行程的空隙中，和灵魂会合。

如果我是一滴水，纵是一滴普通的水，也希冀着跌宕起伏和波澜壮阔，也渴望游弋和携手，那就做一次瀑布吧。

# 项目五

# 扭转压抑的阀门

## ——压力管理

## 学习目标

- 学习目标
  - 知识目标
    - 理解压力的概念，掌握压力的分类
    - 理解挫折的概念，掌握挫折的分类
    - 掌握几种挫折心理学理论
  - 能力目标
    - 掌握应对压力的基本策略
    - 掌握应对挫折的基本策略
  - 素质目标
    - 知晓遇到压力、挫折是人生的常态
    - 掌握压力、挫折的处理与解决办法
    - 培养良好的心理素质，提高抗压能力

## 故事导入

有一个人，他觉得做人实在太累了，要承受各种各样的压力，一辈子有忙不完的事，一点都不自由、不快乐。一天，他做了一个梦，在梦中，他遇见了一位神仙，神仙承诺满足他任何愿望。于是他就对神仙说，他不想做人了，做人太累。神仙问他："那你想做什么呢？"这个人想了想说："我想变成一条鱼，在大海里自由自在地遨游。"于是神仙把他变成了一条鱼。

小鱼在水里自由自在地玩耍，可不一会儿，有鲨鱼要吃它，它拼命地逃，好不容易躲过了一劫，可刚一扭头，却进了鲸鱼的肚子，它想尽办法逃了出来，赶快去找神仙，小鱼惊魂未定，气喘吁吁地说："太可怕了，太可怕了，我不当鱼了，那么多大鱼要吃我，我受不了了！"小鱼要求神仙把它变成一只鸟，可以在天上自由飞翔，神仙答应了它的请求。

可是没过几天，小鸟又来诉苦："神仙啊，当鸟的日子也不好过啊！老鹰要抓我，毒蛇要咬我，猎人还天天举着枪要打死我，那些富人不是把我关在笼子里当宠物，就是要把我当菜吃，做人虽苦，但至少没有生命危险。"

于是神仙把他变回了人，并对他说："谁都有烦恼，有压力，不要纯粹羡慕他人的自由快乐，要知道快乐和痛苦是并存的，认认真真地做你自己，才是最快乐的事！"

## 心灵能量包

生于忧患，死于安乐。

——孟子

这种不落在肥土而落在瓦砾中、有生命力的种子决不会悲观和叹气，因为有了阻力才有磨炼。生命开始的一瞬间就带了斗争来的草，才是坚韧的草，也只有这种草，才可以傲然地对那些玻璃棚中养育着的盆花哄笑。

——夏衍

# 任务一　学会处理压力

## 一、认知什么是压力

压力分为肉体压力和精神压力两种，本项目要探讨、学习的主要是精神压力（stress），该词是 1936 年由加拿大生理学家汉斯·塞里（Hans Selye）将其引入生理学领域的。塞里认为压力是表现出某种特殊症状的一种状态，这种状态是由生理系统中应对刺激的反应引起的非特定性变化所组成的，后来医学领域的学者将其定义进行扩展，认为压力是个体应对觉察到的自己心理、生理、情绪和精神受威胁时所产生的一系列反应及适应现象。

目前，对压力解释普遍被接受的看法是：压力是由刺激引起的，伴有躯体机能以及心理活动改变的一种身心紧张状态。

## 二、了解压力的特点

### （一）压力是一种主观反应

压力是主观思维对客观存在的一种反应，这个反应是基于客观事实的，可能准确，也可能过度，压力反应取决于人们的主观态度和观点，很多在压力面前太脆弱的人，就是对压力反应过度。比如，同样是面对考试不及格，有的学生可能会非常伤心难过，有的学生可能毫不在乎。人们会用切断或转变压力信息的方法，不让主观进行反应或让反应不足，以达到压力管理的效果。

### （二）压力由压力源引起

压力源即压力的来源或源起，是让人们感到紧张的事件或环境，例如上面讲的考试不及格就是大学生的压力源，它的属性是客观的，不以人们主观意志的改变而改变。

### （三）压力的大小由个人身心承受能力所决定

压力的大小，即人们不适应的心理感觉强度，是由压力源事件的客观性和自我感觉的主观性共同决定的，即压力的大小 = 压力源 / 承受力。在同样的压力源情况下，承受能力越强的人，压力越小，所以同样一个事件，不同人的心理承受力是不一样的，学习压力管理，就是要提高心理承受力，改变对待压力事件的态度。

## 三、掌握压力的形成机制及反应

### （一）压力的形成机制

心理压力的产生原因是复杂的，每一个人的压力都有所不同，但总体来说，可以将引起压力的原因归为四类：生活事件、挫折、心理冲突和不合理的认识。这些原因可以从两个角度进行解读：从生理学角度看，压力的形成机制是个体在受到外界刺激时，机体的交感神经兴奋并导致垂体和肾上腺素分泌增多，引起血糖升高、血压上升、心率加快、呼吸急促等各种心肺功能及机体代谢的异常，如此反映到心理方面便形成压力；从心理学角度看，心理的压力有一部分是由已经发生或即将发生的生活事件引起的，如即将来临的考试、直接面对的竞争、日益激烈的就业市场等。

一般来讲，形成心理压力的事件，多半是坏事，但是，也有一些好事会变成压力，比如，部分学生干部在面临职务升迁时，就会产生焦虑甚至紧张，这是因面对好事时无法很快调整自我状态或者自身能力无法适应新角色而导致的压力。

结合实际情况能够发现，心理压力的形成机制其实并非上述的单一原因，而往往是综合原因形成的。

### （二）面对压力会有哪些反应

当个体面对压力时，会在生理和心理上出现一系列的反应，适度的压力会主动适应环境变化的需要，唤起和发挥机体的潜能，增强抵御能力，但是过于强烈或持久的压力，就会超过个体的耐受能力，从而导致生理和心理功能上的紊乱，这些反应主要从生理和心理两个方面来体现。

在压力源的作用下，不仅肾上腺素的大量释放会引起心肌收缩、心跳过速、糖原分解及血糖升高、代谢加速及耗氧量增加，而且肾上腺素的释放会使周围血管收缩、皮肤苍白、血压升高、肾血流量减少，此外，糖皮质激素大量分泌，还会抑制免疫功能，降低细胞免疫力，干扰抗体形成，过大的压力可引起机体生理功能的紊乱、失衡以至发生病理性改变，从生理机制对压力反应的生理变化来看，长期过重的工作压力，会诱发个体的躯体疾病，这便是压力的生理反应。

大学生面临压力时还会产生一系列心理反应。这些反应在一定程度上是有机体主动适应环境变换的需要，它能够唤起和激发个体的潜能，增强心理承受和抵御压力的能力。但是如果压力引起的心理反应过于强烈和持久，超过了个体自身的调节和控制能力，就会大大消耗个体的能量，使个体的免疫机能下降，从而影响机体组织器官的正常功能，并由此导致大学生心理功能紊乱而致病。

**心灵互动营**

#### 心理实验：没有压力，何来安全

美国科学家摩德尔斯把一灰一白两只小老鼠放在约 500 $m^2$ 仿真自然环境中，并把小白鼠的“压力基因”全部抽取出来。

结果发现，小灰鼠走路或觅食总是小心翼翼，生活了十几天，没有出现任何意外甚至开始储蓄过冬的粮食，它用了近 4 天的时间才熟悉整个仿真空间，最高只是爬上了盛有食物的高仅 2 m 的吊篮上。

小白鼠从一开始就生活在兴奋之中，只用一天的时间就把 500 $m^2$ 的全部空间大摇大摆地逛了一遍，第三天，爬上了高 13 m 的假山，在试着通过一块小石头时不幸掉下来摔死了，其实，如果小白鼠谨慎些，这块石头完全可以安全通过。

在大家眼里，压力只会带来痛苦、失望、遗憾、沮丧……自己最好和压力永远绝缘，然而，如果压力不在，那么粗心大意就会前来拜访，到时候灾难、麻烦也会随之而来。

## 四、识别大学生常见的压力

大学生常见的压力，有的来自家庭或自身，也有的来自社会或学校，主要有以下几个方面：

### （一）生活压力

自从高校实行收费制度以来，许多家庭为了供孩子上学而负担加重，特别是来自贫困家庭的大学生，虽然国家通过助学贷款的方式为他们解决了一些经济问题，可还贷又变成了他们新的生活压力。据调查，我国高校中贫困大学生的比例约占大学生总数的 20%，他们的经济条件与富裕家庭的同学相比差距较大，经济上的拮据不仅影响了大学生的生活，也影响了他们的人际交往，使他们产生自卑感。

**心灵互动营**

#### 心理案例：钱被盗了之后

某高校学生，女，家庭经济情况一般，有一弟弟读初中，从小父母对她的希望就是好好读书，长大能离开农村。高考后父母不愿她到陌生城市读书，出于经济原因考虑，她主动向父亲提出，填报相同专业中收费最低的省内某大学。入校两个月后，她 3000 多元的存款在校园内被骗，事后出现失眠、无食欲、焦虑、反应力减慢，不能集中注意力思考、判断问题，情绪低落、愤怒、自责和羞耻，她感到生活中处处都是危险，这个城市的人不能信任，自己很不幸，这样的事会给家庭带来羞辱。经济压力打乱了她的日常生活，不确定今后能否继续上大学，一个人时，她眼前常会出现骗子的画面，常会在梦中梦到这件事情，下晚自习时害怕一人单独走回宿舍。

**案例分析：**该女生独立处理问题的能力差，有过分内省的人格倾向。其实，压力无处不在，无时不有，在人生的不同阶段，我们都会经历各种压力，遭受或大或小的挫折。

### （二）学业压力

大学生为了适应社会的需求，往往从入校起就开始为就业做准备，从而需要花大量的时间学习专业课程，考取相关的一些证书等。在高度紧张的状态下，过多的学业负担让他们对美好的大学生活产生了厌倦，容易出现不良的情绪体验。

## 成长时刻

学业是人生的灯塔，照亮前行的道路。知识改变命运，学习改写人生，教育改善人格，反思启迪智慧。艰苦的条件造就人才。聪明的人并不都是天才，而天才是靠努力、靠勤奋得来的。愿同学们在求学的路上，步步为营，勤勉向上。让智慧之光照亮你的未来，让勤奋之舟载你驶向成功的彼岸。

### （三）人际交往的压力

人际交往构成了大学生活的基本内容，但许多大学生在人际交往方面存在困扰，这不仅影响了他们的心理健康，还可能导致极端事件的发生。人际交往的压力源包括个性因素带来的交往困扰、意气用事导致的人际冲突，以及应对这些挫折的能力不足等。这些问题使得一些大学生选择逃避交往、自我封闭，从而加剧了他们的心理压力。

## 心灵互动营

### 心理实验台："感觉剥夺"实验

1954年，加拿大麦克吉尔大学的心理学家首先进行了"感觉剥夺实验"（见图5-1），实验中给被试者戴上了半透明的护目镜，使其难以产生视觉，用空气调节器发出的单调声音限制其听觉，手臂戴上套袖和手套，腿脚用夹板固定，限制其触觉，被试者单独待在实验室里，几小时后开始感到恐慌，进而产生幻觉……在实验室连续待了三四天后，被试者产生了许多病理心理现象：出现错觉、幻觉，注意力涣散，思维迟钝，紧张、焦虑、恐惧等，实验后需数日方能恢复正常。

"感觉剥夺实验"说明一个人在被剥夺感觉后，会产生难以承受的痛苦，各种心理功能将受到不同程度的损伤，经过一天以上的时间才能逐渐恢复正常。这个实验表明：大脑的发育、人的成长成熟是建立在与外界环境刺激广泛接触之上的，只有通过社会化的接触，更多地感受到外界的刺激压力，人才可能更多地拥有力量，更好地全面发展。

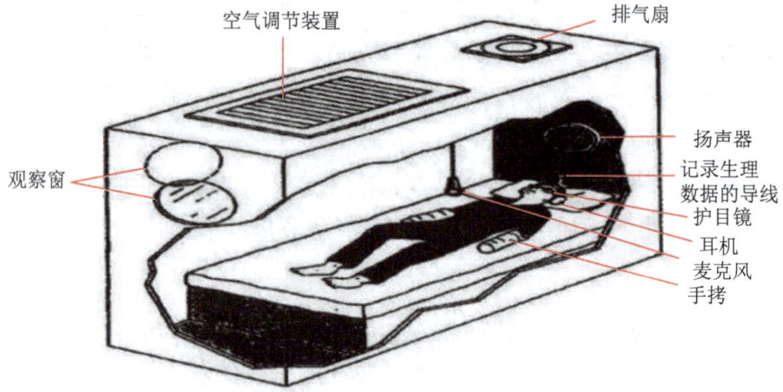


图5-1　感觉剥夺实验

### （四）就业压力

据一项在校大学生心理健康状况调查显示，75% 的大学生认为压力主要来源于社会就业；50% 的大学生对于自己毕业后的发展前途感到迷茫，没有目标；41.7% 的大学生表示目前没考虑太多；只有 8.3% 的人对自己的未来有明确的目标并且充满信心。显而易见，就业几乎已经成了每个大学生一进校门就必须面对的压力。

**知识窗**

#### 心理压力的 10 种无声信号

美国《预防》杂志载文，刊出压力“10 种无声信号”。

（1）周末头痛。华盛顿大学头痛研究中心主任托德·施韦特博士表示，从高压力状态下突然放松会诱发偏头痛，周末保持平时的睡眠和饮食模式，有助于最小化周末头痛诱因。

（2）痛经。哈佛大学研究发现，压力太大的女性发生痛经的危险是一般女性的两倍，健身有助于缓解痛经和压力。

（3）口腔疼痛。美国牙科协会消费顾问马修·米斯纳博士表示，口腔上部疼痛可能是夜间磨牙所致，而压力会加重磨牙症状，可试戴保护牙套。

（4）怪梦。压力过大会导致睡眠中多次惊醒，干扰“好梦”后还可能出现不愉快的怪梦，睡前避免咖啡因及酒精，以保证充足的优质睡眠。

（5）牙龈出血。研究发现，压力大的人罹患牙周病的危险更大。刻意锻炼和充足睡眠有助于解压，也有助保护牙齿。

（6）突然出现痤疮。维克森林大学皮肤病学教授吉尔·尤斯帕维齐表示，压力会增加患痤疮炎症的几率，可用水杨酸清洗创面，并抹上不致粉刺的保湿霜，如果几周治疗仍无效，则应看医生。

（7）偏爱甜食。宾夕法尼亚大学研究发现，与雌激素相比，压力更可能是女性偏爱巧克力等甜食的诱因。

（8）皮肤瘙痒。日本一项涉及 2 000 多人的研究发现，身体长期瘙痒者比正常人发生压力过大的几率高两倍，焦虑紧张也会加剧皮炎、湿疹和牛皮癣症状。

（9）过敏加重。美国俄亥俄州州立大学医学院的试验发现，过敏患者焦虑后，症状会更严重。

（10）肚子痛。除了头痛、背痛和失眠之外，焦虑和压力也会导致肚子痛。一项涉及 1 953 名男女参试者的研究发现，压力水平高的人比放松的人发生肚子痛的几率高 3 倍。

**知识窗**

#### 习得性无助

“习得性无助”是指人在最初的某个情境中获得无助感，那么在以后的情境中仍不能从这种关系中摆脱出来，从而将无助感扩散到生活中的各个领域。

1975 年，塞利格曼在大学生身上进行了一项实验，他们把学生分为三组：让第一组学生听一种噪声，这组学生无论如何也不能使噪声停止；第二组学生也听这种噪声，不过他们通过努力可以使噪声停止；第三组做对照组，不给受试者听噪声。当受试者在各自的条件下进行一段实验之后，即令受试者进行另外一种实验：实验装置是一只“手指穿梭箱”，当受试者把手指放在穿梭箱的一侧时，就会听到一种强烈的噪声，放在另一侧时，就听不到这种噪声。实验结果表明，在原来的实验中，能通过努力使噪声停止的受试者，以及未听噪声的对照组受试者，他们在“穿梭箱”的实验中，学会了把手指移到箱子的另一边，使噪声停止，而第一组受试者，也就是在原来的实验中无论怎样努力，都不能使噪声停止的受试者，他们的手指仍然停留在原处，任凭刺耳的噪声响下去，却不把手指移到箱子的另一边。

为了证明习得性无助对以后的学习有消极影响，塞利格曼又做了另外一项实验：他要求学生把下列的字母排列成字，比如 ISOEN、DERRO，可以排成 NOISE 和 ORDER，学生要想完成这一任务，必须掌握 34251 这种排列的规律。实验结果表明，原来实验中产生了无助感的受试者，很难完成这一任务。

## 任务二　认识挫折与心理健康

### 一、了解什么是挫折

挫折是指人们在有目的的活动中，遇到了无法克服或自以为是无法克服的障碍和干扰，使其需要或动机不能获得满足时所产生的消极的情绪反应。

**心灵互动营**

#### 心理故事分享：挫折教育

几位年轻妈妈带孩子一起聚会，有一位一岁多的小男孩抓起桌子上的一只生馄饨就往嘴里塞，另一位妈妈欲要制止，其母却说：“让他去吃，这样才知道生的不能吃。”小男孩咬了一口，果然皱着眉头吐出了生馄饨。过了一会儿，一个不到三岁的小女孩下厨切辣椒，被呛得眼睛流出泪，直打喷嚏，另一位妈妈递上毛巾，也被其母拦住，让她自己想办法解决，后来这位小姑娘切完辣椒，半眯着眼走到毛巾架跟前，取下毛巾到水龙头前擦洗着眼睛。这位妈妈为什么要对孩子进行“挫折教育”呢？她这样说道：对孩子进行挫折教育，使他们在挫折中学会本领，将来才能自食其力，尽快地适应社会，迎接挑战。

挫折这一概念包括三方面的含义：其一是造成挫折的情境因素，也称为挫折情境，是指使需要不能获得满足的内外障碍或干扰等情境状态或情境条件；其二是指对挫折情境的知觉、认识和评价，称为挫折认知；其三是伴随着挫折认知，对于自己的需要不能满足而产生的情绪和行为反应，如愤怒、焦急、紧张、躲避或攻击等，称为挫折反应。

### 二、熟悉挫折的主要来源

挫折来源是指使需要不能获得满足的各种障碍和干扰因素。大学生挫折来源是多种多样的，归纳起来可以分为两大类：一类是外部因素，另一类是内部因素。

### （一）外部因素

构成挫折情境的外部因素又称环境因素，是指由于外界的事物或情况给人带来的阻碍和限制，使人的需要不能满足而引起的挫折，外部因素包括自然环境和社会环境两个方面。

#### 1. 自然环境

自然环境包括各种非人为力量所造成的时空限制、天灾地变等因素，使人的行为无法达到目标而造成挫折，它往往是人力所无法控制和避免的。例如，一个慢性病患者，无论医药的功效如何良好，他总须治疗一定的时间，才能康复；一个汽车司机在荒漠中用尽了汽油；一个急于完成学业，家境贫寒的大学生还须苦读一两年，修满一定学分才能毕业；异乡游子由于远隔重洋无法与家人团聚等，这些时间或空间的限制，是构成挫折情境的重要原因。此外，人世间的生、老、病、死以及无法预料的自然灾害和各种事故，如地震、洪水、车祸、火灾、亲人亡故等所导致的挫折，也都属于自然环境因素。

#### 2. 社会环境

社会环境是指个体在社会生活中所遭受的人为因素的限制而引起的挫折，包括一切政治的、经济的、宗教的、伦理道德的、种族的、家庭的因素以及风俗、习惯的影响。由此造成的挫折情况比较复杂，对个人需要和动机所产生的阻碍作用也比自然环境引起的挫折更多、更大、更普遍，影响也更深远。例如，青年男女彼此爱慕至深，但因家庭经济地位悬殊等原因，遭到亲人的阻挠和反对；又如，在某种社会条件中，人们不能接受所期望的某种教育，不能从事自己所喜欢的职业；或是才能得不到充分发挥，人才得不到提拔重用；或是由于人际关系紧张与别人产生隔阂、处境孤立等，都会给人造成挫折。

### （二）内部因素

构成挫折情境的内部因素，是指由于个人的生理心理因素而带来的阻碍和限制成为挫折的来源。它包括个体生理条件的限制、动机间的冲突和能力与期望的矛盾等方面。

#### 1. 个体生理条件的限制

个体生理条件的限制是指个体生理上的缺陷、疾病以及容貌、身材等方面达不到预期目标所带来的限制。例如，高度近视者不能担任飞行员或其他需要良好视力的工作；色盲者难以从事医疗或美术工作；如果一个智力缺陷者想成为一名出色的科学家或文学家、一个身材过于矮小的人想成为国家篮球队员，无论他们怎样努力，其成功的可能性较一般人都小得多。

#### 2. 动机冲突

动机冲突是指同时产生了两个或两个以上的动机，这些动机都是人们急需达到的，但由于某种条件的限制，二者不能兼得。如果由于两者互相对立和排斥而产生的难于抉择的心理状态持续得太久、太激烈，或是由于其中一个动机得到满足，而其他动机受到阻碍，这时就会造成挫折。

从人类的动机活动来看，动机冲突的情况非常复杂。从动机冲突的形式上分析，心理学家一般把心理冲突分成四类。

（1）双趋冲突。双趋冲突是指个体在活动中同时兼具两个并存的目标，并以相同强度的两种动机同时追求而又不能同时获得满足时，被迫从两种目标中选择其一的矛盾心理状态。从两个喜爱对象中只能选择其一时，就会产生双趋冲突。例如，一个人同时得到了去两所学校深造的机会，这两所学校对他有同等的吸引力，可是他只能选择其中的一所学校，于是造成选择上的困难。

（2）趋避冲突。个体对同一目标同时产生两种动机：一方面好而趋之，另一方面又恶而避之。这种对同一目标既趋之又避之的矛盾心理状态，称为趋避冲突。这种心理冲突是日常生活中发生得最多，而又较难解决的。例如，一位病人想要治好严重的胃病，可又怕动手术；女青年喜欢吃甜食，但又怕吃了发胖；男青年想追求某位女青年，又怕遭受拒绝后有损自尊心；想为社会做好事，又怕遭人嘲笑和议论；想参加某项考试或比赛，又害怕失败等。诸如此类，凡是同一事物对人同时具有同等强度的吸引力和排斥力，使人处于进退两难的境地，都能构成趋避冲突的情境。

（3）双避冲突。个体同时遇到两个威胁性目标都想躲避时，但迫于形势必须接受其一才能避免另一，这种从两种恶者中必择其一而左右为难的矛盾心理状态，称为双避冲突。例如，一位患心脏病的学生必须休学住院时，他可能既担心不去住院病情会进一步恶化，又担心住院会影响学习，甚至从此失学。休学与病情恶化这两种痛苦，他必须选择一种。

（4）双重趋避冲突。个体在活动中如果同时具有两个或两个以上的目标，而每一个目标又同时形成趋避冲突，这种矛盾心理状态就称为双重趋避冲突。例如，有的人感到住在城里工作、生活、娱乐等比较方便，但空气污染严重，噪声恼人（趋避冲突）；住在郊外固然空气很好，环境清新，但上班工作、生活等都很不方便（趋避冲突）。再如，一位大学生想攻读研究生进一步深造，但又怕考试失败，他想参加系里的运动队为集体争光，但又担心影响学业成绩，这种复杂的趋避冲突，就形成了双重（或多重）趋避冲突。

#### 3. 能力与期望的矛盾

能力与期望的矛盾是指个体期望太高，能力不及而招致的挫折。在现实生活中，一个人如果过于自信，过高地估计了自己的能力，就会对自己提出不切实际的要求，制订过高甚至无法达到的目标或计划，一旦这些目标或计划终因能力不济，无法达到，而自己又不能清醒地认识到这一点，就会产生强烈的挫折感。

## 三、了解挫折的防御机制

在实际生活中，常见的有以下几种挫折防御机制。

### （一）升华

升华是指一个人在受到挫折后，把自己的理想转移到另一更有价值的事业上去。“塞翁失马，焉知非福。”别林斯基说过：“不幸是一所最好的大学。”古今中外许多人都是逆境起飞，创出了不朽业绩，“文王拘而演周易，仲尼厄而作春秋，屈原放逐乃赋《离骚》”；司马迁受辱，《史记》传世；歌德在失恋中得到灵感与激情，才有了脍炙人口的世界名著《少年维特之烦恼》。

### （二）投射

投射是以自己的想法推测别人的想法，把自己的思想、感受、行动推到别人身上，把自己不能接受的性格、态度、习惯、欲望、信念转移到别人身上。例如，有人总爱说别人有种种恶习，即以小人之心度君子之腹；一个对领导有成见的人可能会说领导对他有成见。

### （三）文饰（合理化）

文饰是指利用各种理由和借口为自己开脱，以减轻痛苦，缓解紧张，避免尴尬，提高自身价值或争取社会认可，使内心获得平衡，也称“精神胜利法”。当事情失败时，以许多与事实无因果关系的理由加以解释来维持面子，即酸葡萄效应。例如，某同学本来下决心要在考试中名列前茅，结果未能如愿，他为了维护自尊就不屑地说“死读书有什么意思，我可不想变成书呆子”；某人不会跳舞又不想让别人知道自己不会，就说“自己喜欢安静，不愿意去闹哄哄的场合”……

### （四）反向形成（矫枉过正）

无意识的冲动在意识层面上向相反方向发展，人的外表行为或情感表现与其内心的动机欲望完全相反，在心理学上被称为反向形成或反向作用、反向行为、矫枉过正，是心理防御机制之一，具体表现有为了防止自认为不好的动机外露，采取“声东击西”的行为，如某女生明明对某男生有好感，但却对他冷淡，或者只要一见面，就攻击他。凡是总爱在别人面前炫耀自己的人，恰恰暴露了他内心的害怕。

### （五）认同

认同是指自己以各种各样的方式去建立与另一个人、另一团体的同一性。如借抬高自己所在学校、所在单位，间接地赞誉和抬高自己，求得别人的认同。再如，把别人具有的、自己羡慕的品质加在自己头上，以提高自己的信心、声望、地位，从而减轻挫折感。

### （六）压抑

压抑是指人在受挫后把意识所不能接受的痛苦思想、欲望、体验压抑到潜意识中，尽量不再想起，不去回忆，主动遗忘，以保持内心的安宁。心理分析家认为，心理疾病多由过度压抑造成，虽然压抑这种防卫机制比较常见，但对身心的危害却很大。压抑原来是希望忘记可怕的刺激，结果潜意识的活动却引起许多回忆的相关刺激。记错某些事情，或口误、笔误等现象也大多是压抑的作用。压抑虽然能够暂时减轻焦虑，获得安全感，但按捺不住内在的情绪纷扰，久而久之可能使人变得性情暴躁或孤僻、沉默，甚至形成心理疾病。由此看来，遇到挫折、失败最好一吐为快，想办法把内心不愉快的情感宣泄出来。

### （七）幽默

幽默是指当一个人受到挫折，处境困难或尴尬时，用幽默的方式来化解困境，维持自己的心理平衡。

### （八）否定

否定是指对已经发生的、令人痛苦的事实加以“否定”，认为它根本就没有发生过，以减轻或逃避心理上的痛苦。

### （九）回避

回避是指转移注意力，尽可能主动躲开导致心理困境的外部刺激，“眼不见，心不烦”，不在困境的时空中久久驻足。

### （十）淡化

淡化是指弱化心理体验的强度，顺其自然，泰然处之，从而减轻心理认知和心理依赖的冲突。例如，当我们小心翼翼地和某人相处时，反而总是处理不好与他的关系，处处别扭，造成了很大的心理负担，与其这样，倒不如随它去，顺其自然，反而相处得更好。

### （十一）补偿

补偿是指人们由于自身的某种缺陷达不到既定目标，以其他可能获得成功的活动或其他特长来代替，通过新的满足来弥补原有欲望的挫折。例如，一个高度近视、身体单薄的学生无法在运动场上夺冠，却可能因刻苦学习而在学业上称雄。

### （十二）移位

移位是指把一种情境下是危险的情绪或行为，不自觉地转移到另一种安全的情境下释放出来，以求得心理平衡。例如，工作受到了领导的责怪，心头有火却不敢也不能对领导发作，于是就找出气筒（物品或自己惹得起的人）。

**知识窗**

#### 踢猫效应

“踢猫效应”是指对弱于自己或者等级低于自己的对象发泄不满情绪，而产生的连锁反应。“踢猫效应”描绘的是一种典型的坏情绪的传染。人的不满情绪和糟糕心情，一般会沿着等级和强弱组成的社会关系链条依次传递。由金字塔尖一直扩散到最底层，无处发泄的最弱小的那一个元素，则成为最终的受害者。其实，这是一种心理疾病的传染。

## 四、掌握挫折心理学的几种理论

关于挫折的研究，在西方一直是研究的热点，并产生了许多理论流派，具有代表性的有以下几种：

### （一）挫折——攻击理论

美国耶鲁大学社会心理学家多德拉等指出，攻击行为往往是挫折的结果。他们认为，攻击行为的发生总是以挫折的存在为先决条件，同时挫折的存在也总是要导致某些形式的攻击行为。他们曾经进行过“剥夺睡眠”实验，实验结果表明，当被实验者被剥夺睡眠 24 小时，并不允许自己活动且不给吃早点后，他们往往采用不友好的语调相互谈论或通过提出一些非难性（是指因过错而遭受的可谴责性、应负责性和可罚性）问题攻击实验者。挫折的这种作用可以在广泛的社会关系中充分体现。

### （二）挫折的本能学说

美国心理学家麦独孤 (McDougall) 于 20 世纪提出，个体受挫折而产生的种种行为均起于本能。他在《社会心理学引论》一书中给本能下的定义为：一种遗传的或先天的心理倾向，决定那些有此倾向者感知和注意某一种类的客观，在感知时体验着某种特殊情绪的激动，以及对它做出某种特殊样式的动作或至少体验着这种动作的冲动。他还认为，人和动物的行为都是有目的性的，只是目的性的程度高低不同。一切行为都是为达到一定的目的，而策动和维持这些行为的动力是本能，如果消除这些本能倾向及其有力的冲动，有机体将不能进行任何活动。此外，本能和情绪有密切的关系，似乎每种本能都能有其相对应的特殊情绪。在麦独孤看来，人在活动中遭受挫折而产生的情绪以及由此而引发的各种挫折行为反应都是不能冲动的结果。

### （三）精神分析学派的挫折理论

精神分析学派的创始人弗洛伊德认为，人的一切行为都是以性本能为动力的。如果心理性欲的发展过程不能顺利进行，比如停留在某一阶段或因遇到挫折而从高级阶段倒退到低级阶段等，都可能造成行为异常。因此，一切精神疾病的根源都在于这种心理性欲受到压抑阻碍，即挫折。

### （四）社会文化理论

社会文化理论强调文化和社会条件对个体的挫折的产生及其反应的影响，其代表人物是新精神分析学派的沙利文和人本主义心理学派的罗杰斯。这种理论重视社会环境和文化因素对个体行为和人格特征的影响，认为挫折的产生是由于个体“向上意向”“自我实现”受到压抑。为避免挫折的产生，新精神分析学派主张自我的整合和调节作用，强调个体的自主性以及对未来的乐观态度；人本主义心理学派强调尊重人的价值，发挥人的创造力，完善人际关系等。

# 任务三　压力管理和挫折应对

## 一、熟悉压力管理策略

个体在环境中受到各种因素刺激的影响而产生的一种紧张情绪就是压力，这种情绪正向或负向地影响个体的行为，当感觉压力越来越大时，应该想方设法减轻压力，降低压力的负面影响，并对压力进行成功的管理和运作。

### （一）压力管理的原则

#### 1. 对压力有觉察

有两种压力可能使肌体调节失常，一是突如其来的过大压力，二是持续不变的低量压力，前一种压力使人的压力调节机制瓦解，后一种压力可能逃避正常的肌体反应，造成压力的积蓄，即亚健康。肌体对压力往往有一种天生的吸收—缓冲机制，一般的生活压力会被身体转化成活力与激情。如果一个人生活在流动、不停变化的压力丛中，他的肌体不仅是健康的，也是充满能量的，压力过小的生活让人消沉，昏昏欲睡，肌体懈怠，思维变慢。

#### 2. 生理和心理平衡原则

躯体压力与精神压力就像跷跷板，躯体压力大，精神压力也会慢慢增大，反之亦然，通过放松来释放躯体压力，精神的压力也会得到适当的缓解。当我们集中心智工作太久，或者长期处在竞争的状态中，我们可以通过肌体的放松来释放内心压力；当我们懈怠太久，无所事事之时，可通过肌体的运动来增强精神的活力。

#### 3. 情绪优先原则

当发生压力事件后，我们一般应先调整情绪还是先处理问题呢？积极情绪的扩展与建设理论系统阐述了积极情绪的功能，这种理论认为在应对压力事件时，应“先处理心情，再处理事情”，尤其是对于有焦虑、抑郁、恐惧、悲伤等消极情绪的情绪障碍者。

### 4. 保持阳光心态的原则

良好的心态可以提高人们应对压力的能力，不良的心态本身就像一团乱麻，干扰人的内心。要对压力有正确的观念，压力并不可怕，可怕的是我们对压力有不恰当的观念与反应。越怕压力的人越是每天都生活在压力中，喜欢压力的人在任何压力面前都会游刃有余，越是困难越向前进。

## 心灵互动营

### 心理故事：尼克·胡哲的故事

尼克·胡哲1982年出生于澳大利亚，天生就没有四肢，只有左侧臀部以下的位置有一个带有两个脚趾的小“脚”，在医学上被称为“海豹肢症”，也称为海豚人。尼克·胡哲的父母从孩子出生时的震惊中恢复后，接受了孩子的现实，并倾尽全力爱护他、培养他。18个月大的时候，父亲就把他放到了水里，让他学习游泳。6岁那年，身为电脑程序员和会计师的父亲就开始教他用两个脚趾打字。

“我出生在一个充满爱的家庭里，父母和所有亲人都很疼爱我。很明显，我天生就与别人不同，但他们却从没提起过我的身体异于常人。在五六岁时，我知道自己没有手脚，然而我真的认为没什么大不了。”

7岁时，父母把尼克送进当地一所普通小学就读，这是他最大的转折点。

一旦失去父母的庇护，无助的尼克必须独自承受风雨。“同学嘲笑我时，我才首次感到自己的长相怪异，并常因别人的排斥而觉得孤独。”当大家都趴在课桌上听课时，只有小尼克突兀地“站”在书桌上，用仅有的两个脚趾头夹住笔写写画画，因此时常感到深深的自卑和孤独，10岁时，他甚至试图把自己淹死在浴缸里。

13岁那年，妈妈为了鼓励他，给他看了一篇文章，讲述一名残疾人自强不息的故事，其中一句话深深地打动了他：“我生成这样，就是为了给别人希望。”之后，他决定把帮助他人作为人生目标。“只有一次又一次地尝试，没有失败，没有失败者。失败，其实是放弃。”19岁的时候，尼克发现自己拥有很好的口才，他开始追逐自己的梦想。他打电话推销自己，在被52家学校拒绝后，终于获得了一次5分钟的演讲机会和50美元的薪水。

截至2018年，尼克·胡哲的足迹已经遍及了全球60多个国家，演讲对象包括政府官员、总统、名人、大学生等，他与超过300万人交流心得。向人们介绍自己不屈服于命运的经历，他鼓励每个人勇于面对并改变生活，开始完成人生梦想的征程。尼克·胡哲通过自己人生的点点滴滴、令人难以置信的幽默和与人们沟通的惊人能力，深受孩子、少年和青年人的喜爱，他是真正地使人备受鼓舞的演说家。

他乐观幽默，用自己的故事激励所有人：“最恶劣的残障，不是没有肢体，而是没有盼望的人生。”

## （二）压力管理与心理调整

人的精神和身体是相互联系和相互依赖的。每个人思考的方式和相信的东西，对自己的健康和处理压力的能力有着深远的影响，那么我们如何应对来自生活、工作、学习中的压力呢？

### 1. 认识来源、调整态度

人们所遇到的任何生活变动或习惯改变都可称为压力。压力有一部分是由已经发生或即将发生的生活事件引起的，如未完成的工作、必须面对的冲突等。实际上，每个人所感受的压力大小，并不源于生活事件的本身，而源于怎样看待它，如果把压力看成积极的，就会产生积极的情绪，比如认为压力是一种挑战和机会，在征服它的过程中可以获得满足感和成就感；如果认为压力是对自身的威胁和打击，就会感到焦虑、愤怒、悲伤。因此，压力是个体主观认知评估的结果，而不取决于造成生活改变或习惯改变的事件。要正确认识压力的来源，调整对压力的态度，既要认识到压力是生活的组成部分，又要认识到压力是可以控制的，以积极的情绪和态度对待压力。

### 2. 记录日志、评价压力

要解决自身的压力问题，首先应清楚自己生活中哪一部分失控，哪一部分处埋得好。寻找压力来源的最好方法，就是做压力日志。

第一步：记录每天出现在生活和工作中的压力来源，如某个同事对你有敌意、工作进度赶不上等。

第二步：记录自己为什么会感觉到压力，是如何感觉到的、什么时候感觉到的。

第三步：评价所感受到压力的大小，可以从 10 ～ 0 分对压力进行赋值。

第四步：写出自己对该压力的控制程度，是有控制、缺乏控制、还是有限的控制。

第五步：写出自己应对该压力的方法，是积极的还是消极的，都采取了哪些具体行动。

通过压力日志，可以判断自己所承受的压力状况，如果得分在 5 分以上，对它的控制程度较低，或采取的是消极的应对方法，引起了负性的情绪体验，则说明个体处于“高压状态”，需要调整。

### 3. 心理调适、主动求助

压力更多是由于人际关系不良，或个体缺少社会归属感所致。因此，建立良好的人际关系，培育较强的社会归属感是减缓压力的有效途径。很多人在面对压力时，会出现吸烟、暴饮暴食或者厌食、沉迷网络、离开朋友和家庭、不参加活动、贪睡、拖延、回避问题等举动。这些举动可以暂时减轻压力，但从长远看会导致更多危害。应对压力的健康方法有：

（1）有规律地锻炼。有氧运动是释放压力和紧张的最好方法，抽时间进行每次 30 分钟的锻炼，每周 3 次。

（2）合理饮食，包括平衡营养和适量进食。

（3）减少咖啡因和糖，这将使自己更加放松，睡眠更好。

（4）远离烟、酒和毒品。

### 4. 充足睡眠

留出睡眠时间，合理有效地安排时间，保证每天有一些自由支配的时间，用来整理自己的事情，放松心情，做自己感兴趣的事情。

### 5. 4A 压力管理策略

1）avoid——避免不必要的压力

学会说“不”，了解自己的责任范围，婉拒超出责任范围且超出能力的事情。

回避给自己造成极大压力的人。

控制自己的环境。例如，负面新闻让自己忧虑，就远离它们。

避免敏感话题。尽量不要谈及让自己心烦的话题，或者在他人谈及时走开。

减少待办事项，按轻重缓急排序，删除确实不必做的事情。

暂时离开带来压力的环境。

2）alter——改变环境

表达自己的感受而不是隐藏。如果某人正在烦扰自己，以坦率和有礼貌的方式向其述说自己的感受。

更加进取。正面处理问题，尽最大努力预见和预防问题。

更好地管理时间。提前计划，适当安排任务，以改变自己承受的压力。

分派工作。当工作任务繁重或面对自己不熟悉、不擅长的任务时，寻求他人帮助。

转移注意力。从事体育活动，或干别的事情或者家务。

3）adapt——适应压力源

转变视角。从更加积极的角度看待有压力的环境。

从全局和长远看问题。

保持自信。当面对压力时，保持积极乐观的态度，回忆自己做过的漂亮事情，总结自己积极向上的品质和才能。

4）accept——接受你不能改变的事

不要试图控制自己不能控制的事。

寻找有利面。将问题和挑战看成锻炼、磨炼自己的机会。

诉说自己的感受。跟家人、朋友交谈，表达自己的想法和忧虑，即便什么都不能改变。

学会忘记。通过忘记和向前看，把自己从负能量中解脱出来。

## 心灵互动营

### 心理案例："挫折"也许是最好的助推器

有这样一个故事：从前，有一个乞丐和一个富翁同时逃进一片森林。数天后，富商饿死了，但乞丐却依然活着。后来有人问乞丐其中的奥妙，他说："我对饿肚子已经习惯了，拿草根也能充饥；可那富翁平日大鱼大肉，哪受得了这番苦，所以比我早死。"实践证明，假如一个人总是生活得一帆风顺，那么一旦遇到挫折或逆境，将显得比别人更束手无策。因此，正确看待挫折和失败，把它当成磨炼意志的磨刀石，就会收到意想不到的效果。

用辩证的观点看，挫折并不是失败的标志，而是朝着成功进步的开始，当有人嘲笑爱迪生发明蓄电池失败了25 000次时，这位卓越的发明家回答说："不！我没有失败，我发现了25 000次蓄电池不管用的原因。"他又说："失败是我需要的，它和成功对我一样有价值，只有我知道一切做不好的方法之后，我才能知道做好一件工作的方法是什么。"从这里可以看出，成功与失败总是联系在一起的，成功常常是建立在失败的基础上，这正像毛泽东讲的那样：失败是成功之母。所以我们应当认识到，正是由于挫折和失败，人们才会更加聪明，才能努力地去寻找通向成功之路。马克思主义历来认为："任何事情都具有两重性，挫折对人的影响也具有正面与负面之分。挫折和失败虽然可以给人带来工作上的损失、内心上的痛苦，但同时也能磨炼人的意志，给人指出正确的努力方向，所以大家要树立辩证的挫折观，坚持用辩证的方法去认识自己所遭受的挫折，那么无疑会对挫折有一个全新的认识、全新的心境。”

思考：案例说明了什么？我们应该如何看待压力与挫折？

## 二、如何积极地应对挫折

一个大学生要想有所作为、有所成就，就必须正确对待挫折，积极战胜挫折，提升自身的挫折承受力。

### （一）保持自信和乐观的态度

我们要热爱生活，满怀希望，心胸开阔，情绪乐观，发愤图强，增强克服困难的信心和力量。法国作家萨克雷有句名言：“生活是一面镜子，你对它笑，它就对你笑；你对它哭，它就对你哭。”的确，如果我们以欢悦的态度微笑着对待生活，生活就会对我们“笑”，我们就会感受到生活的温暖和愉快。如果我们总是以一种痛苦、悲哀的情绪注视生活，那么生活的整个基调在我们心中也就会变得灰暗。

心灵互动营

**心理案例：心安来自精神的富足**

小吴是一名来自贫困家庭的大学生，当看到有的同学身着名牌行走在校园里时，他只想默默地低头走过，当面对同学真诚的小聚邀请时，他也都是尽量地找借口推辞……没有别的原因，只因为经济条件不允许。但他没有被压力击倒，他带着父辈们“有文化才能改变贫困、摆脱贫困”的坚定信念，开始了自己的生活。在别的同学追求潇洒、追求浪漫的时候，他却在图书馆学习。

除了课堂上认真听讲，扎实学习专业知识外，课外他还广泛地阅读书籍，积极地参加实践活动，从而极大地扩展了自己的视野，也使自己的思想得到了净化和升华。辛勤的努力最终换来了丰厚的回报，他以优异的成绩获得了奖学金，缓解经济压力的同时更获得了学业上的丰收。

### （二）认知上正确对待挫折

1. 对挫折正确归因

碰到挫折，如果总是从客观上找原因，而不是积极地从主观上找原因，往往会被挫折所吓倒。反之，如果对挫折持一种勇者姿态，那么在对挫折的斗争中便已胜利了一半。

2. 挫折是普遍存在的

挫折是人生重要的组成部分。人的生活历程，既有一帆风顺的时候，也有崎岖坎坷的时候，经受挫折是人们现实生活中的正常现象，是不可避免的，所以大学生面对挫折时要有接纳的心态。

3. 挫折具有两重性

挫折会给人以打击，带来损失和痛苦，但也能使人奋起、成熟，从中得到锻炼。平常遇到的挫折和磨难，并不都是坏事。平静、安逸、舒适的生活，使人得不到成长，而挫折和磨难，却能使大学生受到磨炼和考验，变得更加成熟，我们既要看到挫折给人带来的心理压力与情绪困扰，又要看到它给人的成长带来的机遇和动力。

### （三）行动上勇敢接受挑战

#### 1. 行动就是好的开始

当身处逆境时，仅有目标和勇气还不够，还要有行动，如果没有行动，困境仍然是困境。“千里之行，始于足下”，行动是实现目标的唯一途径。如果你不采取任何行动，即使成功的果实就在你附近，你也采不到。人生伟业的建立，不在于能知，而在于能行。

#### 2. 强迫自己行动

人都有惰性，在可以忍受的范围内，人们一般都不会改变。有时即使在逆境，人们也只是嘴上抱怨，却依然不采取行动，而为了接受挑战，我们应该强迫自己行动起来。

## 心灵互动营

### 心理话剧：从容面对挫折

实训目的：让学生了解和学习应对挫折有哪些心理防御机制，使学生合理运用心理防御机制，发挥其缓解情绪压力的积极作用。

具体操作：教师说明挫折的含义，表明人的一生要追求发展，挫折是在所难免的，关键是如何面对挫折。教师结合学生的生活实际，介绍面对挫折的心理防御机制。让学生自由寻找自己在生活和学习中遇到的各种挫折及面对挫折所常用的方法，以理解面对挫折的心理防御机制。

教师给出角色扮演的主题：从容面对挫折。

请学生分小组，自由创设情节、剧本、对话，并自由分配角色，将学生自己创作的情景剧表演出来。教师可以提供下列情景，仅供参考。

情景一：李明一心想当学生会干部，却一直未能如愿，为此心情越来越坏，又逢学生会改选干部，每每与同学交谈，他总是指责批评某某同学想当学生会干部，令其他同学十分反感，渐渐李明的好朋友越来越少，性格越来越孤僻。

情景二：张明一直在追求同班的一位女生，但每次都遭到拒绝，于是他就说，该女生没什么了不起，即使将来和她结合也不一定幸福，说完这些心理便会舒服很多。

（1）角色扮演：学生分组自编、自导、自演有关面对挫折的心理防御情景剧。

（2）分析与讨论：在同学表演的情景剧中运用了哪些心理防御机制？这些心理防御机制起到了什么作用？哪些是比较积极的心理防御机制？运用这些心理防御机制有何作用？

（3）教师总结：我们每个人在生活和学习中都会遭到挫折，关键是如何面对它。同学们可以灵活运用心理防御机制，要多运用积极、合理的心理防御机制。

## 自助测试

### 伯恩斯焦虑量表

在过去数天内，根据下面各种情绪对你的困扰程度，算出相应的得分。

无为0分，很少为1分，一般为2分，严重为3分。

| 序　号 | 题　干 | 无 | 很少 | 一般 | 严重 |
| --- | --- | --- | --- | --- | --- |
| （一）焦虑情绪 | | | | | |
| 1 | 感到焦虑、神经质、烦恼和恐惧 | | | | |
| 2 | 感到周围的事情很奇怪或不真实 | | | | |
| 3 | 感到身体部分或全部不属于自己 | | | | |
| 4 | 突发恐惧感 | | | | |
| 5 | 产生恐惧或恐惧感 | | | | |
| 6 | 感到紧张、痛苦、烦躁或濒临崩溃 | | | | |
| （二）焦虑想法 | | | | | |
| 7 | 难以集中注意力 | | | | |
| 8 | 思维杂乱 | | | | |
| 9 | 产生令人恐惧的幻想或想入非非 | | | | |
| 10 | 产生失控感 | | | | |
| 11 | 担心精神崩溃或发狂 | | | | |
| 12 | 担心晕倒或失去知觉 | | | | |
| 13 | 担心患有躯体疾病、心脏病发作或死亡 | | | | |
| 14 | 担心自己愚蠢或能力低下 | | | | |
| 15 | 害怕孤独，担心被孤立或遗弃 | | | | |
| 16 | 害怕批评或被拒绝 | | | | |
| 17 | 担心会发生可怕的事情 | | | | |
| （三）躯体症状 | | | | | |
| 18 | 心跳过速、心律不齐或心脏搏动增强 | | | | |
| 19 | 有胸痛、胸闷或压迫感 | | | | |
| 20 | 脚趾或手指有刺痛感或麻木感 | | | | |
| 21 | 胃部有不适感或抽紧感 | | | | |
| 22 | 便秘或腹泻 | | | | |
| 23 | 肌肉紧张 | | | | |
| 24 | 出虚汗 | | | | |
| 25 | 咽喉有梗阻感 | | | | |
| 26 | 手抖 | | | | |
| 27 | 双腿僵硬或发软 | | | | |

续表

| 序　号 | 题　干 | 无 | 很少 | 一般 | 严重 |
|---|---|---|---|---|---|
| 28 | 感到眩晕、头昏或行走不稳 | | | | |
| 29 | 呼吸困难或有窒息感 | | | | |
| 30 | 头痛、颈或背部疼痛 | | | | |
| 31 | 感到忽冷忽热 | | | | |
| 32 | 感到疲乏、虚弱或易疲倦 | | | | |
| 总分： | | | | | |

量表分数说明：

0～4分为正常或没有焦虑；5～10分为边缘状态；11～20分为轻度焦虑；21～30分为中度焦虑；31～50分为重度焦虑；51～96分为极度焦虑或极度恐慌。

**提示：**此测试非焦虑诊断，只用于评估焦虑情绪的强烈程度。

## 拓展延伸

### 心理影院：自强不息的自我超越之路——《热辣滚烫》

这部电影改编自日本的《百元之恋》，在具体故事情节上，有着许多更适合中国本土化的处理。影片没有停留于乐莹减重100斤的肉体改变，而是深层次展现了一个讨好型人格的精神改变。

乐莹宅家多年，无所事事。大学毕业工作了一段时间后，乐莹选择脱离社会，封闭社交圈层，这是她认为与自己"和解"的最好方式。一日，在命运的几番"捉弄"下，她决定要换一种方式生活。在与外面的世界小心翼翼的接触中，乐莹结识了拳击教练昊坤。当她以为生活即将步入正轨时，接踵而至的考验却远超她的想象，滚烫的人生才刚刚开始。

这部电影讲的是一个讨好型人格女孩的自我重生之路。有自信的人在观影中可能直摇头，很难与乐莹共情；但和乐莹同样敏感、自卑、习惯性讨好他人的"怂蛋包"，则会将自己深深带入，从这部电影中获得力量。

### 有氧书吧：不经历风雨怎能见彩虹——《挫折书》

《挫折书》的作者是林大有，书中讲述了众多名人从挫折走向成功的故事。夏奈尔曾被寄养在孤儿院里，独自挣扎在生活的最底层；村上春树在大学里表现平平，完全不能展现人们眼中优秀学生的素质；罗丹数次投考艺术学校都被拒之门外；马尔克斯曾经被资深编辑劝说改行；朱德庸被人当作傻子，像皮球一样踢来踢去，没有一家学校肯收留他；爱因斯坦毕业即失业；福特开办汽车公司曾两次破产失败；丘吉尔当财政大臣时曾因一窍不通而被人讥笑……你想知道这些成功人士都经历过哪些挫折和压力吗？读着他们的故事，你还会在挫折中抱怨命运吗？去创造和改变我们自己的命运吧！

# 项目六

# 绽放独特的魅力

## ——人格发展

## 学习目标

- 学习目标
  - 知识目标
    - 理解人格的基本概念
    - 了解人格的影响因素
    - 掌握人格测验的方法
  - 能力目标
    - 具备应用人格理论分析问题能力
    - 能够识别和评估自己的人格特征
    - 能够采取合适的策略健全人格
  - 素质目标
    - 提高自我认识和反思
    - 建立积极的自我认知
    - 塑造健全完善的人格

## 故事导入

### 你是I人还是E人？

“你是I人还是E人？”“我是I人，但在生活中常常做E人。”“我是ISTP，你呢？”最近，MBTI人格类型测试在网络上广泛传播，成为许多年轻人日常交往的话题。MBTI测试是一种了解自我人格的工具，从四个维度划分出16种人格类型，帮助人们理解自己的心理活动规律和性格特点，认识人格的多样性，探索自己的独特魅力。

高职院校学生小李性格内向，平时不喜欢社交。她在社交媒体上频繁看到关于MBTI测试的信息，出于好奇，和朋友一起进行了测试。结果显示，她是典型的I人，即内向型人格。小李描述自己在课堂和实习中的状态：“走路总低着头，害怕跟同学打招呼；能线上沟通的绝不面对面交流；不愿参与同学间的闲聊；和老师一起讨论问题总感觉不自在。”

在课堂上、实习中以及需要与人沟通的场合，小李常常“伪装”成E人，努力表现得外向与合群，但这对她来说是巨大的精力消耗，非常疲惫，这些社交活动对她来说是一种负担。

通过MBTI测试，小李不仅更好地认识了自己，还学会了如何在不同情境下展现自己的独特魅力。她明白了，无论是I人还是E人，每个人都有其独特的价值和魅力。只要充分认识和接纳自己，合理利用自身特质，就能在学习和工作中绽放出独特的光芒。

### 心灵能量包

成人的人格的影响，对于年轻的人来说，是任何东西都不能代替的最有用的阳光。

——乌申斯基

人的鲜明特征是他独有的。过去不曾有、将来也不会有一个人和他一模一样。

——戈登·奥尔波特

## 任务一　看见独特的自己——认识人格

人格是一种心理特性，它使每个人在心理活动过程中表现出各自独特的风格。中国流传一句古话“积习成性，积性成命”，美国心理学家威廉·詹姆斯曾说：“播下一个行动，收获一种习惯；播下一种习惯，收获一种性格；播下一种性格，收获一种命运”，可见，人格对人的影响至关重要。

人格素质是当代大学生综合素质的重要组成部分，形成健康的人格是大学生自身发展的需要，也是未来社会发展之必须。随着时代的发展，大学生的人格现状是积极的，但就个体而言，大学生人格的发展也存在着消极的一面。特别是近年来，国际政治多极化、经济发展全球化、产业知识化、社会信息化的态势使得大学生人格方面的缺陷更为突出。因此，通过不断学习丰富的知识，采取合适的策略来进行健全人格的培养，通过提高自我认识和自我反思来获得人格的升华，对每个大学生都具有重要意义。

### 一、了解人格的含义和特征

#### （一）人格的含义

人格（personality）一词，最初起源于古希腊语persona，此词的原意是指希腊戏剧中演员戴的面具，面具随人物角色的不同而变换，体现了角色的特点和人物性格。与我国京剧中的各种脸谱类似，面具表现了剧中人物的个性特征，如：红脸代表忠义，黑脸代表刚强等。心理学沿用面具的含义，引申为人格，其中包含了两层意思：一层意思是指一个人在人生舞台上所表现出来的种种言行，即个体遵从社会文化习俗的要求而做出的反应，如同舞台上根据角色要求所戴的面具，表现出个体外在的人格品质，这是人格具有的“外壳”；另一层意思是指个体由于某种原因不愿展现的人格成分，即面具后的真实自我，这是人格的内在特征。

一般对人格作如下描述：人格是个体在行为上的内部倾向，它表现为个体适应环境时在能力、气质、性格、需要、动机、价值观和体质等方面的整合，是具有动力一致性和连续性的自我，是个体在社会化过程中形成的给人以特色的身心组织（黄希庭，2002）。概括来讲，人格是一个人在社会实践中形成的，带有一定倾向的、稳定的心理特征的总和，是个体独特的内在的动力组织及其相应的行为模式。

### （二）人格的特征

#### 1. 独特性

人格的独特性是指人与人之间的心理和行为是各不相同的。一个人的人格是在遗传、环境、教育等先后天因素的交互作用下形成的。不同的遗传、生存及教育环境，形成了各自独特的心理特点，不存在人格特点完全一样的两个人。人的人格是由某些与别人的共同的或相似的特征，以及完全不同的特征错综复杂地交织在一起构成的，人格的共同性（或相似性）和独特性并不是矛盾的，例如，同一个民族、同一个阶级、同一群体的人们具有相似的人格特征，勤劳是中华民族的传统美德，这里的“勤劳”品质就是共同的人格特征。

#### 2. 稳定性

人格的稳定性是指个体的人格特征具有跨时间和跨情境的一致性。人格的稳定性源于孕育期，经历出生、婴幼儿期、童年期、青少年期、成年期以致老年期，随着年龄的增长，人格特征往往变得日益巩固。个人行为中偶然表现出来的心理特征和心理倾向不能表征一个人的人格。例如，一位性格内向的大学生，在各种不同的场合都会表现出沉默寡言的特点，这种特点从入学到毕业不会有很大变化，这是人格的稳定性。但是，这个大学生可能经过精心准备和多次练习，在某次晚会的节目中表现得活泼开朗，然而活泼开朗并不是他的人格特征。

人格的稳定性并不意味着人格在个体的一生中是一成不变的，人格具有稳定性的同时依然具有可塑性。随着生理的成熟和环境的改变，人格也可能或多或少地发生变化。尤其正在形成中的儿童的人格还不稳定，可塑性比较强，容易受到环境的影响而发生变化；成年人的人格相对来讲比较稳定，但对个人具有决定性影响的环境因素和机体因素也有可能改变个人的人格，如移民异地、严重疾病、重大挫折、天灾人祸等，现实生活中常常可以见到这样的例子。

#### 3. 统合性

人格的统合性是指人格是由多种成分构成的一个有机整体，各种成分并不是孤立存在的，而是相互联系、交互作用的，具有内在的一致性。正常人的行动并不是某一特定成分运作的结果，而是各个成分密切联系、协调一致进行的活动。人格的统合性是心理健康的重要指标，当一个人的人格结构各方面彼此和谐一致时，其人格就是健康的。否则，一个失去了人格统合性的人，其行为就会由几种互相抵触的动机支配，出现适应困难，甚至产生人格分裂的现象，即“二重人格”或“多重人格”。例如，《24 重人格》一书的作者，也是书中的主人翁，就是一位多重人格障碍的患者，此书描写了卡梅伦·韦斯特罹患分离性身份识别障碍的种种经历。

#### 4. 功能性

人格的功能性是指人格在一定程度上会影响到一个人的生活方式，甚至会决定某些人的命运，因而人格常常被形容是人生成败的根源之一。不同人格的人处在逆境中或遭遇挫折与失败时，会采取不同的应对方式，激发出不同的情绪，这些都是人格功能的表现。

## 心灵互动营

### 心理游戏：我们不一样

游戏规则：以下是一些生活场景，请根据自己内心真实的想法做出选择，选A请用手做屋顶状，选B请在头顶打叉。

（1）当你在食堂排队打饭被插队了

A：直接跟那个人说　　B：碍于面子，不会去说

（2）当老师邀请你上台做自我介绍时

A：大方自信上台　　B：啊，一万个不想去！

（3）在路上遇到一个可怜的人向你乞讨时

A：太可怜了，给钱　　B：谨慎，会不会是骗子

（4）当你周末在赶作业，朋友喊你出去玩时

A：还等什么，赶紧走　　B：想去，但还是先做完作业

**思考：**在做选择的过程中，面对生活中同一件事情，每个人的感受和选择不一样，这是为什么呢？

## 二、认识人格的结构

人格是一个错综复杂的结构系统，包括倾向性系统、活动系统、调控系统。倾向性系统主要包括需要、动机、兴趣、价值观、思想等，能使人产生强大的驱动力；活动系统主要由能力、气质和性格组成，能够决定一个人的行为方式；调控系统即自我意识，主要包括自我认知、自我评价、自我体验、自我控制，是人格的“总司令部”。

### （一）气质

气质是表现在心理活动的强度、速度、灵活性与指向性等方面的一种稳定的心理特征，即人们平时所说的脾气、秉性。有的孩子出生时爱哭好动，有的孩子则安静平稳，体现的就是先天形成的气质差异。气质无好坏之分，不能决定一个人的社会价值或成就，也不具有社会道德评价意义。

### （二）性格

性格是一种与社会相关、最密切的人格特征，体现在个体对自己、对别人、对事物的态度和所采取的言行上。与气质不同，性格中包含有许多社会道德含义，并且有好坏之分，反映了人们对现实和周围世界的态度。性格包括对事物的评价、好恶和趋避等方面，同时也表现在个体的行为举止中。性格受个体的人生观、世界观和价值观影响，能够体现一个人的品德，例如，有的人大公无私，有的人自私自利。性格是在后天环境中逐渐形成的，同时也受个体的生物学因素的影响，是人的最核心的人格差异。

### （三）认知风格

认知风格又称认知方式，是指个人所偏爱使用的信息加工方式。认知方式主要有：场独立性和场依存性、冲动型和沉思型等。威特金等人（1940）发现了认知方式的个体差异，即场独立性和场依存性的差异，这种差异主要表现在人对外部环境（场）的不同依赖程度

上。场独立性的人在信息加工时，对内在参照有较大依赖倾向，他们的心理分化水平较高，在加工信息时，主要依据内在标准，与人交往时很少能体察入微。场依存性的人在加工信息时，对外在的参照有较大的依赖倾向，他们的心理分化程度较低，处理问题时往往依赖于外部环境，与别人交往时能较多地考虑对方的感受。卡根等人（1964）区分了冲动型与沉思型两种不同的认知风格，认为这两种不同的认知风格的差异主要表现在对问题的思考速度上。冲动型的特点是反应快但精确性差，面对问题急于求成，多使用整体性信息加工策略；沉思型的特点是反应慢但精确性高，通常把问题考虑周全以后再作出反应，更多地采用细节性策略。

## 心灵互动营

### 心理故事：冲动型小雷与沉思型苹苹

冲动型的小雷总会给人聪明的感觉，而沉思型的苹苹总会让人觉得悟性不强。事实上，这两种认知风格与他们的智力水平关系不大，而且各有优势，把握好针对性的训练方法，可以帮助他们弥补身上的缺点，发挥更大的学习优势。

训练老师告诉小雷，可以不断学习新知识，提升学习兴趣。在练习时，可训练“放慢”技能，和小雷玩“慢慢说”游戏，让小雷以比平时慢的说话速度。另外，训练慢慢阅读，指着书上的文字，逐字地读清楚。放缓速度，能够帮助小雷在学习上沉浸下去思考与分析。经此训练后，小雷虽然平时的讲话速度是快的，但需要慢的时候，也能慢下来。

训练老师鼓励苹苹深思熟虑，把通过精彩思考所得出的结果记下来，让她坚信，她的慢很有价值。同时训练一分钟即兴说话、三分钟讲出事物的用途，以更好地帮助她集中精力，加快思考速度。此外，鼓励多和老师、同学交流、辩论，给她一定的提速压力。经此训练后，苹苹虽然平时的讲话速度依然是慢的，但她也能逐渐快起来。

### （四）自我调控

自我调控是人格中的内控系统或自控系统，其作用是对人格的各种成分进行调控，保证人格的完整和统一。自我调控即自我控制，是自我意识在行为上的表现，是实现自我意识调剂的最后环节。包括自我监控、自我激励、自我教育等，例如，当一个学生意识到勤奋学习、努力奋斗对自己成长的重要意义，就会激发起学习动机，在行为上表现出不畏艰难、刻苦学习。

## 三、分析人格的影响因素

人们常说“性格决定命运”，人人都希望有令自己满意的性格。科学家们的研究也不断发现基因与性格存在关联的证据，但后天环境对其影响更大，性格与家庭和社会环境因素紧密相关。

### （一）生物遗传因素

根据已有的研究，生物遗传因素对人格有如下影响：

（1）遗传是人格必不可少的影响因素。

（2）遗传因素对人格的作用程度随人格特质的不同而不同。通常在智力、气质这些与生物因素相关较大的特质上，遗传因素的作用较为重要；而在价值观、信念、性格等与社会因素关系紧密的特质上，后天环境的作用较为重要。

（3）人格的发展是遗传与环境两种因素交互作用的结果。

### （二）社会文化因素

社会文化对人格具有塑造功能，表现在不同文化的民族有其固有的民族性格。社会文化塑造了社会成员的人格特征，使其人格结构朝着相似性的方向发展，这种相似性具有维系社会稳定的功能，又使得每个人能稳固地“嵌入”在整个文化形态里。社会文化对个体行为的顺应的要求越严格，其对人格的影响力就越大。如果一个人极端偏离其社会文化所要求的个人特质，不能融入社会文化环境中，就可能被视为行为偏差或患有心理疾病。

## 心灵互动营

### 心理研究：《三个原始部落的性别与气质》

文化人类学家玛格丽特·米德 1931 年在新几内亚岛对三个原始部落进行了田野调查，进一步解释了社会文化对人格特征的影响。尽管这三个族群分布在不到一百千米的范围内，但其性别角色却截然不同。这些差异突显了人格受社会文化因素影响的特点。

阿拉佩什人：这个部落的人温和友善，无论男女，攻击性都很低。在他们的社会结构和日常互动中，体现出一种强调合作与和谐的文化，这种文化环境使得阿拉佩什人表现出低攻击性和较高的亲社会行为（亲社会性是指个体在社会交往中表现出的有利于他人和社会的行为，如谦让、帮助、合作、分享等。这些行为是个体社会化的重要组成部分，有助于提升个体的满足感和成就感，促进自我行为的调节，帮助形成积极的群体意识）。

蒙杜古马人：在这个部落中，男女都表现出冷酷残忍和强烈的攻击性。这里的自然环境比较严酷，资源竞争激烈，这种生存压力使得他们发展出一种高度竞争和攻击性的社会文化。

德昌布利人：这个部落的女性果断，占主导地位，并在经济生活中扮演重要角色。男性则较为依赖，多愁善感，通过学习舞蹈、吹笛等艺术形式取悦女性。这种性别角色分工可能与当地的经济活动和社会结构密切相关，自然环境的资源分配模式也可能影响了性别角色的形成和发展。

通过对这三个部落的研究，玛格丽特·米德向人们展示了社会文化环境如何塑造人格特征和性别角色。

### （三）家庭环境因素

家庭成员间不仅有其自然的遗传因素，也有其社会的影响因素，这种影响主要表现在家庭对子女的教育上，父母按照自己的意愿和方式教育孩子，使子女逐渐形成某些人格特质，研究者一般把家庭的教养方式分成三类：权威型、放纵型和民主型，不同的教养方式对孩子的人格特征具有不同的影响。

权威型教养方式下的父母在子女的教育中表现得过于支配，孩子容易形成消极、被动、懦弱、依赖甚至不诚实的人格特征；放纵型教养方式下的父母对孩子溺爱，有时达到失控的状态，在这种家庭环境下成长的孩子多表现为任性、自私、无礼、野蛮等人格特征；民主型教养方式下的父母与孩子在家庭中处于一种平等和谐的氛围中，父母尊重孩子，给孩子一定的自主权和积极正确地引导，这种教育方式能够使孩子形成一些积极的人格品质，如自立、直爽、礼貌、富于合作、思想活跃、善于交往等。

### 知识窗

父母态度与孩子性格对照表，见表 6-1。

表 6-1　父母态度与孩子性格对照表

| 父母态度 | 孩子的性格 |
| --- | --- |
| 支配 | 服从、无主动性、消极、依赖、温顺 |
| 过度照顾 | 幼稚、依赖、神经质、被动、胆怯 |
| 保护 | 缺乏社会化、亲切、非神经质、情绪稳定 |
| 溺爱 | 任性、反抗、幼稚、神经质 |
| 顺应 | 无责任心、不服从、具有攻击性、粗暴 |
| 忽视 | 冷酷、具有攻击、情绪不稳定、创造性强 |
| 拒绝 | 神经质、反社会、粗暴、企图引人注意、冷淡 |
| 残酷 | 执拗、冷酷、神经质、逃避、独立 |
| 民主 | 独立、爽直、协作、亲切、沟通 |
| 专制 | 依赖、反抗、情绪不稳定、以自我为中心、大胆 |

### （四）早期童年经验

中国有句俗话："三岁看大，七岁看老"，阐述了人生早期所发生的事对人格的影响。心理学家历来重视早期童年经历对人格强大的影响力，麦肯依曾用一句话对童年经历如何显著影响人格的形成作出了总结："早期的亲子关系决定出行为模式，塑造出一切日后的行为。"一般认为，早期的童年经历对人格确实有影响，但不能单独对人格起决定作用，它与其他因素共同决定着人格的形成与发展。

### （五）学校教育因素

学校是一种有目的、有计划地向学生施加影响的教育场所，教师、学生班集体、同学与同伴等都是学校教育的元素，对人格的形成有一定的影响。教师对学生人格的发展具有指导定向作用，研究发现，教师的言传身教、教学风格、公正性、对学生的期望等，都对学生的人格产生着巨大的影响。另外，班集体和同伴群体对学生人格的发展有着"弃恶扬善"的作用，在班集体或同伴群体中，学生学习待人接物的礼节和团体规范，了解什么样的言行更容易被群体接纳，什么样的性格更容易被他人喜爱，班集体和同伴群体的特点、要求、舆论和评价潜移默化地影响着学生人格的形成。

### （六）自然物理因素

生态环境、气候条件、空间拥挤程度等自然物理因素都会影响人格的形成和发展。例如，对于阿拉斯加州的因纽特人和非洲的特姆尼人的比较研究发现，以渔猎为生，过着流浪生活，以家庭为单元，社会结构比较松散，主张男女平等的因纽特人，人格特征多为坚定、独立、冒险；而以农业为主，居住环境固定，社会结构紧固并且有比较分化的社会阶层和完整的部落规则的特姆尼人，人格特点多为依赖、顺从、保守。另外，气温也会提高某些人格特征出现的频率，例如，高温会使人烦躁不安，更多地出现反社会行为，因此世界上炎热的地方也是攻击性行为较多的地方。总之，自然物理因素虽然对人格不起决定性作用，但在不同的自然物理环境中，人可以表现出不同的行为特点。

### （七）自我调控因素（系统）

人格培养的外因是通过内因起作用，人格的自我调控因素就是人格发展的内部因素。人格的自我调控因素是以自我意识为核心的，自我意识是人对自身以及对自己同客观世界的关系的意识。人格的自我调控因素的主要作用是对人格的各个成分进行调控，保证人格的统一与和谐，它属于人格中的内控系统或自控系统。例如，具有自知之明的人能够客观地分析自己，不会把遗传或生理方面的局限视作阻碍个人发展的因素，而是能够有效地利用资源，发挥自身的长处，努力地完善自我。另外，自我调控还具有一定的创造功能，它可以促进个体将自身的价值扩展到社会中去，对社会做出贡献，把实现自我的价值变为实现自我的社会价值。

综上所述，人格受遗传和环境交互作用的影响。在人格形成的过程中，遗传决定了人格发展的可能性，环境决定了人格发展的现实性，其中教育起到了关键性作用，自我调控因素是人格发展的内部决定因素，可见，各个因素对人格的形成与发展起到了不同的作用。

## 四、探究人格与心理健康

综合近年来的研究，可以将人格特征、内外向、情绪稳定性、社会支持等方面与心理健康关系的典型研究结果总结如下：

### （一）人格特征与心理健康

活跃、坚韧、随和的人格特征与心理健康存在着普遍的相关性，在心理健康方面扮演“促进者”的角色。这三种人格特征越明显，大学生的心理健康水平就越高。具体表现为：擅长与人相处，积极主动，坚定执着，努力进取，温柔和顺。因此，具有这三种人格特征的大学生产生焦虑、抑郁、退缩、偏执、依赖等心理问题的可能性较小；反之，若不具备这三种人格特征的大学生，在人际交往中容易紧张、拘束、敏感，容易导致更多的心理问题。

孤独、冷漠、敌视、怪异等偏于负面的人格特征容易造成大学生偏执、敌对、恐怖等心理问题，具体表现为喜欢隐居式生活，对抗权威，对人常抱有敌意且带有攻击性，难以与人建立和维持亲密的人际关系。爽直的性格特质可能会在某些情况下导致直接（激烈）的言语和行为；言辞直率、不善于控制情绪的大学生做事冲动并富有攻击倾向，这些行为可能会被他人视为攻击性或引起冲突。利他、重情对心理健康有着消极影响，表现为注重情感联系及人际关系敏感的大学生相对容易产生焦虑和依赖倾向。

## 心灵互动营

### 心理案例：总有敌意的小顾

小顾从小性格内向，喜欢独处。进入大学后，他发现自己很难融入新的环境，不愿意参加集体活动，也不喜欢与同学交往。小顾常常独自一人在宿舍看书或上网，过着隐居式的生活。他对学校的管理制度常常感到不满，并在心里对权威产生对抗情绪。

由于具有孤独和冷漠的人格特征，小顾逐渐对周围的人抱有敌意，甚至表现出攻击性的言辞。一次，班主任安排他参加班级的集体讨论，他在讨论中突然爆发，对同学们的意见大加批判，言辞激烈，导致现场气氛非常紧张。这种冲动和缺乏情绪控制的行为，使他在班级中更加孤立，难以与同学建立亲密的人际关系。

此外，小顾非常重视情感联系，对朋友的言行特别敏感，容易产生焦虑情绪。一次，他误解了一位好友的无心之言，认为对方不再重视他们的友谊，整晚失眠，并在接下来的几天里表现得非常依赖，不停地向好友确认他们的关系。这种过度的情感依赖和焦虑情绪，进一步影响了他的心理健康。

**参考分析：**

小顾的案例充分体现了孤独、冷漠、敌视等负面人格特征对大学生心理健康的影响。这些特征使他难以适应大学生活，无法与他人建立和维持健康的社交关系，导致他在心理和情感上出现了诸多问题。由于过度注重情感联系，他对人际关系变得异常敏感，容易产生焦虑和依赖倾向。

通过这个案例，我们可以看到，负面人格特征不仅影响个体的社会适应能力，还可能引发一系列心理问题，进一步影响个人的学习和生活质量。因此，关注和改善大学生的人格特征，对于维护他们的心理健康具有重要意义。

### （二）内外向与心理健康

人格特征外向的大学生往往在人际交往中表现出色，他们容易建立广泛的社交网络和社会支持体系。由于性格热情、合群，在面对挑战时他们通常表现得更加积极主动，更容易获得较高的主观幸福感。外向型学生擅长组织和协调，待人亲切，容易与他人沟通和理解，因此较少受到抑郁和恐惧等负面情绪的困扰。

内向型的大学生虽然可能在社交场合中感到紧张，但他们往往拥有深厚的自我反思能力，并能够在更私密的关系中找到情感支持。内向型大学生可能更倾向于独处或与少数亲密朋友交流，这种倾向虽然有时会导致一定程度的孤独感，但也使其能够在独处中获得自我满足。他们对自我的评价可能更为谨慎，但也更加注重内在的成长和发展。

无论外向还是内向，都有其独特的优势，对心理健康也会带来不同的影响，并无优劣之分。关键是在于应当如何发挥这些优势，来更好地适应生活中的各种挑战，学会理解和接受自己的性格特征以促进心理健康。

### （三）情绪稳定性与心理健康

情绪不稳定的大学生更容易产生偏执、强迫、抑郁、焦虑、敌对的心理症状，在社交场合过分敏感，害怕负面评价，在任务面前容易畏缩不前而无所作为。情绪稳定的大学生，更容易适应环境，获得良好的社会支持，同时更容易接受新事物，并容易产生较高水平的成就动机，因此更愿意选择有挑战性的任务而有所作为。

### （四）社会支持与心理健康

大学生的人格特质对其社会支持的获得具有直接影响，具有外向性、宜人性、谨慎性和开放性的人格特征的大学生更容易获得良好的社会支持。社会支持对个体身心健康具有普遍的增益作用，它不一定要在有心理压力的情况下才发挥保健作用，而是在平时就可以维持个体良好的情绪体验和身心情况，有益于身心健康。

## 心灵互动营

### 心理训练：“人格调色板”

在《蛤蟆先生去看心理医生》这本书中，心理咨询师苍鹭先生帮助蛤蟆先生打开了人格调色板，让他从中找到了自己人格个性的成因。那么我们如何绘制自己的“人格调色板”呢？我们首先需要识别自己的主要人格特征，这些特征可能包括内向或外向、情感的敏感性、冲动控制等，从而逐渐了解自己的不同人格维度；其次，我们要理解人格特征的相互影响，比如，内向的人在社交场合可能会感到不自在，但这种不自在并不意味着他们无法在这些场合中表现得很好。再次，调整和优化人格特征，帮助自己在不同情境下表现得更自如和自信。最后，应用于日常生活。

具体操作步骤如下：

（1）绘制调色板：将不同的人格特征比喻为不同的颜色。

（2）标记情绪：在调色板上标记出每种颜色对应的情绪和行为模式。例如，红色可能代表冲动和愤怒，蓝色可能代表平静和思考。

（3）调和颜色：学习如何在不同情境下调和这些颜色。例如，如何在冲突中保持冷静（混合红色和蓝色），或者如何在社交场合中既表现得热情又不过于紧张（混合黄色和绿色）。

（4）练习应用：通过实际的社交和工作场合练习使用人格调色板，逐渐掌握如何调和不同的性格特征以达到最佳效果。

通过人格调色板的练习，学会更好地理解自己，调节情绪，并在日常生活中表现得更加自信和从容。

# 任务二　发掘人格的魅力——探究人格

## 一、了解人格理论

### （一）人格特质理论

特质是决定个体行为的基本特性，是人格的有效组成元素，也是测评人格的常用基本单位。人格特质理论起源于20世纪40年代的美国，主要代表人物是美国心理学家奥尔波特和卡特尔。

#### 1. 奥尔波特的人格特质理论

奥尔波特于1937年首次提出了人格特质理论，他把人格特质分为两类：一类是共同特质，指在某一社会文化形态下，大多数人或一个群体共有的、相同的特质；另一类是个人特质，指个体身上所独具的特质。个人特质依其在生活中的作用又可分为三种：首要特质、中心特质和次要特质。

首要特质是一个人最典型、最具有概括性质的特质，它影响到一个人各方面的行为。

例如，提到林黛玉，人们最先想到的是她多愁善感的人格特点，可以说林黛玉的首要特质是多愁善感。中心特质是构成个体独特性的重要特质，每个人身上大约有 5 ～ 10 个中心特质。如林黛玉的清高、聪慧、孤僻、内向、抑郁、敏感等都属于她的中心特质。次要特质是指个体一些不太重要的特质，往往只有在特殊的情况下才会表现出来，因此，这些次要特质除了个体亲近的人以外，很少被其他人了解。例如，一个人对待其他人很粗鲁，但是对待自己的母亲却格外顺从，那么顺从就属于这个人的次要特质。

### 2. 卡特尔的人格特质理论

卡特尔受化学元素周期表的启发，用因素分析法对人格特质进行了分析，首创了人格因素论。他采用客观的测量统计方法，从实证资料中分析归类，得到了两类特质：表面特质和根源特质。表面特质是从外部行为能直接观察到的特质，从表面上看，它们好像是一些相似的特征或行为，实际上却出于不同的原因；根源特质是指那些相互联系而以相同原因为其基础的行为特质，是个体内在的人格特质，需要根据表面特质进一步推论确定。卡特尔认为，只有根源特质才是构成人格的基本特质。他从研究中得出结论，个体的人格特质中有三分之一是由遗传因素决定的，另外的 2/3 是由环境决定的，人格有动态变化的一面，但总体来说是稳定的。

卡特尔提出了 16 种体现个体所有根源特质的人格因素，这 16 种人格因素相互独立，被誉为“人格元素周期表”。这 16 种人格因素包括：乐群性、聪慧性、稳定性、好强性、兴奋性、有恒性、敢为性、敏感性、怀疑性、幻想性、世故性、忧虑性、开放性、独立性、自律性、紧张性。卡特尔认为每个人身上都具备这 16 种特质，只是在不同人身上的表现程度有差异。因此，他认为人格差异主要体现在量的差异上，可以对人格进行量化分析。在理论研究的基础上，卡特尔编制了《卡特尔 16 种人格因素问卷》（16PF），通过 187 个自我陈述题目描述被测者的人格特点。

中文版 16PF 量表的解释见表 6-2。

表 6-2　中文版 16PF 量表解释

| | 人格因素 | 低分者特征 | 高分者特征 |
|---|---|---|---|
| A | 乐群性 | 沉默孤独 | 乐群外向 |
| B | 聪慧性 | 愚钝、抽象思维能力差 | 聪慧、抽象思维能力强 |
| C | 稳定性 | 情绪不稳定、无耐心 | 情绪稳定、有耐心 |
| D | 好强性 | 温顺、随和 | 支配、好斗、有主见 |
| E | 兴奋性 | 严肃、谨慎、安静 | 轻松、热情、活泼、幽默 |
| F | 有恒性 | 权宜、敷衍、轻视规则 | 有恒、负责、遵守规则 |
| G | 敢为性 | 畏怯退缩 | 冒险敢为 |
| H | 敏感性 | 粗心、迟钝 | 细心、敏感 |
| I | 怀疑性 | 信任、接纳 | 怀疑、警觉 |
| L | 幻想性 | 实际、合乎常规 | 幻想、不实际 |

续表

| | 人格因素 | 低分者特征 | 高分者特征 |
|---|---|---|---|
| M | 世故性 | 直率、天真 | 精明能干、世故 |
| N | 忧虑性 | 安详沉着、有自信心 | 不安、多疑、自责 |
| O | 开放性 | 保守、传统、抗拒改变 | 自由、批评、求新 |
| P | 独立性 | 依赖群体 | 自立 |
| Q | 自律性 | 冲动、无法自制 | 克制、自律、严谨 |
| R | 紧张性 | 放松、沉着、欲求低 | 紧张、迫切、欲求高 |

### 3. 艾森克的三因素模型

近年来，一些研究者在已有的理论模型上提出了现代特质理论，其中典型的是艾森克的三因素模型。艾森克根据因素分析的方法提出了人格的三因素模型，这三个因素分别是：外倾性、神经质和精神质。外倾性表现为内、外倾向的差异；神经质表现为情绪稳定性的差异；精神质表现为孤独、冷漠、敌视、怪异等偏于负面的人格特征。艾森克根据这一模型编制了艾森克人格问卷（EPQ），在人格评价中得到了广泛应用。

## 知识窗

### “四自人格”

我国著名的心理学者黄希庭教授通过理论和实证研究提出“四自人格”，分别是：自立、自信、自尊、自强。

自立是指个体从自己过去依赖的事物中独立出来。自立是自己行动、自己做主、自己判断，对自己的承诺和行为负责任的过程。高自立的大学生在行为上表现出更多的自主与自控行为，能较好地安排自己的生活与学习计划，对挫折与困难能主动地进行自我调控，能积极参加学校的各种集体活动。反之，低自立的同学过度依赖父母和身边的人，遇到挫折便怨天尤人，不愿意自我负责。

自信是指相信自己。高自信的大学生肯定自己的价值，有积极乐观的情绪、健康的心态，敢于尝试新领域，能更充分地发展自己的兴趣和才华。反之，低自信的同学常常自我怀疑，徘徊犹豫，无法承担挑战。

自尊是指评价自己的价值和重要性的情感体验。高自尊者乐观、主动、热情、乐于助人、有成就感、少焦虑、感到充实和力量。低自尊的同学则常常感觉自己不重要，遇到问题自我贬低。

自强是指不被负性情绪压倒，并想方设法推动自己达成目标。自强的个体对未来充满希望，面对困难、挑战或挫折能迎难而上，并相信自己能够达成目标。

“四自人格”不仅是颇具我国文化传统的人格特征，也是健康人格的基础。这四个方面既有重叠之处，也会相互影响。

## （二）人格类型理论

### 1. 对立类型理论

对立类型理论把人格维度分为两个相反的方向。典型的对立类型理论有：A—B 型人格和内 – 外向人格。

1）A-B 型人格

A-B 型人格是由福利曼和罗斯曼提出，在描述人格和工作压力的关系时常被使用。

A 型人格的主要特点是：性情急躁，缺乏耐性，成就欲高，上进心强，有苦干精神，工作投入，做事认真负责，时间紧迫感强，富有竞争意识，外向，动作敏捷，说话快，生活常处于紧张状态，但办事匆忙，社会适应性差，属于不安定型人格，具有这种人格特征的人易患冠心病。

B 型人格特点与 A 型人格相反，性情不愠不火，举止稳当，对工作和生活的满足感强，喜欢慢步调的生活节奏。在需要审慎思考和耐心的工作中，B 型人格往往比 A 型人格更适合，B 型人格属于较平凡之人。

2）内 – 外向人格

内 – 外向人格是由瑞士心理学家卡尔·荣格依据“心理倾向”来划分人格类型而提出的人格类型学说。荣格认为，当一个人的兴趣和关注点指向外部客体时，就是外向人格；而当一个人的兴趣和关注点指向主体时，就是内向人格。在荣格看来，任何人都具有外向和内向这两种特征，但其中一种可能占优势，因此可以确定一个人是属于内向还是外向。外向的人的特点是：注重外部世界，情感表露在外，奔放，当机立断，独立自主，善于交往，行动快捷，有时轻率。内向人格的特点是，自我剖析，做事谨慎，深思熟虑，疑虑困惑，交往面窄，有时适应困难。

### 2. 多元气质类型理论

多元气质类型理论认为，人格类型是由集中不同气质的人格特性构成的。多元气质类型理论说起源于古希腊医生希波克里特的体液说，他认为人体内有四种液体：黏液、黄胆汁、黑胆汁、血液。这四种体液的配合比率不同，形成了四种不同类型的人。约 500 年后，罗马医生盖伦进一步确定了气质类型，提出人的四种气质类型是胆汁质、多血质、黏液质和抑郁质。现代气质学说仍将气质分为以上四种类型。

（1）胆汁质:情绪体验强烈、爆发迅猛、平息快速，思维灵活但粗枝大叶，精力旺盛、争强好斗、勇敢果断，为人热情直率、朴实真诚、表里如一，行动敏捷、生气勃勃、刚毅顽强；但这种人遇事常常欠思量，鲁莽冒失，易感情用事，刚愎自用。

（2）多血质:情感丰富、外露但不稳定，思维敏捷但不求甚解，活泼好动、热情大方、善于交往但交情浅薄，行动敏捷、适应力强;弱点是缺乏耐心和毅力，稳定性差，见异思迁。

（3）黏液质:情绪平稳、表情平淡，思维灵活性略差但考虑问题细致周到，安静稳重、踏踏实实、沉默寡言、喜欢沉思，自制力强、耐受力高、内刚外柔，交往适度、交情深厚；但这种人行为主动性差，缺乏生气，行动迟缓。

（4）抑郁质:情绪体验深刻、细腻持久，情绪抑郁、多愁善感，思维敏锐、想象丰富，不善交际、孤僻离群，踏实稳重、自制力强；但是他们举止缓慢，软弱胆小，优柔寡断。

在现实生活中，单一气质的人并不多，绝大多数的人是四种气质相互混合、渗透、兼而有之。

巴甫洛夫用高级神经活动类型学说解释气质的生理基础。他依据神经过程的基本特性，即兴奋过程和抑制过程的强度、平衡性和灵活性，划分了四种过程。高级神经活动类型与气质类型表，见表 6-3。

表 6-3　高级神经活动类型与气质类型表

| 气 质 类 型 | 高级神经活动过程 | 高级神经活动类型 |
|---|---|---|
| 胆汁质 | 强、不平衡 | 不可遏制型 |
| 多血质 | 强、平衡、灵活 | 活泼型 |
| 黏液质 | 强、平衡、不灵活 | 安静型 |
| 抑郁质 | 弱 | 抑制型 |

### 3. MBTI 人格

MBTI（Myers-Briggs Type Indicator，迈尔斯－布里格斯类型指标）是一种广泛使用的人格评估工具，由凯瑟琳•布里格斯（Katharine Briggs）和她的女儿伊莎贝尔•布里格斯•迈尔斯（Isabel Briggs Myers）基于卡尔·荣格（Carl Jung）的心理类型理论（心理类型论是由瑞士心理学家卡尔·荣格所提出的一种理论。荣格认为，人的态度分为内倾和外倾两种类型，同时又存在四种功能类型，即思维、情感、感觉和直觉，因此可以划分出八种心理类型。）发展而成。MBTI 通过四个维度对人格进行分类，共划分出 16 种不同的人格类型。

该理论将人格分为四个维度：

1）外向与内向

外向：外向型人格的人从外部世界获取能量，他们喜欢与人交往，享受社交活动。

内向：内向型人格的人从内心世界获取能量，他们倾向于独处，更喜欢安静的环境和深度思考。

2）感觉与直觉

感觉：感觉型人格的人注重具体事实和细节，他们喜欢实用和实际的事情。

直觉：直觉型人格的人关注大局和未来的可能性，他们喜欢理论和抽象的概念。

3）思考与情感

思考：思考型人格的人做决策时更注重逻辑和客观事实，他们倾向于理性和公正。

情感：情感型人格的人做决策时更注重个人感受和价值观，他们倾向于关心人际关系和谅解他人。

4）判断与知觉

判断：判断型人格的人喜欢有条理和计划地生活，他们倾向于提前安排和组织。

知觉：知觉型人格的人喜欢灵活和自发的生活方式，他们倾向于即兴发挥和适应变化。

通过上述四个维度的组合，MBTI 理论将人格分为 16 种类型，每种类型用四个字母表示。每种类型有其独有的特征和倾向，MBTI 测试旨在帮助人们更好地了解自己的性格特质，以及如何与他人有效互动。

## 二、探索人格测验

### （一）A 型人格量表

美国心脏医学会在 1981 年将 A 型人格列为罹患心脏病的危险因素之一。下面是用来诊断 A 型人格的一份问卷，它包含 25 个问题，读者只需要根据各题所问的事项按“是（Y）”或“否（N）”进行回答。

（1）你说话时会刻意加重关键字的语气吗？（Y/N）

（2）你吃饭和走路时都很局促吗？（Y/N）

（3）你认为孩子自幼就该养成与人竞争的习惯吗？（Y/N）

（4）当别人慢条斯理做事时你会感到不耐烦吗？（Y/N）

（5）当别人向你解说事情时你会催他赶快说完吗？（Y/N）

（6）在路上挤车或餐馆排队时你会感到愤怒吗？（Y/N）

（7）聆听别人谈话时你会一直想自己的问题吗？（Y/N）

（8）你会一边吃饭一边写笔记或一边开车一边刮胡子吗？（Y/N）

（9）你会在休假之前先赶完预定的一切工作吗？（Y/N）

（10）别人闲谈时你总是提到自己关心的事吗？（Y/N）

（11）让你停下工作，休息一会，你会觉得浪费时间吗？（Y/N）

（12）你是否会全心投入工作而无暇欣赏周围的美景？（Y/N）

（13）你是否宁可务实也不愿从事创新或改革的事？（Y/N）

（14）你是否尝试在时间限制内做出更多的事？（Y/N）

（15）与别人有约时你是否绝对遵守时间？（Y/N）

（16）表达意见时你是否紧握拳头以加强语气？（Y/N）

（17）你是否有信心再提升你的工作效率？（Y/N）

（18）你是否觉得有些事等着你立刻去完成？（Y/N）

（19）你是否对自己的工作效率一直不满意？（Y/N）

（20）你是否觉得与人竞争时非赢不可？（Y/N）

（21）你是否经常打断别人的话？（Y/N）

（22）看见别人迟到时你是否会生气？（Y/N）

（23）用餐时你是否一吃完就立即离席？（Y/N）

（24）你是否经常有匆匆忙忙的感觉？（Y/N）

（25）你是否对自己近来的表现不满意？（Y/N）

如果有一半以上的题目你的回答为“是”，希望你改变习惯，将生活节奏放慢一些。

### （二）气质类型测量

请认真阅读下列问题，做出最符合自己的判断。

非常符合 =2 分；比较符合 =1 分；不确定 =0 分；比较不符合 =−1 分；完全不符合 =−2 分。

（1）做事力求稳妥，不做无把握的事。

（2）遇到可气的事就怒不可遏，把心里话全说出来才痛快。

（3）宁肯一个人干事，也不愿很多人一起。

（4）到一个新环境很快就能适应。

（5）厌恶那些强烈的刺激，如尖叫、噪声、危险的镜头等。
（6）和人争吵时，总是先发制人，喜欢挑衅。
（7）喜欢安静的环境。
（8）善于和人交往。
（9）羡慕那种能克制自己感情的人。
（10）生活有规律，很少违反作息制度。
（11）在多数情况下情绪是乐观的。
（12）碰到陌生人觉得很拘束。
（13）遇到令人气愤的事，能很好地自我克制。
（14）做事总有旺盛的精力。
（15）遇到问题常常举棋不定，优柔寡断。
（16）在人群中不自觉得过分拘束。
（17）情绪高昂时，觉得干什么都有趣；情绪低落时，又觉得什么都没意思。
（18）当注意力集中于一件事时，别的事很难使我分心。
（19）理解问题总比别人快。
（20）碰到危险情境，常有一种极度恐怖感。
（21）对学习、工作、事业怀有很高的热情。
（22）能够长时间做枯燥、单调的工作。
（23）符合兴趣的事情，干起来劲头十足，否则就不想干。
（24）一点小事就能引起情绪波动。
（25）讨厌那种需要耐心、细致的工作。
（26）与人交往不卑不亢。
（27）喜欢参加热烈的活动。
（28）爱看感情细腻、描写人物内心活动的文学作品。
（29）工作学习时间长了，常感到厌倦。
（30）不喜欢长时间谈论一个问题，愿意自己动手干。
（31）宁愿侃侃而谈，不愿窃窃私语。
（32）别人说我总是闷闷不乐。
（33）理解问题常比别人慢些。
（34）疲倦时只需短暂的休息就能精神抖擞，重新投入工作。
（35）心里有话宁愿自己想，也不愿说出来。
（36）认准一个目标就希望尽快实现，不达目的，誓不罢休。
（37）学习、工作一段时间后，常比别人更疲倦。
（38）做事有些莽撞，常常不考虑后果。
（39）老师或师傅讲授新知识、新技术时，总希望他讲得慢些，多重复几遍。
（40）能够很快地忘记那些不愉快的事。
（41）做作业或完成一件工作总比别人花的时间多。
（42）喜欢运动量大的剧烈体育活动，或参加各种文娱活动。
（43）不能很快地把注意力从一件事转移到另一件事上去。

（44）接受一个任务后，希望它迅速完成。
（45）认为墨守成规比冒风险强。
（46）能够同时注意几件事情。
（47）当我烦闷的时候，别人很难使我高兴起来。
（48）爱看情节起伏跌宕、激动人心的小说。
（49）对工作抱有认真严谨、始终一贯的态度。
（50）和周围的人的关系总是相处得不好。
（51）喜欢复习学过的知识，重复已掌握的工作。
（52）希望做变化大、花样多的工作。
（53）小时候会背的诗歌，我似乎比别人记得清楚。
（54）别人说我“语出伤人”，可我并不觉得这样。
（55）在体育活动中，常因反应慢而落后。
（56）反应敏捷、头脑机智。
（57）喜欢有条理而不甚麻烦的工作。
（58）兴奋的事常使我失眠。
（59）老师讲新概念，常常听不懂，但是弄懂以后就很难忘记。
（60）假如工作枯燥无味，马上就会情绪低落。

各种气质所属的题号如下，计算各种气质类型得分，算出自己属于哪种气质类型。

胆汁质:（2）（6）（9）（14）（17）（21）（27）（31）（36）（38）（42）（48）（50）（54）（58）
多血质:（4）（8）（11）（16）（19）（23）（25）（29）（34）（40）（44）（46）（52）（56）（60）
黏液质:（1）（7）（10）（13）（18）（22）（26）（30）（33）（39）（43）（45）（49）（55）（57）
抑郁质:（3）（5）（12）（15）（20）（24）（28）（32）（35）（37）（41）（47）（51）（53）（59）

计分标准：

（1）如果某一项或两项得分超过 20，则为典型的该气质类型。

（2）如果某一项或两项得分在 10 ～ 20 分，其他各项得分较低，则为一般的该气质类型。

（3）若各项得分都在 10 分以下，但某项或几项得分较其余项高（相差 5 分以上），则略倾向于该项气质类型（或几项混合）。

一般来说，分值越高，表明被试者越具有该项气质的典型特征。

## 任务三　绽放人格的光芒——塑造人格

### 一、知晓当代大学生的人格特点

#### （一）大学生所处的人格发展阶段

埃里克森的心理社会发展理论是社会心理学领域中的重要理论之一，它探讨了人类在不同生命阶段中的心理和社会发展过程。埃里克森提出了八个不同的发展阶段，并强调了每个阶段的特点和相应的发展任务。根据埃里克森的心理社会发展论，大学生的发展处于成人早期阶段（18 ～ 25 岁，有时也被称作青年晚期）。这是个体从“疾风怒涛”逐步走向一个相对平静、相对成熟的过渡阶段。当个体进入成人早期后，将会面临一系列新的发展任务，包括学习深造、求职就业、恋爱择偶等。毫无疑问，如此众多而重大的发展任务，对于个体的适应性是一个严峻的挑战。从这个阶段开始，个体成为一个承担所有社会责任、真正意义上的社会人。

个体在实现这一连串的发展任务中，对自己进行了社会定位，从非公民到公民，从学生到职业人员，从单身到伴侣。从思维发展看，个体进入辩证思维阶段，超越了严格的逻辑程式，能够考虑到众多因素对事物发展的影响；从社会性发展看，个体在这个阶段最明显的特征是其人生观和价值观开始确立。人生观形成的心理条件是思维和自我意识发展的水平，以及对社会历史任务及其意义的认识，在成年初期的个体所具有的人生观趋于成熟。价值观包括三个成分：人生目标价值、人生手段价值和人生评价价值。人生目标价值、人生手段价值和人生评价有其年龄特征，在成年初期表现出对人生的看法是比较乐观的。在道德层面上，个体进入自律阶段，发展是稳定的，社会认知能力和道德目标开始进入高水平时期；在人际交往上，个体对友谊的理解深刻了，把友谊关系建立在相互间亲密和情感共鸣的基础上，同时，个人情感的发展速度较快，从无到有、从弱到强、从不成熟到成熟；在能力发展上，个体的认知能力、社会生活技能逐渐成熟，各项能力发展齐全且处于不断发展的上升阶段，同时个体能够表现出许多特殊能力，以便适应这个发展阶段中的角色变化。

### （二）当代大学生主要的人格特点

一般认为，大学生的人格特点有如下具体表现：

（1）自信心、自尊心较强，但心理承受能力差。当代大学生几乎成长在以孩子为中心的家庭环境中，家长提供的在物质上和精神上相对富足的成长过程，使得当代大学生自信心和自尊心较高，但对外界的挫折和坎坷没有充分的准备，遇到问题心理承受能力差，会产生过激的情绪和行为。

（2）个人意识较强，集体意识不足。随着改革开放的不断深入，教育者逐渐重视教育过程中的平等沟通和学生独立自主意识的培养，加之市场经济竞争氛围的影响，使得当代大学生一方面能积极表达自己的意愿，关注个人形象和自我价值的实现，另一方面使得大学生团队合作意识薄弱，协作能力较差，部分学生摒弃了集体主义所宣扬的奉献、谦让、自制等优良品质。

（3）接受和创新能力强，但实践能力欠缺、知识体系片面。当代大学生处于互联网高度发达的时代，新兴媒体的大量出现使得大学生能够快速接触到各种新鲜事物，及时了解各项信息动态，同时也促进了大学生思维的敏捷性、开放性的发展和接受能力、创新能力的提高。然而，互联网高度发达的同时也剥夺了大学生参与实践活动的机会，导致大学生缺乏实践经验，实践能力不足；对知识的掌握虽然广泛，但比较片面，不够系统、深刻。

（4）维权意识明显，但责任意识淡漠、诚信意识缺乏。当代大学生对自身的尊严和权利意识有更高的诉求，表现出强烈的自我保护意识，而社会公民意识和人类责任感在当代大学生群体中存在着日趋弱化的态势，尤其是部分大学生义利观的扭曲导致的诚信意识的缺乏，在学习考试和求职就业中的不诚信行为也有所体现。

（5）时代观念强烈，但人生价值观尚未定型，享乐取向严重。当代大学生对于国际局势和国家大事给予了更多关注，思想活跃、紧跟潮流。但由于思想观念尚未定型，内心世界比较稚嫩，对于外界的事物缺乏足够的鉴别力，人生观处于动荡的形成阶段，缺乏思想上的免疫力和行动上的抵制力。

## 二、了解大学生人格缺陷的自我矫正及良好人格特征的自我修养

### （一）大学生人格缺陷的自我矫正

#### 1. 自卑

自卑是指不适当的自我评价所引起的自我否定、自我拒绝的一个心态。怀有自卑感的人，对自己的能力和品格评价过低，看不到自己的长处或优势，总觉得处处低人一等。这种消极的自我评价或自我意识对大学生的心理健康和个性成长危害极大。矫正自卑的不良人格品质可以通过如下办法：第一，大学生要懂得科学地对待遗传素质，在固有的遗传基础上加强锻炼，注重内心修养；第二，注意强化自己的优点，回忆自己成功的体验，记录他人对自己的赞美；第三，从力所能及的事做起，用行动带来的满足感和愉悦感消除自我否定，从学习和生活中的细微处体验自己行动后带来的成就感；第四，转换生活方式，大胆尝试新的行为模式，学会挖掘自己的长处并加以利用；第五，扩大自己的社交圈，多与豁达开朗、积极向上的人交往，培养自己积极乐观的处世态度。

**心灵互动营**

### 心理案例分析：自卑的凯凯

凯凯是一名高职院校的学生，性格内向且自卑敏感。他总是回避参与学校的社会事务和团体活动，因为他不知道该与其他人说些什么。事实上，与他人交谈使他感到恐惧。他不喜欢新事物和新挑战，常常对自己持否定观点，认为自己不行，自己不配。他很少主动与他人来往，但又非常看重别人对自己的评价。

你觉得凯凯的人格特质中有哪些问题？

**解析：**

（1）自卑心理：凯凯对自己缺乏信心，常常认为自己不如他人，不配获得成功。这种自卑心理使他在面对挑战时选择退缩，进一步加深了他的自我怀疑。

（2）社交恐惧：凯凯在与人交往时感到恐惧，不知道该说些什么，害怕被他人评判和拒绝。这导致他回避社交活动，难以建立和维持健康的人际关系。

（3）回避行为：由于对新事物和新挑战的恐惧，凯凯倾向于逃避任何可能使他感到不安的情境，这限制了他的个人成长和发展。

（4）过度在意他人评价：凯凯非常看重他人对自己的评价，这使得他在做决策时过于依赖外界的反馈，忽视了自己的内在需求和价值观。

#### 2. 狭隘

狭隘的表现是看问题绝对化、片面化，根据个人的好恶和一时的情绪去论人论事，缺乏理性的态度和客观的标准，容易行事鲁莽、偏激而不计后果。矫正狭隘最重要的是摆脱自我中心，学会以他人角度看待问题，培养换位思考的能力。在实际生活中，要善于悦纳各种人和事，学会欣赏“缺憾美”，培养广阔胸襟；要博学广闻，积累知识的同时还要参

加各类实践活动以增加阅历；培养高瞻远瞩的能力，避免固守狭隘的偏见。

### 3. 羞怯

羞怯是在后天的环境（家庭、学校、工作）中逐步形成的，是一种担忧或怀疑自己无法得到他人的认可和尊重的不良人格特征。在人际交往中表现为怯懦、腼腆、害羞、退缩等。导致羞怯的主要原因有：自信心不足、过分关注自己在他人心中的形象、过于胆小被动等。矫正羞怯的具体做法有：放下力求完美的思想包袱，搜集名人事例，给予自己尝试过后能面对失败的勇气；培养自信心，学会使用放松训练，使自己紧绷的神经可以得到松弛；在实际生活中大胆迈出第一步，给自己足够的练习时间和具体的行动计划，循序渐进地改掉羞怯的品质。例如，从每天主动跟 5 个人打招呼开始训练自己，慢慢延长自己与他人对话时直视对方双眼的时间，再到适应在公众场合主动发言，在社交场合主动结识几名陌生人等。

### 4. 依赖

作为一种不良的个性倾向，依赖主要表现为对个人的自理能力缺乏信心，不愿意承担责任。对于自己能够解决的事或者加以努力就可以克服的困难，也要乞求他人的帮助，在学习和生活上总是要寻求父母、老师或同学的保护和照顾。大学生想要矫正自己依赖的不良人格品质，首先要消除童年不良印记，勇敢地面对成长。此外，还要拓宽知识面，多参加社会实践，积极寻找资源，在决策面前增强洞察力。大学生要从日常小事做起，培养独立、果断的性格，丢掉患得患失的思想包袱，勇于为自己的行为负起责任。

## 心灵互动营

### 心理故事：黏人的婉婉

婉婉是一名高校学生，性格外向，日常生活中很少独来独往，经常与舍友们一起进行各种活动。婉婉在生活中表现得非常黏人，遇到问题时，首先想到的不是如何自己解决，而是应该向谁寻求帮助。她讨厌做决定，喜欢让他人帮自己做决定，并且常常通过讨好他人来维持亲密关系。

你觉得婉婉的人格特质中有哪些问题？

**参考解读：**

（1）依赖性强：婉婉在遇到问题时总是依赖他人的帮助，而不是自己主动解决问题。这种依赖性使她难以培养独立解决问题的能力，也容易在生活中感到无助和不安。

（2）决策回避：婉婉不喜欢做决定，倾向于让他人替自己做决定。这种回避决策的行为可能导致她在生活中缺乏主见，容易受到他人影响，难以建立自我主导的生活方式。

（3）过度取悦他人：婉婉为了维持亲密关系，常常讨好他人。这种过度取悦的行为可能会让她忽视自己的需求和感受，长期如此可能导致内心的压抑和不满。

## （二）大学生良好人格特征的自我修养

### 1. 自信

大学生在日常的学习生活中，可以运用如下方法培养自己的自信心。第一，客观认识自己的优缺点。用专门的时间和了解自己的家人、老师、好友等一起将自己的优点、缺点逐条列出来，以文字形式总结到表格中，以具体事例为依据，进行讨论，对待不足之处共同寻找可行的解决办法。第二，学会正确与他人比较。大学生会有意无意地将自己与他人比较，在比较的时候要注意挑选对象（挑选与自己条件相当的人进行对比），并且尽量比较可控因素（如努力、技能、人际关系等），而不去比较不可控因素（如家庭背景、相貌等）。另外，既要横向地与他人比较，又要纵向地与过去的自己比较，认可自己获得的进步，对自己的发展要求要切合自身实际情况，走出完美主义误区。第三，学会利用积极的自我暗示。当有了目标并期望实现时，积极的自我暗示会赋予个体强大的动力。在不断地进行自我暗示时，学会用肯定的语气，如"肯定能做到""必然会实现"等。学会用有价值的措辞或叙述法去描述日常生活中的各类事件，赋予自信的力量。第四，主动抓住生活中的机会从点点滴滴中培养自信。具体做法如下：在参加会议或讲座时挑前面的位子坐；与他人交流时正视他人的眼睛；把走路的速度加快 25% 并昂首挺胸；练习当众发言或回答问题；尝试掌控和运用笑容消除自己的恐惧与怯懦。

2. 自尊

自尊是个体要求社会、集体和他人尊重自己，尊重自己的社会地位和荣誉的心理倾向，它是一种和自我接受、自我肯定、自我赞许相联系的良好心理状态。自尊的人渴望表现自己，进取心强，关心自我形象，对平等有强烈的要求；热爱真理，尊重客观现实，既不孤芳自赏，也不随波逐流，对他人能接纳和信任。缺乏自尊心会使人产生自卑心理，自轻自贱、妄自菲薄，甚至自暴自弃。

3. 自强

自强是个体不断提升自我，充分发挥自我潜能，努力进取，克服困难的一种人格动力特质。自强具有动力性，它对个体的心理和行为具有指引、推动、维持和调节的作用，这种动力性反映了自强是一种持续不断的发展过程，而非一种成就的终结状态。大学生培养自强的人格品质，要以自立和自制为根基。

自立的意识与能力要从学习和生活的细节中进行培养，大学生要尝试安排自己的学习和生活计划；利用业余时间积极参加各种集体活动并在活动中有意识地锻炼自己的自主行为和自控行为，建立广泛的人际关系；思想上积极要求上进，通过社会实践磨炼自己的适应能力；学会正视生活中的困难，积极主动地进行自我调节和控制，学会采取更成熟的应对方式。

对于大学生来说，既要用端正的学习动机激励自己勤奋学习，调整目标和计划，集中精力完成任务，又要排除干扰，抑制不必要的活动，理智地控制自己的欲望，分别以轻重缓急去满足各种需求，对不正当的欲望坚决予以抛弃。

4. 乐观

对于大学生来说，培养自己乐观的态度主要从两个途径入手。一是要有意识地调整自己的思维方式。一旦对事情产生了片面和错误的认识大学生可以将自己的消极想法写到纸上，认清自己消极思维的内容，并理智地加以反驳，尝试从积极的角度看待问题，在为失败寻找原因时要力求客观、全面，不可以偏概全或乱贴标签，要尽量寻找导致失败的多种原因里自己可以控制的因素，相信自己有能力改善所遭遇的挫折情境。二是获得积极能量的感染。积极向上的态度是可以通过环境传播的，主动与生活态度乐观的人相处交流，研读一些励志的故事，获得积极能量的感染，也是培养乐观态度的有效办法。

## 三、推动大学生健全人格的塑造

### （一）大学生健全人格的标准

结合我国当代社会发展的状况和大学生的表现特点，本书将大学生健全人格的标准概括为以下几个方面：

#### 1. 具有客观全面地自我认识能力

能够充分认识到自身的优点和不足、喜好和厌恶等，形成对自己积极的看法；同时能够扬长避短地发挥自身的才能，谦虚地改正自己的不足。具有正确的自我意识，用客观的态度摆正自己的位置，对自己所有和所缺十分清楚明确，理解现实我和理想我的差别，正确看待自己与他人的差别。具有明确的奋斗目标和愿望，能够有效地调节自身的行为，为实现目标而努力奋斗。

#### 2. 具有较强的社会适应能力

在当前这个快速变化的社会环境中，以下几点尤为重要：一是敏锐的社会洞察力。要能够准确识别社会环境的特点，包括经济、政治、文化、科技等多方面的变化。这些变化往往预示着新的机遇和挑战，只有敏锐地捕捉到这些信息，才能为自己的发展做出正确的决策。二是深入了解社会需求。社会需求是推动社会进步的重要动力。通过调研、观察、交流等方式，了解当前社会最需要解决的问题、最紧缺的人才类型以及未来的发展趋势。这有助于大学生明确自己的发展方向，确保自己的努力与社会的需求相契合。三是积极主动的态度。面对复杂多变的社会环境，大学生不能被动等待机会的到来，而应该采取积极主动的态度去争取和创造机会，包括不断提升自己的专业技能、拓宽知识面、增强综合素质等，以便在激烈的竞争中脱颖而出。

#### 3. 具有与时俱进地追求创新的能力

追求创新是指在拥有丰富知识的基础上，适应时代发展，充分发挥自己的才能，将创造动机运用到实践中去，面对现实存在的问题提出新的见解，拿出解决问题的最佳办法。创新的能力要求大学生具有开放的思想意识，自信自强，不迷信权威，不轻信盲从，敢于质疑并打破陈腐的观念并敢于冒险，乐于进取。

#### 4. 具有调节情绪的平衡稳定能力

情绪的平衡稳定意味着情绪表现的强度和持续的时间能为他人所接受，并且积极的情绪体验在生活中占据主导地位，对于情绪波动能够合理调节，能够适当地宣泄、排遣、转移或升华负面的情绪。此外，拥有一定的承受挫折和困难的能力，保持客观冷静的态度。

#### 5. 具有健全、和谐的心智结构

健全的心智结构表现在认知、情感、意志和行为上的统一，内心协调一致，言语行为统一；同时具有良好的观察力、记忆力、思维力、注意力和想象力等一般认知能力，智力发育正常，各种认知能力能有机结合并充分发挥各自作用。健全的心智结构不仅涉及一个人的思维模式、情绪管理能力，还包括自我认知和人际交往能力等多个方面。具体来讲，健全的心智包括以下几点：

思维模式：能够进行清晰、灵活地思考，有效地处理信息和制定决策。

情绪管理：能够理性看待问题，具备批判性思维和解决问题的能力，同时能够有效地管理自己的情绪，保持情绪的稳定性和适应性。

自我认知：能够识别和理解自己的情绪，采取适当的方式调节情绪，并客观地认识自己，了解自己的优点和不足。

人际交往能力：能够建立和维护健康的人际关系，与他人进行有效地沟通和合作。

这些方面共同构成了个体在认知、情感、意志和行为等方面的全面发展，是个体自身内部要素的协调和个体与外在环境互动的和谐。

### （二）大学生健全人格塑造的途径

#### 1. 强化思想政治学习、树立正确价值观

人格健全的大学生应具备良好的思想道德品质和正确的价值观，强化思想政治理论学习是培养学生健康向上人格的前提，通过认真学习马克思主义理论和习近平新时代中国特色社会主义思想，树立科学的世界观、人生观和价值观。积极参与相关的学习和实践活动，践行社会主义核心价值观，培养社会责任感和使命感；通过大力开展爱国主义、集体主义教育，提高大学生明辨是非的能力，增强塑造人格的自觉性，形成奋发向上的人格风貌。

**心灵互动营**

### 心理实践：心中榜样助成长

找到自己熟悉的励志人物榜样事迹，从他们身上学习坚韧不拔的品质和不屈不挠的精神，把自己的感想和领悟分享给同学们。

（1）我要分享的人物是谁？

（2）他经历了哪些挫折？

（3）他是如何克服或承受挫折的？

（4）我最欣赏他的哪些地方？

（5）联想到自己生活中的事情，我应该如何做？

#### 2. 发展个性、提高自我反思水平和生活技能

要培养健全的人格就要发展个性和提高自我反思水平，客观全面地评估自己，纠正偏差。既了解自身的优势与长处，体验自我存在的价值，引起实现自我价值和自我追求的强烈激情，并将其内化为内心的需要和信念；又能对自己的缺憾与弱势采取理智态度，积极应对改进，克服自卑、羞怯心理，努力做到悦纳自我、完善自我。

掌握一定的生活技能，如交往技能，可以使大学生避免孤僻、封闭、自卑、羞怯等心理问题，有助于大学生建立坚实的社会支持系统。大学生若想拥有健全的人格，就需要培养自己抗挫折、抗压力的心理品质，以开放的态度主动关注社会、了解社会。在认识社会的同时使自己的思想和行为紧跟时代步伐，符合社会要求，学会自觉、主动地利用和发挥主客观优势，克服和消除不利因素，勇敢面对困难和挫折，锻炼持之以恒、百折不挠、善始善终的良好意志品质。

**心灵互动营**

### 心理训练：“自我人格优化”

当我们反思到自己的人格中的一些不良倾向时，可以通过系统的心理训练，提高自我

认知、自我管理能力，优化人格特质，实现不良人格到积极人格的转变，促进心理健康和全面发展。

**训练步骤：**

以小组为单位，每人说出 2 ～ 4 项自己认为的不良人格特征，并举例说明其对生活的实际影响；

向小组成员讲述，针对这些特征，自己尝试过的调节方法及效果；

小组成员共同讨论，对每位同学报告的不良人格进行积极赋义，例如：

多疑——自我保护意识强，不易上当受骗。

急躁——做事不拖泥带水，效率高。

进一步思考，综合反思和提升自己。

### 3. 营造积极的外部环境（教育）、丰富社会实践

大学生健全人格的培育需要一个积极的外部环境，环境的熏陶可以润物细无声地影响着大学生内在的精神世界。外部环境（教育）主要包括家庭教育、学校教育和社会教育，三者都对大学生人格的健全有着深远的影响。

（1）在家庭教育中，父母应努力营造民主、和谐的家庭气氛，尊重、信任孩子，多给予鼓励和支持，主动与孩子沟通，在日常教育中高度重视孩子健全心智的培养。

（2）在学校教育中，积极的师生互动体系、良好的校园文化氛围是培养大学生健全人格必不可少的条件。高校要发挥人的影响力，通过教师的人格魅力为大学生提供可供模仿和借鉴的榜样，辅导员作为与学生接触最多的一个群体，其自身的思想观念、言行举止都为大学生的人格塑造提供了重要的参考。另外，丰富的校园文化生活营造的文明高雅、健康向上的校园文化氛围，可以让学生通过审美、娱乐活动陶冶情操，提高思想觉悟，塑造健全的人格。

（3）在社会教育中，应组织多种形式的有利于学生心理发展、人格健全的活动。此外，网络文化建设也是不容忽视的一个方面，建立互联网安全审查制度，确保网络信息健康向上，把握网络的务实性和教育性，为大学生的成长提供良好的活动空间。

参与社会实践是大学生增强情感体验、培养健全人格的最根本的方法和途径。社会实践给予大学生丰富的社会体验，使大学生能够正视社会现实，抛弃幻想和浪漫，有助于健康人格的自我建构。另外，社会实践为大学生提高自我修养、强化自我管理提供了践行的机会，在与环境互动的过程中，大学生的自省意识和慎独能力都能得到显著发展。

## 自助测试

### MBTI 人格测试

欢迎参加 MBTI 人格类型测试。此测试旨在帮助人们了解自己的人格特质，以便更好地认识自我、提升自我。请仔细阅读以下指导语：

1. 测试前准备

环境选择：请在安静、不受干扰的环境中进行测试。

时间安排：确保有 15 ～ 20 分钟的时间来完成测试。

心态调整：保持轻松和开放的心态，诚实回答每一个问题。

2. 测试说明

回答问题：测试包含一系列问题，每个问题有两个选项。请选择最符合自己平时行为和态度的选项。

无对错之分：测试没有正确或错误的答案，每个回答都只是反映自己的个人偏好和习惯。

保持自我：请根据自己的实际情况和内心感受作答，不要受到他人或外界的影响。

3. 测试步骤

阅读每个问题：仔细阅读每一道题目，理解题意。

选择答案：在每题的两个选项中，选择一个最符合自己平时行为和态度的答案。

完成所有题目：逐题回答，直至完成所有问题。

4. 测试结果

结果解读：测试结果将显示自己的性格类型，包含四个维度：外向（E）—内向（I）、感觉（S）—直觉（N）、思考（T）—情感（F）、判断（J）—知觉（P）。

希望通过 MBTI 人格测试，能够更好地了解自己，提升自我认知和发展。

开始测试吧——

（1）我倾向从何处得到动力和信心：

A. 别人。

B. 我自己的想法。

（2）当我参加一个社交聚会时，我一般是这样的状态：

A. 即便夜色很深了，一旦我开始沉浸其中，也许就是最晚离开的那一个。

B. 在夜晚开始的时候，我就疲倦了并且想回家。

（3）下列哪一种听起来比较吸引人？

A. 与朋友到有很多人且社交活动频繁的地方。

B. 待在家中与朋友一起观赏一部有趣的电影并享用我最爱的外卖食物。

（4）在聚会中，我通常：

A. 整体来说很健谈。

B. 较安静并保留意见，直到我觉得准备充分了再开始说话。

（5）过去，我遇见我大部分朋友是在：

A. 公众场合，比如学习工作上、休闲活动中或当朋友介绍我给他们的朋友时。

B. 通过私人的方式，例如，游戏、网络聊天，或是由亲密的朋友和家人介绍。

（6）我倾向拥有：

A. 很多认识的人和很亲密的朋友。

B. 一些认识的人和一些亲密的朋友。

（7）过去，我的朋友倾向对我说这些：

A. 你难道不可以安静一会儿吗？

B. 你能从自己的世界里面走出来一下吗？

（8）我倾向通过以下哪种方式收集信息：

A. 我对有可能发生的事的想象和期望。

B. 我对目前状况的实际认知。

（9）在我做分析的时候，首先在意的是：

A. 我的直觉。

B. 我的观察和已有的经验。

（10）在我置身于一段人际关系中时，我一般会：

A. 经常保持联络，因为关系永远有进步的空间。

B. 若它没有被破坏，就别总修补它。

（11）当我在一个觉得安心的聚会中时，我倾向谈论：

A. 未来的、改进或发明的，和生活的种种可能性，来表达我的感受。

B. 实际的、具体的，关于“此时此地”的事物，或我即将要踏上的旅程。

（12）我是这种人：

A. 喜欢先纵观全局。

B. 喜欢先掌握细节。

（13）在我内心深处，我认为：

A. 与其活在现实中，不如活在想象里。

B. 与其活在想象里，不如活在现实中。

（14）我通常：

A. 偏向于去想象一大堆关于即将来临的聚会的事情。

B. 偏向于拘谨地想象即将来临的聚会，只期待让它自然地发生。

（15）我倾向如此做决定：

A. 首先依我的心意，然后依我的逻辑。

B. 首先依我的逻辑，然后依我的心意。

（16）哪种情况我比较容易察觉到：

A. 当人们需要情感上的支持时。

B. 当人们不合逻辑时。

（17）当自己和某人争吵后：

A. 我的情绪深陷其中，很难抽身而出。

B. 虽然我觉得受伤，但我会尽量直截了当地将问题甩开。

（18）当与一个人打交道时，我倾向看重：

A. 情感上的相容性——注重表达情感和需求。

B. 理智上的相容性——客观地讨论和辩论事情。

（19）当我不同意朋友的想法时：

A. 我尽可能地避免伤害对方的感受，若是会对对方造成伤害，我就不会说。

B. 我通常很直接，毫无保留地把事实和我的逻辑告诉对方，因为对的就是对的。

（20）认识我的人倾向形容我为：

A. 热情或敏感的。

B. 理智有逻辑性。

（21）我认为自己和很多人的相遇是：

A. 随意的、友善的、重要的。

B. 经过思考的，或多或少有一定目的性。

（22）若我有时间和金钱，我的朋友邀请我到远方度假，并且在一天前才通知，我会：

A. 必须先检查我的时间表。

B. 立即收拾行装。

（23）在第一次聚会中：

A. 若我所约的人来迟了，我心里会很不高兴。

B. 即使所约的人来迟了，我也不会放在心里。

（24）我偏好：

A. 事先知道聚会的行程，比如要去哪里、有谁参加、我会在那里多久、该如何打扮。

B. 让聚会自然地发生，不做太多的计划。

（25）我期待的生活包含着：

A. 科学合理地安排和有毅力地执行。

B. 没有什么压力，所有事情自然发生且时间弹性很大。

（26）在参加会议或者上课时我一般更容易：

A. 先到而其他人随后才到。

B. 大部分人都先到而我最后一个来。

（27）我更倾向于：

A. 快刀斩乱麻，下定决心并且在最后做出肯定的结论。

B. 持续收集信息，这样结果会更准确和深刻。

（28）我是这个类型的人：

A. 喜欢在一个时间里专心于一件事情直到完成。

B. 喜欢同时进行好几件事情。

请根据自己的选择结果，在题号对应的选项位置填“A”或“B”。

| 题号 | 选项 | 题号 | 选项 | 题号 | 选项 | 题号 | 选项 |
|---|---|---|---|---|---|---|---|
| 1 | | 8 | | 15 | | 22 | |
| 2 | | 9 | | 16 | | 23 | |
| 3 | | 10 | | 17 | | 24 | |
| 4 | | 11 | | 18 | | 25 | |
| 5 | | 12 | | 19 | | 26 | |
| 6 | | 13 | | 20 | | 27 | |
| 7 | | 14 | | 21 | | 28 | |
| 哪个多？（A或B） | | 哪个多？（A或B） | | 哪个多？（A或B） | | 哪个多？（A或B） | |
| 结果<br>A＞B：E<br>A＜B：I | | 结果<br>A＞B：N<br>A＜B：S | | 结果<br>A＞B：F<br>A＜B：T | | 结果<br>A＞B：J<br>A＜B：P | |

## 拓展延伸

### 心灵影院：成长路上的另一面——《黑天鹅》

电影《黑天鹅》中的Nina被选为舞剧的主角，但纯真如“白天鹅”的她无法理解舞剧里邪恶的“黑天鹅”，因而无法全情投入。电影呈现了舞蹈演员Nina自我认知与真实自我的探索过程。电影中的镜子元素象征着自我认知的过程，妮娜在镜子前无数次地练习舞蹈，同时也是在探索自己的内心世界。通过镜子，妮娜看到了自己内心的黑暗面，也看到了自己渴望自由和真实自我的愿望。这一过程让人反思如何看待真实的自我，探讨和展现了人格分裂、自我解放、自我发现和成长的主题，引导观众反思人性的多面性，以及如何在追求梦想的同时保持心理健康。

### 有氧书吧——《24个比利》

《24个比利》是一本根据真实故事改编的心理学书籍。书中讲述了一位名叫比利·米利根（Billy Milligan）的男子，他患有多重人格障碍（Dissociative Identity Disorder，DID），体内共存在24个不同的人格。这本书通过详细的案例描述，揭示了多重人格障碍的复杂性，以及心理治疗的过程和挑战。

# 项目七

# 清除心野的杂草
## ——常见心理障碍及防治

### 学习目标

- 学习目标
  - 知识目标
    - 明确心理障碍的概念、特点
    - 能够区分一般心理问题与心理障碍
    - 明确大学生常见心理障碍的类型及表现
  - 能力目标
    - 能够运用所学知识，对自己及身边同学进行心理评估，识别是否存在心理障碍迹象
    - 学会有效的运用心理障碍防治方法，提高个人心理韧性
    - 了解常用的心理治疗方法
  - 素质目标
    - 培养学生对心理健康的积极态度，认识到心理障碍是普遍存在的，而非羞耻或难以启齿的问题。鼓励学生正视心理困扰，勇于寻求帮助
    - 引导学生树立正确的价值观，尊重每个人的独特性和差异性，理解和接纳不同心理状态的存在，同时，倡导学生关爱他人，在同学、朋友遇到心理困扰时，给予关爱和支持

### 故事导入

小彤（化名）自新生入学军训开始，我就发现她有点“与众不同”。朴素的穿着，拎个大水杯，表情一直木然，看不到喜怒哀乐的变化，好像周围的一切都影响不到她的情绪。总是一个人静静地坐在自己的位置上，要么干点自己的事情，不和周围同学沟通交流。看着旁边说说笑笑的其他学生，她显得有点“格格不入”。我和她说话，她也显得有点紧张、局促不安，低头不看我。自那时起，小彤“孤独”的影子就扎根在我的心里了。

在接下来的日子里，从她的舍友反馈得知，她在宿舍也是不与舍友一起活动，喊她一起她也会拒绝。她总是一个人去食堂，一个人去教室，一个人回宿舍，一个人去打热水，好像也没看到她去洗过澡……

我与小彤聊过几次，了解到她父母没有固定工作，是自由职业，时间上比较忙，还有一个双胞胎姐姐，两个人的性格脾气自小就不太一样，父母更喜欢姐姐多一点，家庭关系紧张。

小彤自小自卑、胆怯，极度不自信，有着严重的社交恐惧症，内心也很抵触，就像一棵“含羞草”，害怕与外界接触，关闭自我，一接触就开启自我保护模式。

**解析：**在大学生中出现的其他偶然的、轻微的、局部的心理健康问题，会给大学生的生活质量和社会适应等方面带来不利影响，而重症心理疾病不仅妨碍大学生正常的学习和生活，严重的还会导致其轻生。所以大学生学会识别常见的心理问题和心理障碍，提高自我心理健康意识是非常必要的，也是非常有益的。

### 心灵能量包

每个人都有不停程度的自卑感，而优越感是自卑感的补偿。但自卑感的存在并不是一件坏事，因为它激励了人不断追求卓越，克服自身的障碍，在有限的生命空间内发挥出最大的价值。

——阿弗雷德·阿德勒

把所有的抑郁埋藏在心底只会令自己郁郁寡欢，如果把内心的烦恼告诉给你的知心好友或师长，心情会顿感舒畅。

——美国心理学会

## 任务一　认识什么是心理障碍

心理障碍与心理健康一样，是一种状态，也是一种过程，并不断地变化发展。这种状态和过程伴随着主体与自我、与他人、与现实环境的互动，心理健康表现为互动的协调、一致、正常、和谐，而心理障碍则表现为互动的不协调、不正常。

### 一、明确心理障碍的定义

心理障碍是指“所有够得上医学诊断标准的心理上的疾病”。心理障碍是由于生理、心理或社会原因而导致的各种异常心理过程、异常人格特征的异常行为方式，是一个人表现为没有能力按照社会认可的适宜方式行动。简而言之就是指个体因各种生理、心理或社会因素引发的心理功能失调和行为异常现象。

心理障碍是与心理健康相对的概念，但是两者并不是完全割裂的关系，从心理健康到心理障碍是一个连续谱，我们每个人都处在这个连续谱上。如果我们将绝对的心理健康标识为白色，而绝对的心理障碍标识为黑色的话，那么我们大多数人都游离在连续谱中间的“灰色地带”。心理学家研究表明，人群中心理健康和心理障碍的人数是符合正态分布曲线规律的，如图 7-1 所示。

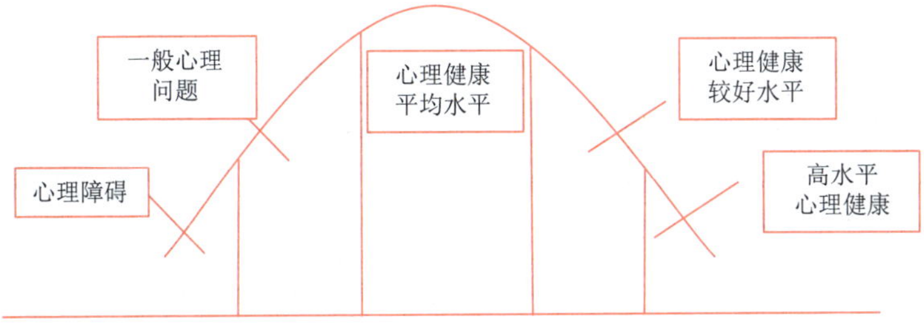


图 7-1　心理健康正态分布曲线

由图 7-1 可以发现，心理健康、一般心理问题和心理障碍具有渐进发展变化的关系。在普通人群中，大部分人属于心理健康的平均水平，小部分人心理健康水平较高，适应能力好，这类人往往是生活中的成功人士或幸福人士。另外一小部分人具有一般心理问题，但是通过疏导和自我调整，能够达到心理健康的正常水平，但是若一般心理问题没有得到很好地处理，就有可能转变为心理障碍。心理障碍是正态曲线的负极，人数不多，但他们的问题严重，影响了其社会功能，阻碍了人生的顺利发展，应给予足够的重视。

## 二、了解心理障碍的特点

### 1. 情绪异常

患者可能长期处于负面情绪中，如抑郁、焦虑、暴躁等，这些情绪可能会影响他们的日常生活和工作。

### 2. 思维模式改变

心理障碍患者可能会出现思维模式的变化，如思维迟缓、思维中断、强迫思维等，这些变化可能导致他们难以正常思考和决策。

### 3. 行为异常

心理障碍患者的行为可能会变得异常，如过度敏感、偏执、攻击性增强等，这些行为可能会影响他们的社交和人际关系。

### 4. 自我认知失调

患者可能出现自我认知的扭曲或丧失，如自我评价过低或过高，对自身情况缺乏客观认识等。

### 5. 症状持久且反复出现

心理障碍的症状往往不是短暂的，而是持久存在的，并且可能反复出现。这些特点只是一般性的描述，具体的症状和表现可能因不同的心理障碍类型而有所不同。

## 心灵互动营

### 心理小妙招：应对心理困扰的自助小方法

亲爱的朋友，当你为生活中遭遇挫折而感到沮丧、烦恼时，不妨尝试下面这些自助的小方法。

（1）振奋精神：来吧，先做会儿运动，洗个热水澡，再听听音乐，喝杯咖啡或清茶。

（2）自得其乐：记得那些让你快乐的事物和才艺爱好吗，重温旧梦又如何？

（3）爱好广泛：除了原有的爱好，何不再学些新的知识和技能？

（4）乐于交往：交一个好朋友，悲伤有机会减半，快乐更可以加倍！

（5）开怀一笑：何不换个视角，幽默一下自己，或者看个喜剧片也不错。

（6）分散心思：攻不下的难关先放一放，调整好身心再“卷土重来”。

（7）当机立断：该下决心了，勇敢点！毕竟，长痛不如短痛。

（8）为快乐生活制订计划：来吧，给学习和工作排个轻重缓急，做好每周、每月、每年的时间管理，经常保持心情舒畅、快乐。

## 三、区分一般心理问题与心理障碍

在心理学领域里，一般心理问题和心理障碍是两个常被提及且易被混淆的概念。

从定义上来看，一般心理问题是指个体在心理过程中出现的异常现象，这些异常可能涉及认知、情感、意志、行为等方面。一般心理问题的产生可能与遗传、人际关系、社会因素等多种因素有关。一般心理问题往往具有偶发性和暂时性，它们可能与特定的情境相关联，脱离该情境后，个体的心理活动可能恢复正常。心理障碍则是指由于心理因素导致的心理功能异常，表现为心理功能的异常状态。心理障碍不仅涉及个体的心理过程，还涉及其行为和个性特征。心理障碍可能由遗传、社会、性格等多种因素共同作用所致，且影响更为广泛和深远。

从程度上来看，一般心理问题通常较为轻微，可能只涉及个体心理活动的某个方面。心理障碍则更为严重，可能涉及多个心理、行为和个性问题，心理障碍的持续时间也往往更长，且可能反复发作。

在处理策略上，对于一般心理问题，个体可能只需通过自我调整、寻求亲朋好友的支持等方式来应对。对于心理障碍，则需采取更为专业的干预和治疗措施，包括心理治疗、药物治疗等多种手段，且需要在专业人员的指导下进行。

### 知识窗

#### 一般心理问题是如何转变为精神疾病的？

一位同学因为某些生活事件的影响，连续几天至几周心情低落，无精打采，对学习提不起兴趣，这是一般心理问题的层次，既可以通过与亲朋好友交流获得支持，或随时间慢慢好转，也可以通过心理辅导教师进行开导。然而，如果他的状况好几个月都没有好转，甚至还有新的症状出现，比如饮食睡眠不好、不愿与人来往、学习成绩明显下降等，那么就可能发展到心理疾病的层次（比如适应障碍），这时就需要通过专业的心理治疗师来对他进行帮助。至于精神疾病，是一种非常严重的心理障碍，可以出现幻觉、妄想，丧失自制力等，遇到这种程度的问题，必须送到医院的精神科接受药物治疗，甚至可能需要住院治疗。

# 任务二　掌握大学生常见心理障碍的类型及表现

一般而言，大学生常见的心理障碍主要有神经症、应激相关障碍、人格障碍等。

## 一、掌握什么是神经症

神经症也称神经官能症，它是非器质性的大脑神经机能轻度失调的心理疾病。患者有强烈的心理冲突，并感到精神痛苦，力图摆脱却又无能为力。需要指出的是神经症并不是神经上有病，而是心理疾病，主要是由心理因素造成的。不健全的个性特征是此类疾病的发病基础。在此基础上，如果遇到重大心理创伤，便会导致神经症的发生。常见的神经症有以下几种：

### （一）神经衰弱

**心灵互动营**

#### 心理案例：晚上睡不着，白天醒不了

小齐，男，大学一年级学生。对学习感到吃力，容易疲劳，学习时间稍长就哈欠连天，头昏脑胀，分心，眼花。注意力很难集中，学习兴趣明显下降，记忆力也大不如前。经常觉得乏累，无精打采，做什么都感到有心无力。平时经常失眠，入睡困难，每晚要辗转反侧 2～3 小时方能入睡，睡后极易惊醒，轻微响声都不能忍受，梦多。易被激怒，好急躁、冲动，情绪不稳定。

神经衰弱是大学生中极为常见的心理障碍，它是由于长期刺激，引起大脑神经活动持续过度紧张，导致大脑兴奋和抑制神经活动能力减弱的一种神经症。神经衰弱最突出的表现是睡眠功能紊乱——失眠。神经衰弱的人一般有入睡困难、多梦、易醒等睡眠障碍，有这样症状的人睡眠时间短，睡眠质量差，晚上大脑思维活跃，白天精神萎靡。除了睡眠障碍外，神经衰弱者常表现为精神疲乏，注意力难集中、效率低，回忆及联想增多且难以控制，对光、声、噪声敏感；易烦恼、易激惹，常有头部发胀或紧缩感，头昏、头痛、肢体肌肉酸痛等；此外还有心悸、气短、多汗、肢冷、腹胀、尿频等自主神经功能紊乱症状。

大学生神经衰弱的发生，主要是由于生活、学习压力过大，过分紧张，缺乏面对现实的勇气和良好的适应能力造成的。学习负担过重、人际关系冲突、家庭负担沉重和恋爱出现危机等都是发病诱因，因为上述问题引起的心理冲突，使得神经活动过程处于持久的紧张状态，超过了神经系统张力所能忍受的限度，从而引起崩溃和失调。案例中的小齐因为对新的生活、学习环境不太适应，再加上学习任务繁多，长时间过度学习，不注意用脑卫生，从而导致神经衰弱。

### （二）强迫症

**心灵互动营**

#### 心理案例：如此“干净”

张婷（化名），女，21 岁，大学三年级学生。在校时，她睡上铺。一次，一位女生调

皮地从另一个床铺跳到她的床上，她知道后，立即将床单和被罩洗掉。后来，只要人家碰到她用过的东西，她都要小心清洗。一天至少要洗 20 遍手，每次洗手都要至少 8 分钟。和她接触的人都觉得她很怪，不是对她抵触就是敬而远之。看到别人都有几个好友围绕左右，自己形单影只，她非常苦恼。即将考试时她根本无法专心看书，反复擦洗的行为更加加重，她用消毒液擦洗桌椅，因为气味过浓而让同学们无法忍受，大家提出“决不再跟她住在一起”。

像张婷这样的“洁癖”患者，大家总以为只是一些过分干净的表现，不以为然。其实，张婷患的是强迫症。强迫症是一种以自我强迫为突出症状的神经症。自我强迫是指患者在主观上反复出现一些没有意义的观念、情绪、意向、行为，明知其不合理但又无法摆脱，从而导致精神焦虑和痛苦，常见的有强迫观念、强迫意向和强迫行为。有的患者反复思考一些无意义的问题，如为什么人要分男女？到底是先有鸡还是先有蛋？有的患者反复检查门窗是否锁上，煤气是否关紧；有的患者害怕不洁而不厌其烦地反复洗手或洗衣服；有的患者为减轻焦虑经常会出现某些强迫性行为，稍有差错便从头做起。

患有强迫症的人通常无安全感，无完善感，无确定感。他们的行为与生活习惯刻板，墨守成规，享乐能力低下，活动能力差，工作与学习效率很低，性格上往往有缺陷，如缺乏自信、过于谨慎、保守、主动性差等。

大学生患强迫症一方面是由于本身性格缺陷造成的，另一方面也与以往的生活经历、教育方式和幼年时期的遭遇有关。

### （三）焦虑症

**心灵互动营**

#### 心理案例：她为什么紧张

就业压力像一座大山压得李欣（化名）喘不过气。李欣是北京某重点高校汉语言文学专业的毕业生，秋招一开始，她便像拉响警报一样打足精神。

刚开始，她对就业形势感觉比较乐观。去年 2 月，一家部委直属事业单位让李欣先去实习，专业对口，待遇丰厚。因为笔试与专业面试成绩排名靠前，李欣觉得胜算很大。实习结束后两个月，她打过无数次电话，得到的回复皆是“等消息，最终结果还没有确定”。再次得知消息时，正式入职名单已经公布，她的名字并未列入其中。

“那时候，很怕到最后一个工作都没找到。”李欣开始在各处搜罗来的招聘公众号、App、网站上投递简历。投递的岗位太多，她不得不列一个表格，将投递岗位、日期、进行状态等记录下来。

石沉大海是简历最多的去向。李欣经常感觉自己“睡了也和没睡一样，大脑是没有休息的”。即便如此，每天早上，她还是打起精神检查邮箱，“睡前会再检查一次，就怕漏掉笔试或面试信息”。招聘接近尾声时，李欣经常感到心慌、焦虑、难以入眠，“有时不自觉地，手都在抖。”

从李欣的情况来看，她患的是焦虑症。

焦虑症是一种常见的神经症。大学生在面对新的挑战时，如果对自己期望过高，压力过大，凡事患得患失，时间长了，就会产生持续性的头晕、胸闷、心悸、呼吸困难、口干、尿频、出汗、震颤、焦虑、不安、担心、恐慌，还伴有明显的运动性不安以及各种躯体上的不适感。焦虑症包括急性焦虑症和慢性焦虑症两种。

急性焦虑症是一种突如其来的惊恐体验，仿佛窒息将至、疯狂将至、死亡将至。患者如大祸临头、惊恐万状，并常伴有下列三个方面的症状：

（1）心脏症状：胸闷、胸痛、心跳过速且不规则。

（2）呼吸症状：呼吸困难，有透不过气的感觉。

（3）神经系统症状：头痛、头晕、眩晕和感觉障碍。急性焦虑症发作急促，终止也迅速。一般持续数十分钟便自发缓解，代之以虚弱无力，数天后逐渐恢复。

慢性焦虑症是焦虑症最为常见的表现形式，患者长期感到无明显原因、无明确对象、游移不定的紧张和不安；经常会提心吊胆却又说不出具体原因；经常呈现高度警觉状态，如过分关心周围事物，注意力难以集中，做事心烦意乱，没有耐心；遭遇突发事件时惊慌失措，极易往坏处想等。慢性焦虑症并非由实际威胁所引起，其紧张程度与现实事件常常很不相称。

引发焦虑症的原因包括外部压力、人格因素、缺乏自信、人际关系紧张、大脑休息不足等。适中程度的焦虑能发挥人的最高效率，严重的焦虑会产生极大的危害，使人出现注意力分散、记忆过程受扰、思维过程受阻等问题，并威胁身心健康。

### （四）恐惧症

**心灵互动营**

### 心理案例：不敢面对他人“目光”的怪物

潘洁（化名）是一名刚走上工作岗位的女大学生，尽管已大学毕业参加了工作，但她与人交往有一种恐惧感，见到人脸就红，尤其是陌生人。当她与别人并肩而坐时，心中总想要看看别人，这种欲望很强，但又因恐惧而不敢转过脸去看。如有事必须与他人接触时，不论对方是男还是女，她一走近对方，便感到心慌、紧张、面部发热、手心出汗。由于这一原因，导致她害怕出去做业务，这严重影响了她的工作成绩和正常生活，潘洁的内心感到非常痛苦。

从潘洁的叙述中可以看出她得的是一种常见的心理障碍——社交恐惧症。恐惧症是对某种特定情景或物体产生强烈恐惧，明知无害，但又不能克制的神经症。根据恐惧对象的不同，恐惧症分为物体恐惧、处境恐惧和社交恐惧，如恐高症、恐水症、恐血症、黑暗恐惧症、社交恐惧症、广场恐惧症、声音恐惧症等。

大学生中较常见的是社交恐惧症，它是指对某一特定社交场所和对象所产生的恐惧心理。如有的大学生有目光恐惧症，不敢与他人的目光相对，眼睛总是游离于房顶或窗外；有的大学生有社交恐惧症，不敢与异性说话或交往，一看到对方就脸红、心跳；有的大学生有广场恐惧症，一到广场就紧张、盗汗、心跳过速；有的大学生有恐人症，见到特定的人就感到恐惧，例如，见到穿白大褂的医生就害怕。恐惧症对人际交往、生活、学习和工作都会产生不良影响。

恐惧症产生的原因是多方面的，需从个体、家庭、社会等多角度进行综合分析。若家族中存在类似病症，个体患病风险就会相应增加。家庭成长环境对个体心理健康具有深远影响，不和谐的家庭氛围可能导致个体对人际交往产生焦虑和回避心理。社交技能的缺乏亦是大学生恐惧症产生的重要因素之一，尤其在面对陌生人时，个体往往因缺乏自信而紧张不安。随着现代社会生活节奏的加快，大学生普遍面临巨大的学习压力和竞争压力，长期处于高压状态下也容易导致恐惧症的出现。

### （五）抑郁症

#### 心灵互动营

**心理案例：没有目标的男孩**

学生李刚（化名），男，来自小城市，工薪家庭，独生子女。高考发挥失常，没有考上本科，要好的同学都去了更好的学校，大二时申请当兵，因身体健康原因被退回。最近，他又与宿舍同学关系紧张，大家都孤立他。自己每天都独来独往，形影相吊，一进宿舍，他就感到非常窒息、压抑。一想到自己要过三年这样的生活，就感觉受不了。现在自己兴趣丧失、精力不足、悲观失望、自卑、失眠，学习效率下降，感觉对不起父母。他不断地责备自己，认为自己是个无用的人、多余的人，还不如一死了之。

从李刚的情况来看，可以判断他得的是抑郁症。

抑郁症是一种以持久的心境低落状态为特征的神经症，主要表现为悲伤、压抑、绝望、沮丧、孤独、自卑和自责等，并常伴有焦虑、躯体不适感和睡眠障碍等。其典型症状表现在三个方面：

（1）情绪低落。

（2）躯体症状，比如失眠、精力减退，容易感到疲倦。

（3）思维缓慢。

但即使有了这些表现，也不能就给自己下结论。因为考试而失眠，因为失眠而思维缓慢，因为思维缓慢而导致考试差、情绪低落，这都是正常的反应。只有症状达到了很严重的程度，影响了正常生活，才有可能是抑郁症。

大学生患抑郁症的比例较高。有的同学对枯燥的专业学习不感兴趣，有的同学对刻板的生活方式感到厌烦，还有的同学为社交或恋爱不成功而灰心丧气，由此陷入抑郁悲观状态。长此以往，将会导致思维迟钝、失眠和体力下降等。

抑郁症的发生与个人性格和挫折有一定关系。自尊心强的人在受挫折后一般会因失望、自卑而诱发此症；性格内向、多愁善感、敏感性强、依赖性强的人，在精神因素的作用下，也容易导致抑郁症的发生。

#### 成长时刻

在这个充满变数和挑战的时代里，我们有幸生活在和平、开放的国度。孟晚舟历经一千多个日夜的困顿仍充满自信地发出“如果信念有颜色那一定是中国红”的感慨，所以，同学们无论身处何种境地，都要保持一颗坚强和乐观的心，只要有足够的勇气和坚持，定能战胜一切，闪耀属于自己的光辉。

### （六）癔症

心灵互动营

#### 心理案例：爱发脾气的她

小艾（化名），大二女生，在大二开学的一个多月里，她的行为表现和以往有很大不同。先是班委、小艾的舍友陆续向辅导员反映她的反常举动，脾气变得烦躁、喜怒无常，同学间的一句玩笑话都会引起她号啕大哭，并且越来越爱哭，很敏感。回到宿舍，不爱搭理舍友，独来独往，整天背着个吉他往外跑。再是辅导员也发现，一向腼腆少话的小爱近来变得主动并频繁地联系辅导员，交流在校的情况，但谈话时，她似乎陶醉于自己所说的事情，无法与老师进行较好的互动沟通。在接下来的两周时间里，小艾的反常表现越来越明显，总是早出晚归，在外逗留，不搭理舍友、同学，情绪敏感易怒。

根据小艾的种种表现，初步判断她得的是癔症。

癔症，又称歇斯底里症，此病常因精神因素或不良暗示而急剧发生，表现为精神及躯体方面的多种症状，是大学生中比较常见的心理疾病之一，女性居多。癔症患者常有其特殊的个性特征，易感情用事，完全以当时情感出发；以想象、推理及幻想代替现实，弥补生活中的挫折与不愉快；易受他人与自我暗示的影响；具有强烈的自我表现欲，总想成为他人注意的中心。

一般认为，心理和社会因素是癔症的主要病因。急性的、能导致强烈的精神紧张、恐惧或尴尬难堪的应激事件是引起本病的重要因素，如战争期间的急性癔症性反应；幼年期的创伤性经历，如遭受精神虐待、躯体或性的摧残，则被认为是成年后发生转换性和分离性癔症的重要原因之一；文化闭塞、迷信观念重的地区发病率高，甚至可能出现癔症流行；具有情感反应强烈、易于接受暗示、表情夸张做作、喜欢寻求别人注意和以自我为中心等表演性人格特征的人，在受到挫折、出现心理冲突或接受暗示后容易产生癔症。

## 二、了解应激相关障碍

应激相关障碍（stress related disorders），又称反应性精神障碍或心因性精神障碍，是指一组主要由心理、社会（环境）因素所引起的异常心理反应而导致的精神障碍。临床上包括以下几种：

### （一）急性应激障碍（ASD）

心灵互动营

#### 心理案例：那些不敢想起的回忆

张某，男，20 岁，一名大学二年级学生。张某近期经历了一次严重的交通事故，导致身体多处受伤，并目睹了事故中另一名同学的死亡。事故发生后，张某出现持续的情绪低落、睡眠障碍、注意力不集中，并回避与事故相关的任何信息或场景。张某自述经常回忆起事故现场的情景，并伴有强烈的恐惧感和无助感。其日常生活和学习受到严重影响，无法正常参与课程学习和社交活动。

基于以上情况，张某被诊断为急性应激障碍。

急性应激障碍又称急性应激反应，是指以急剧、严重的精神打击作为直接原因，患者在受刺激后立即(1 小时之内)发病，表现为强烈恐惧体验的精神运动性兴奋，行为有一定的盲目性，或者表现为精神运动性抑制，甚至木僵。

急性应激障碍的发病原因涉及多个方面。首先，强烈的心理、社会因素刺激是导致急性应激障碍的直接原因。在本案例中，车祸意外及同学死亡的惨状对李某造成了巨大的心理打击。其次，个体的心理素质和应对能力也是影响急性应激障碍发生的重要因素。李某在事故前可能存在一定的心理素质缺陷或应对能力不足，导致其在面对强烈刺激时无法有效应对。

### （二）创伤后应激障碍（PTSD）

**心灵互动营**

#### 心理案例：不美丽的梦

晓梅，女，24 岁，2008（8 岁）年汶川大地震时，亲人全部遇难，被叔叔婶婶接到北京。晓梅经常做噩梦，梦中几乎都是妈妈来接自己，跑过去妈妈又不见了，眼前一片空白，惊醒后一身冷汗。到医院就过医，吃过药，效果不明显。

根据晓梅的自诉，初步诊断为创伤后应激障碍。

创伤后应激障碍又称延迟性心因反应，是由异乎寻常的威胁性或灾难性心理创伤(如天灾人祸、战争、严重事故、目睹亲人或他人惨死、身受酷刑、恐怖活动、强奸，或其他犯罪活动的受害者)，导致延迟出现和长期持续的精神障碍。

创伤后应激障碍表现多样且复杂，患者会反复出现与创伤事件相关的回忆、噩梦、幻觉等，这些经历常常使患者感到痛苦和恐惧，并且常常处于高度警觉状态，对周围环境的刺激反应过度，容易感到紧张、焦虑和易怒，还有可能对过去的经历感到麻木，无法体验到正常的情感反应。除了上述表现外，创伤后应激障碍患者还可能表现出睡眠障碍、抑郁、焦虑、药物滥用等。

与大多数心理问题一样，创伤后应激障碍也是由复杂因素引起的，包括压力巨大的经历，生活中经历创伤的次数和严重程度，遗传的心理健康风险（例如，焦虑症和抑郁症家族史），遗传的性格特征（通常称作气质）以及大脑如何调节机体面对压力时释放的化学物质和激素。

当某个人经历一件令人高度不安的事情时，就可能发生创伤后应激障碍。可能导致创伤后应激障碍的事件包括：参加战争或战斗，亲身经历或目睹性侵犯或暴力攻击，自然灾害（如飓风），严重的车祸等。约 1/10 的人在一生中的某个时刻会出现创伤后应激障碍。

**知识窗**

#### 你了解精神余震 PTSD 吗?

距离汶川地震已有十六年。对幸存者来说，精神余震也许不像现实中的余震走得那么快。地震对经历者将产生持续性的精神打击。据统计，经历地震的成年人中有 32% ～ 60% 的人患有创伤后应激障碍 (PTSD)，而未成年幸存者中这一比例可达 26% ～ 95%。

PTSD 在灾后来得慢，走得也慢，失去越多，持续越久。虽然在震后 12 个月时，人们的心理应激状况将基本趋于稳定，但创伤后的应激反应将在 18 个月后才能稳定下来。根据地震对个人造成的损失程度，许多人可能将出现长期的心理症状。经历 2011 年日本大地震的儿童，在三年后，超过 1/3 的人仍然显示出 PTSD 症状。他们更容易焦虑失眠，14% 的孩子会强迫性地回放灾难发生时的场景，而 7% 的人无法回忆出自己亲历的痛苦记忆，并在行为上避免当时做过的事，病情严重的孩子即使面对搞笑视频也无法展露太多情感。在汶川震后一年至两年半的时间里，当地中学生患不同程度 PTSD 的比例高达 9% ～ 65%，令人无法忽视。

除地震幸存者外，目睹灾害的救援部队、医护人员和志愿者等也可能成为创伤受害者。2008 年汶川地震后，包括 13 万解放军在内的大量救援人员从全国赶往现场，工作难度大、时间长，身心均处于高度应激状态。根据对 1800 余名参与救援的军人调查发现，4.25% 的人确诊患有 PTSD。部分志愿者在震后几个月内无法关灯入睡，在震后数年仍担心石块掉落，这些都是创伤后需要长期心理重建的症状。

PTSD 不只影响患者的行为和情绪，也会对大脑结构造成改变。四川大学华西医院扫描了汶川地震亲历者的脑部影像。他们发现，相比未患 PTSD 的汶川地震幸存者，PTSD 患者的脑胼胝体更小。胼胝体是大脑中最大的白质结构，连接许多脑区，对于感觉信息的处理至关重要。胼胝体连接两侧大脑半球，使得两侧大脑之间的信息交流成为可能。研究者认为，脑后部大脑皮层的增厚、楔前叶的改变与胼胝体的缩小有关，是 PTSD 的一种生理病变，可能与患者的认知障碍、情绪障碍以及画面闪回存在关联。其他研究发现，在 PTSD 患者中，脑部控制记忆与学习的海马体更小，这也许是患者出现记忆问题的原因。

### （三）适应障碍

#### 心灵互动营

##### 心理案例："我" 并不优秀

小梁（化名）是个自尊心极强又多愁善感的男孩，虽非绝顶聪明但凭着自己的刻苦努力，在班级的成绩一直名列前茅。经过高考的拼杀，他带着良好的感觉进入大学校园后，突然发觉自己站在"山顶"的感觉没有了。在高手如云的集体内，昔日那种"鹤立鸡群"的优越感已荡然无存。升入大学不久后的一次新生摸底考试竟然不及格，由此自信心坍塌。一个学期过去了，学习越来越吃力，他对自己越来越没信心，成绩也越来越差，生活变得没有规律，食欲不振，经常失眠，到后来竟然想退学。

经诊断，小梁患的是适应障碍。适应障碍是因长期存在应激源或困难处境，加上病人的人格缺陷，产生烦恼、抑郁等情感障碍，以及适应不良行为（如退缩、不注意卫生、生活无规律等）和生理功能障碍（如睡眠不好、食欲不振等），并使社会功能受损的一种慢性心因性障碍。

患有适应障碍的人常常感觉沮丧、绝望，不再喜欢自己以前喜欢的事情，经常哭泣，紧张不安或压力过大。感到烦躁，感觉好像什么事都做不好，不知从何下手。还会出现难以入睡，饮食不足，难以集中注意力的现象。

大学生适应障碍的形成，主要源于个体在面临新环境、新挑战时，其心理调适能力未能及时适应这一转变。这种障碍可能源于学习压力、社交困扰、自我认知的冲突，或是生活方式的巨大变化。在全新的学术环境中，大学生需要迅速适应高强度的学习节奏和更为自主的学习方式，这可能导致学习压力骤增。同时，社交圈的扩大和复杂化也要求他们具备更高的社交技巧与心理素质。此外，个体在成长过程中形成的自我认知可能与大学环境产生冲突，引发自我认同的困惑。因此，大学生适应障碍的形成是一个多因素交织、相互作用的复杂过程。

## 三、认识人格障碍

人格障碍 (personality disorder) 是在个体发育成长过程中，由遗传、先天以及后天不良环境因素造成的个体心理与行为持久性的固定行为模式。人格障碍患者，其人格特征偏离正常状态，人格内在发展不协调，是一种异常的病态，通常表现为对人冷漠无情、易冲动、易怒、自控能力差，而患者自我认识不够，认为自己的表现是合情合理的。人格障碍主要有以下几种。

### （一）偏执型人格障碍

**心灵互动营**

#### 心理案例：扭曲的道德观

2004 年，云南大学马加爵事件成为一起震惊全国的恶性杀人案件，其背后反映出的个人心理问题值得深思。“就因为一次打牌吵架，我决定了走上这条不归路。”马加爵在信中说道。“我是想对整个社会说声对不起，想对那四名同学的亲人朋友说对不起，但你们会接受吗？对于这么一个恶魔，你们会接受吗？”这是来自马加爵在狱中的忏悔。

他们到底吵了什么，以至于马加爵能狠下手，一连杀了 4 名同窗呢？

马加爵性格内向，基本不与他人主动交往，缺少知心朋友;情感冷淡，甚至不通人情;缺乏亲密、信任的人际关系；在遵循社会规范方面存在困难，导致行为怪异；对挫折和遭遇过度敏感；对侮辱和伤害不能宽容，长期耿耿于怀；多疑，容易将别人的中性或友好的行为误解为敌意或轻视。从马加爵的犯罪具有针对性、有预谋、事后清理现场及畏罪潜逃可知，其并没有精神病，且在作案过程中是清醒冷静的，说明他的人格已在长久的压抑和自我中完全扭曲，已发展为分裂性和偏执型人格障碍。

偏执型人格障碍以过分的固执、猜疑、不信任和好嫉妒为主要特征。病人通常敏感多疑，常将他人无意的或友好的行为误解为敌意或轻蔑；过分警惕与防卫，不信任别人的动机，认为别人心存不良；从常见的事件中理解出隐含的贬低或威胁性的含义；以自我为中心，自视甚高，过分敏感，推卸责任，怨天尤人。临床发现这一类病人中男性居多。

偏执型人格障碍的成因复杂多样，包括遗传、环境和社会心理因素等。在马加爵的案例中，可以发现一些可能的成因。比如，犯罪人以自我为中心的性格缺陷，扭曲的道德观。在马加爵的遗书中，大多数句子以“我”开头，且多次出现“我的天生智商还可以”这一类自我肯定的语句，不难看出其以自我为中心的这一性格缺陷。正因其以自我为中心，爱钻牛角尖，不曾换位思考，总爱以自己的道德观念及正义去规范他人的道德和正义，才导致他无法接受同学在打牌中对其进行的侮辱（他认为是侮辱），最终大开杀戒，但他认为自己的行为只是有违于法律，而在道德、正义上是无过错的。

### （二）分裂型人格障碍

**心灵互动营**

#### 心理案例：两种面孔

李明（化名），男，大学一年级学生。他爱读书，爱写诗，爱写日记，不喜欢学数、理、化；怕在同学面前讲话，一讲话就脸红；性格内向，喜欢把自己内心的秘密记在日记里；背地里爱看言情小说，但与异性同学从不来往；生活上不修边幅，床单脏了也懒得洗；同宿舍同学说他脾气古怪，不合群，与同学“谈不来”。

分裂型人格障碍与偏执型人格障碍一样，都是现实生活中较普遍的一种病态人格。二者都是以行为怪癖、奇异为特点。有这类异常人格的人敏感多疑，他们总是妄自尊大，而又极易产生羞愧感和耻辱感。此类障碍的患病率可能高于精神分裂症和其他人格障碍。

分裂型人格障碍的特征是社会隔绝，情感疏远，表现为对社会生活和亲密关系淡漠，情感表达受限，他们缺乏亲密的人际关系，缺乏性兴趣，对恋爱也缺乏热情。体验不到愉快，对人冷淡，很少对娱乐活动感兴趣，情感平淡、淡漠。因此对褒贬都无动于衷，也很难对他人表达自己的情绪和感受，总是单独活动，过于沉湎于幻想和内省。没有亲密朋友，不能与他人建立相互信任的关系。

分裂型人格障碍的形成与早期心理发展和生物遗传因素密切相关。儿童在成长过程中若缺乏父母的爱和公正对待，则可能产生自我价值否定，进而逃避与他人接触，形成分裂型人格。此外，遗传因素也在人格障碍的形成中起到一定作用，亲属间越是血缘关系近的，因遗传因素而引起的人格障碍发生率越高。

### （三）反社会型人格障碍

**心灵互动营**

#### 心理案例：手机惹的祸

余某，18 岁，2023 年 10 月偷拿大伯的手机被发现，大伯要求其归还。余某便把手机扔进了大伯家门口的水塘中，大伯责骂并殴打了余某，余某不时还嘴。半小时后，余某路过大伯门口，余怒未消的大伯再次拿起木条打在余某小腿上。“你打了我五下，等下我要对你不客气的，你给我记住。”余某恼羞成怒，回家拿了把尖刀，返身回到大伯家。身在自家阳台二楼的大伯见状，立即拨打了报警电话。可惜为时已晚，怒气冲冲的余某冲上二楼，朝大伯左胸猛刺了一刀，之后逃离现场。随后大伯被人送往医院抢救无效死亡。

反社会型人格障碍又称悖德型人格障碍，是人格障碍中最引人注目的一个类型，也是对社会危害最大的一类。其主要特征是不断出现违反法纪或犯罪行为。这类人容易激惹和攻击别人，心肠冷酷、忘恩负义，对自己的至亲也不例外，危害别人时无内疚感。表现为工作不良、婚姻不良、情感肤浅、无情、以自我为中心、无内疚感、不能共情、不诚实、欺骗、捉弄他人，具有冲动性、攻击性。

正如其他的人格障碍一样，他们的“坏”往往不是在成年期形成的，而是在青少年时期就有品行障碍。他们性格中有许多方面都与此有关，如偷窃、任性、逃学、离家出走、积习不改、流浪和对一切权威的反抗行为；少年时期过早出现性行为或者性犯罪；常有酗酒和破坏公物、不遵守规章制度等不良习惯。

形成产生反社会型人格的主要原因有：早年丧父、丧母或双亲离异，先天体质异常，恶劣的社会环境、家庭环境和不合理的社会制度的影响，以及中枢神经系统发育不成熟等。一般认为，家庭破裂、儿童时期被父母抛弃和受到忽视、从小缺乏父母在生活和情感上的照顾与爱护的人容易形成反社会型人格。

### （四）依赖型人格障碍

#### 心灵互动营

##### 心理案例：让人望而生畏的大学

晴晴（化名），今年19岁，刚刚进入大学，就觉得一天也待不下去。晴晴是爸爸妈妈的独生女，在上大学前，一切事都是爸爸妈妈照料，甚至连衣服鞋袜都不用自己洗。进大学后，晴晴非常想念自己的家，对大学的生活很不适应，经常做梦，梦中常梦到自己的爸妈，醒来后常常暗自流泪。为此，晴晴力求使自己快乐起来，强迫自己忘掉家中的温馨幸福，把自己的注意力集中在学习上，但无论如何，眼前总是浮现出父母以及家乡同学的身影。

根据晴晴的描述，晴晴可能是一位依赖型人格障碍患者。依赖型人格障碍是日常生活中较为常见的人格障碍，它的主要特征是：无主见，具有强烈的无助感、被遗弃感、无独立感，过度容忍，易受伤害等，并且害怕孤独，难以接受分离。

依赖型人格障碍的产生源于人自身发展的早期。儿童离开父母难以生存，在儿童的印象中保护他、养育他，满足他一切需要的父母是万能的，必须依赖他们，总怕失去了父母这个保护神。这时如果父母过分地溺爱、鼓励子女依赖他们，不让子女有自主和自立的机会，久而久之在子女的心目中就会产生对父母或权威的依赖心理，成年以后仍然不能做主。此类人群缺乏自信心，总是依靠他人来做决定。

### （五）强迫型人格障碍

#### 心灵互动营

##### 心理案例：小强的挣扎

小强（化名），男，十九岁，待业。小强家在农村，父母均为农民。小强在家排行老大，下有一弟一妹。小强知道父母是很辛苦，因此对自己要求极为严格，不许自己浪费一点时间，成绩一直在班里名列前茅。上高三时，父亲节约开支给他买了块表，小强非常害怕将表弄丢了，结果真在一次早操中将表弄丢了，小强深知父母挣钱不容易，内心极度内疚，常常有意识地到寝室和马路边努力寻找，希望能够发现，但始终没找到，也不敢告诉父母，成绩也开始下滑。此后，小强总想去厕所，但又自觉不该去，越想控制则想去厕所的念头越强烈。小强还是想着自己是否渴了或者饿了，椅子该不该坐，泡在盆里的衣服是现在洗还是过一会儿洗，出门前要反复查看是否关好锁等。在与他人交往时，总害怕别人笑话他，认为别人的眼睛都在看自己。

强迫型人格障碍是人格障碍的一种类型，患者做事往往谨小慎微，希望所有事都能做到尽善尽美，如果症状不是十分严重，往往可在工作中取得比较大的成就，但有时会因过分注重细节、墨守成规，而影响工作效率。在生活中，患者常会用严苛的尺度衡量周围事物，使自己和身边的人陷入紧张、焦虑的氛围。

强迫型人格障碍的成因复杂，涉及遗传、心理和环境等多个方面。遗传因素在强迫型人格障碍的发病中起着重要作用。有研究显示，家庭成员中有患强迫型人格障碍的，其亲属患此病的概率相对较高。心理因素也是导致强迫型人格障碍的重要因素之一。幼年时期受到较强的挫折和刺激，或者父母管教过分苛刻，都可能使个体形成强迫型人格障碍。环境因素也对强迫型人格障碍的形成有重要影响，比如，一些家庭成员的生活习惯可能对孩子产生影响，如父母是医生的家庭其孩子可能因过分注重卫生而形成“洁癖”。

### （六）表演型人格障碍

#### 心灵互动营

#### 心理案例：自负言行引争议

赵天琪（化名），女，大二学生。她在学习方面很不错，可总喜欢高谈阔论，有意无意标榜自己。在爱情方面，吹嘘男生们是如何欣赏她，追求她，而她又是如何刁难他们。平时喜怒无常，高兴时嘻嘻哈哈，劲头十足，稍不顺心，大吵大闹，弄得人际关系十分紧张。一天，正当她吹嘘时，经一位同学的提醒，她顿时觉得自己并非魅力超群，立刻萎靡不振，非常难过。然而伤心归伤心，以后她依然我行我素。

她的“毛病”，就是一种较为典型的表演型人格障碍。表演型人格又称歇斯底里人格，其典型的特征表现为心理发育的不成熟性，特别是情感过程的不成熟性。具有这种人格的人，其最大特点是做作、情绪表露过分，总希望引起他人注意。他们对人情感肤浅，说话做事装腔作势（戏剧化特征），同时充满了诱惑或挑逗行为，因此很难维持稳定可靠的人际关系。表演型人格障碍以女性居多，各种年龄层次都有，尤以中青年女性最为常见，一般年龄都在 25 岁以下。

表演型人格障碍形成的原因从心理学角度看，还要追溯到个体的童年成长经历，大部分有表演型人格障碍的人在其童年都有着被严重忽略和冷待的经历，因为父母对其缺乏关爱并表现得不在意、不对其寄予期望，久而久之孩子内心因被忽视和冷落就会存在很大的不安全感和危机感，所以就会在有自主行为意识和能力后竭尽全力、没顾忌地去博取关注，找存在感。

### （七）边缘型人格障碍

心灵互动营

心理案例：小王的心灵挣扎

小王是由爷爷和奶奶带大的，和父母的关系并不亲密，父母常年在外，几乎很少相处。她从小到大学习成绩都十分优异，也经常受到别人的赞美，在步入高中后，她的学习成绩不再像以前那么突出，曾经习惯被夸奖的她，情绪变得躁动起来，也时常觉得，同学们在讨论自己，时间一久，她觉得学校像个囚笼。好不容易熬过高中，她以一般的成绩进入了一所大专，结交到了一个非常好的朋友，她对这个好朋友无话不说，包括自己的生活历程，但是在两个人吵架的时候，她用极端的言语和情绪伤害了这个女孩，为此她非常自责，曾产生过极端的想法。她想用割腕、点燃煤气罐的方式结束自己的生命，但每次都被她的父母及时发现并制止，待情绪渐渐稳定之后，她也交到了一个男朋友，但是在这段恋情中，她时常猜忌男方出轨，也觉得自己无法承受分手后的后果。

边缘型人格障碍是一种最具代表性的人格障碍，是一种人际关系、自我形象和情感不稳定，以及表现出显著冲动的心理行为模式。边缘型人格障碍是一种最难治疗的心理障碍。边缘型人格障碍的表现是多样性的、跳跃性的和不稳定的。既表现为焦虑、抑郁、恐惧，又可能有“过敏性幻觉”和“过敏性关系妄想”。表现为前者，常常被误诊为“焦虑症”“抑郁症”或“恐惧症”等各种类型的神经症；表现为后者，会被一些粗心的医生诊断为“精神病”。

边缘型人格障碍的情绪是极不稳定的，非常缺少安全感和恒定性，从而导致和别人的关系忽冷忽热，总是在最好和最坏两个极端跳跃，很少出现折中的情况，所以，难以和别人形成持久、稳固的人际关系。

边缘型人格障碍的原因，在于童年遭受情绪极不稳定的父母的影响，导致人格的部分分裂，无法将好与坏两极融合，无法对世界产生统一和综合的观念，从而，对世界缺少安全感，形成绝对好和绝对坏的期待，但由于这两者都不是现实的，因此只好在这两极震荡，形成一种极其不稳定的人格。

## 任务三　熟悉大学生常见心理障碍的防治方法

### 一、知晓促进大学生心理健康的基本原则

#### （一）遗传因素、教育因素与认知因素并重的原则

人的生长发育特别是大脑的细胞构筑和工作强度是由遗传基因决定的，但脑的功能特点和以脑功能为基础的认知策略与能力却是在一定生存环境（教育）中，与环境（教育）相互作用而形成的。反过来，人的认知特征又制约着情绪和行为。为此，人要获得健康的心理，只能本着上述三种因素并重的原则行事。

### （二）人与环境的协调原则

心理健康的发展过程实质上就是人与自然环境和社会环境能否取得动态协调平衡的过程，因而，学会应对和协调人际关系，对心理健康有重要意义。人对环境的适应、协调，不只是简单的顺应，更是积极意义上的能动改造，使之更有利于自身的心理健康。

### （三）身心统一的原则

由于心理健康和生理紧密相关，健康的心理寓于健康的身体，因此，通过积极的体育锻炼、卫生保健和构建良好的生活方式，以增强体质和生理功能，将有助于促进心理健康。

### （四）个体和群体结合的原则

生活在群体之中的个体无时无刻不受到群体的影响，因此，个体心理健康的维护亦依赖于群体的心理健康水平。这就需要创建良好的群体心理卫生氛围，以促进个体的心理健康。同样，个体心理健康亦对群体心理健康产生着影响。

### （五）知、情、行相对平衡的原则

心理健康的发展既依赖于相应的知识，更取决于把理论付诸实践的行动。理论是指导，实践是归宿，离开了理论，行动就缺乏方向和方法；没有行动，再好的理论也是纸上谈兵。反过来，生活实践又将鉴别认知与行为的正确与否，认识和总结经验教训，又是知与行能否达到平衡的关键。另外，在知与行的过程中必然伴有情绪和情感，它是知与行的动力，但若调节不好，又会成为阻力甚至是破坏力量。为此，将知、情、行调适平衡，是维护心理健康的重要原则。

## 二、掌握大学生心理障碍防治的基本方法

大学生要树立科学的健康观，充分认识心理健康在全面提高自身素质和发挥自身潜能过程中的重要作用，自觉维护和增进自身的心理健康。大学生增进自身心理健康有如下常见方法：

### （一）积极参加心理健康讲座、选修相关课程

积极参加心理健康讲座，选修有关心理健康教育方面的课程，学习心理健康和心理问题方面的知识，正确认识心理健康和心理问题，树立科学的健康观，掌握一些心理问题的鉴别方法和常用的心理调适方法。

### （二）积极参加心理健康方面的社团及社会实践活动

积极参加心理健康方面的社团及社会实践活动可以提升个人的心理健康水平和社会适应能力。具体包括：一是参与公益活动，如志愿者服务，大学生可以感受到自己的价值和作用，增强自尊心和自信心，同时培养社会责任感和团队合作能力；二是参与社交活动，如参加社交聚会、兴趣小组等活动，可以帮助大学生拓展社交圈子，增加社会支持和资源，减少孤独感和焦虑感；三是参加学习和培训活动，如参加心理培训等活动，大学生可以提升知识和技能水平，增强自信心和竞争力，同时了解自己的心理需求和潜力；四是参加体育运动和健身活动，如踊跃参加学校组织的运动会，有助于大学生释放压力，调节情绪，提升身体健康和心理健康，同时培养毅力。这些活动不仅有助于大学生的心理健康和社会适应能力的提升，还能促进大学生之间的沟通和信任，提高个人情绪管理能力，加强团队

协作和合作意识。通过这些实践活动，大学生可以更好地认识自己，接纳自己，爱惜自己，肯定自己的存在价值，关爱自己及他人的心理健康和成长。

### （三）积极参加心理普查

心理普查是通过科学有效的专业心理健康量表进行心理测试，旨在评估个体的心理特点和状态，帮助大学生了解自己的心理健康动态，及时进行自我调节或寻求专业帮助。心理普查的意义包括：一是增强心理健康意识。通过心理普查，大学生可以树立正确的心理健康观念，认识到心理健康对自身成长的重要性，并培养主动寻求心理帮助的意识。二是正确认识自我。心理普查提供了一个机会，让大学生全面了解和认识自我，完善自己的性格，开发自我潜能。三是帮助有心理困扰的大学生。对于有心理困扰的大学生，心理普查可以帮助他们摆脱成长中的烦恼，为其自身的健康发展奠定内在基础。

## 三、了解常用的心理治疗方法

### （一）心理分析治疗法

心理分析治疗法又称精神分析疗法、心理动力学治疗法，是弗洛伊德根据心理动力学理论创立的。

心理分析疗法的基本观点是：病人的心理障碍是由于压抑在“潜意识”中某些幼年时期所受的精神创伤所致，因而要通过内省的方式，以自由联想、精神疏泄的方法，把痛苦的体验挖掘出来，从中发现心理障碍的根源，对病人所提供的情况进行分析解释，启发和帮助病人领悟并重新认识，从而改变原有病理行为模式，重建其人格，达到治疗的目的。

#### 1. 经典心理分析疗法

经典心理分析疗法的技术包括自由联想、梦的分析、移情、解释。

经典心理分析的治疗过程是：在正式开始治疗前，还需进行两周左右的试验性分析和联想，进一步明确诊断并排除不适合做心理分析治疗的对象；其治疗过程一般分为四个阶段，即开放阶段、发展阶段、修通阶段和移情阶段。

经典心理分析的适应症主要是焦虑症、疑病症和抑郁性神经症等。

#### 2. 认知领悟心理疗法

认知领悟心理疗法是从心理分析和心理动力学疗法中派生出来的，一方面它保留和继承了心理分析疗法的一些治疗原理，与其相联系；另一方面它结合中国人的生活经验提出了一些新的观点。认知领悟心理疗法认为，治疗的目的是消除患者的症状，而症状的消除需要患者对医生解释的领悟和重新认识，患者的领悟是在医生引导下达到的，因此疗效的取得不在于提示童年的精神创伤，而在于患者对医生解释的信任，这是领悟的本质。领悟的内容是医生灌输给病人的，使患者理解、认识并相信他的症状和病态行为的幼稚、荒谬性，抛弃原来的想法和行为，达到真正的领悟，从而使症状消失。

认知领悟心理疗法的适应症主要是强迫症、恐惧症等。

### （二）行为疗法

行为疗法是根据心理学的学习理论，对个体进行训练，达到矫正适应性不良行为的一类心理治疗理论和技术。行为治疗的方法主要有以下几种。

### 1. 系统脱敏疗法

系统脱敏疗法是沃尔普（Wolpe）在20世纪50年代末期发展起来的一种以渐进方式克服或消除神经症性反应的治疗方法。这一疗法认为，人的肌肉放松状态与焦虑状态是对抗的过程，通过肌肉的放松而达到的生理上的放松能抑制焦虑情绪。当患者处在放松状态时，遇到一个能引起微弱焦虑情绪的刺激，由于放松对焦虑的抑制作用，患者便能够忍受体验到的焦虑。经过几次反复，这个刺激就会失去作用，患者不会再因它的出现而感到焦虑，然后逐渐增加刺激的强度，直到最强的刺激也不引发焦虑为止。

系统脱敏疗法适用于治疗神经症，尤其是许多与焦虑反应相联系的行为障碍等。

### 2. 满灌疗法

满灌疗法与系统脱敏疗法相反，采用对患者来说能引起最强烈焦虑反应的刺激，以此“冲击”患者，从而克服对某些情境的焦虑反应。其基本原理是，患者的焦虑或恐惧的反应是过去习得的，那么让患者处在强烈焦虑和高度恐怖的事物面前或情境之中，如果没有真正地发生对患者的威胁和损害，患者的症状就会消退，从而学会适应新的良性行为。满灌疗法也适用于治疗神经症，尤其是许多与焦虑反应相联系的行为障碍等。

### 3. 厌恶疗法

厌恶疗法就是在不适应的行为与不愉快的刺激或者不愉快的后果之间形成联系，常采用引起痛苦反应的刺激与出现的不良行为相结合，使患者发生不良行为的同时就会感到痛苦的反应，从而对不良行为产生厌恶而使其逐渐消退。出现不良行为就要受到恶性刺激而感到痛苦，要想避开恶性刺激和痛苦就不要出现不良行为。此疗法对矫正酒瘾、烟瘾、贪食肥胖、吸毒和性变态等效果较好。

### 4. 生物反馈疗法

生物反馈疗法是在放松疗法的基础上，借助现代化电子仪器监视体内不易体验到的生理活动信息（如血压、心率、胃肠蠕动、生物电活动等），并及时将测得的信息转变成易于理解的信号（如声、光、仪表指针等），显示给病人和第三者，让患者根据这一信息学习如何使生理活动朝着所期望的方向发展。把来自患者自身的生理活动信息显示给患者的过程叫反馈，由于这些信息是经过生物加工的，所以称为生物反馈。应用生物反馈技术治疗疾病即为生物反馈疗法。

生物反馈疗法在临床中多用于雷诺病、紧张性头痛、偏头痛、癫痫、焦虑症等疾病的治疗。

## （三）来访者中心疗法

来访者中心疗法是罗杰斯（Rogers）依据人本主义理论于20世纪40年代提出的。该疗法认为每个人都可以做出自己的决定，都有着实现的倾向，只要给患者提供适当的环境，他将有能力改变对自己和他人的看法，调整和控制自己的行为，从而达到良好的主观选择与适应。因此，治疗不要求患者回忆压抑在潜意识中的心理症结，而是帮助患者正确认识和处理当前环境的现状，体验当时的感受。治疗的目的就是让患者进行自我探索，了解与自我相一致的、恰当的情感，并以此来指导自己的行为，靠本身的力量来治疗自己存在的问题。

来访者中心疗法的适应症主要是神经症。

### （四）认知疗法

认知疗法就是通过改变人的认知过程以及在这一过程中所产生的认知观念来改变不良的情绪和行为，是 20 世纪 60 年代以来在美国心理治疗领域发展起来的一种新的理论和技术。认知理论的主要代表人物之一贝克认为，心理障碍主要是在错误的思维前提下，对现实误解的结果，是依据反面的或不正确的信息做出的错误推论，使其不能适当地区分现实与想象之间的差别等。因此，只有通过理性分析和逻辑思辨，改变造成患者困扰的非理性观念，并建立起合理的、正确的逻辑思维，才能帮助患者解决情绪和行为上的问题。既然情绪困扰和行为障碍来源于个体的认知过程及产生的非理性、非逻辑的观念，那么对这些观念的表现和特征的分析与把握就很必要，治疗的重点也在于改变这些观念。

认知疗法有自己的适应症，一般来说适合治疗各类神经症，如抑郁性神经症、焦虑性神经症、恐惧性神经症等，考试前紧张焦虑、情绪的易怒、慢性疼痛、神经性厌食及呕吐、性功能障碍及依赖等也可选用此疗法。

### （五）音乐疗法

一方面，音乐的频率和声压会引起生理上的反应；另一方面，音乐声波的频率和声压会引起心理上的反应。良性的音乐能提高大脑皮层的兴奋性，可以改善人们的情绪，激发人们的感情，陶冶人们的情操，振奋人们的精神；同时，它还有助于消除心理、社会因素所造成的焦虑、忧郁、恐惧等不良心理状态，提高应激能力。

## 心灵互动营

### 心理音浪站：排解负面情绪

**具体流程：**

（1）将全班同学分成若干小组，每组 8 ～ 10 人。

（2）每位同学选一首最能代表自己心情的歌曲与小组同学分享。

**讨论与分享：**

（1）我为什么选这首歌？心情不好时我通常是如何排解的？

（2）其他的同学是否也有类似不良的心情？如果有，是如何排解的？效果如何？请能有效处理不良心情的同学示范其处理方式。

（3）在小组中谈谈自己对大学生常见的心理问题及心理障碍的看法，自己有没有碰到类似的情况，是怎样处理的。

（4）各种排解负面情绪的方式是否适合自己？会不会有不良的后遗症？如果有，该如何避免？

（5）卡拉 OK 大会：随着音乐，唱唱代表自己（心情）的歌曲。

**总结反思：**

（1）同学讲述本次活动的感受。

（2）教师总结本次活动，给予正面的反馈。

### （六）其他心理治疗方法

除了上述的一些心理治疗方法，常用的心理治疗方法还有支持疗法、暗示疗法、沙盘游戏疗法、气功疗法等，可根据实际情况灵活运用。

## 自助测试

### 症状自评量表

症状自评量表（SCL-90）是由美国心理学家德若伽提斯于1975年编制的，用于评定个体在感觉、情绪、思维、行为直至生活习惯、人际关系、饮食睡眠等方面的心理健康症状，是个体心理健康检查的常用工具之一。

问卷列出了有些人可能有的病痛或问题，请仔细阅读每一条，然后根据最近一个星期内下列问题影响你或使你感到苦恼的程度，选择相应的答案。

具体说明如下：没有＝自觉无该项问题/症状；很轻＝自觉有该问题，但并不频繁、严重；中等＝自觉有该症状，严重程度为轻到中度；偏重＝自觉常有该症状，程度为中到严重；严重＝自觉该症状的频度和强度都十分严重。

| 题　项 | 没有 | 很轻 | 中等 | 偏重 | 严重 |
|---|---|---|---|---|---|
| 1. 头痛 | | | | | |
| 2. 神经过敏，心中不踏实 | | | | | |
| 3. 头脑中有不必要的想法或字句盘旋 | | | | | |
| 4. 头昏或昏倒 | | | | | |
| 5. 对异性的兴趣减退 | | | | | |
| 6. 对旁人责备求全 | | | | | |
| 7. 感到别人能控制你的思想 | | | | | |
| 8. 责怪别人制造麻烦 | | | | | |
| 9. 忘性大 | | | | | |
| 10. 担心自己衣饰的整齐及仪态的端正 | | | | | |
| 11. 容易烦恼和激动 | | | | | |
| 12. 胸痛 | | | | | |
| 13. 害怕空旷的场所或街道 | | | | | |
| 14. 感到自己的精力下降，活动减慢 | | | | | |
| 15. 想结束自己的生命 | | | | | |
| 16. 听到旁人听不到的声音 | | | | | |
| 17. 发抖 | | | | | |
| 18. 感到大多数人都不可信任 | | | | | |
| 19. 胃口不好 | | | | | |
| 20. 容易哭泣 | | | | | |

续表

| 题　项 | 没有 | 很轻 | 中等 | 偏重 | 严重 |
|---|---|---|---|---|---|
| 21. 同异性相处时感到害羞、不自在 | | | | | |
| 22. 感到受骗、中了圈套或有人想抓你 | | | | | |
| 23. 无缘无故地突然感到害怕 | | | | | |
| 24. 自己不能控制地大发脾气 | | | | | |
| 25. 怕单独出门 | | | | | |
| 26. 经常责怪自己 | | | | | |
| 27. 腰痛 | | | | | |
| 28. 感到难以完成任务 | | | | | |
| 29. 感到孤独 | | | | | |
| 30. 感到苦闷 | | | | | |
| 31. 过分担忧 | | | | | |
| 32. 对事物不感兴趣 | | | | | |
| 33. 感到害怕 | | | | | |
| 34. 自己的感情容易受到伤害 | | | | | |
| 35. 旁人能知道你的私下想法 | | | | | |
| 36. 感到别人不理解你，不同情你 | | | | | |
| 37. 感到人们对你不友好，不喜欢你 | | | | | |
| 38. 做事必须做得很慢以保证做得正确 | | | | | |
| 39. 心跳得很厉害 | | | | | |
| 40. 恶心或胃部不舒服 | | | | | |
| 41. 感到比不上他人 | | | | | |
| 42. 肌肉酸痛 | | | | | |
| 43. 感到有人在监视你、谈论你 | | | | | |
| 44. 难以入睡 | | | | | |
| 45. 做事必须反复检查 | | | | | |
| 46. 难以做出决定 | | | | | |
| 47. 害怕乘电车、公共汽车、地铁或火车 | | | | | |
| 48. 呼吸有困难 | | | | | |
| 49. 一阵阵发冷或发热 | | | | | |

续表

| 题　　项 | 没有 | 很轻 | 中等 | 偏重 | 严重 |
| --- | --- | --- | --- | --- | --- |
| 50. 因为感到害怕而避开某些东西、场合或活动 | | | | | |
| 51. 脑子变空了 | | | | | |
| 52. 身体发麻或刺痛 | | | | | |
| 53. 喉咙有梗塞感 | | | | | |
| 54. 感到前途没有希望 | | | | | |
| 55. 不能集中注意力 | | | | | |
| 56. 感到身体的某一部分软弱无力 | | | | | |
| 57. 感到紧张或容易紧张 | | | | | |
| 58. 感到手或脚发沉 | | | | | |
| 59. 想到有关死亡的事 | | | | | |
| 60. 吃得太多 | | | | | |
| 61. 当别人看着你或谈论你时感到不自在 | | | | | |
| 62. 有一些不属于你自己的想法 | | | | | |
| 63. 有想打人或伤害他人的冲动 | | | | | |
| 64. 醒得太早 | | | | | |
| 65. 必须反复洗手、点数目或触摸某些东西 | | | | | |
| 66. 睡得不稳不深 | | | | | |
| 67. 有想摔坏或破坏东西的冲动 | | | | | |
| 68. 有一些别人没有的想法或念头 | | | | | |
| 69. 感到对别人神经过敏 | | | | | |
| 70. 在商店等人多的地方感到不自在 | | | | | |
| 71. 感到任何事情都很难做 | | | | | |
| 72. 感到一阵阵恐惧或惊恐 | | | | | |
| 73. 感到在公共场合吃东西很不舒服 | | | | | |
| 74. 经常与人争论 | | | | | |
| 75. 单独一人时神经很紧张 | | | | | |
| 76. 认为别人对你的成绩没有做出恰当的评价 | | | | | |
| 77. 即使和别人在一起也感到孤单 | | | | | |
| 78. 感到坐立不安心神不宁 | | | | | |

续表

| 题　项 | 没有 | 很轻 | 中等 | 偏重 | 严重 |
| --- | --- | --- | --- | --- | --- |
| 79. 感到自己没有什么价值 | | | | | |
| 80. 感到熟悉的东西变成陌生或不像是真的 | | | | | |
| 81. 大叫或摔东西 | | | | | |
| 82. 害怕会在公共场合昏倒 | | | | | |
| 83. 感到别人想占你的便宜 | | | | | |
| 84. 为一些有关“性”的想法而苦恼 | | | | | |
| 85. 认为应该因为自己的过错而受到惩罚 | | | | | |
| 86. 感到要赶紧把事情做完 | | | | | |
| 87. 感到自己的身体有严重问题 | | | | | |
| 88. 从未感到和其他人很亲近 | | | | | |
| 89. 感到自己有罪 | | | | | |
| 90. 感到自己的脑子有严重问题 | | | | | |

【计分方法】

1. 采用5级评分制，即没有0分，很轻1分，中等2分，偏重3分，严重4分。
2. 各分量表包含的题项及分数统计：

躯体化（得分____）：1、4、12、27、40、42、48、49、52、53、56、58。

强迫症状（得分____）：3、9、10、28、38、45、46、51、55、65。

人际关系（得分____）：6、21、34、36、37、41、61、69、73。

抑郁（得分____）：5、14、15、20、22、26、29、30、31、32、54、71、79。

焦虑（得分____）：2、17、23、33、39、57、72、78、80 、86。

敌对（得分____）：11、24、63、67、74、81。

恐怖（得分____）：13、25、47、50、70、75、82。

偏执（得分____）：8、18、43、68、76、83。

精神病性（得分____）：7、16、35、62、77、84、85、87、88、90。

其他（得分____）：19、44、59、60、64、66、89。

【得分详解】

总的来看，个体的自我症状评价介于从“没有”到“严重”中的某一个水平。总分在160分及以上，说明个体需要对自身的心理健康状态加以重视和关注。

（1）躯体化：主要指身体不适感，包括心血管、胃肠道、呼吸系统和其他系统的不适，头痛、背痛、肌肉酸痛等躯体不适表现。得分为0～48分。24分以上，表明个体在身体上有较明显的不适感，并常伴有头痛、肌肉酸痛等症状。12分以下，说明躯体症状表现不明显。得分越高，躯体的不适感越强。

（2）强迫症状：主要指那些明知没有必要，但又无法摆脱的无意义的思想，冲动和行为。

得分为 0 ～ 40 分。20 分以上，强迫症状较明显。10 分以下，强迫症状不明显。得分越高，表明个体越无法摆脱一些无意义的、思想、冲动和行为，并可能表现出一些认知障碍的行为征兆。

（3）人际关系敏感：主要指在人际交往中的不自在与自卑感，以及人际交流中的不良自我暗示、消极的期待等，特别是与其他人相比较时更加突出。得分为 0 ～ 36 分。18 分以上，表明个体人际关系较为敏感，人际交往中自卑感较强，并伴有行为症状（如坐立不安、退缩等）。9 分以下，表明个体在人际关系上较为正常。得分越高，个体在人际交往中表现的问题就越多、越自卑，自我中心就越突出并且已表现出消极的期待。

（4）抑郁：主要指情感与心境苦闷、生活兴趣减退、动力缺乏、活力丧失、失望悲观等。得分为 0 ～ 52 分。26 分以上，表明个体的抑郁程度较强，生活缺乏足够的兴趣，缺乏运动活力，在极端情况下，可能会有自杀的想法。13 分以下，表明个体抑郁程度较弱，生活态度乐观、积极、充满活力，心境愉快。得分越高，抑郁程度越明显。

（5）焦虑：主要指烦躁、坐立不安、神经过敏、紧张以及由此产生的躯体症状。得分为 0 ～ 40 分。20 分以上，表明个体较易焦虑，易表现出烦躁、不安静和神经过敏，极端时可能导致惊恐发作。10 分以下，表明个体不易焦虑，易表现出安定的状态。得分越高，焦虑表现越明显。

（6）敌对：主要指思想、情感及行为反映出的敌对表现，包括厌烦的感觉、摔物、争论、直到不可控制的脾气爆发等各方面。得分为 0 ～ 24 分。12 分以上，表明个体易表现出敌对的思想、情感和行为。6 分以下，表明个体容易表现出友好的思想、情感和行为。得分越高，个体越容易敌对，好争论，脾气难以控制。

（7）恐惧：恐惧的来源包括出门旅行，去往空旷场地、人群或公共场所，乘坐交通工具等，还包括社交恐惧。得分为 0 ～ 28 分。14 分以上，表明个体恐惧症状较为明显，常表现出社交、广场和人群恐惧。7 分以下，表明个体的恐惧症状不明显。得分越高，个体越容易对一些场所和群体发生恐惧，并伴有明显的躯体症状。

（8）偏执：主要指投射性思维（投射性思维是指以己度人，认为他人也具有与自己相同的特性，把自己的情感、意志、观点或某种特性投射到他人身上并强加于人的一种认知障碍）、敌对、猜疑、妄想、被动体验和夸大等。得分为 0 ～ 24 分。12 分以上，表明个体的偏执症状明显，较易猜疑和敌对。6 分以下，表明个体的偏执症状不明显。得分越高，个体越易偏执，表现出投射性思维和妄想。

（9）精神病性：反映各式各样的急性症状和行为。得分为 0 ～ 40 分。20 分以上，表明个体的精神病性症状较为明显。10 分以下，表明个体的精神病性症状不明显。得分越高，越表现出精神病性症状和行为。

（10）其他项目：作为附加项目或将其作为第 10 个因子来处理，以便使各因子分数之和等于总分。

需要强调的是，症状自评量表是测量个体在一段时间内感觉到的症状的严重与否，所以得分高就一定说明个体出现了很严重的心理问题，某些题项上的得分较高可能是个体当时遇到了一些难题（如失恋、面临考试、生病等），因此还需要做进一步的了解。如果个体在多个维度上自觉这些症状较为严重，则应加强心理健康的自省和觉察，到权威的心理咨询和治疗机构进行咨询、检查和诊断。

## 拓展延伸

### 心灵影院：从无声到有声——《口吃》

影片讲述了长相帅气、思维敏捷的印刷工人格林伍德，却患有口吃症，为逃避与人交流，他选择用手语交流，多数时候选择沉默。但与现实相反，他在网络里风趣而又健谈，与相识半年的艾莉聊得甚欢，直到有一天，艾莉约格林伍德线下见面，格林伍德犹豫不决，面对心仪女孩的约见，格林伍德克服内心的恐惧与胆怯，与艾莉见了面……

《口吃》这部影片通过独特的视角，讲述了一名社会边缘人，在普通的日常生活中，遭遇的来自社会各界的“软伤害”和“硬暴力”。在多重打击下，他在逃避、接受和改变中，不断努力挣扎，并最终走出了人生的泥潭，收获了美好的幸福。

### 有氧书吧：《感谢不完美的自己》

该书是由著名心理咨询师武志红根据亲身经历以及多年的咨询经验为大学生量身打造（编写）的一部心灵成长指南。本书以其独特的视角和深刻的见解，为同学们提供了一面镜子，让他们能够更清晰地认识自己，接纳自己的不完美。

书中深入剖析了人类内心的不完美，鼓励读者以积极、宽容的心态去面对和接纳这些不完美。通过生动的案例和真实的场景，展示了人们如何在不完美中寻求成长，如何超越自我，实现自我价值的提升。

# 项目八

# 寻找温暖的光源

## ——心理咨询

## 学习目标

- 学习目标
  - 知识目标
    - 了解心理咨询的概念、理论和方法
    - 熟悉大学生心理咨询的服务内容和途径
    - 理解心理咨询对大学生心理健康的重要性
  - 能力目标
    - 能够自我评估自身的心理状态
    - 学会运用一些简单的心理调适方法和技巧
  - 素质目标
    - 形成对自身和他人心理健康的关注与重视
    - 具有尊重他人隐私、理解和包容不同心理状态的人文素养
    - 形成积极向上的心态

## 故事导入

### 小杨的烦恼

小杨是一名大学新生，他刚刚进入到一个全新的大学环境。刚开始，他对大学的一切都充满了好奇和期待，参加了各种社团活动和课程讲座，渴望找到属于自己的位置。然而，随着时间的推移，小杨渐渐感受到了一些压力。他发现自己难以适应大学的学习节奏，尤其是那些需要自主学习和深入研究的课程。他晚上开始失眠，躺在床上思绪万千，无法入眠，导致第二天上课时精神不振，无法集中注意力。除了学习上的困扰，小杨在社交方面也遇到了问题。他来自一个小城市，性格内向，不太擅长与人交流。在大学这个更加开放和多元化的环境中，他发现自己与同学之间缺乏共同话题，难以融入集体。看着身边的同学都成群结队，有说有笑，小杨觉得自己就像个局外人，心中倍感孤独和焦虑。在一次与家人的通话中，小杨向家人表达了自己的烦恼。他感到自己失去了方向，对未来充满了

迷茫和不安。家人听到他的诉说后，建议他去找学校的心理老师寻求帮助。然而，小杨却有些犹豫，他不确定自己是否真的有心理问题，也担心别人会怎么看待他去做心理咨询这件事。

### 心灵能量包

应付生活中各种问题的勇气，能说明一个人如何定义生活的意义。

——阿德勒

一切幸福都并非没有烦恼，而一切逆境也绝非没有希望。

——弗朗西斯·培根

## 任务一　认识什么是心理咨询

初踏入大学校园，新鲜感过后，大学生要面临一段心理适应期，很容易出现适应不良现象。案例中小杨的问题就属于新生适应不良。此时，就应该立即寻求心理咨询的帮助。

### 心灵互动营

#### 心理案例：小何该怎么办

小山和小何是在入学时学校接待新生的车上认识的，他们虽然来自不同的省份，但所学专业相同，巧合的是两人是同年同月同日生，家庭情况也相似，又同时分在一个宿舍，所以，自从车上认识后两人就有相见恨晚的感觉，开学那几天他俩就一直形影不离。新生入学教育期间，辅导员介绍学生宿舍内务卫生要求，并要求每个宿舍推荐一名同学担任舍长，主要负责管理、监督本宿舍的卫生情况。小何当时毛遂自荐担任了宿舍舍长，理由是他所在的宿舍室友卫生状况让他很不满意，他决心好好整治，而且保证经过他的整治其宿舍能拿“星级宿舍”奖。

就这样，小何成为该宿舍的第一任舍长。按照他提出的“准军事化”要求，室友各自的物品一定要统一摆放在指定的地点。例如，鞋子要并排放在下铺同学床底，且要求上铺同学放左边，下铺同学放右边，相隔 20 厘米，每双鞋子都必须与床沿上下成直线；各自书柜里的书籍一定要从大到小摆放整齐……宿舍里的每样东西都要按他的意见摆放，位置不对时他就一定要改过来才行。晚上，他总是要反复整理自己的书柜，时常弄到深夜。小何常常因为反复整理自己的东西而迟到，甚至放弃班集体的活动。刚开学那段时间，大家都很配合他的工作，但是，日子久了，大家都觉得他的要求太苛刻、太死板，有些要求不合理，也没必要，纷纷要求罢免他宿舍舍长的职务。

作为好朋友，小山也曾多次与小何交流意见，但却没能使小何发生任何改变。后来，小何听老师和同学说，学校有心理咨询中心，如果遇到心理困惑，可以去咨询。但是一想到“心理咨询”这几个字，他就觉得那是精神病人去的地方，要是被同学知道了，会被同学认为有精神病，拿自己当笑话，不知如何是好。

**想一想：**

1. 你认为小何的看法对吗？你是怎么看待小何的？
2. 如果你遇到与小何相类似的同学，你将如何帮助他？

对心理问题的处理，目前大致有医学模式和教育模式，前者侧重心理的治疗和重建，后者侧重心理的预防和发展。常见的心理健康教育模式包括心理咨询和心理辅导。

## 一、明确心理咨询的内涵

中国青年报社 2020 年对中国大学生健康调查显示，绝大多数大学生在面对压力时会主动采取行动，但解决的方式因人而异，其中 51% 的人采用“转移注意力”的方式，45% 的人采用“向同学 / 朋友倾诉”的方式，33% 的人采用“运动”的方式，17% 的人采用“大哭一场”的方式，11% 的人采用“在社交平台发布内容”的方式，只有 6% 的人采用“向专业人士寻求帮助”的方式。可见，大学生对心理咨询的了解度和认可度还不是很高。那么究竟什么是心理咨询呢?

### （一）什么是心理咨询

心理咨询是心理咨询师协助来访者解决心理问题的过程。心理咨询师运用心理学的理论、方法、技术帮助来访者就问题进行分析、研究和讨论，找出问题的根本原因，探讨出解决的方法，从而解决来访者的心理困扰，帮助其恢复心理平衡，维护身心健康。

**知识窗**

#### 解除对心理咨询的误解

误解 1：心理咨询就是聊天，不如找朋友。

心理咨询不是简单的聊天，而是有技术含量的“聊天”，心理咨询师的任务不是说服你，而是助人自助。

误解 2：心理咨询就是浪费时间，没有任何帮助。

所谓磨刀不误砍柴工，有时候打破了心结，做事效率会高很多。

误解 3：心理咨询师很厉害，你想的什么他都知道。

心理咨询师没有魔力，不会看透你。

误解 4：心理脆弱的人才会去心理咨询。

求助是强者的行为，成功人士往往都懂得求助。

误解 5：有问题扛一扛就过去了，不用去心理咨询。

关注今天的心理健康就是为明天的健康买保险，不要等到问题很严重了才去解决它。

误解 6：找心理咨询师的人都是不正常的人。

心理咨询师接待的来访者大部分是正常人，这些人希望获得更多的成长或在某方面表现得更好，他们和疾病一点儿关系都没有。

**成长时刻**

心理健康是社会稳定的重要基石，而心理咨询则是维护心理健康的重要手段之一。心理咨询的目标不仅是解决个人的心理问题，更重要的是促进个人的全面发展和自我实现。通过心理咨询，我们可以帮助人们解决心理困扰，缓解心理压力，提高生活质量。此外，心理咨询还有助于增进人们的沟通和理解，化解社会矛盾和冲突，为构建和谐社会提供有力支持。

### （二）心理咨询的特点

心理咨询有以下特点。

#### 1. 助人自助

心理咨询的首要特点是“助人自助”。这意味着心理咨询的目标不仅是直接解决问题，更重要的是帮助来访者提高自我认识、增强心理调适能力，使其在面对未来生活和学习中的挑战时能够自我应对、自我成长。在心理咨询过程中，咨询师会引导来访者自我探索、自我反省，鼓励他们发现自己的潜力和优势，并学会将这些优势应用到实际生活中。

#### 2. 互动性

心理咨询是一个双方互动的过程，需要咨询师和来访者共同参与。在咨询过程中，咨询师会积极倾听来访者的诉说，理解他们的感受和需求，同时也会给予适当的反馈和建议。这种互动不仅有助于建立双方的信任和关系，也能够让来访者在交流中找到问题的根源，并找到解决的方法。

#### 3. 心理性

心理性是指其所解决问题的范畴是心理问题。与身体健康问题不同，心理问题往往更加复杂、难以察觉，因此需要专业的心理咨询师进行诊断和治疗。在心理咨询过程中，咨询师会运用心理学的知识和技术，帮助大学生深入了解自己的心理状况，发现潜在的心理问题，并提供专业的心理支持和建议。

## 心灵互动营

### 心理案例：小李的自我重塑之旅

小李同学，作为某高职的一名大二学生，近期他的生活似乎被一层无形的压力笼罩。学业的重担、人际关系的复杂和自我认知的困惑，三者交织在一起，让这位本应是朝气蓬勃的青年学子陷入了深深的迷茫与不安。在这种困境下，小李同学决定向学校心理咨询中心求助。他希望通过专业的心理咨询，找到解决自己问题的途径，重新找回自信和快乐。

**案例分析：**在心理咨询过程中，咨询师与来访者之间建立了基于信任、尊重和理解的互动关系，并通过运用心理学的原理和方法，帮助来访者解决心理问题，提高他们的心理适应能力和生活质量。

### （三）心理健康中的“灰色地带”

人的心理健康并不是黑白分明的，而是在健康与不健康之间有很长的“灰色地带”。心理健康地带如图 8-1 所示。

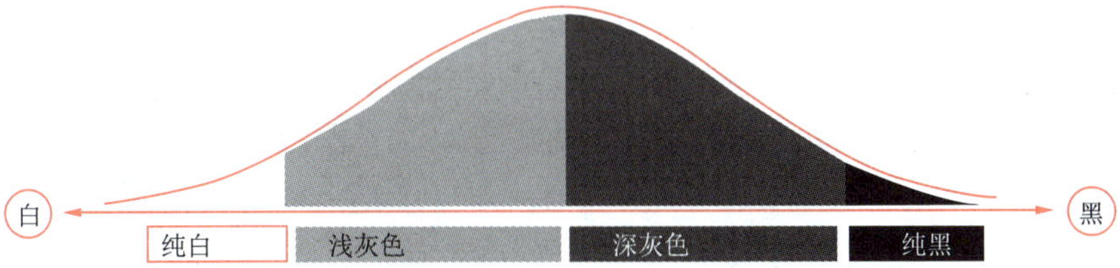


| | | | | |
|---|---|---|---|---|
| 人员 | 健康人格、自信心高、适应力强 | 各种由生活、人际关系压力引起的心理冲突 | 焦虑障碍、强迫及相关障碍、心境障碍、 人格障碍 | 精神病患者 |

图 8-1 心理健康地带

处在不同心理健康地带的人所需要的心理服务是不同的，见表 8-1。

表 8-1 不同地带的人所需心理服务

| | 纯　白 | 浅　灰 | 深　灰 | 纯　黑 |
|---|---|---|---|---|
| 心理表现 | 健康人格、自信心高、适应力强 | 各种因生活、人际关系、压力而产生心理冲突的人 | 焦虑障碍、强迫及相关障碍、心境障碍、人格障碍 | 精神障碍患者 |
| 所需服务 | 无须 | 心理咨询 | 心理治疗 | 精神科治疗，心理治疗 |

## 心灵互动营

### 心理游戏：心灵之旅

游戏规则：

（1）老师让学生以舒服的姿势坐好，手自然放下，双脚平放在地上，缓慢地吸气（默数 1，2，3）和呼气（默数 1，2，3）。

（2）老师用下面的引导语带领学生练习。

请你用眼睛看一下四周，试着在心中说出 5 个你看到的物品，如“我看到地板，我看到一双鞋，我看到……”。然后缓慢地吸气（默数 1,2,3）和呼气（默数 1,2,3）。接下来，请你仔细听周围的声音，试着在心中说出 5 个你听到的声音，如“我听到自己的呼吸声，我听到时钟滴答滴答响，我听到……”。然后缓慢地吸气（默数 1,2,3）和呼气（默数 1,2,3）。接下来，请你感受自己的身体，试着在心中说出 5 个身体部位的感觉，如“我感觉到我的双手放在大腿上，我感觉到我的脚趾在鞋子里面，我感觉到……”。

（3）总结。老师让大家分享自己的感受并进行总结。

## 二、熟悉心理咨询的工作范围

### （一）心理咨询的适用人群

在国内，许多人对心理咨询存在一定的误解。事实上，在心理咨询的来访者中，虽然一部分人确实有心理疾病，但是，大多数人都是正常。正常人在日常生活中遇到的心理困扰，比如择业、学业、人际、恋爱、适应、婚姻等都是心理咨询的工作范围。

在现实生活中，心理绝对健康的人很难找到，大多数人都会有一些心理问题，有些心理问题可以自己调整，也有很多心理问题需要求助才能解决。心理问题出现的时候，大学生可以找朋友、同学倾诉，也可以找心理咨询师倾诉，这是一种更有效的解决方法，也能避免走弯路。

心理咨询的对象包括心理健康人群、心理困惑人群，也包括一部分心理异常人群。

一是心理正常，心理健康，但遇到了和心理有关的现实问题，比如因择业迷茫、学习动力不足、学习压力过大、恋爱失败、人际关系失调、适应不良等问题，产生了心理困扰，需要帮助的人群。针对这类人群开展的心理咨询属于发展性心理咨询，主要帮助他们做出理想的选择，顺利完成发展任务，度过人生特殊阶段。

二是心理正常，但心理健康出现问题，长期处于心理困扰、心理冲突之中，或者遭到比较严重的精神创伤而失去心理平衡，但精神仍然正常的人群。这类人群的问题包括一般心理问题、严重心理问题、神经症性心理问题。针对这类人群开展的心理咨询属于障碍性心理咨询，主要帮助他们缓解冲突，消除心理症状，恢复良好的心理功能。

三是特殊对象，神经症和精神病患者经过精神医学临床治愈之后，心理活动基本恢复了正常，基本转为心理正常的人，这时心理咨询和心理治疗是可以介入的，以起到辅助治疗的目的，帮助患者好转。

## 心灵互动营

### 心理游戏：心情卡片分类

游戏目的：通过参与者的互动和讨论，帮助大家理解哪些情绪和问题是适合通过心理咨询来解决的，以及哪些可能更适合通过其他途径解决。同时，增进对心理咨询的理解和接纳。

（1）卡片制作：准备一系列卡片，每张卡片上写有不同的情绪描述或问题，例如，“焦虑”“工作压力大”“恋爱困扰”“家庭矛盾”“自我认同问题”“失去亲人”“自卑感”等。

（2）将卡片随机分发给参与者，每人一张。

（3）给参与者几分钟时间，让他们思考自己手中的卡片内容是否适合心理咨询，以及为什么？

（4）将参与者分成若干小组，在每个小组内讨论各自手中的卡片，并尝试达成一致意见，将卡片归类到“适合心理咨询”或“不适合心理咨询”的标识下。

（5）每个小组派出一名代表，将小组讨论的结果分享给大家。其他小组成员可以对分享的内容进行提问或补充。

（6）在分享的基础上，引导参与者进行深入讨论，探讨哪些情绪和问题是心理咨询的适用范围，哪些可能更适合用其他方式处理，并说明原因。

### （二）心理咨询可以解决的问题

大学生在心理咨询中常见的主要问题如下：

#### 1. 适应与成长问题

一部分新生不能很好地适应大学生活，无法融入新环境、新角色，处于困惑、迷茫之中，不少人出现了适应问题。一部分学生缺乏独立生活的能力，无所适从，无法适应新的校园环境，出现心理应激状态；一部分学生不能适应大学里的学习方式，没有及时掌握大学的学习方法，曾经的学习优势不复存在，造成情绪低落和精神压力；一部分学生不能适应大学里的人际交往，无法和舍友、同学磨合，人际关系困难，情绪抑郁。适应不良容易造成迷茫、失落、无助、孤独、失望等心理困扰。前来咨询的大一新生中，有很大比例是适应不良问题。

### 2. 情绪困扰问题

处于青年期的大学生有着丰富的情绪体验，情绪波动大。严重的情绪困扰甚至会影响大学生的身心健康。大学生常见的情绪困扰主要有缺乏信心、情绪低落、抑郁消沉、绝望、激动易怒、怨恨、敏感、冷漠、恐惧、嫉妒、压抑、自卑等。当大学生的不良情绪持续较长时间仍然没有好转时，就应考虑寻求心理咨询。

### 3. 学业学习问题

大学生的许多心理问题来源于学习。不少大学生无法适应大学学习方式，不仅影响了学业，还影响了心理健康。如缺乏学习动机，缺乏学习信心，出现学习焦虑、学习拖延与疲劳、记忆力衰退、注意力分散、考试焦虑等学习问题。

### 4. 人际交往问题

大学生面临的人际交往较之以前更加多样化，同学关系、师生关系、舍友关系、老乡关系、亲友关系、恋爱关系、朋友关系、网络人际关系等错综复杂的人际关系让大学生不可避免地遇到人际交往的苦恼和困惑。比如同学不和、师生之间矛盾、舍友冲突、恋人猜疑等都可能会对大学生的生活、学习、身心健康造成影响，产生不良后果。这些问题可能单独出现，也可能相互交织，影响大学生的身心健康和学业发展。

### 5. 恋爱情感问题

爱情是大学校园里永恒不变的浪漫主题。恋爱心理直接影响大学生的学习、生活和未来的幸福。恋爱在给人带来甜蜜幸福的同时，也给人带来烦恼和苦闷。大学生对恋爱情感问题的认识和处理正确与否，严重影响着大学生的心理健康。因恋爱所造成的情感危机，是诱发大学生心理问题的重要因素。恋爱失败往往导致大学生产生心理问题。有的大学生因为心理负担过重而走向极端，导致悲剧，产生重大的社会影响。

### 6. 自我意识问题

大学生的自我意识正处于发展与成熟的关键时期，自我意识的变化容易影响心理的变化。大学生的特殊社会地位，使得他们的自我期望普遍较高，加上多年的校园生活，使得他们对现实和未来常常抱着不切实际的幻想，出现了一系列自我矛盾与冲突。比如主观我与客观我的冲突、理想我与现实我的冲突、渴望独立与依附依赖的冲突、交往需求与自我封闭的冲突、自负与自卑的冲突、理智与感情的冲突等。

### 7. 择业就业问题

严峻的就业形势使在校大学生产生了巨大的思想压力。大学生的心理普遍不够稳定，认识问题和分析问题能力存在一定的局限性，生理和心理发育明显不同步，加之他们无工作经验，对自我和社会的了解有限，在求职择业过程中往往会出现各种心理冲突和困扰。比如自我认识模糊、职业选择迷茫、择业焦虑紧张、择业自卑心理、择业嫉妒心理、择业怕苦心理、就业攀高心理、就业盲目依赖心理、自恃过高心理、功利心理、从众心理、求稳心理等。

## 三、认知心理咨询的基本原则和基本态度

心理咨询是一种特殊的助人服务，它涉及个体的内心世界和心理隐私，因此要遵循一定的基本原则和基本态度。

### （一）心理咨询的基本原则

#### 1. 保密原则

很多人对心理咨询有一个非常大的顾虑——咨询的问题会不会被别人知道？保密是大部分来访者的强烈要求。来访者只有在确定自己的谈话内容受到严格保密后，才能放松地向心理咨询师吐露自己的心声。保密原则是心理咨询中的一个重要原则。有很多大学生在进行心理咨询前或者进行心理咨询的过程中都会有这样的担心：心理咨询师会为我的问题保密吗？我的问题会不会被班主任知道？答案是一个合格的心理咨询师会为你所讲的问题保密，一般在进行心理咨询前都会签类似于“来访者知情同意书”之类的协议，里面规定了哪些情况心理咨询师会保密，哪些情况会打破保密协定。一般情况下，来访者的问题不会被别人知道，但有两个例外情况：一是有可能伤害自己或他人的情况；二是法律规定需要披露的情况。在这两种情况下心理咨询师可以打破保密原则。

#### 2. 地点设置原则

心理咨询作为一项专业的助人工作，不同于简单的聊天，它必须有严格的地点设置，这是心理咨询原则中最根本的一点。心理咨询是在固定的，装饰得比较有安全、温暖感觉的心理咨询室进行的。一般心理咨询师不出诊，如果有特殊情况（如危机干预）则可以出诊。

#### 3. 时间设置原则

心理咨询中所需要进行的时间设置，主要是为了把咨询控制在来访者注意力最容易集中的时间段，这样对解决来访者的问题更有效。

心理咨询时间：来访者心理咨询的时间一般以每次 50 分钟左右较为合适。根据来访者的不同情况和心理咨询师选用的不同咨询技术，心理咨询的时间也会有一些差异，需要具体问题具体对待。

心理咨询频率：经典精神分析的心理咨询频率通常是每周 4 ～ 5 次，其他形式的个人心理咨询，目前以每周一次的设置比较普遍。心理咨询师依据来访者的情况，设置心理咨询的频率，可以取得较好的咨询效果。

疗程：疗程是指从第一次会谈直到心理咨询目标的实现，整个心理咨询过程将持续的时间长度。心理咨询的疗程长短取决于来访者的心理困难程度、心理咨询目标及心理咨询师所选用的心理咨询技术。目前心理咨询的疗程一般都在 6 ～ 20 个小时。在不同的心理咨询阶段，根据心理咨询的不同任务，心理咨询时间的长度和频率还需要不断地进行调整。

#### 4. 预约设置原则

心理咨询师的心理咨询时间安排需要有严格的预约设置。预约设置，一方面是为了避免心理咨询中心有人任意来往，给来访者造成不安全的感觉；另一方面也是为了保障心理咨询师有休息的时间，能够在咨询后有足够的时间整理自己的思绪，做好迎接下一位来访者的准备。心理咨询师一般不接受临时来访者，除非属于危机情况。

5. 转介原则

在遇到下列情况时，心理咨询师可以将来访者转介到其他机构或转介给其他心理咨询师。

（1）不属于心理咨询解决的范畴。如来访者是精神疾病患者，心理咨询师会将其转介到精神疾病治疗机构，这样更有利于帮助来访者。再如对法律问题、学校的校纪校规等问题的咨询，也不属于心理咨询的范畴，心理咨询师也可以将来访者进行转介。

（2）心理咨询师个人的问题。凡是心理咨询师觉得自己不适合做心理咨询的情况都属于此。如有的心理咨询师能力有限，不擅长解决来访者的某些问题，这时可以将来访者转介给合适的心理咨询师；有的心理咨询师在心理咨询进程中遇到了个人重大问题，不适合做咨询，这时也可以将来访者转介给别的心理咨询师。

转介的原则是维护来访者的利益。来访者要对转介有正确的认识：转介并不一定是因为自己的问题有多严重，或者是心理咨询师不喜欢自己，而是心理咨询帮不到自己，或者因为某个心理咨询师帮不了自己。

知识窗

心理咨询中的保密例外

（1）求助者同意将保密信息泄露给他人。

（2）司法机关要求心理咨询师提供保密信息。

（3）出现针对心理咨询师的伦理或者诉讼。

（4）心理咨询中出现法律规定的保密问题限制，如涉及虐待儿童、老人等。

（5）求助者可能对自身以及他人造成即刻伤害或者死亡威胁。

（6）求助者患有危及生命的传染性疾病。

## （二）心理咨询的基本态度

1. 积极关注

积极关注就是辩证、客观地看待来访者。咨询师在心理咨询过程中对来访者的言语和行为的积极、光明、正性的方面予以关注，从而使来访者拥有正向价值观，拥有改变自己的内在动力。在心理咨询的过程中，咨询师会积极地关注来访者，从而建立起比较亲密和信任的关系。

2. 倾听和理解

倾听是每个咨询师的基本功。倾听是指咨询师通过自己的语言和非语言行为向来访者传达一个信息——我正在很有兴趣地听着你的叙述，我表示理解和接纳。倾听和理解同等重要，倾听的目的是进一步理解来访者，理解来访者的问题。

3. 价值中立

咨询师在价值层面必须保持中立。比如，咨询师不会因来访者的宗教信仰、风俗习惯而产生批评性态度。

4. 平等协商

在心理咨询过程中，咨询者和来访者没有师生关系的悬殊，双方就像朋友一样，平等地协商和沟通。

5. 助人自助

心理咨询是一个从他助到互助再到自助的动态过程。心理咨询不是咨询师直接告诉来访者答案，而是通过各种方式启发、引导来访者调动自己的资源，发挥自己的潜能，在咨询师的帮助下，学会重新认识自我，重新认识他人和周围环境，学习新的思维方式，学会表达情绪的合理方式，习得新的行为模式，树立自信心和自控力，更好地独自面对以后的生活，更好地适应环境，积极主动地掌控自己的人生命运。

知识窗

### 心理咨询师的三种人生境界

第一种境界“术之精”。在这个阶段，心理咨询师专注于掌握和运用各种心理咨询的技术和方法。他们能够熟练掌握不同的咨询流派和技巧，能够针对来访者的问题，准确地选择合适的干预策略。他们不断积累咨询经验，注重解决来访者表面呈现的问题，通过专业的技能帮助来访者缓解症状、改善状况。

第二种境界“心之悟”。心理咨询师不仅精于技术，更能深入理解人心。他们能够敏锐地捕捉到来访者内心深处的情感和需求，不仅是解决表面问题，而是帮助来访者洞察问题的根源。他们对人性有更深刻地认识和感悟，懂得尊重和接纳来访者的多样性，并以真诚和同理心与来访者建立起深厚的信任关系。

第三种境界“道之达”。达到这一境界的心理咨询师，已经超越了具体的咨询技术和对个体心理的理解。他们将心理咨询视为一种促进社会和谐、推动人类心灵成长的使命。他们以平和、包容的心态看待世界，用自身的智慧和影响力，为创建更健康、更积极的社会心理环境贡献力量。他们不仅帮助个体，还能通过教育、写作、演讲等方式，传播心理健康的理念，影响和启发更多的人。

## 任务二　了解心理咨询技术

心理咨询不能包治百病，但确实能对心理问题的解决起到一定的作用。

### 一、明确大学生心理咨询的类型

大学生心理咨询的类型有许多种，按照不同的划分标准，有不同的划分结果。不同类型的心理咨询有各自的特点，大学生可以根据要解决的问题和个人需求选择合适的类型。

#### （一）发展性心理咨询和障碍性心理咨询

按照心理咨询的性质，心理咨询可以划分为发展性心理咨询和障碍性心理咨询。

1. 发展性心理咨询

发展性心理咨询更着重于某一年龄阶段普遍存在的发展问题，具有群体性和普遍性。大学生的心理咨询大多属于发展性心理咨询，主要解决大学生在正常发展过程中的心理困惑，比如新生适应、人际关系、学业问题、择业问题等。“故事导入”中小杨的问题主要是新生适应不良，她寻求的心理咨询就是发展性心理咨询。

#### 2. 障碍性心理咨询

个体因各类心理刺激、社会刺激引起焦虑、紧张、恐惧、抑郁等情绪不良状态或因各种挫折引起某些行为问题，有明显的心理冲突和心理症状，心理健康遭到破坏，这类问题的咨询就是障碍性心理咨询。比如，一些大学生一到考试期间就出现明显的焦虑情绪，心理上很痛苦，影响了日常生活。障碍性心理咨询的重点是从根源上消除考试焦虑症状，预防复发。

### （二）个体心理咨询和团体心理咨询

按照心理咨询的规模，心理咨询可以划分为个体心理咨询和团体心理咨询。

#### 1. 个体心理咨询

个体心理咨询是咨询师和来访者一对一、面对面的咨询。这是最安全的一种心灵释放形式，也是最常用的心理咨询类型，适合处理个人的心理问题。来访者在这种咨询中直接单独面对咨询师，可以尽情倾吐内心秘密，顾虑较少。

#### 2. 团体心理咨询

团体心理咨询又称小组心理咨询，是一位咨询师面对多个来访者，将具有同类问题、共同需求的来访者组成小组，进行共同讨论、指导或矫治，解决共有的发展问题或心理问题。团体心理咨询的人数没有固定的标准，一般控制在 20 人以内。团队心理咨询创设了一个微型社会环境，让来访者看到其他人和自己有着类似的痛苦，达到心理慰藉和稳定情绪的作用，营造成员间相互支持、相互影响、相互理解的氛围。团体心理咨询一次性解决多人的心理问题，效率高，特别适合解决人际交往方面的问题，但难以照顾个体差异，不容易深入挖掘个体的深层次心理问题。

### （三）短期心理咨询、中期心理咨询和长期心理咨询

按照咨询时间的长短，心理咨询可以划分为短期心理咨询、中期心理咨询和长期心理咨询。

#### 1. 短期心理咨询

短期心理咨询一般在 1 ～ 3 周内完成，主要是就事论事。咨询师将精力和时间集中在解决关键问题上，追求短期疗效，适合处理一般心理问题。

#### 2. 中期心理咨询

中期心理咨询一般在 1 ～ 3 个月内完成，咨询计划和方案比较完整，追求中期疗效，适合处理较严重的心理问题。

#### 3. 长期心理咨询

长期心理咨询一般在 3 个月以上才能完成，咨询计划和方案完整、详细、标准，追求彻底解决问题根源，追求长期疗效，适合处理严重的心理问题或神经症性的心理问题。

### （四）面对面心理咨询、电话心理咨询、网络心理咨询

按照心理咨询的形式，心理咨询可以划分为面对面心理咨询、电话心理咨询、网络心理咨询。

#### 1. 面对面心理咨询

面对面心理咨询是心理咨询中最常见、最主要、最有效的形式，是指来访者直接到心理咨询中心登门求助。面对面心理咨询具有以下特点：

（1）针对性强。咨询师能针对来访者的具体问题提供有针对性地服务。

（2）了解信息全面。咨询师不仅可以听到来访者叙述的内容，还可以观察其表情动作、情绪反应等，从而做出准确地判断，及时处理。

（3）保护来访者隐私。面对面心理咨询多数以一对一的形式进行，可以消除来访者的顾虑，便于咨询的深入。

（4）双方及时互动。在面对面心理咨询中，咨询师和来访者都可以随时提出问题，并根据对方的反馈信息随时调整对策，有助于双方的互动。

目前，国内各高校、中小学都设立了心理咨询中心，安排了专门的咨询场所和心理咨询师为学生开展心理咨询服务。一些精神专科医院、综合医院和社区也设立了心理咨询科室，由心理学、社会学、医学工作者等参与。私人的心理咨询机构也发展迅速，比如心理咨询工作室、心理咨询与培训机构等。在校学生一般前往本校心理中心进行咨询，一方面本校的心理咨询是免费服务，不会给学生带来经济负担；另一方面本校的心理咨询师对学生的情况更了解，咨询的效果更佳。

### 2. 电话心理咨询

电话心理咨询是咨询师和来访者之间通过电话进行沟通的一种较方便、迅速的咨询方式。国内不少大、中城市已经开设了心理咨询电话热线，在为心理困扰者排忧解难方面发挥了不少作用。电话心理咨询的优势在于咨询双方彼此不见面，来访者心理上更为放松，更能尽情畅诉，适合解决一些来访者不愿意或不好意思当面求助的问题，比如婚姻问题、性问题、自杀危机等。但是，电话心理咨询也有不利之处，如信息收集不够全面，咨询师不能充分通过来访者的肢体语言或面部表情了解他的内心世界，传递的信息也有限，并且很多心理咨询的技术也无法在电话里实施。

### 3. 网络心理咨询

网络心理咨询是通过 QQ 聊天、微信视频、微博互动、网络留言答复、电子邮件等形式进行的远程心理咨询。它的优势在于来访者不必出门，在家中就可以进行心理咨询，这对于那些距离太远而不能直接登门寻求心理咨询的来访者，以及由于个人生活风格或生活习惯，不愿意直接面对心理咨询师的来访者来说，是非常便捷的互动形式。此外，网络心理咨询还可以结合在线心理测量，更有效评估来访者的心理；可以将咨询过程全程记录下来，方便反思案例。网络心理咨询的劣势是很难保证求助者的信息真实性，毕竟网络世界相对现实世界更加虚拟、隐蔽，网络交流也很难保证信息充分交流，有些心理咨询的方法很难在网络沟通中得以运用。

## 心灵互动营

### 心理故事：小 E 的成长与自我发现

小 E 是个农村长大的孩子，在家中排行老五。父母在中年有了小 E，并且小 E 不负众望地考上了大学，他一直是这个农村家庭的骄傲。小 E 一直生活在被照顾和被赞扬的氛围中，可来到大学以后，他逐渐发现，无论是物质上还是精神上，自己并不是那么优秀，于是先前并不是很有底气的自负就转变成了自卑，在老师和同学面前甚至有种被“审判”的感觉。他开始变得郁郁寡欢，开始怀疑自己曾经相信的一切，开始向自己的亲人发脾气，开始蜷缩在自己的世界里拒绝和外界交流。偶然的机会，小 E 经过学校心理咨询室，有些胆怯又有些好奇地走了进去……

咨询师手记：没有强大的力量，想要完美却换来深深的自卑，只好用一种拒绝或清高的心态来保护自己脆弱的自尊。弱小的自我如何经得住风雨，这需要摆正现实与理想的巨大差距。家庭关系、家庭环境对一个人的影响是巨大的，每个人的身上都会深深地留下家庭的印迹。

## 二、了解大学生心理咨询的过程

大学生心理咨询的过程一般分为开始阶段、帮助与改变阶段、巩固与结束阶段。

### （一）开始阶段

这个阶段主要是建立咨访关系，收集信息，全方位了解来访者的情况并做出初步诊断，帮助他们进行初步的心理调节。

#### 1. 建立咨访关系

咨访关系是指心理咨询师和来访者在心理咨询过程中所建立起来的关系。良好的咨访关系是心理咨询取得效果的前提条件和基础，能够促使来访者接受心理咨询师的建议，积极配合心理咨询师，有利于后续步骤的开展。有专家提出，良好的咨访关系是咨询成功的一半。良好的咨访关系也能给来访者树立一个人际关系的模本，促使来访者将这种良好的人际关系迁移到咨询室以外的环境，切实提高人际交往的能力。

初次进行心理咨询的大学生都会心情焦灼、忐忑不安。为减轻心理负担，大学生需要做到以下几点。

（1）考虑好咨询目标，简单地说就是自己希望通过咨询获得什么帮助，或者达成哪些改变等。

（2）规划好前往咨询室的路线，确保提前 10 分钟到达咨询室。

（3）展示真实的自己，向心理咨询师敞开心扉，确保咨询给自己带来最大的帮助。

#### 2. 收集信息

心理咨询师收集信息的主要任务是广泛深入地收集与来访者情况有关的资料，并与其建立初步的信任关系。心理咨询师通过谈话、观察、倾听、心理测验等方式，了解来访者的基本情况和存在的心理问题。心理咨询师会通过前期信息的收集和会谈过程中的倾听，引弄清楚来访者究竟是被什么问题所困扰，问题持续了多长时间，问题严重不严重，问题产生的原因是什么，来访者有没有意识到自己的问题所在等。

有时，心理咨询师会根据需要给来访者做心理测试，通过心理测试帮助来访者更好地了解存在的问题。

#### 3. 分析、评估

分析、评估是根据上一步收集到的信息材料，结合心理学的理论知识，对来访者的问题做进一步的分析和评估，判断来访者问题的类型、性质、严重程度及原因等，以便确立咨询目标，选择咨询方法。

#### 4. 信息反馈

心理咨询师将自己对来访者问题的了解和判断情况反馈给来访者，请来访者自己决定是否继续进行后面的咨询。来访者也可以针对心理咨询师反馈的信息进行补充或提问。

## （二）指导与改变阶段

这个阶段是解决问题的阶段，是心理咨询的关键阶段，对心理咨询的效果起着极为重要的作用。这一阶段主要完成的任务有三项：制定咨询目标，选择咨询方案，实施指导与帮助。

### 1. 制定咨询目标

心理咨询的目标，就是心理咨询所追求的结果与所要达到的目的。心理咨询目标的确立，在心理咨询过程中非常重要。

心理咨询的目标有三个层次：终极目标、中间目标和直接目标。终极目标是指心理咨询最终达到的目标，通常是完善来访者的人格，提高社会适应能力。中间目标是指解决来访者目前面临的重要问题，满足主要成长需要。直接目标则是指消除来访者的负面情绪和不良行为。三个心理咨询目标相互结合，互相作用。终极目标是心理咨询的方向，直接目标是心理咨询效果的具体显现，中间目标则是介于两者之间，能为来访者接纳的近期目标。

以“故事导入”中的小杨为例，三个目标分别是：直接目标——改善睡眠质量和不良的情绪；中间目标——重建心态，积极面对大学生活；终极目标——完善人格，提高适应能力，独立面对以后的人生。

通常来说，心理咨询目标是心理咨询师和来访者双方商议后共同制定的，而且尽量保证咨询目标要具体可行，方便具体地实施和操作。心理咨询结束后也可以对目标的完成情况进行评估。需要特别强调的是，心理咨询目标必须是心理学范畴内的，也就是说，心理咨询解决的是来访者的心理问题而不是其他方面的问题。

### 2. 选择咨询方案

不同的心理学流派，咨询方案可能很不一样。每种方案对解决心理问题均有一定的针对性，并有其相应的实施过程。心理咨询师一般会根据自己的理论倾向和要解决的问题选择合适的方案。

选择咨询方案应明确下列内容：

（1）所采取咨询方法的目标；

（2）该方法的实施要求，即该做什么，如何去做，以及不做什么；

（3）该方法是否能达到预期的目的；

（4）告诉来访者必须对心理咨询的过程抱有足够的耐心，这些方法不可能立即产生奇迹，所有的改变都是循序渐进的。咨询的效果与心理咨询师的能力、水平相关，与来访者的动机、合作态度、期望程度悟性水平、自我觉察水平、配合程度等情况相关，也与双方的相互作用等因素相关。

### 3. 实施指导与帮助

不同的咨询方法有不同的要求与做法。心理咨询师可灵活运用鼓励、指导与解释等方式，对来访者的积极方面给予真诚的表扬、鼓励和支持，增强来访者的自信，促进其积极行为的增长；可直接指导来访者做某件事、说某些话，或以某种方式行动；可通过解释，帮助来访者从一个全新、全面的角度面对自己的问题，重新认识自己及周围的环境，从而提高认识能力，完善人格并解决问题。

### （三）巩固与结束阶段

咨询双方经过前两阶段的共同努力，基本达到既定的咨询目标后，即进入心理咨询的巩固与结束阶段。这一阶段心理咨询的工作主要是巩固效果和追踪调查。

这个阶段，心理咨询师要向来访者指出其在咨询过程中已取得的进步，并指出还有哪些应注意的问题。同时，心理咨询师还要帮助来访者重新回顾咨询要点，检查咨询目标的实现情况，进一步巩固咨询所取得的效果。

为了了解咨询的长期效果，心理咨询师有必要在咨询结束的数月后对来访者进行追踪调查。调查方式包括请来访者填写反馈表，给来访者打电话了解近况以及邀请再次约谈等。如果发现咨询效果不显著，问题没有得到解决，心理咨询师可以建议来访者重新预约咨询。

**知识窗**

#### 心理咨询需要了解的那些事

心理咨询开始的几次大多都是评估，建立咨访关系。在这个过程中，往往来访者说得多，而心理咨询师说得少。当来访者感受到失望、不满的时候，一定要和心理咨询师表达自己的真实感受，这恰恰是使来访者和心理咨询师进一步深入交流的契机。

如果来访者向心理咨询师表达了咨询带来的不良体验后，仍然在咨询过程中感到不舒服，那么可以与心理咨询师讨论更换心理咨询师，以便获得更加有效的帮助。当心理咨询师评估后，发现来访者的情况不属于他擅长的工作领域，心理咨询师也会提出转介，即将来访者推荐给更适合的心理咨询师继续咨询。来访者前期所沟通的内容和问题，心理咨询师会做好交接，避免来访者重复述说。

## 三、知晓大学生心理咨询的途径

### （一）高校心理中心

目前，我国各高校都设立了大学生心理中心，负责开展大学生心理健康相关活动，比如“3·21”世界睡眠日、“3·25（善爱我）”、“5·25（我爱我）”、大学生心理健康日，以及10月10日精神卫生日等活动。根据不同人群的需求，大学生心理中心通过编制心理健康手册，举办心理情景剧比赛，开设大学生心理健康必修课、选修课等，宣传和普及心理健康知识。同时大学生心理中心面向大学生开设个体心理咨询、团体心理咨询和朋辈心理辅导，大学生可以根据自己的需要，关注自己所在高校的微信公众号获取相关资讯。

### （二）医院心理门诊

如果大学生的心理困扰已经无法自行调整，或做了心理咨询也收效甚微，那么可以选择到当地医院的心理门诊或精神科就诊，遵医嘱服药，配合心理咨询，可以起到更好的治疗效果。

### （三）心理危机热线

如果情况比较紧急，大学生或者身边的同学处在情绪激动或危及生命安全的情况下，可以选择拨打心理危机热线电话求助，如全国统一心理援助热线12356。

# 任务三　学习常用的自我心理调节技能

心理调适是实现心理健康的手段，为了维护心理健康，大学生应该了解并掌握心理调适的途径和方法，不断调整自身的心理状态，积极适应社会的变化，勇敢地迎接挑战。

## 一、培养良好的思想品质

### （一）树立正确的人生观和价值观

有了科学的人生观和价值观，人就能对社会、对人生、对世界上的事物持正确的态度，就能正确地体察和分析事物，从而做到冷静而稳妥地处理事情。

### （二）客观评价自我、积极悦纳自我

对自己采取辩证的评价，防止极端主义评价是建立正确的自我意识的核心。一个人能对自己做出实事求是的评价，做到自尊、自爱、自信、自强，有自知之明，才能保持乐观进取、积极向上的健康心态。

### （三）调整自我认知方式

大学生不仅要广泛学习各种知识，更要通过所学构建合理的知识结构，以此来调整自我认知方式。错误的认知往往会导致心理的失衡与困扰，比如过度放大困难，轻易否定自我价值。正确的认知能够以多元的视角看待世界，塑造积极的自我形象，增强心理韧性，从而更好地应对生活中的各种挑战，保持良好的心理健康状态。

## 二、运用身边的心理咨询资源

### （一）了解心理健康知识的途径

在大学校园里，学校的心理社团会组织一些心理健康知识的传播活动，如心理学影视放映、心理知识相关沙龙讲座等。学校会在每年的 5 月 25 日即大学生心理健康日，组织多种多样的活动，等待着大学生的体验和参与。

除了学校里的活动，一些心理健康服务机构也会不定期地举办一些活动。如有些医疗机构会在节假日举办一些有关精神障碍预防和治疗、药物治疗、病患家属如何给病人提供更大支持的讲座，这些讲座有的需要线下参与，有的是网络直播。在一些具有特殊意义的日子，如 3 月 30 日的双相情感障碍日，各大医院都会举办相关的心理健康知识公益服务。

网络平台上也有很多与心理健康知识相关的内容，如一些心理咨询机构通常会有公众号服务，会定期发布一些与心理健康相关的内容，从专业的角度进行心理科普。越来越多的心理专家也在通过网络媒体，如 Ted、网易公开课等渠道向大众传播心理健康知识。

除了以上获取心理健康知识的途径，还有一个蕴藏海量宝贵资料的地方——图书馆，大学生可以走进图书馆品读心理学书籍。

### （二）挑选适合自己的心理健康服务

在本章第二节中，已经介绍了心理咨询的不同类型和过程，此处不再赘述。需要指出的是，每个人的心理困扰都不相同，大学生可以基于对心理咨询不同类型和过程的了解，根据自己的诉求，选择合适的心理健康服务。

### （三）挑选适合自己的心理咨询师

首先，心理咨询师的专业性要过关；其次，来访者内心对于心理咨询师的感受，这也是最关键的一点，一个好的、适合来访者的心理咨询师可以让来访者有以下感受。

#### 1. 可以信任他

如果来访者在心理咨询中，感受到心理咨询师是可以信任的，感到放松和安全，那么就证明找对咨询师了。如果来访者感到自己无法信任心理咨询师，那么来访者可以把顾虑告诉对方，这种不信任的信号说明咨访双方可能并不匹配。

#### 2. 愿意向他倾诉

在心理咨询初始阶段，来访者如果愿意向心理咨询师倾诉，那么有利于后面心理咨询的开展。如果在心理咨询初始阶段，来访者就不是很愿意向心理咨询师倾诉，那么就有可能意味着咨访是不合适的。在心理咨询中期，来访者如果感到不愿意向心理咨询师倾诉，有可能是心理咨询阶段出了问题，来访者可以开诚布公地向心理咨询师讲出自己顾虑。

#### 3. 感到被倾听、被接纳和被理解

在一段合适的咨访关系中，来访者会从心理咨询师那里充分地感受到被倾听、被接纳和被理解，心理咨询师不仅只关注于来访者的故事，也关注故事背后的模式，心理咨询师对来访者的好奇是带着尊重和渴望的，而不是八卦和刺探。

#### 4. 感到有成长和改变

来访者决定进行心理咨询一定是自己遇到了困惑，因此，决定来访者和心理咨询师是否合适的关键就是来访者在心理咨询中感受到了自己的成长和改善。这个过程也许需要来访者的一点耐心，但在一段合适的咨访关系中，这种成长和改善迟早会出现。

### 知识窗

#### 如何挑选可靠的心理咨询师或者机构

在心理咨询师的选择上可以从以下几个方面进行考量。

1. 学历背景

筛选专业从业者，心理学、精神病学等与心理咨询强相关专业的科班从业者优先于非科班从业者。

2. 从业经验

从业经验一般是指从业多少年，或者总计咨询多少时数。以全职咨询估算，一般 4 ～ 6 小时 / 天(伴侣咨询和家庭治疗一般 1.5 ～ 2 小时 / 次，可能 6 小时 / 天)，20 ～ 30 小时 / 周，多数从业者 20 小时 / 周是饱和，或者是最大咨询量。按一年工作 50 周（通常更少）计算，1 000 小时 / 年的咨询量是上限。

除了在医院和学校工作咨询量容易饱和外，多数从业者，在职业生涯前 5 年，咨询时数上限为 200 ～ 300 小时 / 年，很难达到 1 000 小时 / 年的饱和咨询量。

3. 受训经验

受训经验一般是指心理咨询师应具有系统培训的经历。对于系统培训的时间和过程，没有严格的要求。可以借鉴的是，按照 6 小时 / 天，不低于 10 天，即 60 小时的培训，对一种疗法、技术可以有基础掌握，后续通过持续督导，能熟练运用。合格的专业从业者，

累计系统培训大致不低于200小时。

（4）个人体验/分析。个人体验/分析是指从业者作为来访者，接受资深从业者提供的心理咨询。这项不是所有从业者都必须具备的，是个别流派的受训要求。

对于咨询机构的可靠性判断，可以依据专业人士的推荐，或者通过和机构中的咨询师交流后，根据咨询师的能力来判断。

## 三、学会进行心理调节

大学生在进行心理调节时应从以下几方面着手：

### （一）自我意识调节

自我意识使人能够认识和体验自己的情绪，同时也可控制情绪的变化。如一个人的政治意识、道德意识、公民意识以及角色意识等均可对情绪起到调节作用。因此，当自我意识失去控制时，就需要借助外力进行调节，使自我意识水平保持最佳状态，只有提高自我意识的支配能力，才能保证较高的自我意识水平，从而发挥正常的自我意识的功能。

### （二）情感调节

大学生精力旺盛，情感丰富，情绪波动大，常常产生一些不良情绪，如果不良情绪所产生的能量难以释放，就会影响个体身心健康。因此，要学会情感调节，使不良情感得到转化，即将不良情绪带来的能量引向比较符合社会规范的方向，并转化为具有社会价值的积极行动。

### （三）语言暗示调节

大学生由于知识和阅历不断丰富，且具有独立思维、独立意识能力，因此通过科学地运用语言暗示，可解决一些大学生的思想问题，在大学生思想政治教育方面有积极的作用。

### （四）注意转移调节

转移注意力在心理保健中是必不可少的，当自己心绪不佳，有烦恼时，可以外出参加一些娱乐活动，换个环境，换个想法，因为新的刺激可以忘却不良的情绪。例如，考完一门课，就不要再想它考得如何不好、有什么问题，而应尽快将自己的注意力转移，调节心理状态，以充沛的精力迎接下一门考试，否则哪一门都考不好。

### （五）合理宣泄调节

在适当的场合下，合理地宣泄自己的情绪，同样可以起到心理调节作用。因此要学会合地理宣泄情绪，但要注意宣泄情绪的对象、地点、场合、方式等，切不可任意宣泄，无端迁怒于他人或他物，造成不良后果。

### （六）交往心理调节

当自己心情不愉快时，不妨向同学和朋友交谈倾诉一番，特别是向异性朋友倾诉，会产生良好的心理调节作用。心理学家调查研究表明，绝大多数人都可在与异性倾诉中获得比在同性倾诉中高的解决抑郁的功效。

### （七）群体阶段性的心理调节

各年级的大学生其心理特点有所不同，情况有别，因此，要注重不同年级大学生群体心理的调节。例如，一年级新生刚进入大学，应注意大学生活适应不良的调节；而高年级特别是毕业班学生，应引导他们对未来目标的选定，以保证大学生在各阶段均有良好的心理。

## 自助测试

### 心理咨询问卷调查

本问卷的目的在于了解自己对心理咨询的看法，其答案没有好坏对错之分，请根据自己的实际情况回答是或者否。

1. 我认为心理咨询是非常有用的。
2. 我大致了解心理咨询的收费情况。
3. 我认为心理咨询师最重要的职业道德是保密。
4. 我认为心理咨询对心理健康是必要的。
5. 我认为心理咨询在平常生活中的应用并不广泛。
6. 我认为心理咨询师可以看透别人的心理。
7. 我认为接受了心理咨询就一定可以解决所有问题。
8. 在心理咨询中，我只对催眠有兴趣。
9. 如果可以的话，我愿意在固定时间去做心理咨询。
10. 我认为去做咨询的人都是心理有问题的。
11. 我喜欢做杂志上的心理题。
12. 我认为心理咨询就是心理治疗。

**答案：**

（1）是；（2）是；（3）是；（4）是；（5）否；（6）否；

（7）否；（8）否；（9）是；（10）否；（11）否；（12）否。

回答与答案一致记 1 分，不一致不记分。分数越高，说明对待心理咨询态度越正确。

## 拓展延伸

### 心灵影院：《从心开始》

该片讲述了牙医查理·法曼在“9·11”事件发生后，失去亲人的打击使其丧失了生活兴趣。在万念俱灰的时候，他偶遇大学舍友艾伦·约翰森。艾伦·约翰森得知查理的情况后，一有时间就去陪他聊天、看电影、喝酒，帮助他重燃生活的热情，走出悲伤的回忆。

### 有氧书吧：《蛤蟆先生去看心理医生》

《蛤蟆先生去看心理医生》是一本引人深思的心理疗愈读物，是一本在英国畅销了 20 多年的国民级心理咨询入门书。它的作者罗伯特·戴博是英国一位非常资深的心理师，在这本书中，他借用了经典童话《柳林风声》里的故事主角儿蛤蟆先生。故事的主人公蛤蟆先生一向爱笑爱闹，最近却陷入了深深的抑郁之中。在朋友们的建议下，他决定去看心理医生苍鹭。在与苍鹭的十次面谈中，蛤蟆逐渐认识到自己内心的痛苦根源，并开始勇敢地面对过去的创伤和现在的困境。这本书不仅具有深刻的心理学内涵，而且写作风格轻松易懂，让人仿佛置身于蛤蟆先生的内心世界，与他一同经历心灵的旅程。它不仅适合那些正在经历心理困境的人阅读，也能给每一个渴望了解自己、追求内心成长的人带来启发。

# 项目九

# 读出更好的自己
## ——调适学习问题

## 学习目标

- 学习目标
  - 知识目标
    - 了解大学生学习活动的基本特点和学习心理的特点
    - 了解大学生心理障碍的表现及成因
    - 掌握大学生学习心理调适的方法
  - 能力目标
    - 通过以案说法，掌握调整学习状态和心态的能力
    - 白律性提高，具备较强的学习计划能力
    - 学会调试学习障碍，使自己拥有良好的学习状态
  - 素质目标
    - 培养大学生健康、积极的学习心理态度
    - 培养大学生养成良好的学习习惯
    - 培养大学生及时正确地调试心理问题的能力

## 故事导入

### 故事一：我怎么了？

小李从偏远农村考到城里的高校，经过一学期的学习，他觉得同学们的能力都比他强，使用电脑比他熟练，英语发音比他标准，甚至普通话都比他说得好。小李感觉很自卑，不能静下心来看书，上课也听不进去，看到同学看书学习就比较紧张，会强迫自己也跟其他同学一样看书学习，但是效率低下，学习效果差。一个学期下来，差距和同学们也越来越大，小李每天都很焦虑，越来越不爱跟同学们交流，担心别人会看不起自己，成绩也越来越不理想，甚至有时候连作业都没办法完成。小李内心非常痛苦，他该怎么办呢？

### 故事二：我的自控力去哪儿了？

小敏在高中时，生活和学习都非常有规律，学习强度和学习压力都很大。升入大学后，小敏觉得轻松了不少，课余时间明显增加，家长、老师对其的管教也不像高中那样严了，小敏非常开心，课余时间就是追剧、玩手机、逛街等，刚开始觉得这样的生活很好，可是一个学期过去了，小敏感觉自己越来越空虚，学习成绩毫无亮点，生活上也浑浑噩噩，感觉很多时候都在浪费时间。小敏决定不能再这样下去了，要求自己每天按时学习，可是很快就发现，自己没办法像高中时期那样集中注意力学习了，一会儿想看看手机，一会儿想看下新剧更新了没有，学习计划总是进行不下去。小敏觉得自己的自控能力变差了，心里很着急，她该怎么办呢？

### 心灵能量包

博学之，审问之，慎思之，明辨之，笃行之。

——《中庸》

读书使人充实，讨论使人机智，笔记使人准确，读史使人明智，读诗使人灵秀，数学使人周密，科学使人深刻，伦理使人庄重，逻辑修辞使人善辩。凡有所学，皆成性格。

——培根

读书和学习是在别人思想和知识的帮助下，建立起自己的思想和知识。

——普希金

必须记住我们学习的时间是有限的。时间有限，不只由于人生短促，更由于人事纷繁。

——斯宾塞

## 任务一　认识大学生的学习

大学校园社团集聚，课程众多，生活丰富，如何由被动式学习转化为自主性学习？怎样合理分配学习时间？如何全面提升自我？对每一位大学生而言，学会学习，既是本职，也是财富。

### 一、了解学习的概念

学习是人类获取知识和经验的便捷方式。通过学习，人类的科学文化知识得以不断传承，经济得以快速发展，社会文明程度得以迅速提高。

学习有广义和狭义之分。从狭义的角度看，每天的听课、做作业、看书都是学习；从广义的角度看，学习是一种非常复杂的心理过程，是由经验引起的行为或思维比较持久的变化。对于学习的定义，一般可以从四个方面进行理解。

第一，学习是动物和人类共有的心理现象。虽然人类的学习相对复杂，并与动物的学习有本质区别，但不可否认动物也有学习行为。例如，德国科学家沃尔夫冈·苛勒对黑猩猩的学习行为进行了一系列实验，证明黑猩猩也有推理能力。

第二，学习不是本能的活动，而是后天习得的活动。

第三，任何学习都将引起适应性的变化。这种变化可以是外显行为，也可以是内隐行为或内部过程的变化。例如，在第二语言的学习中，内隐学习的作用得到了研究者的充分肯定。

第四，学习引起的变化是相对持久的。有些变化，如由适应、疲劳、疾病引起的变化，就不能被称为学习，因为这种变化是暂时的，当条件改变或经过适当的休息、治疗后，这种暂时的变化就消失了。

按照认知心理学的观点，学习也是信息的输入、输出与反馈调节的动态过程。教师进行课堂讲解、学生自己阅读书本或与同学交流、专业实践和实习等，都是信息的输入过程；而运用输入的知识做练习、做作业及解决生活中的具体问题，则是信息的输出过程；筛选输入、输出过程中的优劣，不断调节改进，提高输入和输出的质量，则是反馈调节过程。学习过程中的这几个环节都是不可缺少的，如果学习的结构不完整，仅知道不停地输入、输出，没有学会及时对输入和输出进行反馈调节，就难以获得良好的学习效果。学会对学习进行调节，实际上就是学会如何学习，如何掌握学习的策略。

### 成长时刻

读书和学习体现了量变到质变的哲学道理。任何事物的运动变化，总是先以微小的、不显著的变化开始，经过逐步积累而达到显著的、根本性质的变化。希望同学们，要积极做好学习的量的积累，为实现学业的质变创造条件；要果断抓住时机，促成质变，实现事物的飞跃和发展。

## 二、了解大学生学习的特点

进入大学后学习目标发生了变化，如为了兴趣而学习、为了职业理想而学习等。总的来说，大学生的学习主要有以下特点：

### 1. 学习的专业性

大学生处于专业教育阶段，每个大学生都有自己的专业方向，增强自己对专业的兴趣是大学生学习的首要动力。因此，大学生要充分掌握本专业的基本理论和基础知识，但是，也不能仅局限于自己的专业。大学是奠定基础、开阔视野的学习阶段，大学生可以充分利用校园里的各种资源，了解或者辅修自己感兴趣的课程，参加不同领域的讲座。

### 2. 学习的自主性

到了大学，学习有了很大程度的自主性。选修的课程、时间的安排和学习的途径在很大程度上都由学生自己决定。从课程安排上看，大学不仅有专业选修课，也有全校选修课，学生可以根据自己的兴趣决定选什么课程。从时间安排上看，大学生会有很多闲暇时间，这些时间全由大学生自己决定做什么。从学习途径上看，在大学里，上课听讲并不是唯一的学习途径，图书馆和互联网上的丰富资源是大学生随时都可以充分利用的。此外，与师长交流、参加论坛和讲座、参与课程实践和实习都是有效的学习途径。

### 3. 学习的探索性

在大学的学习过程中，教师通常会留给学生思考的空间和探索的余地，也会留一些研究性的作业。因此，参与专业问题的研究、初步掌握科学的研究方法成了大学生的必修课。在参与研究的过程中，大学生要学会主动地探索和思考，培养创新能力和创新精神。此外，为了给未来就业做充分的准备，在大学期间，很多大学生也会通过多种方式来探索自己未来的职业方向。

### 4. 学习的实践性

实践出真知，大学生要利用各种社会实践机会来提高自己、锻炼自己。通过暑期实践活动、社会调查活动或者其他实习、实践机会，大学生不仅能够增长见识，提高自己利用专业知识解决问题的能力，也能够提高自己的人际交往能力、协调组织能力和合作能力。

## 心灵互动营

### 心理游戏一：记忆力测试

（1）随机拿出9样物品。

（2）将9个物品放在一个3×3的方格中，给大家一分钟的时间记住物品摆放的位置。

（3）将这9个物品拿走，然后请一个同学上来用最短的时间恢复物品摆放的次序。

（4）变化摆放的次序，并重复几次，看谁的正确率最高。

游戏分享：本游戏的关键点是训练记忆力。记住这些物品摆放的位置使用了哪些技巧？重复地进行训练，正确率有提高吗？

### 心理游戏二：头脑风暴（黑板擦的用途）

在生活学习中，思维定式是经常出现的一种思维模式。在环境不变的条件下，定式使人能够应用已掌握的方法迅速解决问题。当情境发生变化时，思维定式会妨碍人采用新的方法，影响创新能力的发挥。创造性可以通过简单实际的练习培养出来，比如进行头脑风暴的演练，在头脑风暴的演练中，参与者可以异想天开并且不会被批评和嘲笑。

（1）全体学生分为若干组，每组4～6人，每组指定一人做记录。任务是在60秒内尽可能多地想出黑板擦的用途。

（2）60秒后，各组汇报所想到的用途的数量（而非想法本身），然后说出其中“疯狂的"想法。

游戏分享；在进行头脑风暴时存在哪些困难？是什么束缚了你的想法？是什么推动了你的“创新”？

### 心理游戏三：失踪了的10元钱

有三个“驴友”去旅游，途中投宿在一家旅店中。这间旅店的房价是每间450元，三人决定合住一个房间，于是每人向店老板支付了150元。后来，老板又优惠了50元，让服务员拿着还给三人。服务员心想：50元三个人如何分？于是自己拿走20元，将剩余的30元还给了三个人。那么问题出来了：每个人实际上各支付了140元，合计420元。加上服务员私吞的20元，等于440元。那么，还有10元钱去了哪里？

游戏分享：钱并没有丢，只是计算的方法错误。服务员拿去的20元就是三个人总共支付的420元中的一部分。420元减去20元等于400元，正好是旅店入账的金额。420元加上退回的30元，正好是450元，这才是三个人一开始支付的房费总数。

一件简单的事情，如果思考的方向出了问题，就会弄得大伤脑筋。

# 任务二　探讨大学生易出现的学习问题

在学习过程中，很多大学生常常会遇到这样或那样的问题，影响了学习任务的圆满完成。学习是一个复杂的心理过程，它不仅与感觉、知觉、记忆、思维等认知过程直接相关，还涉及情绪、动机、个性等心理因素。在学习过程中遇到问题是一种正常现象，关键在于能否发现出现问题的原因并找到解决的办法，这才有助于顺利完成学业。

## 一、调适学习动机问题

### (一)学习动机问题及表现

大学生学习动机问题主要有两种情况：一是学习动机缺乏，学习动力不足；二是动机过强，尤其是成就动机过强。这两种学习动机问题都会影响大学生的学习质量和效率，进而影响学习成绩甚至影响大学生的成才。

#### 1. 学习动机缺乏

大学生学习动机缺乏是指学习上没有动力，没有明确的学习方向，无知识需求，学习上得过且过，不思进取。造成大学生学习动机缺乏的原因有外部因素和内部因素。外部因素包括社会原因、学校原因、家庭原因，如一些负面的社会影响，学校教学方法的陈旧，家长不恰当的期望等；而造成大学生学习动机缺乏的更重要的原因是内部因素，有如下几种常见原因：

(1)学习目标不清晰。如果一个人缺乏生活或学习的目标,往往就会失去前进的动力。一些学生在进入大学后，不知道应有什么样的目标，于是产生了迷茫和困惑。由于目标不明确、不清晰，导致大学生在进入大学后产生不会学、不想学、学不好的问题，学习成绩下降反过来又影响学生的自信，导致学习动力更加不足。

(2)学习目标不适当。一方面，如果学习目标定得太低，就会缺乏成就感，即使达到目标也无法带来成功的喜悦，进而失去向上追求的动力。例如，有一部分同学给自己定的目标是“六十分万岁，多一分浪费”，只要求及格，能够拿到毕业证。另一方面，如果学习目标定得太多、太分散，由于精力和时间有限，就会导致哪个目标也无法达成。

**心灵互动营**

### 心理案例：考试作弊如何看

小杨同学由于考试作弊，被王老师叫到办公室谈话，以下是他们谈话的内容：

王老师手上拿着写满字的眼镜布问道：“我一直认为你是一个安静听话的好学生，从来没有想过你会作弊。”

小杨似乎有些无奈，但并未显现出愧疚：“都说上了大学就自由了，想干什么就干什么，没想到大一的课程就这么满，聊天、逛街、聚会、参加社团才是我想要的大学生活，难道上了大学还是埋头苦学？”

王老师说：“在大学里你依然是学生，重点还是学习，否则毕业都困难，何谈大学的缤纷生活。”

小杨思考了会说："老师，您说得有道理。"

但是小杨心里越来越疑惑，好好学习到底有什么用？听从父母的意愿，进入了高职学院，我想要的到底是什么？

初到大学的你是不是也和小杨一样，认为大学生活应该缤纷多彩？是不是也在思考我为什么学？我为谁学？该怎么学？

**思考：**该案例说明了什么问题？大学生应该如何正确完成大学的学习任务呢？

（3）专业认同感困惑。很多大学生反馈自己对专业的满意度不高，一些学生进入大学后就对专业失去了兴趣。造成这个问题的原因有三：一是有些学生在报考学校和专业时，对学校和专业了解不足，多是凭着自己的感觉或者他人的宣传进行报考，缺乏对专业实质性内涵、专业培养目标、主干学科、师资队伍等情况的了解。一旦进入大学后，慢慢发现自己所学专业与想象中相去甚远，就会产生专业认同困惑。二是在选择专业时，没有根据自己的特长和兴趣出发，而是以社会需求热、就业前景好为准则进行选择，或者是迫于家长的殷切希望，盲目地顺从了家长的意愿。进入大学后，对所学专业的不满情绪会越来越明显，无法认同自己所学专业。三是课程学习有一定的难度。进入大学先学习的是一些公共基础课，而非专业课，部分学生认为公共基础课跟专业领域无关，且存在畏难情绪，导致学习动力缺乏。

## 心灵互动营

### 心理测试：学习动机测试

请仔细阅读问卷中的每一个题目，觉得与自己的实际情况相符，就在题目后的括号里打"√"，否则打"×"。

1. 如果别人不督促你，你很少主动地学习（　　）
2. 当你读书时，需要很长的时间才能提起精神（　　）
3. 你一读书，就觉得疲劳与厌烦，只想睡觉（　　）
4. 除了老师指定的作业外，你不想再多看书（　　）
5. 如有不懂的，你根本不想设法弄懂它（　　）
6. 你常想自己不用花太多的时间，成绩也会超过别人（　　）
7. 你迫切希望自己在短时间内就大幅度提高自己的学习成绩（　　）
8. 你常为短时间内成绩没能提高而烦恼（　　）
9. 为了及时完成某项作业，你宁愿废寝忘食、通宵达旦（　　）
10. 为了把功课学好，你放弃了许多你感兴趣的活动，如体育锻炼、郊游等。（　　）
11. 你觉得读书没意思，想去找个工作做（　　）
12. 你常认为课本上的基础知识没啥好学的，只有看高深的理论书籍，读大部头作品才带劲（　　）
13. 只在你喜欢的科目上下功夫，而对不喜欢的科目放任自由（　　）
14. 你花在课外读物上的时间比花在教科书上的时间更多（　　）
15. 把自己的时间平均分配在各科上（　　）
16. 你给自己定下的学习目标，多数因做不到而不得不放弃（　　）

17. 你几乎毫不费力就实现了自己的学习目标　(　　)
18. 你总是同时为实现几个学习目标忙得焦头烂额　(　　)
19. 为了应付每天的学习任务，你已经感到力不从心　(　　)
20. 为了实现一个大目标，你不再给自己制定循序渐进的小目标　(　　)

**计算方法：**

每个题目“√”＝1分，“x”＝0分；

**解释与建议：**

（1）1～5题相加得到总分，检测学习动机是否太弱，3分以上说明学习动机不强，存在不正确的认识或困扰，需要进行调节，增加学习动机。

（2）6～10题相加得到总分，检测学习动机是否太强，3分以上说明学习动机太强，需要适当放松。学习动机太强，会使自己过度追求成就感，不利于心态的平衡。

（3）11～15题相加得到总分，检测学习兴趣是否存在困惑，3分以上说明兴趣较广，有利于增加自己的知识，但应该把握住自己的主要学习任务。

（4）16～20题相加得到总分，测查学习目标是否存在困扰，3分以上说明已存在学习目标的困惑，需要好好地制定自己的目标，并增强意志力，为实现目标而努力。

（本测验结果仅供参考。）

### 2. 学习动机过强

学习动机固然对学习活动起着发动、推进、维持的作用，但这并不意味着学习动机的强度越大，学习效果就越好。学习动机作用于学习活动，有一个最佳水平的控制问题。动机之所以促进学习，是由于它能够唤起、集中并保持学生的注意力，使他们能够专注于学习。学习动机过强，无论是内部的抱负和期望过高，还是外部的奖惩诱因过强，都会使学生产生害怕失败的紧张心理，从而过于专注自己的抱负和外部的奖惩，反而会阻碍学习，导致大学生一旦没有达到目标，情绪就会一落千丈，意志消沉甚至丧失学习动力。

## 知识窗

### 耶克斯－多德森定律

心理学家耶克斯与多德森的心理学研究表明，动机强度和工作效率之间的关系不是一种线性关系，而是倒U形曲线关系。中等强度的动机最有利于任务的完成，即，动机强度处于中等水平时，工作效率最高，一旦动机强度超过了这个水平，对工作效率反而会产生一定的阻碍作用。例如，学习的动机太强、急于求成，会产生焦虑和紧张，从而干扰记忆和思维活动的顺利进行，使学习效率降低。考试中的“怯”场现象主要就是由动机过强造成的。

各种活动都存在一个最佳的动机水平。动机不足或过分强烈，都会使工作效率下降。研究还发现，动机的最佳水平随任务性质的不同而不同。在比较容易的任务中，工作效率随动机的提高而上升；随着任务难度的增加，动机的最佳水平有逐渐下降的趋势，即，在难度较大的任务中，较低的动机水平有利于任务的完成。这就是著名的耶克斯-多德森定律（见图9-1）。

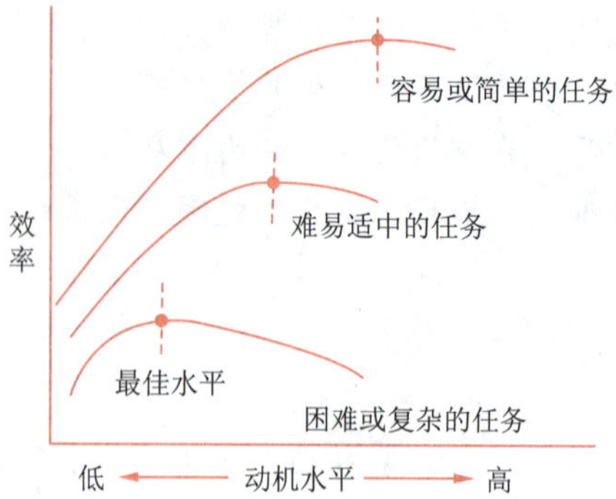


图 9-1 耶克斯·多德森定律

### （二）学习动机问题的调适

#### 1. 学习动机缺失的调适

首先，要明确学习的目的和意义，确立合适的学习目标，围绕这个目标制订具体实施计划。合适的学习目标应当是努力就可以达到的目标，既不能定得过高，使得压力过大失败太多产生沮丧情绪，又不能定得太低，导致轻易达到而丧失兴趣。

其次，要创造成功体验，激发成就动机，以培养自尊、自信等积极的情绪体验。成就动机是指个体对认为重要或有价值的学习和工作，积极去从事和完成，并达到完美地步的一种内在的推动力量。大学生要通过参与社会实践等来增强社会责任感，在创造性的劳动中感受喜悦，在战胜困难中增强勇气和执行力。同时，制定一些合理的激励机制，根据自身的进步和成功，给予积极的、正面的强化，从而达到增强自信、进一步向上的效果。

再次，要培养求知欲和专业认同感。大学生在学习过程中，要端正学习动机，保持良好的求知欲。多参加与专业相关的实践活动，多种渠道和行业动态和本专业的最新研究进展以及在社会发展中的作用等，逐步培养专业兴趣，提升专业认同感和自豪感。

#### 2. 学习动机过强的调适

首先，要建立合理目标，对于因目标过高而引起的动机过强，一定要重新树立正确的自我认知，建立合理的、具有可操作性的目标。不要对自己过分苛求，要把奋斗目标确定在自己能力所及的范围内，尤其是成就动机要适度，要建立在对自己能力的充分认识基础上，既不要好高骛远，也不要盲目攀比。要制定切实可行的与自己远大目标相结合的阶段性目标，脚踏实地，循序渐进。

其次，培养除了学习之外的爱好和特长，多参加集体活动和社会实践，了解自我，开阔视野，扩展兴趣。一旦在学习以外的活动上寻找到了自信，对学习的关注和焦虑自然就会降低。把关注点聚焦在学习活动的过程上而非结果上，淡化名利得失，不要总是设想成败的后果。

再次，要消除自身的绝对化信念，也就是不合理信念。不合理信念是指内心中不现实的、不合逻辑的、站不住脚的信念。即那些绝对化的、过分概括化的、极端化的思想认识。如“只能成功，不能失败”“学习成绩不优秀就意味着自己人生的失败”等片面认知。

## 二、调适学习焦虑问题

### （一）原因及表现

学习焦虑是许多大学生面临的问题，原因包括对成绩的过度关注、学习效果不佳和时间管理困难。

#### 1. 客观因素引发的焦虑

首先，考试本身引发的焦虑。比如考试的重要性、考题的难易程度、竞争激烈等。考试越重要，就越容易产生过于在乎考试的特别不良应试情绪，考试题目越难，学习焦虑感就越重，考试成绩竞争越激烈，就越容易引发学习焦虑。

其次，期望过高引发的焦虑。父母、老师都希望大学生更加优秀，无形当中向大学生传递了很高的期望值，从而增加了大学生的思想负担，造成大学生学习焦虑现象越来越严重。

再次，群体间的相互作用、相互影响引发的学习焦虑。比如有的大学生在考前起早贪黑、争分夺秒地努力学习，从而使其他大学生感受到了考试带来的压力和紧张。

#### 2. 主观因素引发的焦虑

首先，知识基础不牢固。比如有的大学生上课时不认真听讲，对知识的掌握不到位，不牢固，却指望考前的临时抱佛脚，因而产生了焦虑。

其次，性格特点差异。有些大学生性格外向，心态积极阳光，自信，考试信心足；而有些大学生内向，信心不足，对自己评价过低，总是担心考试成绩不理想，学生、老师都会取笑等，因此会出现学习焦虑。

再次，赋予考试过多的意义。有的大学生会出现不合理的认知，诸如“对于这次考试我一定要取得高分，不然太没面子”，“这次要是考不好，我太失败了”等类似的想法，把考试赋予过多的意义，不断给自己不合理的心理暗示，导致压力过大，学习的焦虑水平也随之提高。

### （二）学习焦虑问题的调适

#### 1. 认知调控

认知调控主要是通过纠正认知上的偏差，建立起合理的观念和理性的情绪，以达到消除紧张情绪和错误认知的目的。其一，正确认识学习的意义，端正考试动机。其二，对学习成绩的期望值要符合个人实际，成绩的高低取决于平时学习的努力，而非考试本身。其三，消除绝对化信念，不要被一两次失败和一两科考试失误所吓倒，不要以偏概全，认为自己不行，而丧失信心。其四，适当减轻周围环境的压力，针对种种担忧，用自己和自己辩论的理性情绪疗法，纠正认知上的偏差。

#### 2. 行为疗法

1）放松训练

放松训练就是通过一定的方法，如呼吸法、暗示法、表象法和音乐法等，使人体的肌肉一步步放松，使大脑逐渐平静，从而调节中枢神经系统的兴奋水平，缓解紧张情绪，增强大脑对全身控制支配的能力。

2）系统脱敏法

系统脱敏疗法又称交互抑制法，是常用和有效的治疗方法，利用这种方法可以诱导求治者缓慢地暴露出导致焦虑症的情境，并通过心理的放松状态来对抗焦虑情绪，从而达到消除焦虑症的目的。系统脱敏疗法应在专业的心理咨询师的指导下进行。

以考试焦虑为例，可以想象自己将要进行一场考试。按照考试的程度，从想象自己精神饱满地进入考场开始，到进入座位、做好准备工作、监考人员宣布注意事项、发试卷、答题等，默诵自己复习好的内容纲要，记得的公式、定理、定律、典型题型的解题思路等。如果发现自己出现紧张，便停止想象，将注意力集中于呼吸，重新进行放松训练。然后再次想象刚才发生的情景，重复几次直到不出现紧张感为止。

## 心灵互动营

### 自我心理评估：大学生考试焦虑测试

请阅读下面的句子，不用花太多时间思考，直接选择最符合自己感受的答案。每题都在“从不”“有时”“经常”“总是”四个答案中选择一个。

（1）在考试进行时，我充满信心，并感到轻松。

（2）在考试时，我感到心慌意乱。

（3）在考试进行时，我总想考试的分数，从而妨碍了自己考试。

（4）遇到重要的考试，我会发呆、愣住。

（5）考试时，我总想着自己能否学成毕业。

（6）我越是尽力想如何答题，就越是慌乱。

（7）考得不好的念头，会干扰我，使我不能集中注意力，专心答题。

（8）当参加重要的考试，我会感到异常的心神不宁，神经过敏。

（9）即使对考试有了充分的准备，我还是感到神经非常紧张。

（10）在发卷之前，我开始感到极为不安。

（11）在考试中，我感到非常紧张。

（12）我希望考试不要如此厉害地烦扰我。

（13）在重要的考试中，我紧张得连胃也不舒服。

（14）当进行重要的考试时，我似乎被自己击倒了。

（15）当我参加重要的考试时，感到非常恐慌。

（16）在参加重要的考试之前，我感到非常担忧。

（17）在考试中，我发现自己想着失败的结果。

（18）在重要的考试中，我感到自己的心跳特别快。

（19）在考试之后，我试图不再担忧考试结果，但是做不到。

（20）在考试中，我的神经是那样的紧张，甚至把知道的内容也忘记了。

**计算方法与解释：**

（1）第 1 题的四种选择：从不 =4 分，有时 =3 分，经常 =2 分，总是 =1 分；

（2）第 2 ～ 20 题的四种选择，从不 =1 分，有时 =2 分，经常 =3 分，总是＝ 4 分；

依次将每题的得分相加，得到总分。

**评价参考：**

（1）男生：总分在 30 分以下为正常，30 ～ 35 分有轻度焦虑，36 ～ 45 分焦虑明显，46 分以上有较严重的焦虑。

（2）女生：总分在 26 分以下为正常，27 ～ 32 分有轻度焦虑，33 ～ 41 分焦虑明显，42 分以上有较严重的焦虑。

（本测验结果仅供参考。）

## 三、调适学习疲劳问题

### （一）学习疲劳问题表现

学习疲劳是因为学习时间过长、强度过大而在生理上和心理上产生劳累感，使学习成绩下降。学习疲劳包括生理疲劳和心理疲劳，生理疲劳主要是身体保持一个姿势或状态过久造成的肌肉痉挛、麻木，眼睛刺痛流泪，头脑发胀，腰酸背痛等一系列生理反应；心理疲劳是由于长时间的工作，导致大脑得不到休息，脑细胞处于抑制状态，从而出现思维迟钝、注意力涣散、情绪躁动或者低落、厌烦等一系列心理反应。学习疲劳是一种保护性抑制，一般来说经过适当休息即可恢复。但是如果长期处于疲劳状态，勉强让大脑的有关部位保持兴奋，就会造成大脑兴奋和抑制过程失调，严重的还会引起神经衰弱等疾病，并可能引发身体器官的病变。

### （二）学习疲劳问题的调适

#### 1. 学会科学用脑

大脑有左右两半球，大脑左半球主要与抽象的智力活动（如数学计算、语言分析等逻辑思维活动）有关；大脑右半球则主要与音乐、色彩、图形、空间想象等形象化的思维活动有关。为了克服疲劳，就要使大脑左右两半球交替使用，把数学、哲学等需要高度抽象思维的活动同音乐、绘画、文娱体育活动交替进行，以利于克服疲劳，提高学习效率。

#### 2. 注意劳逸结合

睡眠是最基本的、最重要的而且是不可取代的休息。睡眠可使疲劳物质消除，对肌肉、神经系统具有恢复的功能。保持愉悦的身心，有利于疲劳的延缓和消退。生活要有规律，劳逸结合，适时地参加一些课外活动，如跑步、游泳、打球和步行等，在运动中，大脑中枢得到兴奋调节，很多的烦恼可以被忘却，而且还能增强体质。

#### 3. 创造良好的学习情境

如果学习兴趣浓厚，学习时心情愉快，即使学习时间长也不会感到疲惫；反之学习那些不感兴趣的内容时，就会感到枯燥，很快进入疲劳状态。因此，良好的学习环境和浓厚的学习兴趣也能有效预防学习疲劳。应有意识地采取多种多样的方法丰富学科知识，根据自身的个性化特点，通过创设与学习内容和学习目标相一致的学习情境和活动，逐步培养学习兴趣，缓解学习疲劳，提高学习效率。

#### 4. 调节饮食与起居

平时的饮食要注意科学合理，营养均衡。有些女大学生由于过度追求身材，蛋白质和碳水化合物都摄取不足，往往导致机体疲劳。疲劳的时候应注意补充糖分，人体所有器官的运行，尤其是大脑，都需要消耗糖分；多摄取富含维生素的水果和蔬菜，尤其是维生素

C 具有抗疲劳的功效，还有助于增强免疫功能，要保证每日蛋白质的摄取，如牛奶、鸡蛋等，牛奶和鸡蛋还富含钙和卵磷脂，可以调节睡眠；要注意多饮水，不要等到口渴时才喝。

在生活起居上，应顺应生物钟的节律。按照人体生物活动的规律，上午 7 ～ 10 时，人体的生物机能处于上升状态，10 时左右精力最充沛，是学习的最佳状态，此后逐渐下降，到下午 5 时之后又再度上升，到晚上 9 时达到最佳状态。这一变化规律会因地因人而有所不同，应根据自己的身体节律，进行调节，合理安排作息时间。

## 四、调适学习适应不良问题

### （一）学习适应不良问题的表现

大学的学习内容和教学方式与中学相比发生了很大变化，教学进度快、学习内容多、涉及知识量广，并且老师授课的方式也有很大变化。如果进入大学后，没有根据大学学习的特点进行调整，就容易出现学习适应不良问题，尤其是以大一新生居多。比如很多大学生不知道该怎么学，虽然自己很努力，但是学习效率就是上不去，学习效果也不好，因而对学习丧失了信心。

### （二）学习适应不良问题的调适

#### 1. 做好课前预习工作

课前预习对大学生深入而细致地理解教材十分重要。大学生在进行课前预习时要围绕学习目标进行主动地探索和思考，以理解教材的中心思想和主要内容。大学生进行课前预习所使用的教材不应局限于课堂上所用的指定教材，而是可以根据自己知识储备的短板，进行扩展阅读，并应带着问题和任务去预习，就一个问题的论述，可以参考不同的教材，发现彼此的优点和不足，这样才能更深刻地领会教材。

#### 2. 学会有效的课堂听讲

由于大学老师讲课会将一章甚至几章的内容进行提炼，一节课所传授的知识量较大，因此不能机械、被动地听课。大学生应该通过预习、积极参与课堂互动、手眼耳结合的方式来听课。首先，应该进行预习。在上课前，大学生应该预习老师布置的任务或课件，通过预习，可以抓住重点和难点，从而在上课时能够有选择地听课，提高听课效率。同时，大学生需要明确自己在听课中的目标，即想要学到什么、理解什么，从被动学习变为主动学习，了解自己真正要掌握的知识有哪些，带着内心的疑虑去听课，真正参与到课堂中。其次，积极参与课堂互动是提高听课效果的关键。听课不仅是听，而是要真正参与到课堂中，与老师进行互动，与知识进行博弈。大学生应该思考课堂上遇到的问题该如何解决，这个知识是否能理解，重难点该如何突破，如何利用自身特点来掌握课堂上的新知识。通过这种方式，不仅能学到知识，还能加深对知识的理解和记忆。最后，手眼耳结合是提高听课效率的有效方法。听课时，大学生应该用耳朵听讲，用眼睛找重点，用手记录知识。必须要做到手眼耳结合，才能上好一节完整的课。如果上课只是单纯地听讲，没有记录或没有真正理解重点，那么这样的学习效果会大打折扣。

#### 3. 掌握高效学习方法

1）复习要及时

根据心理学关于记忆的研究，遗忘是从学习以后就立即开始的，而且是先慢后快。及时复习，可以抓住记忆的最好时机；经常自测，可以弄清哪些知识没学好、没记住，哪些地方容易混淆、有误差，以便马上核实校正。

## 知识窗

### 艾宾浩斯遗忘曲线

赫尔曼·艾宾浩斯（1850 — 1909）是德国的一位著名心理学家，他在 1885 年做了一个非常著名的实验。他选用了一些没有意义的音节和毫无规律的字母组合，如 asww，cfh，jikmb，fyibc 等。他通过自我测试，记住了一些音节和毫无规律的字母组合。记住的这些音节和毫无规律的字母组合第一天遗忘的最多，达到 55.8%，保留的只有 44.2%，到第二天保留的只有 33.7%，一个月之后保留的只有 21.9%。艾宾浩斯根据这些百分比描绘出了一条曲线，这就是非常有名的揭示遗忘规律的曲线——艾宾浩斯遗忘曲线。这条曲线告诉人们：在学习中的遗忘是有规律的，遗忘的进程很快，并且先快后慢，随着时间的推移，遗忘的速度减慢，遗忘的数量也在减少（见图 9-2）。

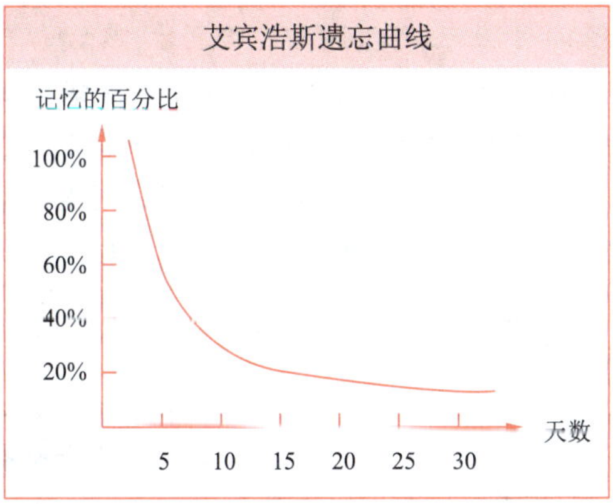


图 9-2　艾宾浩斯遗忘曲线

2）进行有意义地学习

在学习新的知识时，要理解其意义，要使新知识与已有的经验或者知识产生连接与融合，要尽可能地对新的知识进行探索和发现，形成合乎逻辑的科学概念和结论，并纳入到自己的知识体系中，而绝非死记硬背。

心理学家艾宾浩斯在关于记忆的实验中发现，记住 12 个无意义音节，平均需重复 16.5 次；为了记住 36 个无意义音节，需重复 54 次；而记忆六首诗中的 480 个音节，平均只需重复 8 次。这个实验告诉我们，凡是理解了的知识，就能记得迅速、全面而牢固。

3）培养与激发探索精神

如果把学习仅仅看成一种来自外界的强制性任务，并试图去应付这些任务，那么学习动机就有明显的实用性和工具性。比如只专注于“学习”这件事，把学习重点放在词语、文本或者公式本身，但对学习词语、文本或公式的目的、学习策略不做任何思考。换一个角度，如果以理解思想和探寻意义为目的，对学习就会产生一种内在的兴趣，就能采用能够满足自己好奇心的学习策略，关注各个论据的意义、要旨或相互关系，懂得意义是通过词语、文本或者公式来传达的，从而在学习过程中得到乐趣。

# 任务三　有效解决大学生典型学习问题

## 一、设置合适的学习目标

从踏入大学校园的那一天起，大学生们就必须思考，大学将如何度过，希望收获什么。在正确目标的引导下，生活学习才会井井有条，才不会虚度年华。

心灵互动营

### 心理案例一：这么拖拉，怎么办？

小李是大学二年级学生，一直为自己拖拉懒散的毛病而苦恼，明明计划好要做的事情，迫在眉睫了才赶紧去做，匆匆忙忙做完之后，结果也很不理想。小李计划每天早上 6：30 起床，先去跑步半小时，然后吃早餐，再朗读英语半个小时，接着去上课，下午如果没课就去图书馆多读一些书籍，晚上保证两个小时的学习时间。计划很好，实际情况却并非如此。小李每天早上起床已经接近 10 点，磨磨蹭蹭洗脸刷牙，然后吃午饭，午饭后再休息一下，经常一觉睡到 16 点，整理好后出门就快到晚饭时间了。晚饭后小李喜欢上网看看电影，每次都跟自己说上网到 20 点就必须去学习，但大部分时候都上网到了 22 点以后，每次都告诉自己再等一分钟就关机，可是很多个一分钟过去了，还是没能做到。拖拉磨蹭的习惯让小李很烦恼，他很讨厌这种生活状态，羡慕那些风风火火、每天生活井井有条的同学。

### 心理案例二：未来，我不想从事我的专业

小王现在大学二年级了，他越来越清晰地感觉到自己不适合这个专业。当时高考报志愿时，他并没有对专业情况进行详细了解。现在所学的专业大部分时间是跟机器打交道，需要严谨细致、一丝不苟的精神，但是小王觉得自己更喜欢跟人接触。小王在大学社团里非常活跃，还组织过不少有趣的活动，小王觉得自己乐在其中，并且有成就感。小王不喜欢现在的专业，自己的专业成绩只能算是一般，可是又不可以调换专业了，想要再回去重新高考，又觉得自己承受不了那样的压力。想到未来自己可能要从事不喜欢的职业，小王就觉得心灰意冷，该怎样才能平衡好专业学习与职业选择呢？小王感觉很迷茫。

**案例分析：**西方哲学家怀特海说过："一定要等到你把课本都丢了，笔记都烧了，为了准备考试而记在心中的各种细目全部忘记时，剩下的东西，才是你所学到的。"很多人可能会质疑大学中的学习到底能给自己的未来带来什么。其实，大学里很多时候是关于专业的基础学习，正如盖房子一样，打地基的过程难道不是盖房子的一部分吗？在现在这个信息爆炸的时代，学习已经不只是在学校里进行，而应该是贯穿在我们的一生中。正如怀特海所言，大学里真正的学习是学会学习，一个人只有具备了这样的能力，才不会惧怕任何挑战。在大学里，具备了学习的能力，获得了思考问题和解决问题的方法，这些才是大学学习带给我们的最宝贵财富。

如何制定合适的目标是个大学问，总的来讲，在制定目标时，既不能好高骛远又不宜妄自菲薄。一个合适的目标首先是非常合理的，符合自身能力的，通过努力可以达到的；

其次，合适的目标是非常明确的，包含着非常鲜明的方向性和目的性；最后，合适的目标是可以测量的，可以分解为几个小目标分阶段完成，并可以通过一些标准来考察是否按时完成。

为自己设立目标时，应先将目标分层，按照长期、中期、短期三个层次设定具体的目标，并定期评估。

### 1. 整体规划

先将长期目标分为多个中期目标，再将中期目标分为多个短期目标，每个短期目标实现了，中期目标也就能实现了，长期目标也就逐渐接近了，见表 9-1。

表 9-1　整体规划表

| 目　标 | 主 要 的 | 次 要 的 | 其　他 |
|---|---|---|---|
| 长期 | | | |
| 中期 | | | |
| 短期 | | | |

### 2. 每周时间安排

做好整体规划后，更重要的是明确每周和每日所需完成的任务。每周任务规划表要填写得具体详细，见表 9-2。

表 9-2　每周任务规划表

| 日　期 | 所计划的学习活动 | 时 间 起 止 | 实际开始时间 | 实际结束时间 |
|---|---|---|---|---|
| 星期一 | | | | |
| 星期二 | | | | |
| 星期三 | | | | |
| 星期四 | | | | |
| 星期五 | | | | |
| 星期六 | | | | |
| 星期日 | | | | |

一周结束后思考以下问题：

计划的学习活动都完成了吗？

有没有好好利用时间高效地完成计划安排？

还有哪些可以改进的地方？

### 3. 每日时间表

每日时间表可以更好地监督自己完成计划安排，在填写每日时间规划表时应尽可能地详细，同时注意，按照事情的轻重缓急和自己的风格合理地安排顺序，见表 9-3。

表 9-3　每日时间规划表

| 每日时间顺序安排 | | |
|---|---|---|
| 前期安排中今天必须完成的事 | 1. | |
| | 2. | |
| 其他需要完成的事 | 1. | |
| | 2. | |
| 老师今天布置的任务 | 1. | |
| | 2. | |
| 其他 | | |

## 二、分配合理的学习时间

首先，要安排好每日的作息时间表，安排时要根据自己的身体和用脑习惯，做到既能让大脑得到休息，又能参加一些其他的文体活动。一旦安排好时间表，就要严格执行，切忌拖拉和随意改变，养成今日事今日毕的习惯。其次，要珍惜零星时间，大学生活越丰富多彩，时间切割得就越细，零星时间就越多。最后，要安排机动时间和娱乐时间，每天的工作都要安排一些机动时间以备不时之需，学习间隙要有娱乐的时间，劳逸结合学习效果才能更好。

**心灵互动营**

### 心理活动：时间管理

**流程：**

每个人写下本周要做的最重要的 5 件大事，然后做下面的练习。

第一步：删除 5 件事中你认为最不重要的一件事，并写出理由。

第二步：删除剩余 4 件事中你认为最不重要的一件事，并写出理由。

第三步：删除剩余 3 件事中你认为最不重要的一件事，并写出理由。

第四步：删除剩余 2 件事中你认为最不重要的一件事，并写出理由。

**分享：**

在删除过程中自己的内心感受是什么，自己最舍不得删除的事是什么？为什么？

## 三、掌握一定的学习策略

学习行为是一个系统过程，在这个过程中有很多策略可以帮助我们提高学习效果。

### 1. 系统学习

知识本身就是一个系统，各部分的知识是有密切联系的。只有在整体的高度上看待这些知识，才能深刻理解并牢固掌握。

### 2. 多种感官共同参与

有研究表明，人的学习 80% 通过视觉进行，10% 通过听觉进行，其他的通过嗅觉、触觉等其他感官进行。在人们完成记忆的内容中，通过视觉完成的占 20%，通过听觉完成的占 10%，通过听觉和视觉共同完成的占 50% 以上，说明通过多种感官参与的学习效果更好。

### 3. 采用一定的记忆术

比如过度学习策略（过度学习策略指的是在学习、记忆的内容达到初步掌握的程度后，如果再用原来所花时间的一半去巩固强化，使学习程度达到 150%，将使记忆得到强化）。在一定范围内，过度学习是必要的，但是超过 150%，可能会出现注意分散、厌倦、疲劳等消极效应，因学习疲劳，可能会发生“报酬递减”现象，导致学习效果下降。有研究表明，人的学习达到 150% 时，效果最好。

再比如精细加工策略，通过做笔记、提问、利用背景知识、对材料进行意义记忆等方法提高学习效果。

### 4. 实践演练

学到的知识如果能和实践活动结合起来，所学即所用，学用结合，在实际中灵活运用，就能获得最好的学习效果。

## 四、树立终身学习的理念

“终身教育”这一术语由前联合国教科文组织成人教育局局长保罗 • 朗格朗（Paul Lengrand）于 1965 年正式提出。终身教育的目的是促进人的全面发展。在知识大爆炸的年代，学习已然成为一种生活方式，学习不仅是学生时代的主题，还是生命的主题，只有学会学习、持续学习才能赶上时代的发展。

## 心灵互动营

### 心理游戏一：神奇的大脑

人类的大脑是人们至今没有探寻清楚的领域之一，它就像一台计算机，存储着很多我们曾经经历过和学习过的东西，有些事你以为自己已经遗忘，却会突然在某些时候想起它。

（1）请问你一年级班主任的名字是什么？

（2）请问你一年级的班长叫什么？

**讨论：**

（1）你最后一次想到你一年级班主任的姓名是什么时候？为什么这个姓名会那么快地钻进你的脑海里面？

（2）为什么有很多事情会一直在脑海里停留？而有些东西却很快被我们忘记？

（3）鉴于记忆的这些特性，如果想要记住某些东西，应该怎么做？

**游戏分享：**人的大脑的存量应该是有限的，只有那些能够给我们留下深刻印象的人或物才能长时间地占据我们的脑容量。一旦我们想要记住某些比较重要的东西，便可以采取各种方法，如联想法，然后不断地重复联想，以达到记住它的目的。

### 心理游戏二：掌声响起来

每个人先准备一张纸、一支笔，放在桌子上，讲台上准备秒表一个（老师用）。

（1）请你预计一下，假如你用最快的速度鼓掌一分钟，你能鼓多少下。不要进行太多的思考，把第一个进入你脑海的数字写在纸的左上角。

（2）老师喊口令“开始”，请同学们用最大的力气和最快的速度鼓掌（鼓掌时双手的距离不必过大，3～5cm 即可）。

（3）当时间到 10s 时，老师喊“停”。然后请大家把自己鼓掌的数字乘以 6，就得出了自己一分钟鼓掌的数字，把这个数字写在纸的正中央。

（4）请同学报告自己的结果。

**游戏分享：**为什么你对自己的估计要比实际你能做到的低？请每个同学讲一个自己亲身经历的小故事，说明自己的能力比预料的要大得多。

## 知识窗

### 时间管理四象限法

时间管理四象限法是美国管理学家科维提出的一个时间管理理论，他把事务按照重要和紧急两个不同的程度进行了划分，基本上可以分为四个“象限”：既紧急又重要（如即将到期的任务、马上要进行的考试等），重要但不紧急（如建立人际关系、参加某种培训等），紧急但不重要（如电话铃声、不速之客等），既不紧急也不重要（如上网、闲谈、邮件、写博客等），如图 9-3 所示。

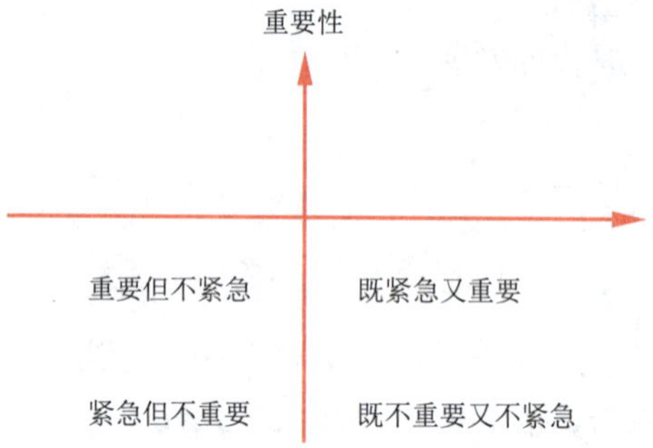


图 9-3　时间管理四象限法

按处理顺序划分：先是既紧急又重要的，接着是重要但不紧急的，再到紧急但不重要的，最后才是既不紧急也不重要的。时间管理四象限法的关键在于第二和第三类事务的顺序必须认真区分，有些事情是非常紧急的但并不重要。另外，也要注意划分好第一和第三类事务，两者都是紧急的，区别就在于前者能带来价值，实现某种重要目标，而后者不能。

人们在学习和工作中的主要压力来自于第一象限，第一象限大部分事务来自于第二象限没有被处理好的事务，也就是说，这个压力是自己给自己的。第一象限的事务大概要花费我们 20% 的时间。对于第二象限中的事务，应该有计划、分时间段按时完成，以减少第一象限的压力，在规定时间内完不成就变成了第一象限的压力，因此建议我们的大部分时间都用来解决第二象限的事务。第三象限的事务是我们焦头烂额的源泉，并且很容易被我们认为是重要的事情，建议委婉地拒绝这类事务。当我们感到身心疲惫时可以做第四象限的事务，但是注意不要浪费过多的时间在这上面。

## 自助测试

### 心理测试：学习能力测量

本问卷共20题，每题均给出了3个答案，请从中选择一项最适合你的答案。

| 题　项 | 经常 | 偶尔 | 从不 |
|---|---|---|---|
| 1. 喜欢记忆和背诵诗句或文章 | 3 | 2 | 1 |
| 2. 喜欢看报纸、杂志，而不管是否能看懂 | 3 | 2 | 1 |
| 3. 喜欢提出 " 什么时间开始的 " 之类的问题 | 3 | 2 | 1 |
| 4. 喜欢自己观察某一种东西 | 3 | 2 | 1 |
| 5. 对新鲜的事物表现出兴奋 | 3 | 2 | 1 |
| 6. 可随音乐起舞或演唱 | 3 | 2 | 1 |
| 7. 常问闪电是怎么回事、云是如何形成之类的问题 | 3 | 2 | 1 |
| 8. 如果在你非常熟悉的故事中更换一个词，你会立即改正过来 | 3 | 2 | 1 |
| 9. 能够轻而易举地学会骑自行车、溜冰等 | 3 | 2 | 1 |
| 10. 很愿意扮演各种角色，并喜欢编故事，自己做主角 | 3 | 2 | 1 |
| 11. 走街过巷，能指出这里或那里他 ( 她 ) 曾经到过 | 3 | 2 | 1 |
| 12. 喜欢听各种乐器演奏，凭乐声便能判断出是哪种乐器 | 3 | 2 | 1 |
| 13. 擅长绘制地图和描绘物体 | 3 | 2 | 1 |
| 14. 善于模仿人的各种动作和表情 | 3 | 2 | 1 |
| 15. 乐于按照大小和颜色对玩具进行分类 | 3 | 2 | 1 |
| 16. 会进行推测，比如：“小蝌蚪一动不动，肯定是饿坏了” | 3 | 2 | 1 |
| 17. 听故事的时候乐于设想下面的情节 | 3 | 2 | 1 |
| 18. 可对不同声响进行评论 | 3 | 2 | 1 |
| 19. 当初次见到某人时，往往会说：“他使我联想起某某。” | 3 | 2 | 1 |
| 20. 能准确判断自己能干些什么或不能干些什么 | 3 | 2 | 1 |

**计分规则：**

计分标准涉及对每个条目的评分，具体来说，每个条目采用3级评分：A. 经常，B. 偶尔，C. 从不。其中A代表3分；B代表2分；C代表1分。

**结果分析：**

50～60：学习能力很强。

35～45：学习能力一般。

20～30：学习能力较差。

## 拓展延伸

### 心灵影院：《青春逆袭》

《青春逆袭》这部电影以西安市大学城为背景，讲述了一群职业院校毕业的90后青年在梦想与现实之间徘徊，最终实现青春逆袭的故事。影片通过职业教育这一视角，引导大众对职业教育有一个全面、正确的认识。

### 有氧书吧：《拆掉思维里的墙》

《拆掉思维里的墙》是2010年中国书店出版社出版的图书，作者是古典。该书主要讲述了世界著名管理学家的经典理论和全球知名企业总裁的制胜经验。它是一本融合了心理学和职业规划的书，也许你会觉得它深奥，也许你会觉得它无趣，也许你会觉得它功利，但在你翻开书的第一页时，你就会将预定的假设全部推翻。

# 项目十

# 走出孤独的围墙

## ——学会交往

## 学习目标

- 学习目标
  - 知识目标
    - 了解大学生的人际关系
    - 提高大学生处理人际关系的能力
    - 正确运用人际关系，防止交往困扰
  - 能力目标
    - 了解人际交往中的各种心理效应
    - 具备良好的自我人际信任能力
    - 具备处理人际问题并解决人际困扰的能力
  - 素质目标
    - 正确运用人际技巧，恰当地赞美他人、拒绝他人
    - 提高共情能力和人际关系自我效能感
    - 能够进行良好的沟通交流，在实际生活中与人为善，树立珍惜亲情、友情的意识

## 故事导入

### 宿舍那点事

小张是大一新生，性格较内向，从来没有住过校，从小都住在属于自己的房间里。上大学后与七名同学同住，在条件优裕的环境中成长的他，看不惯同寝室同学不良的卫生习惯，更不喜欢他们随便的作息制度，尤其不喜欢他们的高谈阔论，总之，看什么都不顺眼。由于内向的他本来就不擅长与人沟通，又看不起那些同学，于是，他就独来独往。时间一长，他发现寝室同学进进出出都结伴而行，似乎视他不存在，他开始感到失落了，孤独感油然而生，曾经多次萌发主动与他们交往的念头，可都事与愿违。他回寝室时总觉得同学们都在议论他，对他评头论足，还窃窃私语，一副嘲笑、鄙视的模样，他觉得受不了了，想过

换寝室，但没有得到批准。为了不和他们交往，他很少回寝室，只有睡觉时才回去，即使这样，似乎还是没有减少他们对自己的议论与不满，他开始失眠，食欲下降，精神状态越来越差，身体急剧消瘦，学习的效率也越来越差，最后病倒了。在住院期间，寝室同学轮流守护在病床旁，看到那些平时让自己反感透顶的同学都忙着照顾他，送水喂饭，就像自己的家人似的，他的心被震撼了。他把内心的苦闷与孤独告诉了他们，才知道原来一切都是自己“想”出来的，同学们只是觉得他不愿与他们交往，并不知道由此引发了他内心如此大的震荡。

**案例解析：**

人是社会动物，不能离开群体而单独生存。亚里士多德曾说：“能独自生活的人，不是野兽，就是上帝。”每个人都生活在各种人际关系中，每个人的成长和发展都必须依存于人际交往。人际交往以及在交往基础上建立的人际关系，不仅直接影响大学生的学习、生活和适应，而且影响其心理健康。所以，建立良好的人际关系，学会和提高人际交往的质量是大学生心理发展的重要任务。

## 心灵能量包

一个人永远不要靠自己一个人花100%的力量，而要靠100个人花每个人1%的力量。

——比尔·盖茨

成功来自于85%的人际关系，15%的专业知识。

——卡耐基

# 任务一　拉近心与心的距离——探索什么是人际关系

人际交往是指人与人之间沟通信息、交流思想、表达感情与需要，从而在心理和行为上产生相互影响的动态过程。

人际交往是一个多维系统，从不同的角度可以划分为不同的类型，如直接交往和间接交往，单向交往和双向交往，语言交往和非语言交往，横向交往和纵向交往，血缘交往、地缘交往和业缘交往，良性交往和非良性交往，正式交往和非正式交往等。心理学家研究表明，在正常情况下，一个人除了几个小时的睡眠外，其余70%以上的时间都花在了人际之间的直接或间接交往上。由此可见，人际交往活动在社会生活中占据着重要地位。

## 一、了解大学生主要的人际关系

大学生主要的人际关系体现为三大类：同学关系、朋友关系、师生关系。

### （一）同学关系

同学是大学生人际交往的主要对象，同学关系是大学生人际关系的主要内容。人才成长的“雁群现象”和“丛林现象”都有力证明了一个事实：同学关系是大学时代最重要的人际关系。

现实生活中，同学关系的建立与维持是需要经验与智慧的。处理不好同学关系的人大致有两类：一种是过分求全，处处忍让。这种人一味迁就别人，别人正当的要求他接受，别人不正当的要求他也接受。有了意见也不提，怕别人对自己印象不好。看起来这种人与世无争，其实在内心已积蓄不良情绪，必然伤害自我。如果积蓄程度超过承载的极限，会产生自我伤害或伤害他人的行为。另一种是以自我为中心。个体心中只有自己，缺少对他人的宽容，不考虑别人的存在和利益。这种人在群体中常常不受欢迎，是群体排斥和孤立的对象。

### （二）朋友关系

大学时代结识志趣相投、心理相容的人成为朋友，是人际关系发展的必然趋势和宝贵果实，是个体的人际关系发展中最具有标志意义的观测点。

大学时代的朋友关系在人生的重要时刻具有无可替代的作用：面临危难时，朋友是你心灵庇护的保护神，你的消沉和悲观都会被朋友悄然觉察，并于关键时刻对你实施拯救行动；春风得意时，朋友会为你发出真诚提示，让你从飘飘欲仙的自我陶醉中清醒过来；迟疑不决时，朋友是你理智把握机遇、大胆做出取舍进退的同行人。

### （三）师生关系

师生关系是大学生涯中最为特别的人际关系。一般而言，一个聪明的大学生会借助求学之便，与学高足以为师、身正足以示范的优秀老师建立友好关系。许多成功人士都有名师指点迷津、高人保驾护航。

## 二、理解人际关系的重要意义

### （一）人际交往是大学生适应新环境的重要途径

小李入学第一天，在校园里发现了初中时比自己高一级的同学小刘，他非常开心地和小刘打招呼。小刘带着他熟悉宿舍环境，了解校园情况，帮助小李快速适应了学校环境。当小李熟悉了校园之后，他又带领自己新认识的同学熟悉校园环境，进而与新认识的同学也形成了良好的人际关系，体现了自己的价值，很快在学校建立了归属感。

刚刚进入职业院校的同学，大都来自不同城市，互不熟悉，面对新的环境，需要学会适应环境。良好的人际交往有助于大学生快速地适应新环境，获得归属感和安全的需要，并能够深刻体会到自己在集体中的价值，有助于同学们积极面对现实中的各种问题，化解学习中的困难，迅速适应学校的生活。

### （二）人际交往是大学生成长成才的重要保证

小张是某职业院校的一名新生，初中时篮球打得不错，开学不久，学校开始了一年一度的体育节，各个院系开始组织各种体育比赛。小张报名参加了篮球比赛，经过努力训练，最终带领班级获得篮球比赛第一名的好成绩。班主任老师发现了他的特长，在学校成立了篮球协会并交给他负责，他非常开心和自豪。在老师的指导下，篮球协会多次获得优异成绩。

人际交往有助于帮助人们提高对自己和对别人的认识。在人际交往的过程中，人们可以通过语言交流、行为举止认识别人，同时，又可以通过别人对自己的评价来认识自己，形成正确的自我认知。在人际交往中，人们可以通过与他人进行对比，确立自己的价值。

### （三）人际交往是大学生人生幸福的需要

刘老师是某职业院校的一名班主任，他发现班里有个叫刘浩的同学，上课时不敢积极回答问题，下课后又不和同学一起聊天玩耍。经过刘老师的了解发现，刘浩的妈妈早年因病离世，爸爸是一名建筑工人，工作非常忙，经常在外地。刘浩从小和爷爷奶奶生活，长大后性格孤僻，比较自卑，不敢与别人交往，担心别人歧视他，不愿意和他人交朋友。

幸福是什么？有的人认为幸福就是有钱、有地位、有威望。心理学家发现了一种奇特的现象：随着人们收入水平的提高，人们对生活感到幸福的比例并没有提高，而是基本没有变化，稳定在原来水平。由此说明，收入的高低并不能决定人的幸福。心理学家克林格调查发现，具有良好人际关系的人幸福指数比较高。比方说，和睦家庭中的孩子幸福指数较高一些。因此，人际交往是人生幸福的需要。

## 三、探索人际关系的发展

心理学家勒温格等人认为，人际关系的发展有三个阶段：第一阶段是单向注意阶段，双方没有互动。第二阶段是表面接触阶段，双方有初步的、浅层的互动，但是还没有相互卷入，即没有走进彼此的私我领域。一般的泛泛之交就停留在这一阶段。第三阶段是相互卷入阶段，双方向对方开放自我，分享信息和感情，这是情谊发展的阶段。

社会心理学家欧文·阿特曼和达尔马斯·泰勒等人提出了社会渗透理论，用来解释人际关系的发展过程。他们认为人际交往主要有两个维度：一是交往的广度，即交往或交换的范围；二是交往的深度，即交往的亲密水平。

欧文·阿特曼等人认为，良好的人际关系的发展，一般经过四个阶段：定向阶段、情感探索阶段、情感交流阶段、稳定交往阶段。本书主要讲述这四个阶段。

### （一）定向阶段

在人际交往中，人们对交往的对象具有很高的选择性。进入一个交往场合时，人们往往会选择性地注意某些人，而对另外一些人视而不见，或者只是礼貌性地打个招呼。对于注意到的对象，人们会进行初步的沟通，谈谈无关紧要的话题，这就是定向阶段。在定向阶段，人们只有很表层的自我表露，例如，谈谈自己的兴趣、专业、对最近发生的新闻事件的看法等。

### （二）情感探索阶段

如果在定向阶段双方互有好感，产生了继续交往的兴趣，那么就可能有进一步的自我表露，例如，兴趣中的体验、感受等，并开始探索在哪些方面双方可以进行更深的交往。在情感探索阶段，双方有一定程度的情感介入，但还不会涉及私密性的领域，双方的交往还会受到角色规范、社会礼仪等方面的制约，比较正式。

### （三）情感交流阶段

如果在情感探索阶段双方能够谈得来，建立了基本的信任感，那么就可能发展到情感交流阶段，彼此有比较深的情感介入，会谈论一些相对私人性的问题，例如，相互诉说学习、生活中的烦恼，讨论个人感情中的情况等。在情感交流阶段，双方的关系已经超越了正式规范的限制，比较放松，比较自由，如果有不同意见也能够坦率相告，没有多少拘束。

### （四）稳定交往阶段

情感交流如果能够在一段时间内顺利进行，双方就有可能进入更加密切的阶段——稳定交往阶段，成为亲密朋友，可以分享各自的生活空间、情感、财物等，自我表露更深更广，相互关心也更多。一般来说，人际关系能够达到这种境界的非常少，这种关系就是人们常说的“人生得一知己”和“千古知音最难觅”。

## 心灵互动营

### 心理故事：智者的四句话

一位青年人拜访年长的智者。青年问：我怎样才能成为一个自己快乐，也能使别人快乐的人呢？

智者说：“我送你四句话，第一句：把自己当成别人。即当你感到痛苦、忧伤的时候，就把自己当做别人，这样痛苦自然就减轻了；当你欣喜若狂时，把自己当做别人，那些狂喜也会变得平和些；第二句话：把别人当做自己，这样就可以真正同情别人的不幸，理解别人的需要，在别人需要帮助的时候给予恰当的帮助；第三句话：把别人当成别人，要充分尊重每个人的独立性，在任何情形下都不能侵犯他人的核心领地；第四句话：把自己当做自己。”

青年问道：“如何理解把自己当自己，如何将四句话统一起来呢？”智者说：“用一生的时间，用心去理解。”

同学们，你会如何理解和利用上面的四句话，来促进你与他人的交往呢？

## 四、了解人际关系的主要功能

心理学的大量研究和人们的生活实践已经证明，对于任何人来说，正常的人际交往和良好的人际关系都是其身心健康、事业成功、生活幸福的必要前提。

### （一）人际交往有利于完善个性并促进个体的身心健康发展

人际交往和人的身心健康有着密切关系。孤儿院儿童过着孤单的生活，得不到正常儿童应得的爱抚性刺激，更缺乏良好的社交机会，所以他们不仅在智力发展（尤其在言语能力发展）上，低于同龄儿童，而且社交能力也低于同龄儿童。他们或是对人冷淡，缺乏社交愿望和能力，或是表现为情感饥饿，狂热地渴求得到他人的爱抚。由此可以发现，人际交往是个体心理健康的基本需要。

心理学研究发现，出生三周的婴儿就能对映入眼中的能引起愉悦的人或东西露出微笑，这种微笑显然是对外在对象而发，是一种社会性的微笑。伴随着母子间频繁的视线接触和身体接触，促进了依恋关系的建立，使幼儿产生了一种基本的安全感和对人的信任感，对以后建立同龄伙伴关系产生了良好影响。

个体成长为社会成员之后，仍然有着强烈的合群需要。通过相互交往，诉说各自的喜怒哀乐，增进彼此的情感，从而在心理上产生一种归属感和安全感。尤其是当人处于危急、孤独、焦虑的情况下，特别需要与人交往，而且也最看重这种交往的价值。因为在这种时候，多一个人就多一份力量，在彼此的相互支持中，自信心也会增强。当人被剥夺了正常的交往，即使在平静的情况下，也会有一种不安全感，使人难以忍受。处于极端忧愁苦闷中的人，只要能与同情之人沟通，发泄怨气，得到宽慰，心理就会好受许多。培根说过：“当你遭遇挫折而感到愤闷抑郁的时候，向知心挚友的一席倾诉可以使你得到疏导。否则这种积郁会使人致病。……只有对朋友，你才可以尽情倾诉你的忧愁与欢乐，恐惧与希望，猜疑与劝慰。总之，那沉重地压在你心头的一切，通过友谊的肩头而被分担了。”

## 知识窗

### 心理解析——我人为什么要与他人交往

人为什么要与他人交往？

社会心理学中曾有一种假说，推测人们要求交往是出于和睦需要，解除恐惧感。美国社会心理学家沙赫特于1959年设计了一个简单的实验来加以验证。他将参加实验的志愿者分为两组：告诉第一组说，他们会受到一次强烈的电击；对第二组说，他们会受到一次轻微的电击，但不会对他们有任何伤害。同时又告诉全体志愿者，他们还要等几分钟才会受到电击，他们可以自己单独等候，也可以和别人一起等候。对于第一组来讲，有63%的人表示他们要和别人在一起等候，而在第二组中，要求这样做的人却只有33%。也就是说，非常害怕受到强烈电击的人选择要和别人在一起，而对电击不那么害怕的人则乐于自己单独等待，不与他人进行交往。一旦他们做出是单独还是与别人在一起的选择，实验便告结束，谁也没有受到电击。

这一设计能掩盖实验的真正目的，诱使参加者做出真实的反应，在研究方法上值得人们借鉴。但是，实验程序本身不利于参加者的心理健康，是人们应该反对的。

**启示：**我国已故著名心理卫生学家丁瓒曾说过：“人类的心理适应，最主要的是对人际关系的适应，所以人类的心理病态，主要是由于人际关系的失调而引发的。”人际交往总是与一定的情感体验相联系的，“欢乐与人分享，欢乐就增加了一倍，痛苦与人分担，痛苦就减轻了一半”。人际关系融洽，就会使人感到心情舒畅，促进心理健康。

### （二）人际交往有利于提高自我认识并实现个体的社会化

人不断地认识自己，把主体从客体中区分出来，认识到自己是社会生活的主体，了解自己的生理状况、心理特征、自己与他人的关系，以及自己的社会角色和在集体中的位置，这就是自我意识不断发展成熟的过程，它在人的个性形成中有着很重要的地位。人是社会的一份子，只有在交往中才能完成个体的社会化。

人的个体社会化是指个人向社会、向他人学习，取得社会生活资格，由自然人变为社会人的过程。它包括传授生活技能，教导社会规范，指点生活目标，塑造文化心态，培养社会角色等内容，这些都需要通过交往得以实现，交往不仅是大学生自我完善的基本条件，也是个体社会化的必经之路。大学是学生社会化的最后一个阶段，来自不同文化背景、家庭背景的学生同在一个校园、同居一个宿舍，原有的经验、知识、态度和生活习惯都有可能不适应新的环境和新的角色，这就要通过交往、互相磨合，才能懂得独立处理人际关系的知识和方法，形成人际交往能力，为步入社会做好准备。

### （三）人际交往有利于信息沟通和成就事业

人际交往是信息沟通的最基本形式，人们通过信息的交流与沟通而获得知识。大千世界，知识经验纷繁复杂，单靠个人一一去体验、经历，很难快速地了解。无论社会如何发达，各种学习工具如何先进，人际交往仍然是人们获得知识和提高能力的主要途径。人际交往是个互动过程，人际信息交流是一种积极的对流，是思想的交换，能使人思维活跃，提高对知识的理解。英国作家肖伯纳曾经形象地说过，如果你有一个苹果，我们交换了，那么我们每人只有一个苹果。如果你有一种思想，我们交换了，那么我们每人就有两种思想。在与他人的广泛交往中，人们可吸取对自己的学习、工作和生活有意义、有价值的知识经验，来扩充自己的知识积累，更新思想观念。

在信息时代，个体是否具备协作意识、协作精神、协作能力也是日后事业能否成功的重要条件。一个人要想取得事业的成功，需要努力与他人交往和合作。一个人的能力是有限的，且各有所长，这就需要把各人的知识、专长和经验融合在一起，才有获得成功的希望。

埃里克森在他的人生发展八阶段理论中提到：成年早期（18～25岁）最突出的发展主题是亲密对孤独的冲突。处于这个阶段的年轻人开始寻求一种特殊的关系，通过这种关系来发展与其他人（异性）的亲密感，并在情感方面得到成长，亲密感发展的结果一般是结婚，或是对一个人（异性）的爱的承诺，但也可能有别的结局。在这一阶段不能与其他人形成良好的亲密感的人，就会面临孤独感，有些人甚至回避情感承诺。独身生活方式可能有其方便之处，在一段时间里可能令人愉快，但假若一个人不能超越这种生活方式，就会导致情绪和个人满足感发展的严重滞后。

### 成长时刻

独木不能成林，一朵花的开放算不上春天。每个人都不是生活在真空中，人的一切需要的满足都离不开社会，一个人的成长、发展、成功、成才都是在人际交往中完成的。一个人要想获得较好地成长和发展，必须与周围的社会环境相适应，得到周围人的理解与支持。没有与其他人的合作，个人是无法完成这个过程的。积极的人际交往将有助于增长人生的经验与智慧，明确和承担自己应尽的责任和义务，才能使自己不断走向成熟。

在生活和工作中，人们都存在于复杂的人际关系网中。人际关系对每个人都很重要，良好的人际关系是个人成功的重要因素。

## 五、明确人际沟通分析理论

加拿大心理学家艾瑞克·伯恩在1964年出版的《人间游戏》一书中，提出了人际沟通分析理论。该理论认为个人的个性是由三种比重不同的心理状态构成的，这三种心理状态是父母（Parent）、成人（Adult）、儿童（Child）。这个理论又称为“人格结构的PAC分析”。在不同的情境下，我们与人沟通时会通过面部表情、说话音调、语句结构、姿态行为等表现出不同的状态，有时候某一状态会成为控制人们人格的主体，使人们在人际交往中表现出父母、成人或儿童的人格特点。

“父母”状态：指我们从父母或其他人那里复制的思想、情感和行为，以权威和优越感为标志，通常表现为统治、训斥、责骂等家长作风。父母状态又分为：批评的父母和养育的父母。一个人处于批评的父母状态时，常常会表现出教育、批评、教训、控制的一面；而处于养育的父母状态时，则常常会表现出温暖、关怀、安慰、鼓励的一面。当一个人的人格结构中父母状态成分占优势时，典型的表达是“你应该……”“你不能……”“你必须……”。

“成人”状态：表现为注重事实根据和善于进行客观理智的分析。这种人能从过去存储的经验中估计各种可能性，然后做出决策。当一个人的人格结构中成人状态成分占优势时，典型的表达是“我个人的想法是……”。

“儿童”状态：当一个人以儿童状态与人交往时，他的情感、思考和行为等就会表现得像孩子一样冲动。儿童状态又分为：顺从的儿童状态和自由的儿童状态。处于顺从的儿童状态的人听话、服从、讨好、友爱，内心常常充满自责、担心、焦虑和自罪；处于自由的儿童状态的人则往往表现为活泼、冲动、天真、自发行动、贪玩、富于表情、爱憎分明等，像以自我为中心的儿童一样追求快感并能充分表达自我的感情。当一个人的人格结构中儿童状态成分占优势时，典型的表达是“我猜想……”“我不知道……”。

从人际沟通分析理论的角度看，人与人之间的交往就是人们各自的“三个我”之间的交往。最理想的相互作用是成人刺激 — 成人反应。一个心理健康的人就是能在恰当的时间和地点使用恰当的自我状态的人。

心灵互动营

### 心理测试：不同人际关系中的我

运用人际沟通分析理论分析自身的人际关系，在表 10-1 中填写“三个我”分别在不同的人际关系中占据的比例，并写出自己的感受。

表 10-1 “3 个我”测试表

| | 父 母 我 | 成 人 我 | 儿 童 我 |
|---|---|---|---|
| 亲子关系 | | | |
| 师生关系 | | | |
| 曾有同学关系 | | | |
| 朋友关系 | | | |
| 恋爱关系 | | | |

## 任务二 解读人际密码——分析人际关系的影响因素

有人在大学中做过一个关于心里话会选择向谁说的调查，大部分大学生的答案是选择向同学、朋友说，可见大学生很看重人际关系。大学校园是产生友谊的沃土，大学时光是沉淀友情的最好年华，大学生应该了解人际关系的影响因素，以便处理好自己与同学、朋友之间的关系。

### 一、了解人际交往中常见的困扰

#### （一）寝室里的同学关系困扰

大学生寝室里的同学关系是时空充分接近的人际关系，也是纠纷、矛盾相对集中的人际关系。个体的行为习惯、人格特征在与室友的人际交往中彻底呈现出来。如果同寝室的同学在这些方面存在着较大差异，那么寝室里的同学之间就会不可避免地产生矛盾和紧张。迟睡或早起的学生与睡眠有困难的学生之间，乱放杂物的学生与爱整洁的学生之间，要午休的学生与不午休的学生之间，喜欢热闹气氛的学生与喜欢安静环境的学生之间，说话幽默的学生与说话严肃的学生之间，均有可能在同寝相处的过程中，产生彼此间的误解、讨厌和反感，甚至是敌意，尤其是住上下铺的同学之间更容易出现矛盾。有的学生不喜欢别人坐自己的床铺，有的学生不喜欢别人用自己的东西，如果某些同学对此不够注意，就很容易引起不愉快。另外，与非本班、非本系学生合住的个体，也常常抱怨同寝关系麻烦。

### （二）大学里的朋友关系困扰

大学里的朋友关系是指那些有共同志向、兴趣、爱好，关键时候可以提供更大更切实帮助的个体之间的关系。他们之间的人际交往，已经超越了同学关系或同寝关系，可以是同性朋友，也可以是异性朋友。朋友关系是一种比较密切的人际关系，朋友对个体的影响可以超过家长或教师的作用。但在时空过分接近的情况下，朋友之间如果过于亲密，也有可能产生不利的人际交往，它会使个体失去人身自由和个性独立，形成无法摆脱的人际束缚和人际张力。处于青春期的大学生，在人际交往时，往往存在理想化的朋友观念，认为朋友就应该是亲密无间的，绝对以双方的利益为重，这是人际期望的表现之一。但事实上保持适度的时空距离更有利于大学生朋友关系的巩固和发展。

同性同学间的交往，是大学生性别认同需要的体现。通过交往，个体可以获得适应自身发展的诸多信息，可以充分认识和评价自己，使身心不断发展和完善。每个大学生也有与异性交往的强烈愿望和心理需求，能够轻松自如地和异性交往是一个大学生人际交往能力的重要体现，也是个体身心健康的重要方面。大学生最为烦恼的交往问题就是与异性的交往障碍。心理学研究表明，人际交往中存在性别效应，尤其突出的是个体格外看重自己在异性心目中的形象，所以，自己的缺点或弱项可以在同性面前暴露，却不能在异性面前暴露，甚至不惜为了保全面子而避免或减少与异性的接触和交流，从而更加增添了交往的心理困扰，使正常的异性交往变成负担。

### （三）大学里的角色定位困扰

角色是个体为适应社会生活而形成的与自己社会地位相一致的、固定化的行为方式。如果个体的行为偏离了角色规范，就会被他人排斥和轻视。目前，校园文化活动多姿多彩，大学生渴望通过参加丰富多彩的校园文化活动，丰富和充实自己的大学生活，尤其是一些低年级的大学生不顾自己实际能力和有限的精力，参与和担当多种角色，使得自我角色冲突加剧，出现角色的错位和混乱。复杂的角色转换，不仅使个体自身不胜其烦，而且也让原本单纯地与同学和老师的关系变得复杂，反而影响了同学之间、师生之间的关系，造成了人际交往的心理困惑。

### （四）缺乏人际交往技巧的困扰

很多大学生人际交往失败的原因是缺乏人际交往的经验、方法和技能。在人际交往过程中，他们常常忽略了他人的体验和感受，不了解、不关心他人，甚至有时也不了解自己。这类大学生虽然能与他人正常交往，甚至人际关系表面看起来还不错，但与他们深入交谈后，他们就会倾诉自己由于缺乏人际交往的技巧，导致与多数人都是点头之交，没有关系比较密切的朋友，更缺乏能互吐衷肠、肝胆相照、同甘共苦的知心朋友。在生活中，他们时时感到空虚、迷茫和失落，偶尔还会觉得没有人值得牵挂，也没有人牵挂自己，常常被孤独和无奈所困扰。

## 二、探究人际关系的万有引力——人际吸引

人际吸引是人与人之间的相互接纳和喜欢。人究竟为什么喜欢别人或为别人所喜欢呢？人与人之间产生吸引力的基本假设是：他人的出现对我们而言有奖赏意义。人际奖赏包括直接奖赏和间接奖赏。直接奖赏是指他人提供给我们的所有显而易见的愉悦，包括赞赏、认可、鼓励、喜爱、物质利益等。间接奖赏是指他人提供给我们很多不易觉察的因素的影响，这些因素与人们外在的亲切、俊美的长相或怡人的个性有间接的关联。

社会心理学家在人际吸引领域的研究发现，人际吸引力主要包括个人吸引力和相互吸引力两大类别。其中个人吸引力来自外貌、才能和人格品质；相互吸引力来自熟悉度、相似性、互补性等方面。每个人都企盼有一个轻松、自如、乐观、向上的人际氛围，然而，现实中并非每个人都能如愿以偿。有些人在人际交往中可能会如鱼得水，人际关系其乐融融；而有些人可能会四处碰壁，孤家寡人，人际关系紧张。人际交往结果之所以有如此大的差异，主要受以下因素的影响和制约。

### （一）个人吸引力

#### 1. 外貌

容貌、体态、服饰、举止、风度等个人的外在因素在人际交往中的作用是很大的。尤其是在交往的初期，好的外貌容易给人良好的第一印象。外貌能产生光环效应，即人们倾向于认为外貌出众的人也具有其他的优秀品质，虽然实际上未必如此。

#### 2. 才能

一般来说，人们比较喜欢聪明能干的人，特别是有某些特长的人。同时，才能与外貌具有互补性。一个相貌一般的人，如果才能出众，或者具有某方面的特长，其才能因素就会产生人际吸引，相貌劣势可以被他人忽略或接受。才能一般会增加个人的吸引力，但如果这种才能对别人构成了压力，让他人感受到自己的无能和失败，那么才能就不会对吸引力有帮助。

#### 3. 人格品质

人格品质是影响吸引力的最稳定因素，也是个人吸引力最重要的因素之一。美国学者安德森研究了影响人际关系的人格品质，主要研究结果如表 10-2 所示。从中可以看出，排在序列前面、被喜爱程度高的 6 种人格品质是：真诚、诚实、理解、忠诚、真实、可信，它们或多或少、直接或间接都与真诚有关；排在序列后面、被喜爱程度低的品质如说谎、装假、不老实等也都与真诚有关。安德森认为，真诚受人欢迎，不真诚则令人厌恶。

### 知识窗

影响人际关系的主要人格品质表，见表 10-2。

表 10-2　影响人际关系的主要人格品质表

| 最积极品质 | 中 间 品 质 | 最消极品质 |
|---|---|---|
| 真诚 | 固执 | 古怪 |
| 诚实 | 刻板 | 不友好 |
| 理解 | 大胆 | 敌意 |

续表

| 最积极品质 | 中 间 品 质 | 最消极品质 |
|---|---|---|
| 忠诚 | 谨慎 | 饶舌 |
| 真实 | 易激动 | 自私 |
| 可信 | 文静 | 粗鲁 |
| 智慧 | 冲动 | 自负 |
| 可信赖 | 好斗 | 贪婪 |
| 有思想 | 腼腆 | 不真诚 |
| 体贴 | 易动情 | 不善良 |
| 热情 | 羞怯 | 不可信 |
| 善良 | 天真 | 恶毒 |
| 友好 | 不明朗 | 虚假 |
| 快乐 | 好动 | 令人讨厌 |
| 不自私 | 空想 | 不老实 |
| 幽默 | 追求物欲 | 冷酷 |
| 负责 | 反叛 | 邪恶 |
| 开朗 | 孤独 | 装假 |
| 信任 | 依赖别人 | 说谎 |

（注：自上而下方向，人格品质受欢迎的程度逐渐递减。）

## （二）相互吸引力

### 1. 熟悉度

交往双方熟悉或交往频率高能增加互相喜欢的程度。美国心理学家扎琼克在 1968 年曾进行过交往频率与人际吸引的实验研究。他将被试者不认识的 12 张照片随机分成 6 组，每组 2 张，按以下方式展示给被试者：第一组照片展示 1 次，第二组照片展示 2 次，第三组照片展示 5 次，第四组照片展示 10 次，第五组照片展示 25 次，第六组照片不做展示。在被试者看完全部照片后，扎琼克再出示全部照片，要求所有被试者按自己喜欢的程度将照片排序，结果发现了一种极为明显的现象：照片被看的次数越多，被选择排在前面的机会就越多。可见，彼此接近、常常见面，的确是建立人们良好人际关系的必要条件。

### 2. 相似性

人们往往喜欢与自己相似的人交往。这里所说的相似性不是指客观上的相似性，而是人们感知到的相似性。曾有一项关于人际关系的实验：研究者让互不相识的 17 名大学生住在同一间宿舍里，对他们的亲密化过程进行了近 4 个月的追踪研究。结果发现，在见面初期，空间距离近的大学生成为好伙伴；随着时间的推移，在信念、价值观、个人品质上相似的人逐渐成为好朋友。

#### 3. 互补性

人们喜欢那些与自己个性品质相反的人。选择与自己个性品质相反的人交往可以起到双方互补的作用，相互满足需要。互补性看似与相似性是矛盾的，但从角色作用的观点看却是一致的。例如，支配型男性和顺从型女性在对男女关系中男女角色的看法上是一致的，他们认为男性应起支配作用，而女性应当顺从。

## 三、探索人际交往中的微妙现象——心理效应

社会心理学研究表明，在人际交往中，个人对交往对象的认知、印象、态度以及情感等，都会直接影响到他们的人际关系。个人对人际交往中的心理效应的把握有助于建立良好的人际关系。

### （一）首因效应

首因，即最先的印象，或称第一印象。在人际交往中，最初的印象对后来交往的影响，就是首因效应。在现实生活中，首因效应所形成的第一印象常常影响着我们对他人以后的评价和看法，并影响着今后的交往活动。心理学家做过这样的实验：让被试者看两种性格类型，性格 A 为聪明、勤奋、易冲动、爱批评、顽固、嫉妒心强，性格 B 为嫉妒心强、顽固、爱批评、易冲动、勤奋、聪明。实验的结果表明，人们对性格 A 有好印象。其实性格 A 和性格 B 的内容完全一样，只是顺序变换了一下，但结果却完全不同。

由于首因效应的存在，第一印象在人际交往中扮演着重要角色，因此人们在与人交往时应重视留给他人的第一印象。在交友、招聘、求职等社交活动中，大学生可以利用首因效应，给他人留下良好的印象，为日后的交往打下良好的基础。

### （二）近因效应

近因，即最后的印象。近因效应是指在人际交往中，对方的最后的印象对个人认知产生的影响。最后留下的印象，往往是最深刻的印象，这也是心理学所阐释的后摄作用。例如，多年不见的朋友，在自己的脑海中印象最深的就是临别时的情景；一个朋友总是让你生气，可是谈起生气的原因，大概只能说上最近的两三条。

在交往初期，即双方还生疏的阶段，首因效应对人际交往非常重要。在交往后期，即双方已经十分熟悉的情况下，近因效应对人际交往发挥了更大作用。大学生在与他人进行交往时，既要注意平时给对方留下的印象，也要注意给对方留下的第一印象和最后印象。

### （三）光环效应

光环效应是指个人在对别人做评价时，常喜欢从或好或坏的局部印象出发，扩散出全部好或全部坏的整体印象，就像月晕（或光环）一样，从一个中心点逐渐向外扩散成一个越来越大的圆圈，所以有时也称为晕轮效应或月晕效应。所谓“情人眼里出西施”，说的就是这种光环效应。

光环效应常使人犯“以偏概全”“爱屋及乌”的错误。“旁观者清，当局者迷”，我们要善于倾听和接受他人的意见，以防光环效应的负作用，同时也可利用光环效应的影响增加自身的吸引力。在与人交往时，大学生可以采用先入为主的策略，让对方了解自己的优势，以获得对方的积极评价。

## （四）自我暴露效应

一个人要想与别人成为知心朋友，就必须表露自己的真实感情和真实想法，向别人讲心里话，坦率地表白自己、陈述自己、推销自己，这就是“自我暴露”。在人际交往中，个人一定程度的自我暴露对双方交往产生的影响,就是“自我暴露效应”。当自己表露情感，对方却讳莫如深，不和自己交心，自己又怎会对他产生亲切感和信赖感呢？相反，当一个人向自己表白内心深处的感受，自己就会感觉到对方的信任和渴望沟通情感的愿望，自己和他的心理距离就会拉近。有时，一个人对可以信任的人吐露内心的感受，会赢得对方的心，赢得一生的友谊。每个人内心深处都有对情感的需要，就如同对食物的需要一样，与生俱来。情感纽带下结成的关系，往往要比暂时的利益关系更加牢固。那些和任何人都不做自我暴露的人，注定无法得到深厚的友谊。

一个人对陌生人、熟人和亲密朋友，在自我暴露的广度和深度上是明显不同的。一个人通过了解别人在怎样的层次上暴露自己，可以很好地了解别人对于自己的信任和接纳的程度，了解自己同对方关系的状况。一个人对别人的信任和接纳程度如何，也可以通过自己没有顾虑地对别人暴露的层次来了解。一个人向对方自我暴露的层次越深，说明与对方在一种关系上卷入的程度越深，与对方的关系越好。

## （五）互惠效应

互惠效应是指在人际交往中个人总觉得应该尽量以相同的方式，回报别人为自己所做的一切。一位大学教授做了一个小实验：他给随机抽样挑选出来的一群素不相识的人寄去了节日贺卡。虽然他估计会有一些回音，但随后所发生的事情还是大大出乎他的意料——那些素未谋面的人寄来的节日贺卡，像雪片一样寄了回来，大部分给他回赠卡片的人根本就没有打听这个陌生的教授是谁，而是收到卡片就自动回寄了一张。这个实验规模虽小，却巧妙地证明了人际交往中的互惠效应。

在生活中，人们大都不自觉地按照“互惠效应”行事。如果有人帮了自己一次忙，自己也会想着要帮他；如果有朋友送了自己一件生日礼物，自己也应该记住他的生日，届时也给他买一件生日礼物。互惠效应是人们在参与社会交往中必须遵循的行为准则。正是由于互惠效应，人们之间的交往才有取有予，有来有往，才能顺利地进行下去，人与人之间才能有融洽和谐的关系。

## （六）定式效应

在生活中，人们会不自觉地把人按年龄、性别、外貌、衣着、言谈、职业等外部特征归为各种类型，并认为这一类型的人有共同的特点。在交往时，人们就会按照这一类人的共同特点去理解他们。例如，认为老年人是保守的、年轻人是爱冲动的、北方人是豪爽的、南方人是善于经商的，等等。定式效应往往使人忽略个体差异、生搬硬套，导致出现错误的知觉和理解。

苏联社会心理学家包达列夫曾做过这样的实验：将一个人的照片分别给两组被试者看，照片的特征是眼睛深凹、下巴外翘。向两组分别介绍情况，对甲组介绍情况时说“此人是罪犯”，对乙组介绍情况时说“此人是位著名学者”。然后，请两组被试者分别对此人的照片特征进行评价。评价的结果是：甲组被试认为，此人眼睛深凹表明他凶狠、狡猾，下巴外翘反映其顽固不化的性格；乙组被试认为，此人眼睛深凹，表明他具有深邃的思想，下巴外翘反映他具有探索真理的顽强精神。这就是人们对社会各界的人有一个定型认知的结果，即定式效应。

### （七）仰巴脚效应

仰巴脚效应又称出丑效应或犯错误效应，是指精明人不经意犯点小错误，反而使人觉得他具有和别人一样爱犯错的缺点，也具有平凡的一面，从而使人感到有安全感。心理学家做过一项经典研究：请被试者根据主观感觉评价对录像中被访者喜欢的程度。被访者是大学生，访谈的内容是一样的，分四种情况：第一位被访者才能杰出、完美无缺；第二位被访者与第一位大同小异，只是有点紧张，打翻了咖啡杯；第三位被访者表现平平；第四位被访者和第三位大同小异，又像第二位那样打翻了咖啡杯。结果发现，大家最喜欢才能出众而且犯了错误的人，其次是才能出众完美无缺的人，最不喜欢才能平平而又犯了错误的人。

可见，最为人们欣赏者并不是完美的人，而是精明中带点小缺点的人。也就是说，白璧微瑕比洁白无瑕更令人喜爱。一方面，人们都希望交往有才能的人；另一方面，如果他人近乎完美，可望而不可及，人们反而会感到压力，而对此人敬而远之。所以，人们要接纳自己身上可爱的小缺点，因为没有人能做到完美。

### （八）"失斧疑邻"效应

《列子》中记载：一个人斧子丢了，总怀疑是被邻居的儿子偷去了。他瞧见邻居的儿子时，发现他走路、说话、表情都像偷了斧子的样子。后来，斧子找到了，原来是自己不小心将其掉在了山谷里。这时，他再去瞧邻居的儿子，发现他走路、说话、表情一点都不像偷了斧子的样子。

这种带着主观印象去观察、了解、分析事物时产生的认知偏差现象，被称为"失斧疑邻"效应。在人际认知中，由于事先聆听了他人对某人的评价、赞美或贬低，因而对某人形成了某些主观印象，如果带着这种主观印象去审视某人，这时"失斧疑邻"效应就会应验。

## 四、探索冒险之旅——人际信任

### 心灵互动营

#### 心理故事：你什么时候有被世界温柔对待的感觉？

来自网友的分享：我上高中时，有一次自行车突然掉了链子，于是停下来折腾了很久，这时候一个学姐走到我面前，问了我一句："需要帮忙吗？"从此，我就立志考上她所在的大学，虽然我不知道她的名字，也忘记了她的长相，模糊了她的声音，但是我记得那身校服，两年之后我如愿考进了那所大学。

### （一）什么是人际信任

人际信任是个人在人际互动过程中建立起来的对交往对象的言辞、承诺以及书面或口头陈述的可靠程度的一种心理期望。早在《论语》和《吕氏春秋》等传统典籍中就有对人际信任的解释和记载，例如"民无信不立""人而无信，不知其可也"。研究者认为人类所表现出的互相信任存在生物进化的基础，是人类在社会进化过程中产生的一种双赢的心理机制。

人际信任产生于人际互动中，是一个动态的过程，会随着时间而变化。大学阶段是人格完善的重要时期，其人际信任水平对大学生人际关系的建立有着重要影响。在对大学生人际信任影响因素的研究中，很多人认为大学生的人际信任水平是受个体自身的人格特质、身心状况和交往经验等多方面的影响。通常人们更容易信任自己熟悉的人，对未来持乐观态度的人更容易信任他人，积极的人际交往经验也使个人更易于信任他人，而人际信任水平高的人敢于敞开心扉，开启人际拓展的冒险之旅，他们的人际关系通常良好。

### （二）如何提升人际信任能力

#### 1. 有选择性地自我暴露

当一个人开始自我暴露时，这便是信任关系建立的标志；而对方以同样的自我暴露水平做出反应，这是接受信任的标志。人际关系越好，双方对彼此的信任程度和接纳程度就越高，自我暴露得也越多。可以说，自我暴露是人际关系信任水平的标志，但自我暴露也伴随着一定的风险，所以自我暴露的内容和程度要有选择性地进行，要看交往的对象而定。

#### 2. 理解他人的真实需求

个人要站在他人的立场，理解他人的真实需求，在他人需要的时候给予恰当的帮助。如果一个人喜欢梨，你给他一车苹果又能怎样？个人在理解事情的时候，要对他人行为进行多角度地思考与观察，避免片面的主观臆断，只有如此双方之间的信任感才会得到提升。个人只有真正地理解他人，才能架起与他人之间信任的桥梁。

#### 3. 对人对己诚实守信

个人要注重自身的诚信行为，诚实守信是获得信任的前提。个人一旦许诺对方就要做好充分准备，不惜代价去达成。实在不能达成承诺时，个人就暂时承受信任度降低的后果，而后再设法恢复，重建信任。个人对外界的信任，是对自己的信任向外投射的结果。个人对自己的真实，日积月累，就会变成对他人的诚实。

#### 4. 勇敢迈出信任的步伐

个人无论是信任或被信任，都是需要勇气的。在这个世界上，没有绝对值得信任的人和事，只要有信任，就伴随着一定程度的风险。心理健康的人，会模糊处理这一问题，只要有大部分的把握，就选择完全的信任，并在此基础上做该做的事情；而心理健康欠佳的人，则会过分看重事物没有把握的那一小部分，使得行为变得迟疑不定、患得患失。

## 任务三　孤岛突围——解读大学生人际关系问题及调适

大学生人际关系问题及调适是大学生活中一个重要的话题。大学生在面对人际关系问题时，应积极寻求解决之道，通过提高自我认知、增强人际交往技巧、主动参与社交活动、以及及时寻求专业帮助等方法，有效解决人际关系问题，促进个人成长和心理健康。

## 心灵互动营

### 心理测试：大学生人际关系综合诊断量表

**指导语：**这是一份人际关系行为困扰的诊断量表，共28个问题，在每个问题上，选“是”的打“√”，选“否”的打“×”。请认真完成，然后看后面的评分办法和解释。

（1）关于自己的烦恼有口难言。（ ）
（2）和生人见面感觉不自然。（ ）
（3）过分地羡慕和妒忌别人。（ ）
（4）与异性交往太少。（ ）
（5）对连续不断的会谈感到困难。（ ）
（6）在社交场合感到紧张。（ ）
（7）经常伤害别人。（ ）
（8）与异性来往感觉不自然。（ ）
（9）与一大群朋友在一起，常感到孤寂或失落。（ ）
（10）极易受窘。（ ）
（11）与别人不能和睦相处。（ ）
（12）不知道与异性相处如何适可而止。（ ）
（13）当不熟悉的人对自己倾诉他的生平遭遇以求同情时，自己常感到不自在。（ ）
（14）担心别人对自己有什么坏印象。（ ）
（15）总是尽力使别人赏识自己。（ ）
（16）暗自思慕异性。（ ）
（17）时常避免表达自己的感受。（ ）
（18）对自己的仪表（容貌）缺乏信心。（ ）
（19）讨厌某人或被某人所讨厌。（ ）
（20）瞧不起异性。（ ）
（21）不能专注地倾听。（ ）
（22）自己的烦恼无人可申诉。（ ）
（23）受别人排斥与冷漠。（ ）
（24）被异性瞧不起。（ ）
（25）不能广泛地听取各种意见、看法。（ ）
（26）自己常因受伤害而暗自伤心。（ ）
（27）常被别人谈论、愚弄。（ ）
（28）与异性交往不知如何更好地相处。（ ）

**评分标准：**打“√”的给1分，打“×”的给0分。

如果得到的总分是在0～8分，那么说明你与朋友相处的困扰较少。你善于交谈，性格比较开朗，主动关心别人，你对周围的朋友都比较好，愿意和他们在一起，他们也都喜欢你，你们相处得不错。而且，你能够从与朋友相处中得到许多乐趣。你的生活是比较充实而且丰富多彩的，你与异性朋友也相处得很好。一句话，你不存在或较少存在交友方面的困扰，你善于与朋友相处，人缘很好，获得许多人的好感与赞同。

如果得到的总分是在 9 ～ 14 分，那么说明你与朋友相处存在一定程度的困扰。你的人缘很一般，换句话说，你和朋友的关系并不牢固，时好时坏，经常处在一种起伏波动的状态之中。

如果得到的总分是在 15 ～ 28 分，那么说明你在同朋友相处的行为上存在较严重的困扰。分数超过 20 分，表明你的人际关系困扰程度很严重，而且在心理上出现了较为明显的障碍。你可能不善于交谈，也可能是一个性格孤僻的人，不开朗，或者有明显的自高自大、讨人嫌的行为。

## 心灵互动营

### 心理案例：一帘绿色

有个小伙子注意到阳台上他种的一盆迎春长长的枝条日渐向楼下伸展，就决定把它们拉上来固定好，但就在动手前，他打消了这个念头，他觉得这样做太小气。所以迎春很快就将一帘秀色挂在了楼下阳台。转眼是翌年春天，小伙子惊奇地发现一枝葡萄藤蔓攀上了他的阳台，俯身去看，却见一张美丽的脸仰起来冲他笑。原来，楼下人家感激小伙子的馈赠，作为回报，就种了棵葡萄让它攀上来……一来二去，楼上楼下就熟了。就在葡萄第二次成熟的时候，小伙子与楼下人家的女儿收获了他们成熟的爱情。

小伙子只是放手给别人送去了一帘绿色，却收获了意想不到的真诚和幸福。

**案例解析：**失之东隅，收之桑榆。尽管我们明白这个道理，但现实生活中，我们仍只是乐于获取，乐于牢牢抓住已有的一切，却不肯轻易付出。所以，当我们抱怨世事虚空、人情冷漠的时候，我们不妨先问问自己：你做过多少真诚的舍弃？你是否掌握人际交往的原则？

## 一、了解人际交往的原则

大学生在人际交往中不仅要了解影响人际关系的相关因素，而且要懂得遵循和运用建立良好人际关系的原则和方法，在人际交往中中规中矩，展现新时代大学生的交往风采。大学生在人际交往中应注意遵循以下原则：

### （一）平等尊重原则

平等是交往的前提，平等就意味着交往双方在交往中互相尊重、理解和包容。现实生活中，由于主、客观原因，人与人之间在外貌、能力、个性、家庭条件等方面会存在一定差异，但在人格上却是平等的，大学生在人际交往中不应冷落任何人。根据马斯洛的需要层次理论，尊重的需要是每个人较高层次的心理需要，获得别人的肯定和赞美是每个人心灵深处最基本的需求。尊重，首先要求自尊，其次是尊重他人。自尊要求个人在各种场合都要自爱和自重，不做有损人格尊严的事。一个不自尊不自重的人必然得不到他人的尊重。不自重常表现为过分自卑、依赖成性、阿谀奉承等，这些都是人际交往的大敌。尊重他人就是重视他人的人格和价值，承认他人在人际交往中的平等地位。大学生自尊心都比较强，交往中尤其要注意平等相待，尊重他人。要求别人怎样尊重自己，自己就必须怎样尊重别人，这便是人际交往中的“黄金法则”。

### （二）互助互利原则

互助是要求人与人之间要互相帮助，互利是说要互相给予对方好处，这种给予可以是物质上的，也可以是精神上的。心理学家阿伦森等经过大量的实验研究发现，人际关系的基础是人与人之间的相互接纳、相互支持。任何人都不会无缘无故地接纳、喜欢我们，别人对我们的喜欢是有前提的，那就是我们也要喜欢、接纳他人，即别人对我们的态度很大程度上受我们对别人态度的影响，因此，在人际交往中，应心态宽容，悦纳别人，尊重别人，乐于帮助别人，对他人的成绩要表示真诚的赞美。只有我们先真诚地“投之以桃”，别人才会友好地“报之以李”。

### （三）诚实信用原则

交往离不开诚信。诚实信用指一个人真诚、不欺、信守诺言。古人有“一言既出，驷马难追”的格言。以诚实为本的原则，就是不要轻易许诺，一旦许诺，就要设法实现，以免失信于人。朋友之交，要讲究诚信，不讲诚信就犯了人际交往的大忌。如果轻易许诺却不能兑现，言而无信，就会丧失朋友的信任，阻碍交往的继续进行。比如约好的活动不按时参加，借了别人的东西不及时偿还等，表面看起来都是小事，但实际上却是交往双方考察对方人品的重要途径。

### （四）兼容接纳原则

兼容是指与人相处要相互包容，兼收并蓄，海纳百川。大千世界，纷繁复杂，每个人也各有其性，各不相同，但相聚在一起就是缘分，因此必须能够相互兼容和接纳。兼容主要是指心理相容，即人与人之间的融洽关系，与人相处时的谦虚、宽容、包涵和忍让。宽容他人就是宽容自己，苛求他人就是苛求自己。古人云：“己所不欲，勿施于人”，无论做什么事，都要将心比心。接纳是指不但结交与自己相似的人，还要容纳与自己性格相反、意见相左的人，求同存异、互学互补。即使别人犯了错误，冒犯了自己，也不要斤斤计较。要巧妙处理好竞争与相容的关系，更好地完善自己。

## 二、探索大学生人际交往技巧

### （一）善用奖赏：赞美的技巧

赞美，在人际交往中可以拉近人际的距离。真诚的赞美不但会使被赞美的人产生心理上的愉悦，而且会使赞美的人经常发现别人的优点，从而使自己对人生持有乐观、欣赏的态度。美国学者布吉林等人，曾经提出一条在人际交往中成为受欢迎的人的“三A”法则。第一个A（accept）：接受对方；第二个A（appreciate）：重视对方；第三个A（admire）：赞美对方。虽然人人都喜欢听赞美的话，但并非任何赞美都能使对方高兴。能引起对方好感的赞美，只能是那些基于事实、发自内心的赞美。相反，你若无凭无据、虚情假意地赞美别人，对方不仅会感到莫名其妙，更会觉得你油嘴滑舌、诡诈虚伪。因此，大学生在人际交往中，对他人的赞美应从具体的事入手，善于发现别人哪怕是最微小的长处，并不失时机地予以赞美。赞美用语越翔实、具体，说明你对对方越了解，对他的长处和成绩越看重。让对方感到你的真挚、亲切和可信，你们之间的距离就会越来越近。

### （二）学会拒绝：情商大考验

大学生日常人际交往中难免遇到不符合自己意愿的要求，为了不委屈自己，要学会拒绝。恰当、得体、不伤害的拒绝无疑是对个人情商的一种考验。拒绝的能力往往与自信紧密联系，缺乏自信和自尊的人常常为拒绝别人而感到不安，而且有一种别人的需求比自己的需求更重要的倾向。下面分享 5 个建议。

（1）简单回应。如果你要拒绝，就应坚决而直接。使用短语拒绝，如“感谢你看得起我，但现在不方便”或“对不起，我不能帮忙”。尝试用你的身体语言强调“不”，无须过分道歉。

（2）给自己一些时间，你会更有信心去拒绝别人。

（3）区分拒绝与排斥。记得你是拒绝请求，而不是排斥一个人。

（4）不要感到愧疚。你有拒绝的权利，就像他们有权利要求你帮助一样。有时拒绝别人是让他们学会为自己负责。

（5）做回自己。要明确和坦白什么是你真正想要的，要更好地认识自己。

### （三）提高共情能力：我心同你心

共情能力是能够理解别人的想法、感受，并将这种理解和体会反馈给对方的能力。共情能力不仅是个人心理活动的表现，也是一个生理过程的表现。人们总爱说别人无法感受自己的行为，但实际却是，当他打哈欠的时候，身边的人可能会被感染也会打哈欠，当看见他的笑脸时，身边的人也会不由自主地展现笑脸。人体神经系统中有一群被称为“镜像神经元”的神经元细胞，它可以让人们体验到别人的情感。

## 心灵互动营

### 心理测试：积极共情能力评估

请在表 10-3 中，对自己的积极共情能力进行评估。

表 10-3　积极共情能力评估表

| 题　　目 | 完全不符合 1 分 | 有点符合 2 分 | 比较符合 3 分 | 符合 4 分 | 非常符合 5 分 |
|---|---|---|---|---|---|
| 1. 当别人得到惊喜时，看到他们的反应我会很兴奋 | | | | | |
| 2. 当看到别人微笑时，我会情不自禁地跟着微笑 | | | | | |
| 4. 当别人情绪高涨时，我也会情不自禁地兴奋起来 | | | | | |
| 5. 当别人在某个事情上取得成功时，就算我觉得这不怎么重要，我仍能理解他们为什么开心 | | | | | |
| 6. 当人们谈论自己的希望和梦想时，我常常希望他们能实现这些希望和梦想 | | | | | |
| 7. 当我跟其他兴奋的人在一起时，我也常感到兴奋 | | | | | |

**计分方式：**根据自己与各题目叙述的符合程度，进行评分，填完后，将所有分数相加。

**结果解释：**积极共情能力评估分数反映了个人在多大程度上能够理解他人的积极情绪，并且体会和分享他人积极情绪的能力。分数越高，意味着个人理解和体会他人积极情绪的能力越高。

研究发现，积极共情能力高的人，有以下优势：一是可以获得更好的人际关系。共情能力强的人通常能够更好地理解他人的感受和需求，这使得他们能够建立更亲密、更有意义的人际关系。二是可以有更好的团队合作，共情可以作为一种强大的团队建设工具，因为共情者能够更好地理解团队成员的需求和关注点，从而促进更有效的沟通和协作。三是可以有更好的决策能力。共情者通常能够更好地理解他人的观点和利益，使得他们在制定决策时能够考虑到更全面的利益，从而做出更合理、更全面的决策。

## 心灵互动营

### 共情训练：与你共情

你可以与几个同学、室友或朋友一起来做这个练习。

**步骤：**

（1）提前准备若干张写有情绪名称的卡片，例如，喜悦、愤怒、哀伤、抑郁、愧疚、委屈、伤心、害怕、担心、焦虑等。

（2）大家围坐一圈，每人抽一张卡片，只能自己看卡片上的词语，不要让其他人看到。

（3）每个人围绕自己抽到的卡片上的情绪词语，依次讲一个发生在自己身上的故事，在这个故事中，自己清晰地体验到了这种情绪。

（4）当一个人讲完故事后，其他人可以反馈如下 3 个问题：①当我听到他讲的故事时，我有哪些感受？②我猜他抽到的词语是？③我说些什么，能够让对方体验到被理解？

（5）反馈者对于故事表达的情绪向讲故事者进行核实，讲故事者也可以就哪种反馈最能打动自己进行再反馈，在互动中检验彼此的共情能力。

## 三、应对大学生人际交往问题

### （一）做最真的自己

人的人际交往特点与自身的性格特征密不可分。有人偏外向一端，有人偏内向一端，其实这两种性格类型在交往中各有特点，也各有优缺点。在未来的职场中，大学生只有用对自己的性格优势，做真实的自己，才能在人际交往中得心应手。

### （二）提高人际关系自我效能感

社会学习理论创始人阿尔伯特·班杜拉最早提出自我效能感理论，对自我效能感的定义是：人们对自身能否利用所拥有的技能去完成某项行为的自信程度。后来有人把这个理论用在人际交往上，提出人际关系自我效能感的概念，并围绕这个概念开展了研究。有研究者对大学生进行问卷调查发现，大学生的人际关系自我效能感总体水平不高。

#### 1. 自信感信息源

如何提高人际关系自我效能感，增强人际交往中的自信呢？乔治·霍仑贝克和道格拉斯·霍尔既是心理学教授，又是心理咨询师。他们所做的研究说明，人们的自信感来自 5 种信息源。

（1）真实的经历，即我们曾做过的事。过去的成功对于自信的增强作用最大。

（2）他人的经历，即模仿。

（3）社会比较，即与他人进行比较。如果你发现一个和你资质相仿的人能够做好某件事情，你的自信就会增加。

（4）社会劝说，即被别人说服的过程。如果一个可信的人说服你，让你觉得自己可以完成某项任务，那么你的自信就会有所提高。

（5）情绪唤起，即你对周边事件的感觉如何以及你如何掌控自己的情绪。人们会部分依赖内心的感觉来评估自己是否有信心完成某项任务。

### 2. 自我效能感的提高

根据自信感的信息源，人际关系自我效能感的提高也有章可循。

（1）回忆以往成功交往的经验。

（2）学习他人的人际交往的优秀表现。

（3）同自己相似的朋友进行对比。

（4）主动寻求朋友的指点和鼓励。

（5）保持积极的情绪状态。

## 知识窗

### 人际交往禁忌

凡事包打听——适当的好奇心不是坏事，这是与他人保持适度交流的必要动力；试想，若一个人对周围的人和事一概没兴趣，那哪来的人际交往呢？

但是，一个人总让周围的人感到对别人的事情过分关心，还不分“分内分外”，这或多或少有“干涉他人内政”之嫌。久而久之，别人也会不分什么事情，一概对你“敬而远之”，隔阂由此而生。

讲大话吹嘘自己——不顾别人的感受只顾沉浸于自我吹嘘。这在多数场合是不受欢迎的，任何人都有逆反心理，都会自然而然地在心中对你的吹嘘贬斥一顿。优点最好由别人去发现，但是别人发现了也不见得非讲给你听，这样才有人际交往中的震慑力和神秘感，也就是很多人梦寐以求的“魅力”。

一味吹捧对方——适当的阿谀奉承并不是什么坏事，但过了头就不怎么讨人喜欢了，甚至会起到适得其反的作用，别人肯定要暗自寻思一下你的居心何在。

遮遮掩掩，卖弄玄虚——这与保持自己适当的神秘感不是一回事，不要认为“卖关子”总能吊别人胃口，有没有想过一旦倒了别人的胃口，恐怕会引起对方永久性的厌恶。

过分暴露自己的“隐私”——千万不要将自己喜欢的话题也默认为他人同样喜欢。不要认为总是对人讲“掏心窝”的话就是真诚；与过多打听他人的事情一样，过多谈论自己的“隐私”同样令人生厌，这也是个度的问题。何况展示得多了，就失去了应有的价值，难免使人心生藐视之意。

替别人做主——助人为乐本是应该大力提倡的美德，这一点毫无疑问。但在人际交往过程中出现喧宾夺主的情况却属于大忌。自己揣度他人的心意并帮助其出谋划策不失为一种高超的交往技巧，但这种情形下个体的独立性同样很重要，需要予以充分的尊重。有时过分的热心可能扭曲了双方正常的关系，值得警惕。

### （三）积极行动

有这样一个例子，可以很好地说明“积极行动”的重要性。在一场生动的心理学课上，授课老师站在讲台上说：“现在布置一个任务给大家，”然后从口袋里拿出事先准备好的钢笔，问大家：“从我手上拿走这支笔，有几种方法？”正当大家叽叽喳喳讨论时，突然一个人走过来，二话没说，伸手就把笔拿过来。这时大家恍然大悟，原来把笔拿走只有一种方法——行动。同样，想拥有良好的人际关系，行动才是关键。

#### 1. 开拓行动

结交朋友会让人们更快乐。心理学家迪纳与塞利格曼曾在一群大学生中做过一项研究，结果显示在感到快乐和不忧郁的大学生中有 10% 的人有一个共同特征，就是都有亲密的朋友与家人，并花时间与他们共处。迪纳总结说：“想要追求快乐，就应该培养社交技巧，建立亲密的人际关系与人际支援。”大学生应该多参加班级、学校活动，扩展自己的人际交往范围。在与朋友交往中大学生应该真诚地表露自己，同时对他人的真诚表露给予回应。大学生要把希望建立良好人际关系的愿望转化为行动。

### 心灵互动营

#### 越读越开心：朋友相处

两个朋友结伴在沙漠中旅行，因为一件莫名的小事吵了起来，最后其中一个人还给了另外一个人一记耳光。被打的人心里觉得很不是滋味，但是他却一句话也没说，只是默默地伸出了一个手指，在沙子上写下：“今天我的好朋友打了我一巴掌。”之后，他们继续往前走，只是总感觉少了点什么东西。经过长途跋涉，他们终于走出了沙漠，结束了沙漠之旅。

他们来到了一个美丽的湖边，他们决定下去游泳。意外发生了，挨巴掌的那位由于过度疲劳，差点溺水而亡，幸好被朋友救起来。谢过救命之恩后，他拿起一把小刀，在石头上很小心地刻下：“今天我的好朋友救了我一命！”他的朋友十分好奇，就问：“为什么我打了你以后，你要把字写在沙子上，而现在却要把字刻在石头上呢？”他笑了笑，回答说：“当被一个朋友伤害时，要写在容易忘却的地方，岁月会负责抹去它；相反，如果得到帮助，我们要把它刻在心灵的深处，那里虽然也有岁月的蚕食，但不能抹灭它的丁点光芒！”

朋友的伤害往往是无心的，而帮助却是真心的。很多时候我们对那些芝麻大的伤害斤斤计较，对那些莫大的帮助却视而不见，心里留下的也只有无穷的幽怨与烦闷。其实，只要我们忘记那些无心的伤害，铭记那些对你真心的帮助，就会发现，在世界上，我们有很多真心的朋友。

#### 2. 充值行动

你知道情感账户吗？当然这是一种隐喻，但不论你是否意识到，在人们初次相识时，彼此之间就开设了情感账户。柯维博士指出：“透过人际关系的存款，你可以建立自己与他人的安全感和信任感，也激发出正直、创造、自律等品质。”每个人心里都有一个账户，每一次你让对方开心，做了一些让对方高兴的事，就是在你们的情感账户里存款；每次你让对方哭、受挫折、受痛苦，就是在你们的情感账户里提款。大学生要常常记得为自己友谊的情感账户充值。充值方式如下：

（1）共享优质的美好时光；
（2）默默为他 / 她做一件事，不计回报；
（3）记住他 / 她的生日；
（4）和他分享你的痛苦和喜悦；
（5）在他 / 她需要的时候陪伴。

3. 感恩行动

感恩是一种积极的人格特质，有利于人们建立和谐的人际关系。积极心理学的研究认为感恩与幸福感和人际关系有密切关系。

## 自助测试

### 感恩生命中影响我的人测试

在表 10-4 中写出你过往经历中的重要人物，可以是给你积极影响的人，也可以是给你消极影响的人，以及你感恩的理由。

表 10-4 “感恩生命中影响我的人”测试表

| 姓　　名 | 带给你的影响 | 感恩的理由 |
|---|---|---|
| | | |
| | | |
| | | |
| | | |

## 拓展延伸

### 心灵影院：《背靠背脸对脸》

《背靠背脸对脸》讲述了某文化馆王副馆长尽忠职守多年，多次任代馆长，但始终不得转正，他先后与两位外派的新馆长共事，最终机缘巧合才当上馆长的故事。该电影获得第二届大学生电影节最佳故事片和最佳男主角奖、东京国际电影节最佳男主角奖、第 15 届金鸡奖最佳导演和最佳合作片奖、第 14 届香港电影金像奖十大华语片。这部电影让人们意识到，与人交往时，要学会倾听和尊重对方的意见。只有相互理解和支持，才能建立长久的友谊和合作关系。

### 有氧书吧：《人性的弱点》

《人性的弱点》是美国作家戴尔 • 卡耐基的经典著作，也是一本为数不多的经典人际关系指南，自问世以来广受欢迎，成为许多人阅读、研究和参考的对象。

在这本书中，戴尔 • 卡耐基通过丰富的案例和生动的故事、新颖的视角和深入浅出的阐述方式，向我们展示了人与人之间的相处之道，以及如何在人际交往中保持良好的关系并获得他人的支持和合作。

# 项目十一

# 破解爱情的密码

## ——恋爱心理

### 学习目标

- 学习目标
  - 知识目标
    - 掌握爱情的定义及恋爱的动机
    - 了解恋爱需要具备的能力
    - 学会有效应对恋爱问题
  - 能力目标
    - 培养爱的能力
    - 自主处理恋爱中的各种问题
  - 素质目标
    - 树立正确的恋爱观
    - 培养健康的恋爱心理

### 故事导入

王某（男）和李某（女）是高中同学，一起考上了大学，在同一个城市里，但并不在同一所学校，相距大概一个半小时的车程。在高中时他们都忙着高考，关系一般，上了大学以后也联系不多。在上大学半年以后的一次同学聚会中他们再次相遇了，由于在大学压力较小，大家都比较放松。他们见面之后聊起高中时的事情，一起回忆以前班级上的一些事，并介绍了各自在学校的一些情况，聊得很高兴，慢慢感觉亲近了很多。王某觉得大家的变化很大，以前没发觉，现在看着李某觉得还挺有魅力，因此越发热情起来，李某受此感染也很开心。之后聚会的气氛热烈，大家都喝了很多酒，王某以前在班上也比较活跃，所以喝的酒比较多，加上其他同学的恶作剧，王某很快被灌醉了。由于之前和王某聊得很开心，李某很自然地照顾起王某，大家在KTV通宵，第二天王某醒来，几个要好的哥们都开玩笑说:“李某照顾了你一晚上，你小子有福了，要追就赶紧了。”王某听了也很心动。

同学聚会结束后，大家都各自回到学校，此后王某经常给李某打电话，聊一些学校里的事，两人的关系渐渐发展起来，两个月后，两人正式成为男女朋友。刚开始的时候，两人的感情进展很快，感情也很热切，一到周末就在一起，尽管也有吵闹，但都很快就解决了。

相处半年之后，李某发觉王某给自己打电话的次数少了，并且周末来找自己的次数也少了，李某问及原因，王某总是说学校事情多。李某知道事情不对，就托与王某同校的朋友打听，才知道最近王某经常与本校的一个女生在一起，还很亲密。李某很生气也很难过，在一个周末，偷偷到王某的学校，在王某宿舍楼下等了一个下午，见到王某和一个女生牵着手回来，李某顿时觉得自己受到了欺骗，上去就给了王某一巴掌，并提出了分手，然后愤怒地回到了学校。事情败露，王某和两个女生都反目成仇。这件事情弄得两人在以前的同学面前都抬不起头，一对好好的情侣变成了陌路人。

**解析：**

第一，王某和李某的交往很仓促，甚至有点盲目。他们在高中的交往并不多，上大学以后也对对方的性格等各方面不是很了解，只是因为以前是同学，并且还比较谈得来就选择交往，这是很草率的。

第二，王某和李某最终会出现这样的结局与王某的不忠有关。这也反映了当今大学生在恋爱中存在较多的一种现象——喜新厌旧。由于大学生没有经过社会的洗礼，也没经历过组建家庭的过程，他们的心理还没有完全成熟，无法好好体会爱情的意义和真谛，往往只是为了浪漫、喜欢而在一起，却没有一起经历各种考验的准备，这样的感情基础薄弱，往往禁不起风浪。他们把喜欢和爱混为一谈，没有把握到爱的可贵。他们没想过，既然能够因为对一个人有好感而在一起，那么就有可能因为对另一个人有好感而和另一个人在一起，这样很容易导致滥情事件的发生。王某就是一个例子。

第三，案例中王某和李某感情失败后没能好好地反省自己，而是把责任归咎于对方，导致反目。这也是当今大学生在恋爱中存在的一个比较普遍的问题。大学生心理还不成熟，从小学到大学都在父母的关爱下成长，虽然说大学相对自由，但毕竟还没有完全独立，还不能够靠自己养活自己，没有经历过社会上各种压力的洗礼，所以承受挫折、自我反省的能力相对较弱。他们对感情上遭受的挫折，往往不能正视或者过于悲观。因为很多人把爱情想象得过于虚幻和完美，当爱情遭遇挫折之后，他们要么是把错误归咎于对方，以此来逃避自己的责任，要么是出现自卑、轻生等情绪，这都是不成熟的表现。真爱就是要能包容对方，理解对方，分手后觉得对方浑身是缺点而相互攻击，那根本不是爱。

## 心灵能量包

在我看来，真正的爱情是表现在恋人对他的偶像采取含蓄、谦恭甚至羞涩的态度，而绝不是表现在随意流露热情和过早的亲昵。

——马克思

要认识到真正的美，不仅需要有正确的道德审美观，而且要有对另一个人的关心、体贴和责任感。真正的爱情，意味着不仅是欣赏美，而且要培植美、创造美。

——苏霍姆林斯基

真正的爱情能够鼓舞人，唤醒他内心沉睡着的力量和潜藏着的才能。

——薄伽丘

爱情的意义在于帮助对方提高，同时也提高自己。

——车尔尼雪夫斯基

# 任务一 探索爱情——塑造健全自我意识

## 一、了解谈恋爱的动机与目的

### （一）什么是爱情

不同时代、文化、学科的学者对爱情有着不同的理解和定义。柏拉图在《会饮篇》中认为，人们对于寻找另一半、恢复完整的希冀和追求就是所谓的爱情。黑格尔继承并发展了这一观点，认为爱情就是一种整合，即把一个个体所包含的一切全部渗透到另一个人的意识里去，成为其追求和占有的对象。我国传统文化关于男女之情的描述最早存在于《诗经》中，此时关于爱情的描述更倾向于天性与自由。但随着儒家思想的盛行，逐渐将男女之情与礼教挂钩，情遵于礼、守于法、敬于规，形成了“父母之命，媒妁之言”的爱情婚姻观。直到新文化运动兴起，西方浪漫主义爱情观传入中国，才开始强调伴侣之间的仰慕、亲密和欣赏。

中国学者张怀承认为，爱情是人类个体之间基于性生理基础而产生的一种相互倾慕、积极奉献的行为和心理，包括情爱、理想和性爱三个基本要素。

伦理学家罗国杰指出，爱情是指一定社会经济文化状态下，两性间以共同的生活理想为基础，以平等地互爱和自愿承担义务为前提，以渴求结成终身伴侣为目的，而按一定道德标准自主结成的一种具有排他性和持久性的特殊社会关系。

### （二）恋爱动机

爱情是人生中复杂又神秘的情感体验，吸引着人们探寻。大学生们怀揣对爱情的渴望，甚至将其视为生命之魂，为之付出一切。但在这个过程中，他们是否曾问过自己，我们为何要陷入恋爱的漩涡？这是否真能为我们带来心灵的满足和生命的完整？

#### 1. 强烈的归属和爱的需要

在基本的生理需要满足之后，与他人建立持续而亲密的关系成为大学生较为普遍的情感需要。如果有一个能提供精神支持、可互相信赖的伴侣，个体就会感到被接纳和被赞许；坠入情网，人们会体会到抑制不住的愉悦。正是因为人们渴望被接纳和被爱，所以才会在恋爱方面投入时间、精力和情感。

#### 2. 从众心理

这种心理倾向可能源于大学生在情感探索过程中的迷茫与不确定性。在成长的关键时期，大学生正处在情感成熟与自我认知的交织阶段，对于爱情的认知往往不够深入。因此，他们更容易被周围环境，尤其是同龄人的观点所左右，从而形成趋同的爱情观念。

#### 3. 数字化和社交媒体的影响

社交媒体上的“秀恩爱”“晒幸福”等现象，对大学生的恋爱动机产生了强化作用。他们通过浏览他人的恋爱动态，感受到了恋爱的甜蜜和幸福，进而激发了自己的恋爱渴望。此外，通过社交媒体上的点赞、评论等互动功能，也使得大学生在恋爱过程中获得了更多的认同感和归属感。这些体验都让他们更加珍视和追求爱情。

## 二、知晓恋爱应具备哪些能力

大学生恋爱不仅是一种需要，更是一门艺术。要想真正体验恋爱的幸福，首先要学会去爱，要具有爱的能力。

### （一）表达爱的能力

谈恋爱，顾名思义，在“恋”和“爱”之前还有一个“谈”的阶段。“爱你在心口难开”正是对“谈”的阶段的形象表述。面对心仪的对象，表白的方式和技巧显得尤为重要，它们关乎着能否提升成功的几率，以及如何化解被拒后的尴尬。这既是一种艺术，也是一种能力。大学生对于喜欢的对象，有轰轰烈烈地在宿舍楼下摆蜡烛表白的，也有校园广播、同学聚会时突然表白的；有含蓄地一起看电影、压马路、去游乐场等，还有更加私密的微信、情书或者当面表达等，形式各异。传统观念认为，恋爱中男生更为主动，而女生则较为被动。然而，随着时代的变迁，在“00 后”的大学生中，不少女生也开始勇敢地表达自己的情感。她们敢于直面拒绝，宁愿面对主动表达后可能遭遇的困境，也不愿日后因未表达而错失美好的姻缘。这样的改变展现了当代青年对爱情的勇敢追求和坦诚态度。

**知识窗**

#### 赞赏恋人

心理学家威廉•詹姆斯说，人类最深处的需要就是感觉被人欣赏。因此，如果对恋人讲一些鼓励的话语，肯定会激发对方极大的潜力。

（1）写下每天你对他 / 她说的肯定的话语，坚持一周，然后和他（她）一起看你的记录。

（2）连续一周、一个月或者更久，每天对恋人说不同的赞赏的话，寻找恋人的优点，并告诉他（她）。

（3）写一封情书给他（她）。

### （二）接受爱的能力

当幸福悄然降临，该如何感知并把握呢？面对爱慕者的表白，我们应审慎思考，是否接受并如何接受。接受爱情，其实是一种智慧。在决定投入一段感情之前，必须清晰自己的心意，确认是否真心喜欢对方，是否有足够的心理准备开始新的恋程。不应仅因被喜欢而自满，就草率作出决定。当双方情投意合时，应保持适当的礼貌与矜持，以愉悦的心情接纳对方的追求。切勿内心已接受但行动上却躲闪不定，或为试探而故意多次拒绝，以免传递错误信号，错失良缘。

### （三）拒绝爱的能力

被别人爱是一种幸福，但是如果对方不是自己心仪的对象或者不适合自己，就需要拒绝别人。在拒绝别人时，首先要报以感激之心来拒绝对方，不要故意伤害对方的自尊心和感情，更不要为了显示自己有魅力而当着众人的面拒绝对方。拒绝对方时，表达要尽量委婉，应先肯定对方的优点，再真诚地给对方讲明自己不能接受这份感情的缘由。如果无法当面拒绝，可选择用微信或者私信的方式加以拒绝，这种书面拒绝的方式可以将伤害降到最低。

### （四）承受恋爱受挫的能力

恋爱受挫是大学生遭遇的比较大的挫折，如果处理不当会产生失恋应激障碍，严重的还会影响当事人以后的两性关系。面对失恋，不要过分压抑失恋带来的痛苦，应寻找适当的方式进行宣泄，可以大哭一场，多参加体育运动，或在空旷的地方大声呼喊来释放悲伤的情绪；也可以找朋友倾诉，如果还是感觉心中抑郁，还可以找心理咨询机构进行咨询。总之，要及时转移注意力，不要让自己长期沉溺于悲伤的情绪中，要把注意力转移到自己比较感兴趣的事情上，或者出去走走、散散心，冲淡内心的挫折感和压抑感。

### （五）维持爱的能力

在恋爱旅程中，保持爱意的新鲜与持久是每对情侣的共同追求。每个人都对爱情抱有幻想与憧憬，渴望浪漫与完美。然而，现实中的恋人并非毫无瑕疵，爱情也常伴随着不完美。因此，在深入了解彼此后，我们应学会尊重与信任，而非试图改变对方以适应自己。我们不应苛求爱情的完美，而是要珍惜彼此的独特之处。这样的理解与接纳，才能使爱情之花在现实的风雨中绽放出更加绚烂的光芒。

真正的爱是奉献，是真心实意地为对方着想，当一方有心事或双方出现问题时，不要抱着让对方去猜测、理解的心理，而要主动地把问题摆到桌面上，及时沟通，做好协调工作，这样才能有助于恋爱双方更好地理解和配合对方。

## 三、明确恋爱中的男女差异

在恋爱关系中，双方各自拥有独立的生活空间，同时也共享着彼此的共同世界。两个不同性格、不同经历的人相处，需要相互包容与调整。矛盾的产生往往源于对事情的心理感受差异、个性的不同以及双方的不完美。因此，要想经营好恋爱，首先要充分了解男性和女性的差异。

### （一）价值感方面

在价值感方面，男性的价值感多来自工作，而女性的价值感多来自人际。

男性在职场中往往被赋予更多的期望和责任，他们的成功和失败往往与工作紧密相关。工作不仅为男性提供了实现自我价值的平台，也是他们获得社会认可和尊重的重要途径。因此，男性更倾向于通过努力工作、取得职业成就来提升自己的价值感。

相对而言，女性在人际关系的处理上拥有独特的优势。从家庭到社会，女性往往扮演着多重角色，她们擅长沟通、理解和照顾他人。这种能力使女性在人际关系中更容易获得满足感和价值感。她们通过建立良好的人际关系、为他人提供帮助和支持来体现自己的价值。

### （二）面对压力方面

在面对压力时，男性多不说话，而女性则爱说话。

处在压力下的男性，大脑中的空间辨识能力和逻辑能力开始起作用，碰到问题时，男性的右脑开始运转，想要找出解决问题的办法，左脑中听与说的功能却随之关闭。此时的沉默会让女朋友很难过，女生会对男朋友讲："别这样，你说出来呀，要不然多痛苦。"

面对压力，女性大脑开启的是说话功能，因此她会不停地讲话，跟每个人讲话，讲上几个小时也不会累。此时，女生会要求和男朋友说话，把它当成发泄的方式。她们不过是想撒撒娇，想有人安慰一下，然而男朋友的不耐烦让女生觉得他一点都不在乎自己。男性和女性面对压力截然不同的反应会使男女朋友产生不必要的误会。

面对处于压力下的男性，请让他一个人静静，想出解决办法或找到答案就好了；在和心情不佳的女性相处时，千万别提任何解决方法，或是否定她的情绪，只要表现你在听就行了。

### （三）语言沟通方面

在语言沟通方面，存在着一种普遍的倾向：男性更倾向于有话直说，而女性则不直接表达。

男性有话直说的风格，源于他们追求直接和效率的天性。他们倾向于直接表达观点，不绕弯子，这样能够快速解决问题，减少误解。这种直接性在团队合作、商务谈判或日常对话中都有其独特的优势，它能帮助人们迅速了解对方的立场和需求。

女性总是以谈话过程为目的，所以她们很喜欢沟通的过程。女性更偏爱隐晦的沟通方式，这并不意味着她们在逃避问题或故意隐瞒。相反，这种方式反映了女性细腻的情感和考虑周全的性格。女性往往更愿意在表达观点之前，先了解对方的感受和需求，以避免可能的冲突。这种沟通方式在维护人际关系、促进和谐氛围方面具有重要作用。

### （四）感情需求方面

在感情需求上，男性需要欣赏，女性需要爱和尊重。

在感情需求上男性需要被信任、接纳、欣赏、羡慕、认可和鼓励；而女性则需要被关心、照顾、了解、尊重、转移、肯定和保证。

因此，要经营好恋爱，需要遵循恋爱的规则，开放胸怀、真诚相处、以心连心，遇到分歧时应注意态度，用心聆听，反省自我，协调行为，为了对方的需要和成长而付出，为了自己的需要和成长而接受。

## 心灵互动营

### 心理活动：我眼中的他（她）

以“我眼中的他（她）”为题，进行课堂调查，并当场统计结果，组织讨论。

1. 男生眼中的女生（男生填写）

你认为女生最吸引你的三项特质，依次为________。

（1）温柔；（2）漂亮；（3）贤惠；（4）热情；（5）真诚；（6）稳重；（7）聪明；（8）勤奋；（9）身材好；（10）有修养；（11）好运动；（12）有主见；（13）活泼、外向；（14）内向、沉稳；（15）善于打扮；（16）穿着大方；（17）爱好相近；（18）家庭背景好；（19）其他（列出上面未说明而你认为重要的特质）。

2. 女生眼中的男生（女生填写）

你认为男生最吸引你的三项特质，依次为________。

（1）高大；（2）英俊；（3）幽默；（4）真诚；（5）稳重；（6）热情；（7）聪明；（8）勤奋；（9）讲义气；（10）好运动；（11）有主见；（12）有修养；（13）出手大方；（14）乐观、外向；（15）穿着潇洒；（16）爱好相近；（17）乐于助人；（18）家庭背景好；

（19）其他（列出上面未说明而你认为重要的特质）。

（统计并公布调查结果，并由此展开讨论）

A. 女生为什么看重男生的这些特质？（对男生的启示）

B. 男生为什么看重女生的这些特质？（对女生的启示）

C. 你现在具备哪些条件和品质？如何去培养那些优秀而自己缺乏的品质呢？

## 任务二　解析困惑——提升恋爱情感智慧

在大学生的恋爱过程中，最常见的是以下几种心理困惑。

### 一、学会区分友情和爱情

在大学生活中，友情与爱情之间存在着显著差异。男女学生之间的互动交往，建立起的不仅是亲密的友谊关系，更是人际交往中不可或缺的一环。然而，有些人的思想过于狭隘，一旦观察到男女学生间的接触增多，便无端揣测、妄加评论。同时，也存在误解，认为男女之间只有爱情，没有纯粹的友情。这导致一些学生对异性的友谊感到困惑，甚至选择逃避。对于如何理解异性间的友好情感，以及友情与爱情的真正含义，许多大学生仍需深入思考和探索。

对于大学生而言，辨识两性关系中的友情与爱情显得尤为重要。在文学作品中，因界限模糊而导致的悲剧屡见不鲜。例如，鲁迅笔下的阿 Q，吴妈只是同他“谈闲天”，他便以为是“小孤孀”对自己有意思，于是演出了一场下跪求爱、挨打、被罚的“恋爱悲剧”，这是误把友情当爱情。

友情是爱情的基础和前提，爱情是友情的发展和质变。两者有联系，也有质和量的区别。友情可能发展成爱情，也可能不发展成爱情。法国的莎布列夫人曾经说过：“恋爱有独特的性质，既无法瞒住自己在谈恋爱，也无法假装正在谈恋爱。”对大学生来说，能够对是友情还是爱情，冷静、理智地做出正确判断，对于正确处理两性关系问题具有十分重要的意义。

**心灵互动营**

#### 心理故事：是爱情吗？

小仙漂亮、活泼、能歌善舞，是班上的文娱委员；小王英俊潇洒、才华出众，是一班之长。每当学校开展文体活动时，他们都要一起商量本班的“参赛大计”，并常常为班上赢得荣誉。她英语学得顶呱呱，他专业成绩名列前茅；她常陪他朗读英语课文，他常教她解答难题；她在台上唱歌跳舞时，他为她的精彩表演拍得手都痛；他在场上踢球、奔跑时，她为他的英勇拼搏喊得嗓子哑。两人的家也相距不远，有时上学放假也结伴同行……连同学们都在暗地里开玩笑说，他们真是“天生的一对，地造的一双”。终于，似乎机会来了，情人节那天，他买了玫瑰花，鼓足勇气去向她表白，结果却被她大骂一顿。后来两人便形同路人……

如果你是小仙，你日常的表现好吗？如果你是小王，你该怎么办呢？

在分清友情和爱情的问题上，应注意以下问题：朋友可以有很多个，而恋爱对象或配偶只能有一个，这是爱情的“排他性”决定的。如果男女之间的关系可以和其他关系并存，这是友情；如果不能和其他类似的关系并存，会引起妒忌、痛苦和冲突，那么这是爱情。

爱情具有“秘密性”，情感和行为不愿让别人知道，而一般只能“你知我知，天知地知”；友情则完全可以直率地、无顾忌地向人们公开。

如果一时分不清对方对自己的态度是友情还是爱情，可以将对方对他人的态度和对自己的态度进行对比，如果都差不多，那么就不必想入非非；如果有所不同，对自己比较特殊，那么就可以进一步考虑了。

### 知识窗

#### 异性交往的原则和艺术

异性同学间的正常交往，有利于破除对异性的无知和好奇，增进对异性的了解，丰富情感体验，培养社交能力。

1. 异性交往的原则

（1）健康、文明的原则。异性同学之间说话要文明，切忌粗话、脏话；举止要大方，对待异性不可拍肩膀、打闹、轻浮；要尊重对方，不可拿对方开心取乐。

（2）选择场所与时间适当的原则。与异性同学交往，不可在阴暗、偏僻的场所，而应在公共场所；不可在晚上单独交往，以防止各种性意向的幻想发生；到异性宿舍，应得到准许，且不应停留过长时间。

（3）保持一定距离的原则。异性交往本身有一种自然吸引力。因此，若男女同学交往距离太近，甚至身体接触，人的性器官就可能会感受到刺激而产生条件反射，出现性冲动甚至越轨行为。因此，男女学生接触，应注意保持一定距离，这也是一种礼貌。遵循这些原则就能使异性同学之间的交往保持文明、积极的氛围，避免一些不当行为的出现。

2. 异性正常交往的艺术

（1）在与异性交往中，不能带有实用主义和功利主义的目的，或带有性攻击的动机和强制性。

（2）异性之间交往要保持一定的距离。

（3）异性之间交往还应具有自己独特的风度，这是自己在与异性交往中保持永恒魅力的法宝。

（4）异性之间交往还应自信而坦诚。坦诚是异性交往的最佳艺术。

（5）要克服异性交往的心理障碍。

（6）异性之间交往要讲究礼仪和注意小节。

## 二、如何平衡爱情与学业

恋爱中的同学，一定要正确处理好学业与爱情的关系。在交往过程中，不要在对方身上花太多的财力、时间和精力。不要缠绵于两个人的世界，成为爱的囚徒，要把握自己的感情，相信自己能管住自己，振奋精神，明确生活目标，更多地学习各学科的知识，更多地参加社会活动，适时适当地拉开与恋人的距离，减少两人单独相处的机会，正确对待与恋人的暂时分离。两个人应重新制定学习目标，全身心地投入到学习中，严格按要求完成学习任务，让丰富多彩的大学生活充实心灵，让爱情在共同的学业追求中开出绚烂之花。

## 心灵互动营

### 心理故事：比翼双飞的恋爱

张同学是一班的班长，赵同学是二班的学习委员。一次偶然的机会，赵同学的专业技能需要帮助和强化，而张同学正好充当起了她的小老师，他们二人便因此结缘、熟知。后来，随着在学习和生活上的交流越来越频繁，二人的关系也越来越密切。

确定恋爱关系后，他们二人并没有因为谈情说爱而耽误学习，反而在专业方面互帮互助，甚至还将对方当作比拼追赶的对象。

在全国大学生智能汽车竞赛中，张同学荣获一等奖。在创业实践和研究创新等其他赛事上，他同样取得了优异成绩，多次获得一等奖学金。在与张同学共同参加的比赛中，赵同学取得全国第三的成绩，大学期间还获得了一等奖学金，并以第一作者的身份在某核心期刊上发表了论文……

正是由于张同学和赵同学互相鼓励、相互支持，这对志同道合的情侣最后被保研至浙江大学。他们因学习结缘，也因共同学习进步，爱情、学业双丰收，活成了最好的样子。

## 成长时刻

歌德说："爱情如果不生根于对社会共同的信心与事业的志趣上，那是浮萍的爱，极易随风飘去。而单纯靠感情冲动造成的爱，则像建筑于泥沙上的塔一样，总是要倒塌下来的。"大学生一定要在认识到学业是第一位的基础上处理好恋爱和学业的关系，才能学业和爱情双丰收，创造精彩的人生。

## 三、怎样摆脱单相思

单相思是以一方对另一方的一厢情愿的倾慕与热爱为特点的畸形爱情。单相思又可分为有感单相思和无感单相思。有感单相思是一种对方知道你在恋他，但他并不恋你的单相思；无感单相思是一种一方深深地恋着对方，而对方并不知晓的单相思。单相思者常会有如下心理倾向：①关注——对所恋对象强烈地倾慕，长时间地、细致地对之进行观察。②亲物——对相思对象的物品进行抚摸把玩，对其住处流连难离，表现出变态性的亲近。③幻想——单相思者常呈白日梦状态，经常和反复想象能与对象公开相爱的情景。

爱情是美丽的，可一旦深陷单相思，行为就不再受理性思维支配，而是受制于潜意识中的幻想，这种爱则是折磨人的。

## 知识窗

### 怎样摆脱单相思的苦恼

（1）爱欲分流。当你发生单相思的时候，从精神分析学的观点看，实际上就是你把情感投注到了他（她）的身上，于是，这个人的光环就艳丽灿烂，甚至连缺点也成了魅力所在。

只有积极扩大社交范围，才能把这种淤积的情感分流、外化，从而建立新的平衡。同时应多参加自己感兴趣的运动，消耗部分淤积于体内的能量，从而使人情绪高昂，获得自信。

（2）向知心朋友倾诉。

（3）勇敢地向意中人表白爱慕之情。

无论是有感单相思还是无感单相思，相思者与其忍受着软弱和怯懦的折磨，还不如直接向被恋者表白自己的爱慕。相思者只要记住“人人都有爱人的权利，也都有拒绝别人爱的权利”这条公理，就可以这样去做。表白需要勇气，需要强大的心理承受力。也许，在表白的瞬间，你会感到窒息，不知所措，甚至无法承受，但是，若不表白，自己不仅长期处在幻想和煎熬之中，而且可能错过一段真挚的情感。表白的结果无非成功或失败。若对方接受，当然最好。若对方拒绝，你也可以痛苦得明明白白。美梦惊醒那一瞬间虽然痛苦，但你很快会发现这并非世界末日，吸引你的事情还会不断出现。

## 四、其他爱情困惑

### （一）如何避免爱情错觉

爱情错觉是指在异性间的正常交往中，一方错误地把另一方正常的行为——好感与友情理解为对自己有爱意，从而错误地认为爱情已经到来的一种感受。爱情错觉，可能是由于相思者对相思对象的幻想和过分敏感，导致相思者错误地领会了对方的正常行为，比如有时她疏远他、冷淡他，他以为这是她对他的考验；她回绝他，他以为这是她的矜持；她不回信，他认为她是让他再进攻。很多书上把爱情错觉当成单相思的一种，这是不正确的。单相思是指一方有意、一方已明确表示无意或一方有意、一方并不知晓两种情况，他们的痛苦来源于表白无效或不敢表白，而爱情错觉并不存在不敢表白与表白无效的情况，他们痛苦的根源是错把“无爱”当“有爱”，或者说他们的爱情痛苦源于误会。

**知识窗**

#### 如何校正爱情错觉

可以依据以下几个特点来校正爱情错觉。

（1）排他性。如果你同其他异性亲密往来，他（她）无任何不满嫉妒。

（2）冲动性。对你的试探性言语、行为、表情，他（她）不在乎或反感，无脸红、紧张等激动表情。

（3）隐曲性。他（她）对你的关怀、帮助不回避，与你谈话从不悄声悄语，总是随随便便、大大方方，从不给你暗示的眼神和动作，对你们两人的接触从不躲闪回避，而你约他（她）单独外出或看电影他（她）却不同意。凡是出现这些情况，就能说明你对他（她）的爱是错觉。出现爱情错觉，可以将错就错，进一步去接近他（她），培养爱情，或进一步向他（她）表白心迹。若是“落花有意，流水无情”，可以等待更好的机会，要相信，除他（她）之外，一定还会有许多异性吸引你。

### （二）如何面对失恋

失恋是指恋爱的一方否认或中止恋爱关系给另一方造成的一种严重挫折。失恋通常会带来一系列心理问题，为此需要进行积极的心理调节，要正确对待失恋，摆脱自卑的束缚。

“失去恋情”是情感世界中的常态，有相爱必有失恋，这是恋情发展的自然规律。每个人都有权利追求爱情，而对方同样拥有接受或拒绝的权利。当失恋成为不可避免的现实时，以超脱与大度的态度面对失恋则是明智的选择。若因个人经验不足或某些方面的欠缺导致失恋，那么这将是成长的垫脚石。失恋虽令人失意，但绝非失败。

失恋的种种不良心态会严重影响大学生的身心健康，甚至会导致一系列社会问题。失恋者可以寻找一些具体的方法帮助自己尽快地从失恋的阴影中走出来。

1. 倾诉

失恋者精神遭受打击，被悔恨、遗憾、愤怒、惆怅、失望、孤独等不良情绪困扰，应主动找朋友倾诉，释放心理负荷。可以用口头语言，把自己的烦恼和苦闷向知心朋友毫无保留地倾诉出来，并听听他们的劝慰和评说，这样心里会平静些。也可以用书面文字，如日记或信件把自己的苦闷记录下来，给自己看，或发给朋友看，这样便能释放自己的苦恼，并寻得心理安慰和寄托。

2. 移情

及时适当地把情感转移到失恋对象以外的其他人、书或物上。发展密切的朋友关系，交流思想，倾吐苦闷，陶冶性情；投身到大自然的博大胸怀中，从而得到抚慰。

3. 升华

把失恋的痛苦升华为对事业的奋力拼搏，这样做不仅可以转移失恋带来的悲伤，而且可以提高自身的社会价值。

### （三）如何避免三角恋

在三角恋情中，由于爱情的排他性和独占性，会导致三方都很痛苦。避免三角恋的原则是各方（被爱角色、竞争角色、成功者）都进行积极的自我调控。

1. 被爱角色的心理调适

作为被爱者，幸福的同时也会感到抉择和拒绝的痛苦。但是，必须做出选择，不可脚踏两只船，否则将后患无穷。在进行选择时，首先要尊重自己真实的内心情感，再比较双方的人品、才华、相貌等。需要注意的是，在抉择之前，彼此的交往不可超越友谊的范围。

2. 竞争角色的心理品质

有人问：假设你的好朋友与你同时喜欢一个人，你会退出吗？不退出会表示自己没有道德吗？首先要明确，爱情的平等竞争与道德品质无关，每一个人都有追求自己幸福的权利。勇敢地追求爱情，意味着积极进取。一味放弃，不仅没有体现“高风亮节”，反而是懦弱无能的表现。但是，爱情从来都是自私的，爱是两个人的事，三角恋只会让恋情陷入焦灼，不亚于烈焰中取栗。所以，千万不要同时脚踏两只船，在感情里贪心的人，不管是男生还是女生，最后的结果一定是伤人伤己。

3. 成功者的心理保护

同事业一样，爱情必然会有成功与失败。但是请记住两条：一是不要成为挑起三角恋情的主角。陷入爱情中的人们，很难用理性去思考那么多，看起来很明朗的事情，身陷爱情中的人却犹豫不决纠结万千。如果实在剪不断理还乱，那么就问问自己，面对三角恋情，你能承受几分？你有多少勇气去坚持，又有多少时间与能力去面对？二是不要爱上已婚人士。如果不小心爱上了已婚男人（或女人），请立刻收手，这样的感情游戏不管你是有心，还是无意，都要远远离开。不要做别人家庭的破坏者。成功的已婚男人（女人）看起来确实与众不同，可你要明白，那一份气质那一份从容，是别的女人（男人）给予的，即使再迷人，也不属于你。况且，如果那个男人（女人）真的爱你，一定不会把你带进那样一场无望且不道德的感情中。

### （四）如何正视网恋

在数字化时代，网络已成为大学生活的重要组成部分。网恋在大学生群体中的兴起并非偶然，而是现实与虚拟交织下的必然结果。网恋通常有两种形式：一是在网上认识、网上恋爱，甚至在网上结婚组织网上家庭，但现实生活中双方完全不接触，这更像是柏拉图式的精神恋爱。二是在网上认识，双方有了进一步交流、了解意愿后，从网上走下来开始传统的恋爱过程。在大学生中确实有一些在网上交流学习心得、人生看法，逐渐情投意合而发生网恋的，但多数则是因经不起外界诱惑而参与的。一些学生把网恋作为上网的目的之一，在网恋中表现得十分轻率。有的人同网友聊过一次天，发过一次电子邮件后，就激情满腔地表示“我要娶你”“我要爱你到永远”，并迅速在网上确立恋爱关系。由于大学生的生理心理特点，大学生的网恋一般很容易上瘾，而一旦上瘾，就会沉溺于网络中不能自拔，把网上爱情视为生活的唯一追求目标，减少了与老师、同学的交流，不愿参加集体活动，性格变得孤僻，甚至造成人格分裂。

网络为大学生提供了更广阔的交友空间。在繁忙的学业和紧张的社交压力下，许多大学生感到难以在现实中找到合适的伴侣，而网络则打破了地域和时间的限制，让他们能够更便捷地接触到来自不同背景、不同文化的异性。这种多元化的交流，不仅丰富了大学生的生活，也为他们提供了更多选择的机会。然而，网络只是一个虚拟的世界，网恋是发生在虚拟空间中的感情，人们往往隐藏自己的真实身份和性格，以理想化的形象示人，而爱情却是要建立在诸多现实条件基础之上的。我们要以一种正常的心态去看待网恋问题，既不让自己迷失于网恋，也不盲目排斥一切网络交往。我们要保持一颗平常心，理智地穿越网恋的迷雾和层云，用心描绘真实的美丽人生。

# 任务三　培育健康恋爱观——获取幸福人生智慧

爱情和婚恋是大学阶段比较现实而又普遍的问题。现代大学生在面对爱情与婚恋时，展现出愈发开放、自我、随性的态度，这反映了婚恋观念的多元化。然而，由于大学生道德理性的不成熟、角色定位的不明确以及社会环境的影响，恋爱行为中出现了诸多矛盾。因此，构建健康、积极的择偶和恋爱观对大学生而言至关重要，这有助于他们形成稳定、理性的恋爱观，以应对复杂多变的情感世界。

## 一、了解大学生常见的择偶心理

### （一）父母偶像理论

弗洛伊德认为，恋父和恋母情结对个体的恋爱、婚姻产生了长足的影响。个体选择和自己异性长辈性格、气质和生活方式相似的个体作为恋爱对象，是早期情结的延续。波盖特·维林对此理论进行补充后指出，大多数人容易爱上幼年时和自己父母亲近或与父母相似的人。这一理论基于人们对于亲密情感的依赖和对安全感的需求，认为人们在选择伴侣时，往往会不自觉地寻找在自己童年时期和父母之间形成亲密关系的人。具体来说，男孩子可能会因为“恋母情结”而选择具有其母亲个性品质的女子作为恋爱对象，而女孩子则可能因为“恋父情结”选择具有其父亲个性品质的男子作为恋爱对象。这种选择不仅反映了人们对亲密关系的渴望，也体现了人们在情感上对安全感的需求。

从认知加工的角度看，选择和自己异性长辈相似的个体，可以减少家庭中认知冲突的产生，继续延续家庭已经形成的较为成熟的生活风格和决策方式。另外，还可以在家庭事务力量对比上保持均衡，避免多对一的不良局面。

### （二）同类匹配理论

人们在选择朋友，尤其是选择终身伴侣时，通常倾向于选择那些不仅在智力上，而且在外表上能够与自己匹配的人。即人们总是倾向于选择与自己的年龄、居住地、教育、种族、宗教、社会阶级以及价值观等相近或类似的异性为配偶。

我们常说的“门当户对”就是同类匹配理论最典型的体现。门当户对是指男女在择偶时要相互考虑对方家庭财产的多寡和门第的高低与自己家庭是否相当，以及社会地位、社会声望是否适合等。实际上，匹配现象源于心理学中的相似性吸引。即当某个人拥有与自己相同的价值观等内容时，会自然而然地产生吸引力。

### （三）资源交换理论或互补需要理论

“资源交换”理论认为，人们为某一特定的异性所吸引，是由其所能提供的资源决定的，假如某一资源不足，可以提供另一种资源作为补偿，如在包办婚姻中，劳动力、彩礼就是最常见的资源交换，容颜姣好也可以被用来交换诸如社会经济地位、爱和关心以及自我牺牲等其他资源。

### （四）男高女低择偶梯度说

“择偶梯度”即男性倾向于选择社会地位相当或较低的女性，而女性往往更多地要求配偶的受教育程度、职业阶层和薪金收入与自己相当或高于自己，也就是婚姻配对的“男高女低”模式。

## 二、分析大学生的择偶条件

### （一）经常接近和互相交往密切

只要经常同你在一起，你会爱上任何一个与自己有着大致相同的人格特征并且会回报自己感情的人。心理学对内隐态度的研究表明，个体对特定事物的接触频率与喜爱程度之间存在密切的相关，即纯粹接触效应，也即“日久生情”。

### （二）曝光效应

那些记忆深刻的个体常常更容易获得好感。20 世纪 60 年代，心理学家查荣茨做过这样一个实验：他向参加实验的人出示一些个体的照片，让他们观看。有些照片出现了二十几次，有些照片出现十几次，而有些照片只出现了一两次。之后，请看照片的人评价他们对照片的喜爱程度。结果发现，参加实验的人看到某张照片的次数越多，就越喜欢这张照片。

### （三）外表吸引力

女性通常会选择一个相貌平平但是很热诚的配偶，而男性则更倾向于选择外貌漂亮的女性。另外，男性都认为那些腰部比臀部窄 30% 的女性最有吸引力——这是一种与性生育力相关的体形特征。当判断男性是否会成为可能的结婚对象时，女性也偏向于上述的腰臀比例，而且在排卵期，女性更喜欢那些具有高度男性化特征的男性。

### （四）那些喜欢“我们”的人

对于女性而言，冒险抛弃“矜持”而去做出“勇敢”决定的非常少见。向男性表白具有双重风险：第一，被拒绝的可能性更大，男性更多的时候依赖外表来判断自己是否喜欢该女性，若外表不符，常常会遭到拒绝；第二，男性更容易放弃这段恋爱关系。喜欢是情感的自我表露，具有原发性，因此，喜欢那些同时喜欢自己的人更有利于恋爱的发展。

## 三、掌握恋爱的智慧和技巧

男女之间的恋爱和相处，无疑是一门包含无穷智慧和精湛技艺的深奥艺术，它需要人们在漫长的人生道路上，不断探索、学习、实践。只要留心种种恋爱技巧与相处之道，就能够让爱情这段关系变得愈发和谐、美好，让这段感情沐浴在幸福的阳光之下，绽放出最为绚烂、耀眼的色彩。在爱情之路上，愿每一个人都能珍惜这份得来不易的缘分，用心去经营自己的感情，让爱情之花，美丽绽放，永不凋谢。

### （一）妥善处理情感关系

妥善处理情感关系是指珍视自身情感与身体健康，避免盲目爱恨，拒绝被一时冲动所左右。大学生应明智地选择男女朋友，寻觅真爱，不随波逐流。在经营爱情的同时，也要注重友情的培养。这样，大学生们的情感世界才能更加丰富和充实。

## 心灵互动营

### 心理故事：一个花季少女的消逝

2019 年 10 月 9 日，北京某大学女生包某在北京的一个宾馆中服药自杀，送到医院以后被确诊为脑死亡。包某自杀背后的原因引起了社会的热议，导致她自杀的男友牟某也被送上了风口浪尖。2020 年 4 月 11 日中午包某在医院去世，一条年轻的生命就这样消逝。

包某有着光亮的前半生，俊俏的面庞和超前的排名让她成为了别人家的孩子，她充满阳光和自信。在大学里，她找到了男朋友，她的男朋友担任过主席等重要的学生职务。包某以为她找到了一个可以为她遮风挡雨的人，但却没有想到接踵而来的风雨全部都是他给的。

包某和牟某的关系第一次出现裂痕是因为前男友，前任是每一对情侣都避不开的话题和隔阂，既然选择了重新开始就应该笑着接纳过去，但是牟某的处理方式十分的偏激。牟某认为包某对不起自己，他觉得自己是一个“接盘侠”，觉得自己十分委屈。

最开始的时候，包某还有自己的底线和思考，她反复和牟某强调自己最重要和最美好的东西是自己的未来，希望牟某不要过分地在意过去，在意一些已经不可以挽回的东西。但是牟某持续性地给包某灌输自己的思想，他告诉包某自己是因为太爱她所以才放不下，这是一个男人的正常心态，他希望包某可以理解自己，可以向自己服软。包某很快便被辩论队出身的牟某洗脑，她开始变得自卑，开始认为是自己对不起牟某，牟某那么在意自己，自己居然还那么不自重。因为愧疚，包某开始妥协，二人的关系也开始歪曲。

牟某开始向包某提出各种十分过分的要求，他让包某把自己的备注改成“主人”，希望包某像他养的一只狗一样顺从，甚至还让包某在自己的身上纹“牟某的狗”这几个字。牟某的脾气开始变得更加暴躁，经常会因为一些事情谩骂包某，并因为一点小事让包某自己扇自己耳光。

就这样，因为牟某的一次次逼迫，一次次威胁，一次次折磨，包某的心理防线终于坍塌了，她开始变得不能面对现实，不能面对这个世界。在爆发了又一次大的争吵后，包某提出了分手。牟某依然像往常一样，疯狂地轰炸包某的微信，疯狂辱骂着包某。包某看着“主人”发来的一条条消息，终于被他那句“你不是答应过我如果分手就去死吗”压倒了，她找了一个普通的宾馆，在微博发了一条只能自己所见的“我命由天不由我”，然后服药自杀。

包某的自杀让她的家人十分悲痛，他们引以为傲的女儿因为脑死亡躺在了病床上，他们又因为疫情的原因几个月没有见到女儿，他们一直在为女儿的遭遇奔走呼号，但是还没有等来审判，女儿就永远地离开了这个世界。

牟某对包某的恶行也许只是人们常说的“精神霸凌”的一个缩影，世界上也绝对不会只有一个或者几个包某。恋爱没有对错，但是男女双方在恋爱当中都应该拥有最基本的底线和理智，既保护好自己，也不能伤害他人。

### （二）营造积极的恋爱环境

爱情是互相扶持、互相鼓励，不断在学习上、工作上给予个体正能量的情感互动。大学生活中，学习是第一要务。成绩的积累是维系爱情物质基础的关键。恋爱不仅是情感的升华，更应以崇高目标为指引，否则容易陷入厌倦和分离的境地。

### （三）自主把握爱情的航向

自己掌握爱情的舵——不要在情感上过度依赖他人。一是保持爱情的新鲜与热度。在两个人相处的过程中，需要时刻关注对方的情感变化，倾听他们的心声，给予彼此适当的自由和空间，让彼此能够在这样的环境中舒适地交流。同时，还要学会在平淡的生活中寻找浪漫与激情，为爱情注入新的元素，使爱情更加充满生机和活力。二是相互理解。当遇到矛盾时，更需要学会换位思考，站在对方的角度去理解问题，以及通过有效的沟通解决问题。在处理恋爱过程中出现各种情感纠葛和问题时，应时刻保持冷静理智的头脑，坚决避免让情绪左右自己的判断和行为。三是保持自我。不能因为怕失去爱情而变得卑微。很多大学生都会因为害怕失去自己得来不易的爱情，而变得非常卑微，对自己的另一半言听计从，或者失去了自己。

掌握一系列的恋爱技巧，就好比手握一张航海图，有了明确的方向和指引，能够更好地掌握爱情的航向，让爱情这艘原本可能随时倾没的小船，在自己精心守护下，平安抵达爱情的港湾——婚姻的殿堂。

## 自助测试

### 心理测试一：友情和爱情区分量表

量表（一）

1. 我们在一起时的心情总是一样的。
2. 我认为他（她）的环境适应能力很强。
3. 我强烈推荐他（她）做一项责任重大的工作。
4. 在我看来，他（她）特别成熟。
5. 我相信他（她）有良好的判断力。
6. 即使同他（她）短暂相处，大多数人也都会对他有很好的印象。
7. 我觉得他（她）跟我很相似。
8. 我愿意在班级或群体选举中投他（她）一票。
9. 我觉得他（她）是一个能很快赢得尊重的人。
10. 我觉得他（她）绝顶聪明。
11. 在我认识的人当中，他（她）是非常可爱的。
12. 他（她）是我很想学习的那种人。
13. 我觉得他（她）非常容易赢得人们的钦佩。

量表（二）

1. 他(她)情绪低落时，我首要的职责是让他（她）快乐起来。
2. 在所有的事情上，我都可以信赖他（她）。
3. 我觉得不计较他（她）的过失是一件容易的事。
4. 我几乎愿意为他（她）做任何事。
5. 我对他（她）有独占欲。
6. 若不能永远跟他（她）在一起，我会觉得非常痛苦。
7. 寂寞时，我首先想到的就是去找他（她）。
8. 他（她）的幸福是我最关心的事。
9. 我愿意原谅他（她）的任何过错。
10. 我觉得他（她）的幸福安康是我的责任。
11. 同他（她）在一起的大部分时光，我就这样看着他（她）。
12. 我非常享受他（她）对我的信赖。
13. 没有他（她）的日子，对我来说很难过。

**评定方法：**

量表(一)和量表(二)中符合自己情况的句子分别有多少？如果量表(一)中符合自己的句子多于量表(二)，那么你对对方喜欢的成分多过爱，你们之间是友谊而非爱情；反之则是爱情，而非友情。

### 心理测试二：处理恋爱难题的能力

通过对10个问题的回答，可以对自己在处理恋爱问题上的能力和态度，做一个基本的评价。

1. 当发现自己所爱的异性已有恋人时，你的态度是（　　）
A. 佯作不知，继续求爱。
B. 千方百计把对方从其恋人手中夺过来。
C. 不再同对方保持友谊。
D. 克制自己的感情，愉快地同对方分手。
2. 当你同时被两个异性追求时，你的态度是（　　）
A. 和这两个异性同时保持恋爱关系。
B. 先保持友谊关系，发现哪一个更合适时，再同哪一个确定恋爱关系。
C. 急于同其中一个明确关系，让另一个另择所爱。
D. 不知所措。
3. 当你和你的好友同时爱上同一个异性时，你的态度是（　　）
A. 把好友当作“情敌”，而“情敌”是无所谓友谊可言的。
B. 向好友倾诉你是如何钟情于那位异性，请好友高抬贵手。
C. 自己主动退让，成全好友的心愿。
D. 把自己的感情光明正大地告诉好友，让爱上的异性在时间的流逝中做出他（她）自己的选择。
4. 当你发现恋人的意外缺点时，你的态度是（　　）
A. 诚恳地向恋人指出，希望并帮助对方改正。
B. 严肃地向恋人说明自己的态度，如对方不在限期内改正，就同他（她）分手。
C. 先分手再说话。
D. 闷在心里难过，不敢向恋人启齿。
5. 当你不爱的人来求爱时，你的态度是（　　）
A. 态度暧昧，不置可否。
B. 为对方的痴情所动心，接受对方的爱。
C. 用恰当的方式把自己的态度告诉对方。
D. 冷淡地对待对方。
6. 当你打算中断和对方的恋爱关系而对方坚决不同意时，你的态度是（　　）
A. 不管对方是否同意，以后不再和他（她）来往。
B. 通过朋友、熟人做说服工作，尽可能使对方自愿脱离关系。
C. 可怜对方，继续同他（她）保持联系。
D. 嘲笑对方“单相思”，激起对方的不满，使对方不再纠缠自己。
7. 当你的父母坚决反对你的恋爱对象时，你的态度是（　　）
A. 屈服于父母的压力，同恋爱对象分手。
B. 同父母大吵大闹，甚至提出脱离关系。
C. 瞒着父母继续恋爱。
D. 通过各种渠道，耐心做父母的工作，同时让父母明白自己的态度是坚定的。
8. 当你发现自己的恋人同时在和几个人谈恋爱时，你的态度是（　　）
A. 气愤地责骂恋人是“爱情骗子”，同时同对方分手。
B. 想办法把恋人的其他恋爱关系统统破坏掉。

C. 佯作不知，对恋人更加热烈，以此加速恋人的明朗态度。

D. 向恋人严肃地指出这个问题，并视对方的态度决定自己和恋人的关系。

9. 当你发现自己的恋人很不理想，而你已是一个大龄青年时，你的态度是（　　）

A. “男大当婚，女大当嫁”，凑合算了。

B. 维持但不发展现有的关系，看看生活的视野里有没有更理想的异性出现。

C. 和对方一起努力，使对方向理想的方向发展。

D. 同对方分手，宁肯独身，也要求一个理想的配偶。

10. 在你认为条件还不成熟时，你的恋人提出了结婚要求，你的态度是（　　）

A. 接受对方的要求，认为这是对方爱自己的表现。

B. 明确而又恰当地表明自己的态度，希望对方和自己一起努力，加速爱情的发展。

C. 拒绝对方的要求，怀疑对方是别有用心。

D. 采用借口，对对方的要求不置可否，以便等待条件的成熟。

**评定方法：**

上述 10 道题，你可在 ABCD 四种答案中任选一种，然后按下表进行计分。

| 题　号 | A | B | C | D | 题　号 | A | B | C | D |
|---|---|---|---|---|---|---|---|---|---|
| 1 | 1 | 0 | 2 | 3 | 6 | 2 | 3 | 0 | 1 |
| 2 | 1 | 3 | 2 | 0 | 7 | 0 | 1 | 2 | 3 |
| 3 | 0 | 1 | 2 | 3 | 8 | 2 | 0 | 1 | 3 |
| 4 | 3 | 2 | 1 | 0 | 9 | 0 | 1 | 3 | 2 |
| 5 | 1 | 0 | 3 | 2 | 10 | 1 | 3 | 0 | 2 |

总得分越高，表明你处理恋爱难题的理智程度和道德水平越高。当你的总得分在 21 分以上时，说明你处理恋爱难题的能力是相当不错的。当你的总得分在 14 分以下时，说明你处理恋爱难题的能力很值得怀疑，在这些难题面前，你很可能采用非理智甚至非道德的态度，其后果是令人担心的。

## 拓展延伸

### 心灵影院：《当哈利遇见萨莉》

毕业时，哈利在旅途中偶遇了萨莉，哈利认为男女之间不可能有真正的友谊，萨莉却不以为然，于是不欢而散。几年后，当再次相逢时，两人都因感情出现了危机而有了共同语言。哈利此时也有些相信男女之间可以有纯洁的友谊了。他们相互为对方介绍对象，不想找来的一男一女却陷入了热恋之中，令人哭笑不得。随着理解的加深，两人之间超出了友谊的界限。新年之夜，哈利忽然悟到友谊和爱情可以同时存在，于是他疯狂地去找萨莉。友情与爱情是人际情感中的积极情感，对人的一生都有重要意义，两者存在着相互包容与转化的趋势。爱情与友情的联系和区别是什么呢？看完这部影片，或许会给你收获。

## 有氧书吧：《爱的艺术》

《爱的艺术》是德裔美籍心理学家和哲学家、法兰克福学派重要成员艾里希·弗洛姆最著名的作品，自1956年出版至今已被翻译成32种文字，在全世界畅销不衰，被誉为当代爱的艺术理论专著最著名的作品。

在这本书中，弗洛姆认为，爱情不是一种与人的成熟程度无关、只需要投入身心的感情。如果不努力发展自己的全部人格并以此达到一种创造倾向性，那么每种爱的试图都会失败，如果没有爱他人的能力，如果不能真正谦恭地、勇敢地、真诚地和有纪律地爱他人，那么人们在自己的爱情生活中将永远得不到满足。在这本书里，爱不仅是狭隘的男女爱情，也并非通过磨练增进技巧即可获得，爱是人格整体的展现，要发展爱的能力，就需要努力发展自己的人格，并朝着有益的目标迈进。

# 项目十二

# 穿越虚拟的迷障
## ——大学生网络心理

### 学习目标

- 学习目标
  - 知识目标
    - 了解大学生的上网心理
    - 提高自我辨别良莠信息的能力
    - 正确使用互联网，防治网络成瘾
  - 能力目标
    - 了解冥想法具体操作步骤
    - 具备熟练运用网络检索信息的能力
    - 能够合理分配上网时间，控制上网时间
  - 素质目标
    - 正确认识互联网对大学生积极和消极的影响因素
    - 了解网瘾对大学生的学习和生活所造成的危害
    - 懂得合理使用互联网，以崇尚科技为荣，树立珍惜亲情、友情的意识

### 故事导入

#### 高考奇才迷失在网络与大学之间

周某，男，23岁，湖北××县人，从小学到高中学习成绩一直不错，性格活泼开朗，是父母眼中的乖孩子。高考后因沉溺网络游戏，4次考取名牌大学，3次被迫退学，目前就读于H大学材料科学院三年级，仍有逃课上网行为，是什么原因使周某这样一个高考战场上的常胜将军，7年来一直摆脱不了网瘾的折磨呢？周某是家里的独生子，他的父亲是一名司机，母亲没有固定工作。周某的学习成绩一直不错，从来没有让父母操心过。在读高中的时候，一位性格温柔的女同学深深地吸引了他，两人走到一起并确立了恋爱关系，高考时他发挥出色考了615分，报考了女友填报的W大学，当年9月，周某开始了他向往的大学生活。

周某第一次远离父母，来到一个完全陌生的环境中生活，和高中不一样的是，大学里的很多课程在大教室里上，没有特别固定的学习环境，他不去上课也没人知道，他逐渐觉得自己选择的专业“材料成型与控制工程”枯燥无味，正当周某对不同于高中的大学生活感到无所适从时，网吧里一款名为“暗黑”的网络游戏吸引了他。至此，网络就没有离开过他的生活，一直在网络游戏中消耗宝贵的青春，接下来的日子，周某开始频频旷课，最疯狂的一次，在网吧整整待了三天三夜，到第二年5月，由于多次旷课，周某被取消了考试资格，大一还没结束，他就接到了退学通知。第一次的退学经历对他的打击很大，当时他甚至想到了死，他走到东湖边站了很久，最终还是收回了结束生命的那一步。

周某退学回到家，受到了父母严厉的责备，复习了一个多月后，又来参加了人生中的第二次高考，这一次他考了628分，他重返W大学，选择了比较感兴趣的化学专业。重返校园后，自我控制能力较弱的他重演了晚上上网、白天睡觉的生活，而且还和辅导员较上了劲，感觉辅导员对他有偏见。大一下半年，周某还没等到期末考试，学校的文件就又下来了，他再次被勒令退学，这次父母并没有骂他，只是又帮他安排好了重新参加高考，这次周某以611分的成绩，成为H大学材料学院的一名本科生，开始了他第三次读大一的经历。开学后不久，他刚买的新自行车就丢了，他说“当时我觉得不爽，就跑去上网了”之后他仍常去网吧，但这次他熬过了大一。

后来，周某的女友提出同他分手，并且向他引见了新男朋友，遭受失恋打击后，周某更加疯狂地上网，想依靠网络排解难过的情绪，时间最长的一次，周某在网吧呆了10天，困了就在电脑前趴一下，那次一共花了200元，为了上网，他一天只吃两餐，在食堂就吃1元钱的菜，两年来，周某用于上网的钱超过4 000元，他随后又连续丢了3辆自行车，开始不信任身边的人，并且更加封闭自我，周某开始花更多时间泡网吧，除了打游戏外，他还常在网上看电影和体育比赛，但对于网络，周某开始有了一种矛盾的心理：“刚上网时确实能感觉到一种激情和挑战，但上网时间长了也挺没趣的。”

大三刚开始，H大学就对学生的学分进行清理，由于差了半个学分，周某第三次收到退学通知，最令周某遗憾的是，在接到退学通知前他感觉自己刚刚找到了学习的感觉，他当时非常不情愿离开学校，明知学校下发了退学的通知，还在学校里待了一个月，每天和同学们一起上课，但最终还是回家了，到家后，周某开始了他人生中第四次备战高考，此时，周某又变成了几乎和大学里完全不同的人，在长达半年的备考时间里，他居然没有上过一次网，第四次高考，他考了614分，再次被H大学录取。

周某重返材料学院，学校让这位新生直接入读大二。周某搬回了当年同班同学的宿舍，每天在教室里，他要和比自己小好几岁的同学们一起上一些他曾经上过的课，回到宿舍里，他面对的全是昔日的同班同学，大家都已经上大四了，他却还在读大二，这样的心理落差令周某又过上了他神龙见首不见尾的生活，不少关心他的人都担心，周某是否能够走出已经折磨了他7年的网瘾，让已经重复了3次的退学经历不再重现？”

**解析：**周某作为一个个案，有普遍性，也有其特殊性，周某与其他网络成瘾者最大的不同就在于，他智商高，能够轻松地应对高考，但他的痛苦来源于他无法发挥他的智力，无法实现自我的价值，无法远离网瘾的侵扰，在现实生活中找到存在感。周某不仅是代表一个人，对于像周某这类智商较高的大学生群体而言，他们逃避的痛苦是自我期望与社会期望相矛盾的痛苦，自我期望与社会期望相矛盾的痛苦，不是一种选择的痛苦而是玉石俱焚的痛苦，当他们发现自我期望和社会期望是两条永远不能相交的平行线时，他们会选择逃避甚至放弃自我，其实逃避永远无法逾越现实困境，虽然网络游戏可以让人暂时忘记痛苦，但如果不迈出双脚向前走，即使智商再高也永远无法跨越现实生活的栅栏。

## 心灵能量包

技术每提高一步，力量就增大一分，这种力量可以用于善恶两个方面。

——阿诺尔德·J·汤因比

毫无节制的活动，无论属于什么性质，最后也将一败涂地。

——歌德

# 任务一　分析大学生网络行为

网络作为一种高效能的信息工具在知识时代扮演着越来越不可替代的角色，网络的应用是人类科学技术巨大发展的表现。然而，网络技术在为大学生提供便利的同时也给大学生的心理和行为带来了一定的负面影响。对于如何挥舞网络这柄锋利的双刃剑才能让它在正确的方向上无坚不摧，是当今大学生需要深思的重要课题。那么，大学生的网络行为面临着什么样的时代背景呢?

## 一、了解大学生网络行为的时代背景

### 1. 互联网时代对大学生网络行为的影响

进入互联网时代后人们的衣、食、住、行、社交有很大一部分在互联网上进行，“00 后”大学生更成为互联网的“原住民”。互联网时代对大学生的积极影响主要体现在以下几方面：一是信息获取与知识拓展快速便捷。互联网为大学生提供了便捷的信息获取途径，使他们能够快速获取科技、文化、社会现象等方面的最新讯息，紧跟社会时代步伐。网络短视频等多媒体内容丰富了大学生的知识储备，拓宽了视野。二是社交与情感表达有趣生动。互联网为大学生提供了一个广阔的社交平台，使他们能够与他人进行实时沟通，分享想法和感受。网络上的交流方式，如使用表情包等，使得沟通更加有趣和生动。三是学习与娱乐资源丰富。网络资源为大学生提供了丰富的学习材料和娱乐方式。例如，网络短视频不仅能帮助大学生丰富课余生活，还能提供手工制作、美食烹饪等方面的经验和灵感。

大学生作为互联网时代最积极最活跃的人群，已经成为网络使用的主要用户，智能手机的普及、网速的提升又使大学生更能随时随地上网。但种类繁多的数据信息又诱惑着涉世不深的学生，使得部分大学生迷失在网络世界中。

### 2. 大数据时代对大学生网络行为的影响

大数据是高科技时代的产物。最早提出“大数据”时代到来的是全球知名咨询公司麦肯锡，麦肯锡称：“数据已经渗透到当今每一个行业和业务职能领域，成为重要的生产因素，人们对于海量数据的挖掘和运用，预示着新一波生产率增长和消费者盈余浪潮的到来。”

大数据时代为大学生提供了更加广泛的信息渠道。大数据是信息通信技术发展积累至今，按照自身技术发展逻辑，从提高生产效率向更高级智能阶段的自然生长。无处不在的信息感知和采集终端为我们采集了海量的数据，而以云计算为代表的计算技术的不断进步，为我们提供了强大的计算能力。这就围绕个人以及组织的行为构建起了一个与物质世界相平行的数字世界，大数据在商业方面、学习习惯、社会建设方面如智慧交通、智慧医疗、智慧城市等方面的作为令人惊叹，这些领域的蓬勃兴起，也对大学生的网络行为及心理健康产生了一定影响。

在积极影响方面：一是带来大学生生活方式的改变。在大数据时代，大学生的文化生活得到极大丰富，他们可以同时以文字、声音、图像等形式接受来自世界各地的文化信息和娱乐节目，一些思潮、观念、生活方式、学习方式、消费方式、娱乐方式等都会通过各种渠道通过各种大数据的形式对大学生产生直接或间接的影响。二是为大学生的学习、生活提供了便利。大学生可以利用大数据汇总学习资料完成学习及考试任务，利用日渐成熟的电子商务，在网上根据各种大数据（例如排名、评价等）购物等，也可以利用大数据安排出行、旅游等。大数据时代对大学生心理的影响主要体现在信息过载与信息焦虑、不确定性与发展困惑、网络欺凌与自我否定以及社交隔离和孤独感。

在消极影响方面：一是信息过载与信息焦虑。大数据时代，大学生们能够便捷地获取大量信息，但这也带来了信息过载的问题。他们可能时刻被各种信息包围，如社交媒体上的动态、新闻推送、学习资料等，过量的信息输入可能导致他们感到焦虑、不安，甚至出现信息疲劳。这种信息过载的情况可能会增加大学生的心理压力，影响他们的学习和生活。二是不确定性与发展困惑。大数据时代，随着人工智能技术的发展，许多传统职业面临被替代的风险，这使得大学生对未来的发展前景感到迷茫和不确定。他们可能担心自己所学的专业是否还有就业前景、职业规划是否会受到人工智能技术的影响。这种不确定性可能导致心理压力增大，进而影响他们的心理健康。三是网络欺凌与自我否定。在大数据时代，网络欺凌成为了一个不可忽视的问题。大学生可能会因为网络上的负面评论或欺凌行为而感到自尊心受挫，甚至产生自我否定的情绪。这种网络环境下的心理压力可能会对大学生的心理健康产生负面影响。四是社交隔离和孤独感。在大数据时代，虽然社交媒体等电子设备为人们提供了更多的交流方式，但过度依赖虚拟世界的交流可能导致现实生活中的社交隔离。大学生可能因为沉迷于社交媒体、在线游戏等虚拟世界而减少了与现实世界的互动，从而导致心理上的孤独感和社交恐惧等人际交往障碍。

## 知识窗

### 生活中的大数据

（1）交通流量大数据：城市交通管理部门利用大数据分析交通流量，优化信号灯设置和道路规划，提高交通效率。

（2）社交媒体大数据：社交媒体平台收集用户数据，用于个性化推荐和广告定位。

（3）电商大数据：电商平台通过大数据分析用户行为和购买习惯，提供个性化的购物推荐。

（4）医疗大数据：医疗机构利用大数据分析病例和药物效果，提高诊断和治疗效率。

（5）天气预测大数据：气象部门利用大数据分析气象数据，提供精准的天气预测服务。

（6）航空大数据：航空公司利用大数据分析航班数据，提高航班准点率和客户满意度。

（7）金融大数据：银行和证券公司利用大数据分析市场趋势和客户行为，进行风险管理和投资决策。

（8）能源大数据：能源公司利用大数据分析能源消耗和生产效率，提高能源利用效率。

（9）农业大数据：农业部门利用大数据分析土壤和气候数据，提高农作物种植和养殖效率。

（10）酒店大数据：酒店集团利用大数据分析客户需求和入住习惯，提供个性化的服务和优惠。

（11）教育大数据：学校和教育机构利用大数据分析学生学习情况和教学效果，提供个性化的教育服务。

（12）娱乐大数据：娱乐公司利用大数据分析用户喜好和观看习惯，制作个性化的娱乐内容。

（13）旅游大数据：旅游机构利用大数据分析旅游趋势和客户需求，提供个性化的旅游服务和推荐。

（14）健康大数据：健康管理公司利用大数据分析用户健康数据，提供个性化的健康管理方案。

（15）物流大数据：物流公司利用大数据分析货物运输和配送情况，提高物流效率和准时率。

（16）餐饮大数据：餐饮企业利用大数据分析顾客口味和消费习惯，提供个性化的菜单和服务。

（17）人力资源大数据：企业利用大数据分析员工绩效和人才需求，优化人力资源管理。

（18）环境大数据：环保部门利用大数据分析环境污染和资源利用情况，制定环境保护政策和措施。

（19）建筑大数据：建筑公司利用大数据分析建筑材料和施工进度，提高建筑效率和质量。

（20）铁路大数据：铁路公司利用大数据分析列车运行和乘客需求，提高列车运营效率和客户满意度。

生活中的大数据无处不在，它们为我们的生活带来了诸多便利和改善。随着科技的不断发展，大数据将继续在各个领域发挥重要作用，为我们的生活带来更多的创新和进步。

## 二、分析大学生上网心理需求

网络世界五光十色、纷繁复杂，当代大学生对网络的依赖性呈现出越来越强的趋势。大学生通过上网，可以以较低的成本、便利安全的方式获得一定的满足，尤其是自我价值的成长性需要可以通过网络世界的价值承认和自我实现来得到满足。在网络世界中，他们可以通过短暂的时间实现现实世界中难以实现的价值追求，获得虚拟的价值认可和成就感，甚至体验到短暂的高峰体验。这种心理需求反映了马斯洛需求层次理论中的归属与爱的需要、尊重的需要以及自我实现的需要。

### 1. 学习的心理需求

互联网以其信息迅捷、内容丰富、技术尖端的特点，成为了大学生探寻知识的最佳舞台。在这片信息的海洋中，大学生只需轻轻一点，便能通过浏览网页或搜索引擎，迅速捕捉到世界的脉动，或是找到自己心仪的“宝藏”。不仅如此，他们还能借助网上图书馆拓宽知识，通过博客和论坛与业界专家深入交流，进一步挖掘知识的深度。

2. 信息获取的心理需求

在信息爆炸时代，新闻和事件如同潮水般涌来，网络成了它们传播的最快途径。然而，这种信息的极速更新，在给大学生带来便捷的同时，也让他们感受到了前所未有的压力——担心错过任何一条重要信息。手机的便捷性恰好解决了这一压力，让他们能够随时随地捕捉最新资讯，成了信息时代的“低头族”。

3. 交往的心理需求

大学生们渴望交往，释放个性，而网络则成了他们新的社交舞台。传统的电话、见面交谈等方式逐渐被QQ、微信、电子邮件等网络联络方式所取代。这种全新的网络人际互动模式，打破了时空的界限，让他们能够跨越地域的限制，与五湖四海的朋友畅所欲言，实现“朋友遍天下”的梦想。

4. 情绪宣泄的心理需求

大学生的课余生活虽然丰富多彩，但仍有不少人感到孤独和寂寞。他们渴望找到能够倾听自己心声的人，但现实中往往难以找到这样的知音。此时，手机上的社交平台便成了他们情绪宣泄的良伴。这些平台不仅方便快捷,还能让他们找到具有相同兴趣和经历的人，获得彼此的互动和支持。在这里，他们可以敞开心扉，大胆宣泄情感，缓解来自学习、生活等方面的压力。同时，手机社交平台也让他们避免了现实中与人交流的尴尬和压抑，为他们提供了一个倾诉的空间和对象。

5. 多元化思维的心理需求

随着知识面的不断拓展和社会阅历的日渐积累，大学生们开始追求思维的多元化。他们渴望了解不同的文化和价值观，拓宽自己的视野，而网络世界正是一个多元文化和多种价值观交织的世界，能够提供丰富的信息和资源。依托于智能手机，他们可以在网络上进行创作、开发以及商业活动，展现自己的才华和实力。这种多元化的思维方式和活动方式不仅让他们获得了成就感和尊重感，还让他们感受到了精神的满足和愉悦。在这个过程中他们不仅丰富了自己的内心世界，还为社会的发展做出了积极的贡献。

**心灵互动营**

### 心理故事：在网络世界成长

小芳在网上聊天认识了阿强，因为都热爱DV拍摄，他们就在网上创建了一个DV摄影圈，很多网友都在这儿自由交流，随心谈论。周末聚会通过线下商务资源，小芳参加了DV摄影大赛，并同阿强一起将DV摄影大赛整理成了一段剧本（小芳拍摄，阿强文案），网友们看到后争相传播，口碑很好。

## 三、了解大学生网络心理问题

网络是一柄双刃剑，在给大学生的学习、交往、娱乐等带来诸多有利条件的同时，网络世界的纷繁复杂也给大学生的心理带来了一定的冲击，使一些大学生产生了不同程度的心理问题。

### 1. 猎奇心理

很大一部分大学生上网的目的是猎奇，追求感官刺激，追寻一种在现实生活中难以了解、难以获得的奇艳事物或信息，并借以获得感官刺激，他们往往会出于好奇或冲动的心理刻意去寻找一些色情、暴力信息。猎奇心理也包括增长知识、开阔眼界、更好地了解和认识世界的成分，因此猎奇心理本身没有什么消极作用，但一味追求猎奇的心理则是不足取的。

### 2. 排遣寂寞心理

部分大学生在学习生活中由于无法平衡理想与现实的差距，因此导致入校不久就觉得生活无聊、失去动力、内在学习动力不强，开始寻求新鲜刺激，选择迷恋网络，他们希望在网络中找到依靠和思想寄托，很多大学生因此开始“玩王者荣耀”等手游，每天在抖音等短视频上花费大量时间寻找寄托，排遣寂寞。

### 3. 发泄情绪心理

在互联网上，大学生可以比在学校里、家庭里更方便地发表自己的意见，抒发自己的情绪，表达自己的观点，而不必担心会受到限制或承担责任，平时对学校不敢提、无处提的意见可以贴到贴吧上去，平时在生活中遇到的烦恼则可以在聊天室里尽情抒发。

### 4. 逃避现实的解脱心理

大部分大学生在大学生活中都会遇到这样或那样的挫折和危机，诸如学习上的、感情上的、人际关系上的。同时，复杂的社会关系模式也会使思想相对不成熟的大学生感到难以应对，但遗憾的是部分大学生在现实中受到挫折时，往往愿意到虚幻的网络空间去倾诉，互联网成了他们逃避现实、寻求自我解脱的一个重要渠道和环境。

## 心灵互动营

### 心理实验台：趣味理论

大众汽车曾经提出了一个“趣味理论”，他们希望证明，人们日常的行为举止可以因为有趣而变得更好。

在瑞典斯德哥尔摩，他们把一个地铁站的楼梯改造成了钢琴键盘的样子，观察看看是否由于楼梯台阶的变化，让更多的人选择放弃自动扶梯，而选择更加健康的爬楼梯方式。

结果显示，当天有 66% 的人选择放弃扶梯改爬楼梯。

实验说明，人们都喜欢让生活中多一点乐趣，只要城市变得更加有趣，人们的生活方式就会更加快乐和健康。

### 5. 虚拟的自我实现心理

强烈的自我意识是大学生群体的一个显著特征，虚拟的网络可以成为大学生实现自我的一个理想王国。在网络上，大学生可以享受到网络特有的平等、自由、成功和刺激，学习与就业的压力、社会与家长的希望等造成的压抑与孤独情绪在网络上可以短暂忘记；在网络世界中他们可以轻松地实现从小的梦想，成为侠客、富翁，在模拟战争中指挥千军万马、搏杀疆场……，很多大学生迷恋游戏是因为在游戏中可以获得及时满足感，这是因为网络游戏能够满足他们部分自我实现的需要。

6. 焦虑心理

大学生一方面毫无节制地上网，另一方面又出现对自己过度上网行为而产生的担心、紧张、害怕、内疚等复杂情绪体验，这种复杂情绪体验就是网络焦虑。大学生一般都有较强的自省能力，他们明白过度使用网络带来的危害，但同时对自身的行为缺乏控制，他们一边疯狂上网，一边又陷入对不理性的上网行为的过度自责之中。这种自责往往会产生焦虑、紧张等负面情绪体验，情绪具有弥散性，还可以泛化到其他方面，如网络上的人际交往、信息安全等方面。

7. 自卑心理

自卑是不信任自己的能力因而用失败衡量自己及未来的一种心理体验，它来源于心理上消极的自我暗示，这种心理常见于那些初次尝试的大学生，当他们怀着兴奋与好奇的心理来到网上，但由于缺乏系统的网络知识和检索能力，加之操作不熟练，英语水平有限，与身旁那些操作娴熟的用户相比差距甚远，从而产生某种无形的心理压力，初始的兴奋、喜悦之情自然被自卑心理所代替。

8. 社会功能退化

长时间沉迷于网络世界的大学生，与现实世界脱离，很难融入现实生活，容易出现情感淡漠、生活不适应、人际关系困扰、颠倒黑白等社会功能退化问题与行为。社会功能是指在整个社会系统中各个组成部分所具有的一定的能力、功效和作用。法国孔德、英国斯宾塞最先提出这一概念，以此作为社会和生物有机体之间的类比，认为社会是一个各部分之间相互联系、依赖的有机整体，彼此间根据不同的需求，执行不同的社会功能。后结构功能主义对此作了进一步丰富和发展，并创造了一系列功能分析概念，如正功能、负功能、显功能、潜功能、替代功能等。

**成长时刻**

任何问题都要辩证地看，问题都有两面性，要抓住主要问题的主要矛盾，才能更好地解决问题。大学生应加强自律，如果能够合理利用网络则可以获得很多有益的知识、信息，有助于学业成长和进步，但是过分沉湎于网络，则既浪费时间精力又荒废学业，应加强自律。

## 任务二　分析大学生网络成瘾的原因及影响

网络是一柄双刃剑，它在为大学生学习和生活提供便捷的同时，也让部分大学生陷入虚拟世界迷失自我，形成网瘾。大学生网络成瘾对青少年成长造成严重危害，威胁国家和社会的长远发展。

### 一、认识什么是网络成瘾

网络成瘾又称“网络依赖”(internet addiction disorder)，指个体由于过度使用互联网而导致明显的社会、心理功能损害的一种现象，是一种“无成瘾物质作用下的上网行为冲动失控”。网络成瘾作为一种心理异常的新型疾患，与非物质型成瘾类似，是一种心理和行为的冲动控制障碍，主要表现有成瘾的强迫性、耐受性及戒断反应，一方面为自己的上网行为深感内疚，另一方面却又极力否认和无力改变这种行为。网络成瘾者因为上网影响到正常学习、工作和生活状态，最终会导致他们明显的社会、心理损害，网络成瘾虽然没有被正式列入疾病类，但导致的大学生心理健康及社会问题已经引起了社会的广泛关注。

## 二、了解网络成瘾综合症

网络成瘾综合症是指网民过分沉迷于网络世界，社会功能退化或严重受损，身心受到伤害，影响个人正常工作、学习和生活等，通常会伴随身体发育不良和健康受损，出现各种异常行为和情绪障碍等问题，还会造成现实人际关系（包括亲子关系）恶化，与周围人交往困难，出现不合群的行为。

调查表明，我国大学生网络成瘾主要表现在网络聊天成瘾、网络游戏成瘾、网络恋情成瘾、信息收集成瘾、网络交易成瘾、网络色情成瘾几个方面。

### （一）网络聊天成瘾

网络聊天成瘾是指上网时间毫无节制，沉迷于网络聊天中。一些大学生无节制地花费大量的时间上网聊天，这类学生通常会活跃在多种聊天软件上，从一个网站转战到另一个软件，不聊天就十分难受，难以克制，以至于无法专注于其他事情，影响正常的生活和学习，损害身心健康，并因此出现各种心理障碍、人格障碍等症状。

### （二）网络游戏成瘾

网络游戏成瘾是指过分沉迷于网络游戏，影响其生活、学习和工作的行为。随着互联网技术的不断发展，游戏的制作越来越精细，剧情、画面感和故事感也越来越强，从而容易唤起网民的参与欲望，导致一些大学生在网络游戏中流连忘返、无法自拔。这不仅会消耗巨大的财力物力，还会严重影响参与者的身心健康和正常的学习、生活。

### （三）网络恋情成瘾

网络恋情成瘾是指参与者沉迷于互联网上的爱情，寄希望于用网上的关系取代现实生活中的恋情关系。其特征是使用聊天室、QQ 等，通过网络交友、聊天等虚拟社交活动，得到虚拟友情或是虚拟爱情，满足其爱与隶属之需求。不少大学生不能摆正网络交往与现实人际关系的位置，少数大学生甚至在网上玩多种恋情，扮演多种恋爱角色，形成了错综复杂的互联网恋情，做出害人害己、贻误青春的行为。值得注意的是，当今网络恋情虚拟成分较多，存在不对称信息交换，单纯的大学生容易误入歧途而使自己的身心受到伤害。

## 心灵互动营

### 心理案例：女大学生用生命换取一段“网恋”

年仅 20 岁的小雪（化名）家住江苏省宜兴市，以优异的成绩考入某大学英语系。

上大学后，小雪迷上了上网，并认识了一个叫“冬冬”的网友，很快两人便陷入狂热的“网恋”。当年年底，小雪从南京飞抵哈尔滨与网友见面。春节前，小雪向父母说要与同学去哈尔滨看冰灯，再次会见网友，两人关系迅速升温，每日电话不断，有一次用手机通话时间竟长达两个小时。第二年 5 月，小雪告诉“冬冬”，不久她将远赴英国留学，言外之意是他们的关系该结束了。

小雪将要离去让冬冬心痛，他露出了真实面目。几天后，他与邻居唐某密谋，先将小雪骗过来，然后再狠狠地敲上一笔。

5月8日，冬冬“痛苦”地对小雪说:“在你离开之前，我想见你最后一面。”第二天，痴情的小雪收拾好行李,对同寝只说了一句“去哈尔滨”后就踏上了北去的列车。5月12日，小雪的父亲收到从女儿手机发来的短信，大吃一惊：“你的女儿在我们手上，想要活的就痛快拿出118万元,不许报警,否则后果自负。”此后,小雪的父亲接连收到多次信息及电话，通知他立即带钱到大连，按照提供的网址上网再确定交钱地点。当天，小雪的父母即到江苏省宜兴市公安局报案。经过两地刑警的共同努力，5月15日即将冬冬和唐某抓获，但遗憾的是小雪已经遇害。

**思考：**本案例说明了什么？我们应该如何正确对待网络恋爱？

### （四）信息收集成瘾

互联网是信息的海洋，汇集着各种各样的信息，能够满足人们生活、工作、学习等多样化的需求。信息收集成瘾是指网民过分沉迷于网上信息搜索的行为。一些大学生每天疯狂地浏览或搜索一切可读之物，甚至浏览或搜索一些对现实生活没有意义的信息或资料，造成信息负载，超出吸收和消化的信息量。

**心灵互动营**

#### 心理现象：小李的网络焦虑

大学生小李每天都花大量时间上网浏览信息,但心里还是不踏实,总觉得遗漏了信息,如果突然断电、网络中断、网络读物无法打开时，就变得心情浮躁、焦虑不安，担心漏掉重要信息和新闻，害怕给学习带来负面影响，并引发精神、生理反应，出现失眠、头痛、食欲下降、恶心、呕吐等症状。

### （五）网络交易（购物）成瘾

网络交易成瘾是指网民过分沉迷于网上交易的行为。网络交易（购物）因其操作便捷、商品丰富、价位合理、便于挑选、发货及时等特点，逐渐成为人们网络生活的重要部分。不少大学生更是把网络交易（购物）当成一种生活时尚，热衷于网上交易（购物）。不少大学生逐渐发展到脱离交易本身而沉迷于交易形式的一种依赖行为。

### （六）网络色情成瘾

网络色情常常被一些不法分子利用，施加到社会经验严重不足的大学生身上。网络色情成瘾是指网民过分沉溺于网络上的色情内容的一系列行为，包括浏览、下载、发布、传播和交易色情等行为。目前，互联网色情是我国法律法规明令禁止的行为，然而各类色情网站仍然屡禁不止，不少大学生热衷于网络色情，常通过色情聊天、色情视频、色情文字等形式进行色情浏览、传播、下载和分享等行为，甚至会有色情犯罪的行为。

**知识窗**

#### 网瘾为何“偏爱”中国青少年

国内知名专家中科院高文斌博士在网络成瘾心理治疗与预防问题领域上研究颇深，他提出中国青少年在成长过程中存在三个不同程度的缺失，三大缺失促使网络成为替代品。

第一个是父亲功能的缺失。网络成瘾中主要是游戏成瘾，受害人群更多的是男孩子。在家庭结构中父亲的角色很重要，特别是对于成长中的青春期男孩来说，父亲角色往往代表着秩序和规则，这些对于孩子自控能力的形成有很大关系。但是在当今很多家庭结构中，父亲与子女的互动并不多，他们为了生存与发展总是在外面忙自己的事，导致其父亲功能缺失，从现实家庭结构状况的角度就能解释为什么网络成瘾的群体大多数是男孩。

第二个是游戏环节的重大缺失。在学前期，孩子通过游戏学会很多生存的基本技能，但到了青少年时期，很多家长忽略了游戏对子女成长的重要性，认为在中学阶段孩子已经不需要游戏了。高博士认为，青春期的孩子实际上仍然需要游戏，这些游戏会有更加丰富的社会角色，这些具有某种象征意义的游戏可以帮助他们健康成长。但在我国，目前中学阶段学习压力较大，课业任务繁重，孩子甚至很少参加体育活动；特别是男生，他们可能需要在游戏中有一定的肢体接触，但是在现实生活中基本无法正常满足。这时孩子就会去找替代品，而网络游戏很多都是竞技类游戏，正好满足他们的需求，所以男生很容易对网络游戏产生迷恋，这便是我国网络成瘾中以青少年网络游戏成瘾为主的重要原因。

第三个是同伴的缺失。在我国特别是城市中的孩子大部分都是独生子女，家庭结构中孩子的成长同伴为零，很多家长从孩子入学到高中毕业一直坚持不懈地接送孩子上学，这剥夺了孩子本可以在路上与同学互动交流的机会，所以现在的孩子很难发展高质量的同伴关系。但对于青春期的孩子来说，同伴关系特别重要，它关系着一个孩子能否正常地从家庭走向社会，当现实生活中出现同伴缺失时，青少年就容易在网络中填补这一空缺。

在网络虚拟世界中，中国的青少年通过网络游戏，既获得了同伴交往和支持，又能体会到成就感，正好弥补了现实生活中三方面的缺失，自然网瘾就“偏爱”中国青少年。

与此同时，高博士把我国青少年网络使用者分为四类：

第一类是健康绿色使用者，他们善于利用网络资源，不会因为上网而过度依赖网络，以致影响正常的社会功能发挥。

第二类是需要特别关注的高危人群。高博士认为，某些学生往往是大家心目中的“好学生”，但这些学生往往对学习的投入并非发自内在的兴趣和对知识的渴望，他们更多的是依赖较好的成绩来证明自己，以获得各种心理需求。他们的学习动力更多的是外在诱因，如家长的奖励、老师的表扬、同学的钦佩等。如果这些孩子在生活中除学业以外没有其他的特长和爱好，也缺少正常的同伴互动，当他们进入大学，面对相对宽松的学习环境时，就容易出现懈怠，甚至出现成长的垮塌，网络的普及，很容易让这些孩子一头扑到网络上，希望能从网络上填补生活的空白。

第三类是网络使用障碍者。这些同学对网络依赖性较强，上网时间很长，几乎每天都要上网，但在特殊时期如考试前，他们还是能控制使用网络的极限度，停止上网去学习。

第四类是网络成瘾者。他们因为长期上网，社会功能已严重受损，身体、心理都出现了问题，但这类人群仅占2%左右，他们需要进行系统的心理危机干预。

高博士认为，目前我国青少年属于第四类的不多，大部分都是第三类，对他们上网行为的矫治，需要家庭、学校和青少年本人共同参与，这样更有利于状况的全面改善。青少年自己要有矫正网络障碍意识和一定的行为调控能力，并在专业人员的指导下，帮助自己走出网络迷途。

## 三、分析影响大学生网络心理问题的因素

沉迷于网络会给大学生的情感、人际、恋爱等带来很大的伤害，这种伤害不是由某一方面的因素造成的，而是由社会、学校、家庭以及学生个人等综合因素造成的。

### （一）社会因素

随着网络信息时代的到来，各方面信息纷繁复杂，良莠共存，由于大学生思想不成熟，缺乏经验，智力支持不足，导致对信息的加工处理能力不强，使理论与现实产生激烈的矛盾冲突，这些矛盾和冲突得不到及时解决，就会产生心理障碍或问题。影响大学生网络心理的社会因素主要包括社交媒体的使用和适应、网络信息过载及质量参差不齐、不良网络信息等。

#### 1. 社交媒体的使用和适应

社交媒体的使用和适应可能引发大学生社交焦虑。社交媒体平台为大学生提供了实时互动和多样化的社交体验，使得交友、分享生活成为轻松而便捷的活动。然而，社交媒体上的社交关系也带来了新的挑战，如虚拟社交关系与面对面社交的差异，可能引发大学生社交焦虑等心理问题。

#### 2. 网络信息过载及质量参差不齐

互联网时代的教学方法和资源的多样性为大学生提供了更多元化的学习途径，激发学习热情的同时，也提升了沟通协作能力、培养了创新思维。然而，互联网时代的教学对大学生心理健康也产生了一些负面影响，如信息过载和质量参差不齐的问题，可能导致大学生对心理健康问题的认知混乱。

#### 3. 不良网络信息

不良网络信息可能污染大学生思想、扭曲大学生心灵。网络环境中存在大量不良信息，如黄色信息和暴力信息，这些信息严重污染了大学生的思想，导致社会责任感缺失、道德感弱化，甚至扭曲大学生的心灵，诱发大学生网络犯罪。

影响大学生网络心理的社会因素复杂多样，这些因素相互作用，对大学生的心理健康产生深远影响，因此需要采取综合措施加以应对和改善。

### （二）学校因素

学校对于“网络”教育起步较晚，对于这一非考试科目的教育重视不够，缺少网络教育的专业人才。

在遇到学生的网络行为问题时，家庭、学校教育缺乏行之有效的联动机制，未能及时捕捉大学生的思想和行为动态，造成缺乏网络使用监管，致使学生身心受损。部分高校已尝试在大学生入学教育中对大学生进行网络使用教育，但还存在长效机制不够健全、人才资源欠缺、教学方式单调生硬、教学内容陈旧过时、教学效果不容乐观等问题。

### （三）家庭因素

网络的发展对家庭、父母的教育要求越来越高，与此相对应的是，父母对网络的认识不到位，缺乏科学管理和引导，出现要求与现实之间的矛盾。一些父母文化程度不高，对网络世界一无所知，认为孩子考上大学后，在使用网络上没有多大问题；也有一些父母对网络世界过于极端，认为凡是有关网络的就是不好的，不支持孩子使用网络，对孩子上网

设限或明令禁止，从而造成孩子的逆反心理，反而助长了孩子的上网行为。

#### （四）个人因素

第一，大学生情感奔放、思维活跃，有强烈的求知欲望和猎奇心理，他们渴望通过互联网来获取新知识以拓宽自己的视野。第二，大学阶段竞争激烈，面临生活、学习、就业等不同方面的压力，他们在遇到各种困难时，不仅会在网络中寻找解决问题的方法，还常会把网络当作释放情绪、逃避现实生活的主要方式。第三，网络资源丰富，更新快速，可以满足大学生爱与归属、尊重和自我实现等的多样化需求。第四，大学生空余时间多，加之不少大学生缺乏科学的人生目标和有效的时间管理，从而容易选择网络排解孤独，缓解优愁。第五，大学生自我管理意识不强，自我控制能力较差，他们在面临网络的诱惑时，缺乏抑制力，而这也是大学生产生网络心理问题的主要原因。大学生群体容易沉迷于网络世界中，在使用网络的过程中，容易沾染上各种各样的恶习，若缺乏正确的引导和规范，自身又不具备一定的辨别能力，就容易形成网络心理问题。

#### （五）网络因素

第一，网络是新生事物，与现实生活不同，其本身具有虚拟性和隐秘性等特点;第二，网络是开放的平台，具有易得性特征，大学生通过计算机、手机等终端上网十分容易；第三，网络世界精彩纷呈，具有很强的吸引力和诱惑力;第四，网络交流的平等性、互动性、便捷性，可以满足大学生沟通交流的多样化需求，有效弥补了面对面交流的不足，从而使得大学生越来越“宅”；第五，网络内容的质量参差不齐、动机鱼龙混杂，容易使大学生迷失方向，失去理智。

## 任务三　学会如何远离网络烦忧

面对网络的负面作用，大学生应该学会正确使用网络。

### 一、正确认知网络

#### （一）摆正心态

摆正心态是人们生活的关键卡口，倘若大学生能够在遇到现实生活障碍和困难时将其视为考验自我、战胜自我的一个机会，认真分析原因，把网上真诚释放的心态继续到现实中，就不至于陷入无端郁闷和窘迫之中，从容和真诚的心态是大学生缓解紧张情绪、积极融入现实生活、受到他人尊重的法宝。

#### （二）严格自律

严格自律是指自我主宰、自我约束、自我控制。对于一个人来说，只有自律才能既充分体现其自尊、自主与自由，又充分培养其自我控制力，养成良好的“慎独”习惯。在网络社会里，信息含量十分巨大，各种文化与价值理念纷繁交织，各种论断莫衷一是，各色诱惑比比皆是，因此大学生要严格自律。

#### （三）正确认知

网络社会是一个充满自由的多彩世界，大学生会因认知偏差或侥幸心理而产生心理困惑与矛盾，以致产生各种各样的网络心理问题，在缺乏他律的网络社会，自律的重要性与意义显得尤为突出。大学生只有充分认识这一点，才能以理性取代任性，以道德化的网络正常运作取代肆意践踏网络资源的行为。

## 心灵互动营

### 心理故事：与互联网有关的创业故事

大学生利用互联网创业的例子不胜枚举，这些案例既展示了大学生如何通过互联网平台实现创业梦想，又反映了互联网创业的多样性和创新性。以下是一些具体的例子：

李赛超：通过参加全国大学生“互联网+”创新创业大赛，李赛超和他的团队成功创立了熙啡（上海）生物科技有限公司。他们的项目《产教融合——基于咖啡创业实训平台》在校赛中获得一等奖和最具商业价值奖，并在上海赛区获得银奖。李赛超利用自己对咖啡产业的热情和创新理念，致力于普及咖啡文化，提供咖啡技艺培训、品牌孵化、实训实习等服务。

刘飞雪：作为一位“00后”女大学生，刘飞雪在创新创业上取得了显著成就。她参与了多项创业计划竞赛并获得了多个奖项，包括第十三届挑战杯大学生创业计划竞赛上海市银奖、第八届中国国际互联网+创新创业大赛上海市金奖等。刘飞雪的创业项目是关于娃娃衣服（娃衣）的，她通过深度调研发现娃衣产业的销售模式与其他商品不同，因此提出了解决方案，并在比赛中获得了认可。

聚美优品：陈鸥作为大学生创业者，通过有限的资源创建了GG游戏平台，该平台后来被出售，为陈鸥的后续创业道路奠定了基础。

这些案例展示了大学生在互联网领域的创业成功故事，涵盖了从技术创新到商业模式创新等多个方面，体现了大学生的创新精神和实践能力。

## 二、创造良好的环境

### （一）养成良好的作息习惯

一是设定合理的上网时间，避免上网时间过长：学习或工作之余，每天上网的时间最好不要超过4小时。二是合理安排作息：有规律的作息可以有效地节制上网的时间，减少网络依赖，确保有足够的时间进行其他活动。三是积极参加线下活动：多参加实体活动，如户外运动、阅读或社交互动、社会实践等。四是多参加体育锻炼：主动进行体育锻炼，使身体更有精力，从而可以去做更多其他的事，以达到减少上网时间的目的。

### （二）培养良好的人际关系

良好的人际关系是大学生顺利实现社会化的重要途径，大学生如果整天沉迷于网络游戏，就会缺乏人际交往的能力，而与朋友或同学一起进行交流互助，不仅可以获得学习上的帮助，还可以降低网络依赖。培养良好的人际关系，一是加强与同学间的交流和沟通，有助于防止游戏成瘾的产生，避免迷上网络游戏；二是尽可能多地参加文体活动、社会实践活动等，加强与社会之间的接触、交往，减少上网时间。

## 三、激发主观意识

### （一）学会求助心理专家

“大学生心理中心”是学校心理指导教师组成的针对网络成瘾问题的求助组织，可帮助患有不同程度“网络成瘾症”的大学生尽快走出困境，回到正常的生活与学习中来；对已经沉迷网络游戏不能自拔、有网络游戏成瘾症的大学生，可采用适当的心理治疗手段来矫正。

### （二）从主观上克制上网的冲动

可以让网络成瘾者将上网的好处和坏处分别列在一张对称的纸上，按程度轻重排好顺序，每天做思想斗争 10 ～ 20 次，每次 3 ～ 5 分钟，也可以将好处和坏处分别贴在显眼的地方，如电脑上、卧室里、门上，每天多时段的默念或自己大声念上网的坏处，以此来战胜自己关于上网不合理的观念。

### 心灵互动营

#### 心理故事：网瘾少年逆袭成尖子生

湖南宁乡的张杰（化名）是同学眼中典型的差等生，却成功逆袭成尖子生，被香港中文大学、四所美国百强名校录取……然而，曾经的他沉迷于游戏，初中时期辍学半年，中考全 B，其成绩原本连当地的高中都考不上。大家都很好奇究竟是什么原因使他从差等生逆袭成尖子生。

张杰是宁乡人，家境优越，进入初中后，由于迷恋网络游戏，成绩下滑得厉害。“我喜欢打竞技类游戏，这让我有成就感。”因痴迷游戏而厌学的他，开始琢磨起计算机技术，于是，他自学编程、C++ 等知识，紧接着又自主开发游戏软件、小程序功能并创建工作室，成功赚到人生“第一桶金”。为此，他初三时辍学过一段时间，可一次投资的失利，却让他几近“血本无归”。

投资失败的张杰重新回归校园，努力备战高考。然而，在“高考誓师大会后两天，母亲突发车祸离世，我的人都懵了。”当时离高考不到 100 天，倍受打击的张杰根本不知道未来的路该怎么走，在老师的帮助下，张杰走出了伤痛，也找到了人生的方向。他断掉了曾经让他深陷的网游，像“打了鸡血”一样：每周把考过的试卷和学过的内容全都再复习一遍，晚上在学习室待到 12 点才回寝室睡觉；自习课或周末回家会细心把不懂的词汇全部翻译并牢记;经常跑到老师办公室去提问答疑，在高考中，他的成绩仅比第一名低 4 分。

对于未来，张杰有着明确的目标：“从事人工智能相关研究，创建世界顶尖的互联网企业。”

**解析：**如此上进的精神，怎么可能没有回报？不要总是抱怨自己的条件和基础不好，只要肯努力，你想要的，时间都会给你。

## 四、掌握戒除网瘾的方法

### （一）厌恶疗法

网络成瘾者可以想象自己上网成瘾后的种种极端后果，如成绩下降、被大家看不起、被别人羞辱，对不起自己的父母、亲人等，在瘾发时让“理想自我”与“现实自我”进行辩论，让内心的道德感、责任感与罪恶感、失败感斗争，从感情上战胜自己，痛下戒除网瘾之决心，增强自己的戒网动机。还可以让网络成瘾者在有了想上网的念头时反复自我暗示，如“不行，现在应该学习，等周末再说”“我一定能行”“我一定能戒除”等，每当抵制住了诱惑，认真学习并度过了充实的一天后，就进行自我鼓励，如“今天我又赢得了一次胜利，继续坚持，加油。”通过不断强化，形成良性刺激，从而加强自己的意志力，使上网的欲望得到抑制。

### （二）自我奖惩法

自我奖惩法即视当天的进展情况给自己一些小小的奖励或惩罚，但应注意其使用的奖惩措施应与上网无关，奖励和惩罚既可以由成瘾者自己执行，又可以请老师、同学、家长协助执行。例如，当目标执行无误，就奖励自己吃一样喜欢的零食或买一件喜欢的东西，否则长跑 1 000 米或做清洁等。

### （三）想象满灌法

为了戒除网瘾，可想象自己上网成瘾后的种种极端后果，想象自己长时间上网后萎靡不振的颓废样子，让其厌恶“现实自我”的形象，并用“理想自我”激励自己。

### （四）行为契约法

成瘾者与家长共同商定戒网的行为契约，成瘾者签订契约并成为契约的遵守者，家长则担任契约的执行者，通过连续不断地鼓励，使其逐步达到目标。根据目标行为的性质有两种循序渐进的方式：第一，行为频率的循序渐进，例如，让其将每周上网次数由 7 次、8 次逐渐减为 6 次、5 次、4 次、3 次……每次上网时间由 5 小时逐渐减为 4 小时、3 小时、2 小时，达到尽量在周末上网，每次不超过 2 小时的目标。第二，行为准确性的循序渐进。每个目标都应是其力所能及的，家长要热情鼓励其做好朝目标渐进的每一步，确保其能通过不断取得进步而获得成功的体验，从而增强自我效能感，也可据此来衡量其上网行为纠正的程序，制订好下一步的目标。

### （五）升华法

升华法是指面对困境和挫折，改变不为社会接受的动机与欲望，使之符合社会规范和要求，能够化挫折为动力，从困境中奋起，做生活的强者，实现对心理困扰的一种高水平宣泄。网络成瘾者中不乏那些对现实不满而自暴自弃者，升华法可以实现化失败为力量，将原本看似无法改变的困境通过心理升华的方式突破障碍、实现成长，使个人的价值得到实现，使内心获得力量。

### （六）放松法

放松法是指按一定的练习程序，学习有意识地控制或调节自身的心理、生理活动，以达到降低机体唤醒水平，调整那些因紧张刺激而紊乱了的功能的目的。研究表明，放松法可以唤起令人愉快的情绪体验，因此放松法适用于因网络使用而产生的紧张、焦虑等症状。放松法可以有很多种，如肌肉放松法、呼吸放松法、想象放松法等，如呼吸放松法是通过控制呼吸从而使身心得到放松的方法，练习呼吸放松法时应尽量找一个安静的地方，以舒适的姿势坐着或躺着。

### （七）冥想法

冥想法又称“万能”冥想法，一般配合放松法一起进行，主要是通过深度的宁静来增强自我认知和培养。心理冥想法的操作时间一般是 7 分钟，其中，放松 3 分钟，冥想 3 分钟，冥想回顾 1 分钟。大学生在遇到网络心理困扰时，可以将注意力集中在自己的呼吸上，调节呼吸，采取某些身体姿势（如瑜伽姿势）使外部刺激减至最小，产生特定的心理表象，或什么都不想，直至达到放松的目的。

## 知识窗

### 森田疗法治疗网瘾

森田疗法是森田正马（日本）在 1920 年发明的特有的心理疗法。该疗法的治疗程序和作业内容如下：

森田疗法不提倡追溯过去，而是要重视当前的现实生活，通过现实生活去获得体验性认识，从而像健康人一样去生活，在生活中获得体验性的认识、启发，顺应情绪的自然变化，努力按照目标去行动。

住院式森田疗法：

第一阶段：绝对卧床期

把患者隔离起来，禁止患者与他人会面、谈话、读书、吸烟以及进行其他消遣的活动。除进食大小便外几乎绝对卧床。时间为大约 1 周。

第二阶段：轻作业期

禁止交际、谈话、外出，卧床时间限制在 7、8 个小时，白天必须到户外接触新鲜空气和阳光，晚上写日记，晨起及入睡前朗读古事记等读物。时间为 3 ～ 7 天。

第三阶段：一般作业期

患者可随意选择田间劳动、打扫卫生、手工操作等。但禁止交际、游戏、共同作业、无目的散步、做体操等，只是自己做事或读书。时间为 1 ～ 2 周。

第四阶段：生活训练准备期

进行适应外界变化的训练，为回到实际的日常生活中做准备。患者要书写以行动为准则的日记，并交给医生批阅。

通过这四个阶段的循序渐进，可使网瘾患者逐渐恢复正常的学习生活，直到彻底戒除网络成瘾行为。

### （八）自然陶冶法

让身心在绿色环绕的大自然中得以放松，不失为一种理想的放松方法，比较适合网络心理困扰者，这种方法不仅可以帮助大学生在感受自然界的美景中陶冶情操，还有助于他们领略自然的无穷魅力，彻底从网络心理的困扰中摆脱出来。

摆脱网瘾的方法应是综合的，个体既可以通过药物治疗、心理治疗等方式，也可以通过网络脱瘾的夏令营、军训等封闭式训练来解除，但是并没有一劳永逸的方法，很难通过与心理咨询师或心理医生的某一次谈话就达到理想效果，要使上瘾者摆脱网瘾纠缠，既需要在社会上建立引导正确使用网络的大环境，又需要家长、老师或心理咨询师针对导致每个个体沉迷网络的具体原因，进行长期有效的引导和帮助，营造一个良好的成长环境。

## 心灵互动营

### 心理训练营：健康上网训练

**步骤：**

1. 列举上网要做的三件最重要的事情，并且按照重要程度依次排列，预估可能需要花费的时间。再列举上网最常做的事情，记录平时上网花费的时间，按照所耗时间多少排序。

2. 小组讨论分享：将必须要做的事和常做的事逐一比较，找出不一致的地方，相互分析原因，谈谈感受。

3. 小组协商制定健康上网心理训练营计划，共同监督执行。

4. 定期在小组内检查执行结果，最好一周一次，如发现问题，及时调整修正。

## 自助测试

### 网络依赖程度测试

指导语：请根据自己的实际情况回答下列问题，完全没有为 1 分，很少为 2 分，偶尔为 3 分，经常为 4 分，总是为 5 分。

| 题　目 | 没有 | 很少 | 偶尔 | 经常 | 总是 |
|---|---|---|---|---|---|
| 1. 你有多少次发现自己在网上逗留的时间比计划的时间要长？ | | | | | |
| 2. 你有多少次忽视了家务活而把更多的时间花在网上？ | | | | | |
| 3. 你有多少次更喜欢互联网的刺激而不是与亲人之间的亲密？ | | | | | |
| 4. 你有多少次与陌生的网友形成朋友关系？ | | | | | |
| 5. 你生活中的其他人，有多少次向你抱怨你在网上所花的时间太长？ | | | | | |
| 6. 你的学习成绩和学校作业，有多少次因为你在网上多花了时间而受到影响？ | | | | | |
| 7. 在你需要做其他事情之前，你有多少次去查看网络？ | | | | | |
| 8. 由于互联网的存在，你的学习表现或学习效率有多少次遭受影响？ | | | | | |
| 9. 当有人问你在网上干些什么时，你有多少次为自己辩护或者遮遮掩掩？ | | | | | |
| 10. 你有多少次用互联网的安慰性想象来排遣你生活中的那些烦心事？ | | | | | |
| 11. 你有多少次发现自己期待着再一次上网的时间？ | | | | | |
| 12. 你有多少次担心没有了互联网生活将变得烦闷、空虚和无趣？ | | | | | |
| 13. 如果有人在你上网时打扰你，你有多少次厉声说话、喊叫或者表示愤怒？ | | | | | |
| 14. 你有多少次因为深夜上网而睡眠不足？ | | | | | |
| 15. 你有多少次在下网时为互联网而出神，或者幻想自己在网上？ | | | | | |
| 16. 当你在网上时，你有多少次发现自己在说“就再玩几分钟”？ | | | | | |
| 17. 你有多少次试图减少上网的时间，但失败了？ | | | | | |

续表

| 题　目 | 没有 | 很少 | 偶尔 | 经常 | 总是 |
| --- | --- | --- | --- | --- | --- |
| 18. 你有多少次试图隐瞒自己在网上所花的时间？ | | | | | |
| 19. 你有多少次选择把更多的时间花在网上，而不是和其他人一起外出？ | | | | | |
| 20. 当你下网时，你有多少次感到沮丧、忧郁或者神经质，而这些情绪一旦回到网上就会无影无踪？ | | | | | |
| 总分 | | | | | |

评分方法与结果解释：将20道题的总得分累加。

1. 20～39分：你是一个普通的网络使用者。你有时可能会在网上花较长的时间冲浪，但你能控制对网络的使用。

2. 40～69分：由于互联网的存在，你正越来越频繁地遇到各种各样的问题。你应当认真考虑网络对你生活的影响。

3. 70～100分：过度使用网络正在给你的生活造成许多严重的问题。你需要现在就去解决它们。

## 拓展延伸

### 心灵影院：全球性网络社交的革命——《社交网络》

2003年秋，哈佛大学，恃才放旷的天才学生马克·扎克伯格被女友甩掉，愤怒之际，马克·扎克伯格利用黑客手段入侵了学校的系统，盗取了校内所有女生的资料，并制作名为"Facemash"的网站供同学们对女生评分，他的举动引起了轰动，一度使得哈佛大学的服务器几近崩溃，马克·扎克伯格因此遭到校方的惩罚。正所谓因祸得福，马克·扎克伯格的举动引起了温克莱沃斯兄弟的注意，他们邀请马克·扎克伯格加入团队，共同建立一个社交网站，在没有明确拒绝他们的同时，马克·扎克伯格和室友爱德华多·萨维林建立了自己的社交网站。

凭借Facebook网站，在短短6年时间内就聚集了5亿用户，马克·扎克伯格成为历史上最年轻的亿万富翁，彻底改变了他和他身边人的生活。

### 有氧书吧：世界改变者的一生——《乔布斯传》

《乔布斯传》是唯一一本由资深IT工程师撰写的乔布斯传记，全面讲述了从乔布斯青年时期初创苹果、历经漂泊又重返苹果并重新开创以iPod、iPhone和iPad为代表的苹果传奇，直至辞去苹果CEO完美谢幕的整个创新历程。本书收录了对多位当事人的第一手采访资料和IT名人对乔布斯创新精神的独到评论，并经过细致整理、考据和精彩的叙事文笔打磨，成为一部真正符合中国人阅读习惯的书。

# 项目十三

# 绘制职业的蓝图
## ——职业生涯规划

## 学习目标

- 学习目标
  - 知识目标
    - 理解职业生涯规划的基本概念
    - 掌握职业生涯规划的重要性与意义
    - 熟悉探索职业世界的途径与资源
  - 能力目标
    - 能够进行自我评估，明确个人职业兴趣、能力及价值观
    - 能够运用职业测评工具进行职业倾向分析
    - 能够进行行业与职业研究，了解职业发展趋势
  - 素质目标
    - 培养良好的自我认知与自我管理能力
    - 树立积极向上的职业态度与价值观
    - 学会认识自我，形成健康的心理素质基础

## 故事导入

### 未来，我们去向哪里？

站在人生的又一个十字路口，即将或刚刚踏入大学校门的你，是否曾有过这样的困惑：“未来的路，我该往哪儿走？三年后，我将成为怎样的自己？”

“每当夜深人静，躺在床上，我总会不由自主地想，选择这个专业真的是对的吗？我热爱它吗？它能带我走向梦想的彼岸吗？”

“看着身边的同学纷纷加入社团，参与各种活动，而我却在原地打转，不知道该如何规划自己的时间，更别提为未来铺路了。这种迷茫，让我倍感压力。”

“我来自一个小城市，对大城市的一切都感到既新奇又害怕。我担心自己的背景不够出色，害怕在激烈的竞争中被淘汰。我的职业生涯规划，又该如何起步呢？”

“每当听到学长学姐们谈论着他们的实习经历、考研计划或是创业梦想，我总是投去羡慕的目光。我也想有那样清晰的目标和坚定的步伐，但似乎总是找不到方向。”

…………

这些声音，此时此刻或许正回响在你我的心间。正如航行在茫茫大海上的船只，没有明确的航向，便只能随波逐流。而职业生涯规划，就是我们手中的罗盘，指引我们穿越迷雾，找到属于自己的那片海域。想象一下，你手握画笔，站在一张空白的画布前，这张画布，就是你的未来，而画笔下的每一笔，都是你职业生涯的规划与选择。你可以描绘出自己在专业领域深耕细作的场景，也可以勾勒出创业路上披荆斩棘的英姿，亦或是描绘出通过不断学习提升自己，最终实现梦想的喜悦。

但请记住，这幅画不是凭空想象。它需要你用心去感受、去思考、去行动。你需要通过自我探索，了解自己的兴趣、能力和价值观；你需要通过对职业世界的探索，了解不同行业、职业的发展趋势和所需能力；你还需要制定切实可行的规划，并在实施过程中不断调整和优化。

正如乔布斯所言：“你无法把点点滴滴串联起来；只有在回顾未来时，才会明白它们是如何串联在一起的。所以你得相信，你现在所经历的种种，将来多少会联结在一起。”让我们从现在开始，绘制属于自己的职业生涯蓝图，勇敢地迈出第一步。无论未来的路有多么曲折，只要心中有梦，脚下就有路。

## 心灵能量包

合抱之木，生于毫末；九层之台，起于累土；千里之行，始于足下。

——老子

人生最重要的一件事就是确定一个伟大的目标，并决心实现它。

——歌德

生活是不公平的，要去适应它。

——比尔·盖茨

## 任务一　立足时代：认识大学生职业生涯规划

踏入大学，人生的新篇章悄然翻开，这是大学生长久以来学习与奋斗的成果，更是大学生对未来无限憧憬的起点。在这段旅程中，大学生职业生涯规划是通往梦想的桥梁，也是大学生与时代脉搏紧密相连的纽带。随着社会的快速发展和科技的日新月异，职业规划的重要性日益凸显，它不再仅仅是选择一份工作那么简单，而是关乎人们如何在快速变化的时代背景下，明确自己的方向，制定合理的计划，以实现个人价值与社会需求的和谐统一。

面对这个充满机遇与挑战的时代，大学生职业生涯规划也成了每位学子的必修课。它要求大学生了解自我，明确自己的兴趣、能力和价值观，洞察时代趋势，把握行业发展的脉搏。在这个过程中，大学生可能会遇到迷茫、困惑甚至挫败，但正是这些经历，促使大学生不断反思、调整和完善自己的规划。“立足时代：认识大学生职业生涯规划”，意味着大学生要以更加开阔的视野和前瞻性的思维，去审视和规划自己的未来。

## 一、知道什么是职业生涯规划

从心理学的视角来看，职业生涯规划是一个深刻反映个体自我认知、职业兴趣、能力评估、价值观塑造及未来愿景的综合过程。它是对外部职业环境的分析与选择，更是内心世界的深度探索与自我实现的路径规划。在这一过程中，个体通过自我反思、心理测试、职业咨询等手段，逐步明确自己的职业倾向、能力边界及潜在优势，进而在纷繁复杂的职业分类中找到与自己内心需求相匹配的方向。

那么，职业生涯规划的核心概念有哪些呢？它包含以下几个方面。

### （一）自我认知

自我认知是职业生涯规划的基石。个体需要深入了解自己的性格特质、兴趣爱好、价值观及潜在能力，形成对自我全面而客观的认识。这一过程涉及心理学中的自我概念、自我认同等理论，能够帮助个体建立清晰的自我形象。

### （二）职业探索

在自我认知的基础上，个体开始对外界职业环境进行广泛地探索，包括了解不同行业的发展趋势、职业岗位的具体要求、工作环境及职业前景等。通过信息收集、实地考察、实习实践等方式，个体逐渐构建起对职业世界的认知框架。

### （三）目标设定

基于自我认知与职业探索的结果，个体开始设定具体的职业目标。这些目标应当是可衡量、可实现且与个体价值观相一致的。目标的设定有助于激发个体的内在动力，引导其朝着既定的方向努力前行。

### （四）行动计划

为了实现职业目标，个体需要制定详细的行动计划，包括学习新知识、提升技能、建立人脉关系、积累工作经验等具体措施。行动计划的制定需要考虑时间管理、资源分配及风险应对等因素，从而让计划具有可行性和有效性。

## 二、分析职业生涯规划的构成要素

在人生的广阔画卷中，职业生涯规划犹如一条蜿蜒向前的河流，引领着人们穿越未知，抵达梦想的彼岸。其核心，在于四大构成要素（自我认知、职业探索、目标设定与行动计划）的深度融合与相互支撑。

### （一）自我认知：兴趣、能力、价值观的探索

一切职业生涯规划的起点，都在于深刻的自我认知。人们应在内心深处挖掘出真正的自我——我们的兴趣所在、我们的能力边界，以及我们最珍视的价值观念。兴趣如同指引方向的灯塔，照亮了人们前行的道路，让人们在职业世界中寻找那份能够激发无限热情与创造力的领域。能力则是人们手中的船桨，决定了人们能够驾驭何种类型的船只，在职业生涯的海洋中乘风破浪。价值观则是人们心中的罗盘，让人们在任何风浪面前都能坚守内

心的信念与原则，不偏离人生的航道。在自我认知的过程中，人们需要勇于面对真实的自我，不回避自身的优点与不足。通过反思、测评、实践等多种方式，逐渐清晰自己的兴趣图谱、能力框架与价值观体系，为后续的职业生涯规划夯实基础。

**心灵互动营**

### 心理游戏：探索自我

（1）以小组为单位进行分享，每个小组 5 ～ 6 人，教师提供彩色画笔、白板及马克笔等绘画工具。

（2）准备一系列与兴趣、能力、价值观相关的问题卡片，如“我最享受做哪些事情？”“我认为自己在哪些领域有天赋或特长？”“哪些价值观对我来说最重要？”等。

（3）每位成员抽取一张与兴趣相关的问题卡片，给自己几分钟时间思考并写下答案。随后，轮流分享自己的回答，并尝试用一两个关键词或短语来形容自己的兴趣所在。

（4）重复上述步骤，但这次聚焦于能力。成员们思考并分享自己在哪些领域具备优势或特长，以及这些能力如何影响了他们的学习与生活。

（5）小组内成员基于刚才的分享，共同讨论并提炼出每位成员在兴趣、能力、价值观方面的关键词或短语。

（6）使用彩色画笔或白板，小组成员合作创作一幅“自我画像”。这幅画可以是抽象的，也可以是具象的，通过图像表达每位成员在自我认知三个维度上的独特性与联系。

（7）每组轮流展示他们的“自我画像”，并分享创作过程中的思考、发现以及团队合作的体验。展示完毕后，引导每位成员进行个人反思：回顾自己的兴趣、能力与价值观，思考它们如何影响着自己的职业选择与未来发展；同时，也思考自己是否正在朝着符合自己兴趣、发挥自身能力、坚守个人价值观的方向前进。

### （二）职业探索：行业趋势、职业路径、岗位需求的分析

有了清晰的自我认知，下一步便是将目光投向广阔的职业世界。职业探索要求人们跳出自我的小圈子，去关注行业的动态与发展趋势，去了解不同职业的成长路径与特点，去分析各类岗位的具体需求与要求。

在职业探索的过程中，人们可以通过阅读行业报告、参加职业讲座、进行实习实践等多种途径获取信息。这些信息如同拼图一般，逐渐勾勒出职业世界的全貌。在此过程中人们能够学会如何分辨哪些行业正处于上升期，哪些职业具有较高的成长性，哪些岗位与自己的兴趣、能力及价值观最为契合。

**心灵互动营**

### 心理辅导：职业探索之旅

**时间：**职业生涯规划课程中期，学生初步完成自我认知阶段后。

**地点：**职业咨询室或团体辅导室。

**对象：**以班级或兴趣小组为单位，成员间有一定的互动基础。

**召集人：**职业规划师、辅导员或具备职业辅导经验的教师（应具备引导学生深入思考、促进团队交流的能力）。

**目的：**

（1）帮助学生深入理解职业探索的重要性，明确行业趋势、职业路径与岗位需求对个人职业规划的意义。

（2）在职业探索的关键阶段，通过团体辅导的形式，引导学生正视职业选择中的困惑与挑战，鼓励他们积极采取行动，进行有效的职业探索。

（3）增强学生之间的信息交流与合作，共同构建支持性的职业探索氛围。

**大致程序：**

（1）引言：简要介绍职业探索心理辅导的目的与意义。

（2）共识建立：召集者与参与对象共同明确辅导过程中的基本规则，如自愿参与、相互尊重、坦诚交流、隐私保护等，确保每位成员都能在安全、开放的环境中分享自己的想法与感受。

（3）进入职业探索主题分享，鼓励成员间分享自己的见解、困惑与经验，共同探讨解决策略等。

（4）各小组选派代表分享讨论成果，包括他们对某个行业的认识、职业路径的理解、岗位需求的分析以及个人职业规划的调整方向等。其他小组成员和召集人给予积极反馈与建议。

（5）总结：召集人总结本次职业探索心理辅导的收获。

### （三）目标设定：短期、中期、长期职业目标的制定

基于自我认知与职业探索的成果，人们可以开始着手制定自己的职业目标。职业目标是人们职业生涯规划中的灯塔与指南针，它为人们指明了前进的方向与努力的目标。在制定职业目标时，人们需要遵循 SMART 原则（具体、可测量、可达成、相关性、时限性），确保目标既具有挑战性又切实可行。同时，人们还需要将职业目标划分为短期、中期与长期三个层次。短期目标通常较为具体且易于实现，它们如同人们脚下的台阶，帮助人们一步步接近更高的目标。中期目标则更加长远一些，它们需要人们在一段时间内持续努力与积累才能实现。长期目标是人们职业生涯的终极愿景，它激励着人们不断前行，追求更高的成就与自我实现。

## 心灵互动营

### 心理游戏：怎样设定我的目标？

**目的：**通过模拟攀登阶梯的过程，帮助学生直观感受并设定清晰的短期、中期、长期职业目标，同时理解目标之间的递进关系，增强实现目标的动力和策略规划能力。

**准备：**

（1）阶梯模型道具。可以是实物阶梯模型，也可以是绘制在纸板或大屏幕上的阶梯图。

（2）目标卡片。每位学生准备 3～4 张，分别写上自己的短期、中期、长期职业目标。

**游戏流程：**

（1）分组与准备。将学生分为几个小组，每组 5 ～ 6 人。每组选出一名组长，负责协调组内活动。每位学生准备好自己的目标卡片，并简要描述每个目标的意义和实现路径。

（2）目标阶梯构建。在阶梯模型或阶梯图上，底部代表短期目标，逐级向上为中期目标和长期目标。小组内成员轮流将自己的目标卡片放置在阶梯合适的位置上，并简短说明为什么将这个目标放在这个位置。鼓励成员间相互讨论和调整，保证目标之间的递进关系和可实现性。

**反思与调整：**

（1）每位学生根据小组讨论和全班反馈，重新审视自己的目标阶梯，思考是否有需要调整或补充的地方。

（2）引导学生思考：为了实现这些目标，我需要做什么准备？我需要提升哪些能力或技能？我需要哪些资源或支持？

### （四）行动计划：实现职业目标的具体步骤与策略

有了明确的职业目标之后，接下来便是制定具体的行动计划。行动计划是职业生涯规划中最具操作性的部分，它详细列出了人们为实现职业目标所需采取的步骤与策略。在制定行动计划时，人们需要充分考虑自身的实际情况与外部环境的变化。人们可以将大目标分解为若干个小目标，并为每个小目标设定具体的完成时间与衡量标准。同时，人们还需要制定详细的实施计划，包括所需资源的调配、时间的管理、技能的提升等。此外，人们还需要学会灵活调整行动计划以应对不可预见的变化与挑战。

## 三、了解职业生涯规划的时代背景

近年来，国家高度重视大学生职业生涯规划工作，出台了一系列政策文件，如《关于深化高等学校创新创业教育改革的实施意见》《关于加强和改进新形势下高校思想政治工作的意见》等，这些政策文件均强调了职业生涯规划教育的重要性。在时代的浪潮中，每个人的职业生涯规划都如同一艘扬帆起航的船只，穿越着变幻莫测的海洋。正如孙子兵法所言“知己知彼”，在职业生涯规划的征途上，人们不仅要深刻理解自身的兴趣、能力、价值观等内在因素（“知己”），还需敏锐把握外部环境的变化与趋势（“知彼”），从而让自己的职业道路与时代脉搏同频共振。但正如海面下的暗流涌动，职业生涯中也充满了不可预见的挑战与机遇。在这个过程中，人们要学会与风浪共舞，更要懂得如何在平静中蓄力，保持一颗坚韧不拔的心，勇于面对失败，从每一次挫折中汲取养分，让自己的航行更加稳健有力。最终，当船只穿越过这片变幻莫测的海洋，人们回望来时的路时会发现，那些曾经的挑战与困难，都化作了推动自己不断前行的力量。

# 任务二 扬帆起航：自我探索与职业定位

人生于世，当有一事为业，这便是职业与事业。一个人作为社会一份子的基础身份便是职业，虽然职业可以在从业过程中不断调整，但在大学阶段对职业的选择往往会影响甚至决定个人此后的从业方向，这是由于当今时代的工作对专业素养的要求不断加深，大学正是培养这一素养的至关重要阶段，这也就进一步要求大学生重视大学阶段的自我探索与职业定位。自我探索是大学生职业生涯规划的重要前提，只有清楚认知和评估自己，才能更好地确定职业发展的方向。职业定位是职业选择的前提和基础，没有职业定位就没有真正意义上的职业规划和职业决策，大学自我探索与职业定位正当时！

## 一、认知自我意识的觉醒与发展

在大学生涯这一重要的人生阶段，自我意识的觉醒与发展尤为重要，它关乎个人成长的方向与动力，也深刻影响着我们的学业成就、人际关系乃至未来的职业规划。自我意识，简而言之，是个体对自己存在、思维、情感、行为及与外界关系的认识和体验。它如同一个风向标，引领人们理解自我、评价自我并进而调整自我。一个拥有清晰自我意识的大学生，能够更准确地定位自己，明确目标，从而在面对挑战与选择时从容不迫。

### （一）大学生自我意识发展的特点与阶段

进入大学，学生们开始经历一系列身心变化，自我意识也随之进入一个新的发展阶段。初期，许多大学生会感受到从高中到大学的巨大转变，这种转变一方面体现在学习环境、生活方式上，另一方面也深刻地触及内心世界。他们开始更加关注自我，思考自己的兴趣、价值观、能力等问题，自我意识逐渐觉醒。随着时间的推移，大学生们会经历从自我认知模糊到逐渐清晰，再到自我认同与接纳的过程。在这一过程中，大学生们可能会遇到自我怀疑、迷茫等挑战，但正是这些经历促使他们不断成长，形成更加成熟、稳定的自我意识。

为了帮助大学生更好地探索自我，提升自我意识，心理学领域提供了诸多实用的工具。其中，自我评估量表是一种常用的方法。自我评估量表通过一系列测试，引导个体深入剖析自己的性格、兴趣、价值观等方面，从而得出较为客观的自我认知。例如，MBTI 性格测试通过评估个体的能量获取方式、信息收集方式、决策方式及生活方式，帮助人们了解自己的性格类型及其优势与劣势。此外，情绪智能测试、职业兴趣测试等也是提升自我意识的有效工具。通过运用这些心理学工具，大学生们可以更加全面、深入地了解自己。

**心灵互动营**

#### 心理案例：我要做什么？

小悦是一名大三的学生，在过去的两年里，她如同大多数同学一样，忙碌于课程学习、社团活动与社交关系中，却总感觉生活缺少了一种明确的方向感。每当夜深人静，她躺在床上辗转反侧，脑海中总是浮现出对未来的种种疑问与不安。她不清楚自己真正喜欢什么，擅长什么，更不知未来的路该如何走下去。

这种迷茫的状态，在一次偶然中被彻底打破。那是一个周末的下午，小悦独自坐在图书馆的角落，手里拿着一本关于自我探索的书籍，这个不经意间发现让她被书中的内容所深深吸引。她开始尝试着书中提到的自我评估方法，通过回答一系列关于兴趣、价值观、能力的问题，她发现自己对文学创作有着不同寻常的热情，而这一点，在过去的生活中几乎被忽视。

随着自我探索的深入，小悦开始有意识地调整自己的生活和学习计划。她加入了学校的文学社，积极参与创作和讨论，与志同道合的朋友分享心得，也在寻找文学相关的实习工作，明确了自己未来的职业发展方向。在这个过程中，她找到了属于自己的舞台，也收获了前所未有的成就感和满足感。

**思考：**小悦自我意识觉醒的关键是什么？小悦是如何通过实际行动来加强自我意识的？小悦的经历对我们有何启示？

### （二）兴趣与价值观解析

兴趣作为个人偏好的情感表达，丰富了人们的生活色彩，更在职业选择中扮演着关键角色，引导人们向心之所向的领域迈进。价值观则是个人行为的内在指南，它决定了人们如何看待世界、评价事物，并进而影响职业价值观的形成。通过心理测试如兴趣量表、价值观问卷，以及参与多样化的活动体验，人们能够更清晰地发现自己的兴趣所在与核心价值观，为未来的职业道路奠定基础。

### （三）能力与潜能的心理学阐释

美国著名心理学家麦克利兰于 1973 年提出了一个著名的能力与潜能的“冰山模型”。“冰山模型”是将人员个体素质的不同表现形式划分为表面的“冰山以上部分”和深藏的“冰山以下部分”，如图 13-1 所示。

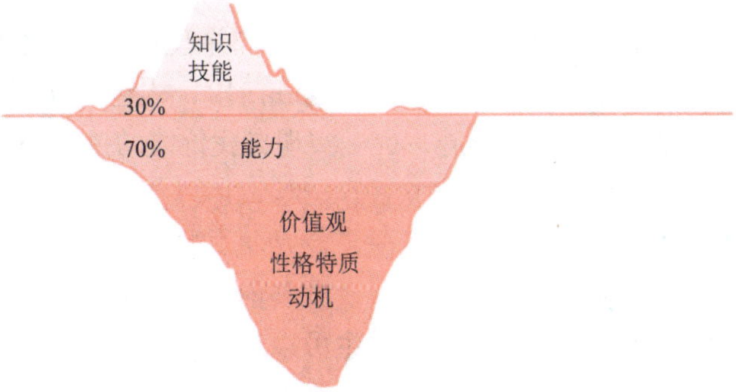


图 13-1　能力与潜能的“冰山模型”

能力是个体顺利完成某项任务所必备的心理特征总和，包括智力、技能、情感等多方面。它可以通过专业测试进行量化评估，帮助人们明确自身优势与不足。潜能则是尚未被充分挖掘的潜在能力，如同冰山下的巨大宝藏，等待着人们去发现与开发。心理学视角下，人们可以通过设定挑战目标、寻求专业辅导、实践锻炼等途径，激发潜能，促进能力的全面提升。在这个过程中，保持积极心态、勇于尝试新事物至关重要，它们将成为人们挖掘自身宝藏的强大动力。

**知识窗**

#### 自我认知的多元视角

自我认知，即个体对自我存在、特征、价值及与外界关系的认识和理解，是一个复杂而多维的概念。心理学家们通过长期的研究，逐渐揭示了自我认知的多个层面和影响因素。

自我概念（Self-Concept）作为自我认知的核心，是指个体对自己相对稳定、全面的评价，包括对自己能力、性格、外貌、社会角色等方面的看法。自我概念的形成受到多种因素的影响，如家庭环境、社会文化、个人经历等，这些因素相互作用，共同塑造了个体独特的自我认知框架。自我认同（Self-Identity）是自我认知的重要组成部分，是指个体对自我身份、价值观、信仰等核心特征的确认和接纳。在青少年和成年早期，自我认同的形成尤为关键，它关系到个体能否建立稳定的自我形象，以及能否在复杂多变的社会环境中保持内心的平衡与和谐。

自我认知不是一成不变的，它随着个体成长和经历的不断丰富而发展变化。在这一过程中，反思（Reflection）和自我监控（Self-Monitoring）等心理机制发挥着重要作用。反思帮助个体审视自己的思想、情感和行为，从而发现自身的优点与不足；而自我监控则使个体能够灵活地调整自己的表现，以适应不同的社会情境和人际关系。

综上所述，自我认知是一个多维度、多层次的概念，它涉及个体对自我存在、特征、价值及与外界关系的全面认识和理解。通过多元视角的审视和反思，人们可以更加深入地了解自己，为自我成长和发展找到适合的道路。

## 二、怎样进行职业定位

### （一）职业认知的构建

进入大学中年级，即二年级的学生，在逐渐适应并融入大学生活后，开始将目光投向更为长远的未来——职业生涯的规划与探索。这一阶段，构建清晰而全面的职业认知显得尤为重要，它是个人成长的重要里程碑，也是实现自我价值的关键一步。

#### 1. 搜集与整理职业信息

大学生在构建职业认知时，首要任务是广泛搜集并精心整理各类职业信息，包括行业发展趋势、不同职业的岗位要求、薪资水平、发展前景等。通过参加职业规划讲座、实习实训、网络搜索、校友交流等多种渠道，学生可以逐步构建起一个丰富的职业信息库，为后续的职业决策提供参考。

#### 2. 应用职业生涯理论

在职业认知的构建过程中，霍兰德职业兴趣理论、舒伯生涯发展理论等经典理论，为人们提供了视角和框架。霍兰德职业兴趣理论通过识别个体的职业兴趣类型，帮助学生找到与自己兴趣相匹配的职业领域；而舒伯生涯发展理论则强调生涯发展的阶段性，鼓励学生根据自身所处的阶段特点，制定科学合理的职业规划。这些理论的应用，有助于人们更加理性地审视自我，明确职业方向。

#### 3. 运用心理学理论进行职业分析

在职业认知的深化阶段，大学生可借助心理学理论进行深入的职业分析，包括但不限于：利用个人优势理论评估自己在职业竞争中的独特优势；运用社会认知职业理论，理解职业选择中的社会影响因素及个人与环境之间的互动关系；通过职业决策平衡单等工具，综合考量各种因素，做出更加明智的职业选择。

## 心灵互动营

### 心理案例：拨开职业探索的“迷雾”

小海，一名大三的计算机科学与技术专业学生，自入学以来便以优异的成绩和扎实的编程技能著称，是同学们眼中的“技术大牛”。然而，随着职业生涯规划的日益紧迫，小海却陷入了前所未有的迷茫之中。他发现自己对所学专业的热情逐渐消退，对未来从事何种职业感到困惑不解。每当参加招聘会或职业讲座，面对琳琅满目的岗位选择，小海总是感到无所适从，无法找到与自己兴趣和能力完美契合的职业方向。

小海坦言，自己虽然擅长编程，但并不确定这是否真的是自己热爱并愿意长期投入的事业。他尝试过参与多个项目，但每次深入后都发现，虽然能够胜任工作，却缺乏那种让人热血沸腾的激情。同时，他也开始质疑自己是否过于局限在技术领域，忽略了其他可能更适合自己的职业道路。夜深人静时，小海常常躺在床上辗转反侧，思考着自己的未来。他担心如果选择了一条错误的职业道路，将会浪费多年的努力和时间。这种对未来的不确定性和对自我认知的模糊，让他倍感焦虑和压力。他开始尝试通过各种方式探索自己的兴趣和价值观，但似乎总是难以找到明确的答案。

在一次偶然的机会下，小海参加了一个由学校组织的职业兴趣测评活动。通过一系列心理测试和职业倾向分析，他意外地发现自己对产品设计有着浓厚的兴趣。原来，在多年的编程实践中，他早已养成了从用户角度出发思考问题的习惯，而这正是产品设计中非常重要的一环。这一发现让小海眼前一亮，他开始重新审视自己的职业选择。

随后，小海积极寻求与产品设计相关的实习机会，在实践中，他逐渐发现自己在产品设计领域的天赋和热情。他开始利用业余时间学习软件设计和用户研究方法，并不断提升自己的专业技能，他希望，未来自己能够独立设计出一款符合用户需求的产品。

**案例分析：**职业认知的构建是一个复杂而漫长的过程。它需要人们不断地探索自我、了解自我，同时也需要人们保持开放的心态和勇于尝试的精神。在职业选择的道路上，人们可能会遇到各种困难和挑战，但只要人们坚持不懈地努力，最终一定能够找到属于自己的职业方向。

### （二）职业目标的设定

在职业目标设定上，采用SMART原则至关重要。明确性（specific）、可衡量（measurable）、可达成（achievable）、相关性（relevant）及时限性（time-bound）这五大原则，能够帮助人们设定既具体又实际的短期与长期职业目标。通过动机激发与目标可视化等心理学技巧（如设定梦想板、每日激励语），人们能够保持持续的动力与清晰的方向，逐步向职业巅峰迈进。

### （三）职业路径的规划

职业路径规划是连接梦想与现实的桥梁。首先应理解职业路径的多样性，如直线型、螺旋型等，然后根据个人兴趣、能力、价值观选择最适合的路径。当遭遇挑战或兴趣转变时，运用心理学方法如情绪管理、自我反思，灵活调整职业路径，不断优化策略，让职业路径规划的每一步都稳健而充满希望。

## 三、掌握自我探索与职业定位的实践策略

### （一）参与实践体验

理论与实践相结合是职业定位中非常重要的一环。实习、兼职等实践活动为人们提供了宝贵的职场初体验，让人们在真实的工作环境中检验所学知识，同时发现自身技能与岗位需求之间的契合度与差距。此外，志愿服务和社团活动作为多元化体验的平台，能够拓宽人们的视野，在无形中激发人们的职业兴趣，让人们在参与中逐渐明确自己的职业倾向。从实践中提炼职业经验与能力，意味着人们要学会从每一次经历中汲取养分，无论成功还是失败，这些养分都是我们成长道路上的宝贵财富。

### （二）寻求专业指导

在自我探索与职业定位的道路上，如果自己无法找到正确的方向，就可以积极寻求专业指导。专业的职业规划咨询与指导能够为人们提供专业的视角和科学的工具，帮助人们系统地分析个人特质、职业兴趣、价值观及能力结构，从而制定出更加合理且可行的职业发展规划。在寻求专业指导时人们应主动表达自己的困惑与需求，与导师、职业规划师建立有效沟通，同时保持开放的心态，接纳他们的专业意见与建议。

### （三）建立反馈机制

反馈机制是一个不断调整与优化自我探索与职业定位的过程，通过定期收集来自导师、同事、朋友乃至自我评估的反馈，人们能够及时发现问题，调整策略，让职业定位更具备准确性与有效性。

## 四、学会面对挑战与困惑的心理调适

### （一）自我认知的冲突与解决

认知失调，即内心信念与外在现实之间的不和谐，常使人陷入矛盾与挣扎。面对这一挑战，关键在于接纳与理解自己的多面性，通过积极地自我对话与反思，逐步调和内心的冲突。心理学技巧如正念冥想、情绪日记等，能有效促进自我接纳与成长，让人们在理解与接纳中，找到内心的平衡点。

### （二）职业定位的迷茫与应对

职业定位的迷茫期，往往伴随着不确定感与焦虑情绪。这一时期，个体可能陷入自我怀疑与选择的困境。心理学研究表明，迷茫期伴随着探索与尝试的渴望，是成长的重要契机。通过设定小目标、尝试新事物、寻求职业咨询等方式，人们可以逐步明确自己的职业方向。同时，寻求外部支持，如家人、朋友或职业导师的建议，能为人们提供宝贵的视角与资源，帮助人们更快地走出迷茫。

### （三）心理韧性的培养与提升

心理韧性，即面对挑战与困难时保持坚韧不拔的能力，它使人们能够在逆境中迅速恢复，持续前行。培养心理韧性，需要从日常生活中的小事做起，如设定挑战性目标、学习应对压力的技巧、培养乐观态度等。同时，将挑战视为成长的契机，积极从失败中汲取教训，也是提升心理韧性的重要途径。在职业定位的过程中，运用心理学策略如认知重构、情绪调节等，能有效缓解焦虑与压力，助力人们更加从容地面对挑战与困惑。

**知识窗**

### “心理韧性”知多少

你是否思考过这个问题：人生不如意事十之八九，生活中难免遭遇挫折，但有人一蹶不振，有人却越挫越勇，难道这只是天分使然吗？现在希望你闭上眼睛关注每一次呼吸的起伏，想一想你是否正处于压力和逆境之中？压力和逆境是否又让你感到疲惫和枯竭？人们生活在一个不断变化的世界中，有一些变化是可以预期的，有一些变化则是随机的，有时候甚至超出人们可以应对的范围，因此应对环境变化的能力非常重要。

心理韧性（resilience），又称复原力，是指个体面对逆境、创伤、悲剧、威胁或其他重大压力的良好适应过程。

“心理韧性”概念最早由美国心理学家安东尼（Anthony）于20世纪70年代提出，是借用物理学中的弹性概念，来解释人们受到外部压力后，有些人能恢复到原先的状态，而有些人短期无法恢复到正常状态的现象。

心理韧性并不是一个宽泛虚无的概念，它有着具体可测的维度，个人能力、社交能力、组织计划能力、家庭凝聚力、社会支持力、家庭支持力、个人抗逆性等方面都被列为心理弹性的具体量化因子。

心理韧性并非天生具备，而是通过后天的训练与经历逐渐培养起来。它要求人们在面对挑战时，不仅能够承受压力，更能从中学习、成长，甚至将挑战转化为推动自己前进的动力。正如树木在风雨中更加茁壮，人在逆境中也能磨砺出更加坚韧不拔的品质。

## 任务三　乘风破浪：规划制定与策略部署

市场环境如同大海般瞬息万变，人们无法控制外部环境的每一次波动，但人们可以学会适应并调整自己的航向。人们无法避免生活中的困难，但可以选择以积极的心态去迎接它们，从中汲取经验和教训，不断成长。只有这样，人们才能在人生的旅途中不断前行，实现自己的梦想和目标。

**心灵互动营**

### 心理案例：航行无向，何以破浪？

小晨是一位刚踏入创业浪潮的青年，他怀揣着满腔热血与梦想，决定创办一家专注于绿色能源的创新科技公司。起初，他对未来充满了无限憧憬，认为只要拥有好的想法和技术，成功便指日可待。然而，随着项目的逐步推进，小晨开始感受到前所未有的压力与挑战。

“创业之初，我以为只要团队齐心协力，产品技术过硬，就能在市场上一路畅通无阻。但现实是，我们像是被放入了茫茫大海中的一艘小船，四周是波涛汹涌的竞争者和未知的市场环境。我们没有明确的航线图，每次决策都像是在盲目试错，既担心错过风口，又害怕踏入陷阱。团队成员也开始出现分歧，有的急于求成，有的则因长期看不到明确方向而心生退意。”小晨在创业日记中这样写道。

**案例分析：**小晨的遭遇并非个例，许多初创企业在面对复杂多变的市场环境时，都会遭遇类似的困境。这背后反映出几个问题：第一是规划缺失。在快速变化的市场中，缺乏明确的发展战略和阶段性目标，容易导致企业像无头苍蝇般乱撞，浪费资源且效率低下。第二是策略部署不当，缺乏有效的市场分析和竞争对手研究，难以制定出针对性的竞争策略,使得企业在竞争中处于被动地位。第三是团队协同问题。团队成员之间因目标不明确、沟通不畅而产生分歧，影响整体凝聚力和执行力。

正如航海需要精确的罗盘和详细的航线图，企业的成功也离不开周密的规划与合理的策略部署。面对波涛汹涌的市场，只有明确方向，乘风破浪，才能在创业的征途上行稳致远。在创业初期，企业应当明确自身定位，制定长远的发展规划，并根据市场环境的变化，灵活调整策略。同时，加强团队建设和沟通，推动每位成员都朝着共同的目标努力。

## 一、如何进行职业规划制定

### （一）以心为舵、洞察未来

只有真正热爱并适合自己的行业，才能激发人们内在的动力，推动人们不断前行。每个人都有自己的兴趣和热爱，有的喜欢文学，有的钟情科学，有的热爱艺术，有的痴迷技术。人们要追随自己的兴趣和热爱，而不是一味地追求所谓的“稳定”和“高薪”，只有选择自己真正热爱的领域，才能在不断地探索和实践中，找到属于自己的成就感和满足感。

### （二）绘制蓝图、灵活应变

在明确了职业方向后，人们需着手绘制自己的职业蓝图。这份蓝图将基于人们的职业愿景和个人目标，设计出一条既清晰又富有弹性的职业路径。在规划过程中，人们要考虑不同阶段的职业转换与晋升机会，让规划既具有前瞻性，又能灵活应对未来的变化。当然，职业规划不是固定的，而是需要随着个人成长和外部环境的变化而不断调整。因此，人们要保持对职业路径的敏锐洞察，时刻准备迎接新的挑战和机遇，以积极的心态面对职业生涯中的每一个阶段，不断调整自己的策略和目标，让自己始终走在正确的人生道路上。

### （三）精准施策、助力前行

为了职业路径的顺利实现，人们可以制定一系列具体而有效的实施策略。如在学习提升方面，制定有针对性的学习计划，不断学习新知识、新技能，提升自己的专业素养和综合能力；在实习实践方面，积极寻找与职业目标相关的实习机会，通过实践来检验和提升自己的能力等。在人际网络构建方面，可以积极与同行、前辈及业内人士进行交流和合作，多参加各类行业活动、社交聚会等，拓展自己的社交圈子。通过这些具体而有效的实施策略，人们将以更加坚定的步伐走在职业发展的道路上，不断实现自己的职业愿景和个人目标。

## 二、学会心理调适与应对

### （一）职业决策的心理调适

在职业生涯的十字路口，面对纷繁复杂的职业选择，人们往往会被犹豫、焦虑等情绪所困扰。为了更加明智地做出决策，人们需要运用心理学的方法进行有效的心理调适。以下是一些实用的策略。

1. 正念冥想法

在职业决策的迷茫期，正念冥想如同一股清泉，可以帮助人们平复内心的波澜。通过静坐冥想，人们将注意力集中在呼吸或身体感觉上，让思绪从对未来的担忧中抽离出来，回归当下。正念冥想有助于提升自我觉察能力，使人们更加清晰地认识到自己的内心需求和价值观。

2. 认知重构法

面对职业选择时的焦虑与不安，人们常常陷入消极的思维模式之中。认知重构法鼓励人们审视并挑战这些负面想法，用更加积极、理性的视角去重新审视问题。通过问自己一系列问题，如“这个担忧是否基于事实？”“是否有更乐观的解释？”等，人们可以逐渐调整自己的认知框架，减少不必要的恐惧和犹豫，为职业决策注入更多的信心和勇气。

3. 情绪管理方法

情绪是职业决策过程中不可忽视的重要因素。当人们感到焦虑或沮丧时，可以运用情绪管理方法来有效应对。比如，通过深呼吸、肌肉放松等方法来缓解紧张情绪；或者通过写日记、与朋友倾诉等方法来表达和释放内心的情感。这些技巧有助于人们保持情绪的稳定和平衡，从而更加冷静地分析问题和做出决策。

### （二）职业规划压力源与心理韧性培养

在职业规划的征途中，压力与挑战如影随形，它们既可能是成长的催化剂，也可能是前行的绊脚石。因此，学会识别并有效管理职业规划过程中的压力源，同时培养强大的心理韧性，对于每一位大学生而言至关重要。

1. 识别并管理职业规划压力源

首先，人们需要意识到职业规划中的压力可能源自多个方面，如职业目标的模糊性、市场竞争的激烈性、自我期望与现实的差距等。通过自我反思和外部环境分析，明确具体的压力源，针对识别出的压力源，制定个性化的应对策略。例如，对于职业目标不明确的问题，可以通过咨询职业规划师、参加行业研讨会等方式来加深了解；面对市场竞争的压力，可以通过提升专业技能、拓展人际关系网络等方式来增强竞争力。基于此，人们应保持合理的期望值，并认识到职业规划是一个长期且动态的过程，不必急于求成，学会接受并适应变化，以更加平和的心态面对挑战和困难。

2. 有效培养心理韧性

深入了解自己的优势、劣势、价值观及兴趣所在是培养心理韧性的基础。通过自我探索，人们能够更加清晰地认识自己，从而在面对挫折时更有信心和勇气去克服。人们可以构建一个由家人、朋友、同事等组成的支持网络，他们可以在人们遇到困难时提供情感上的支持和帮助。同时，积极参与社交活动，拓展人际关系，也是增强心理韧性的有效途径。另外，保持乐观向上的心态，将挫折视为成长的机会，学会从经历中汲取教训，调整策略，再次出发，也能有效提升自己的心理韧性。

## 心灵互动营

### 心理健美操：压力舞步

1. 具体流程

（1）分组舞动：根据兴趣或压力类型将学生分为若干小组（如“解压小分队”“乐观派联盟”）。

（2）自我介绍＋解压妙招：每位同学简短介绍自己，并分享一个自己常用的解压小妙招或心理韧性提升的小技巧。

2. 分享时刻

（1）小组展示：每个小组轮流上台，以简短表演或口号形式展示他们的解压方式和团队精神。

（2）快速问答：教师随机提问某个小组内的学生，要求其他成员迅速说出该学生的解压妙招或名字，增进团队默契。

3. 总结反思

（1）心得分享：邀请几位学生分享参与本次活动的感受，特别是关于压力管理和心理韧性提升的新认识。

（2）教师寄语：教师总结活动，强调积极面对压力的重要性，并鼓励学生将所学应用到日常生活中。

### （三）心态调整与积极心态培养

保持积极乐观的心态是应对职业规划中不确定性的最佳法宝，更是推动人们不断前行的内在动力。一个积极的心态可以帮助大学生更好地面对挑战、克服困难，并在职场中脱颖而出。

在职业规划的道路上，变数常伴左右。面对这些未知与挑战，人们要学会以乐观的心态去拥抱它们，将每一次的不确定视为成长的契机，将每一次的挑战看作是提升自我的磨砺。相信每一次的尝试与努力，都将为未来的成功铺就坚实的基石。保持一颗开放和接纳的心，让乐观成为自己最强大的后盾。为了进一步强化自己的积极心态，人们可以运用心理学的方法来培养自信、坚韧、乐观等积极品质，通过积极的自我暗示和肯定，提升自我价值感，增强自信心。每天告诉自己：“我能够应对一切挑战，我值得拥有成功。”这样的正向思维会逐渐渗透到人们的潜意识中，成为人们行动的指南。当面对困难和挫折时，要保持乐观的心态，要学会从困难和挫折中汲取教训，调整策略，再次出发，将每一次的失败视为向成功迈进的一步，用不屈不挠的意志去战胜一切阻碍。

以下将详细探讨六种心态调整与积极心态培养方法，并结合实际案例，提供全面而深入的指导。

（1）逆境成长，拥抱挑战的力量。面对学习和生活中的挫折，保持积极心态是成长的催化剂。

**案例分析：**李华（化名）是一名高职学生，在初次参加专业技能竞赛时惨遭淘汰。这次失败让他一度沮丧，但他很快意识到失败是成功的垫脚石。通过反思不足、加倍努力训练，李华在下一届竞赛中荣获佳绩。他学会了将挑战视为成长的机会，并用积极的心态不断突破自我。

**方法详解：**

正面解读：将失败视为学习和成长的机会，而非终结。

设定挑战：主动寻找并接受适度超出能力范围的挑战。

反思与调整：及时反思失败原因，调整策略再出发。

（2）感恩日记，记录生活的美好。记录生活中的点滴美好是培养积极心态的有效方式。

案例分析：张薇（化名）坚持每天写感恩日记，无论是老师的鼓励、朋友的帮助，还是一次小小的成功，她都一一记录下来。这些正面的记录让她更加珍惜现在，对生活充满感激，从而培养出更加积极的心态。

**方法详解：**

每日记录：养成写感恩日记的习惯，记录生活中的美好瞬间。

回顾反思：定期回顾日记内容，感受生活的温暖与力量。

分享传播：与家人、朋友分享感恩日记，传递正能量。

（3）自我激励，激发内在动力。自我激励是保持积极心态的内在源泉。

**案例分析：**陈涛（化名）在遇到困难时，总是通过自我对话来激励自己。他会告诉自己："我能行！""再坚持一下就好了！"这种积极的自我暗示帮助他克服了许多难关，不断向前迈进。

**方法详解：**

积极暗示：用正面的语言进行自我激励，增强自信心。

设定奖励：为达成目标设定小奖励，激发内在动力。

视觉化成功：想象自己成功后的情景，增强目标感。

（4）乐观视角，转换思考方式。乐观的人总能在困境中找到希望。

**案例分析：**刘欣（化名）在遇到问题时，总是尝试从不同角度去思考，寻找积极的解决方案。她相信每一个挑战都隐藏着机遇，这种乐观的视角让她在逆境中也能保持积极的心态。

**方法详解：**

多元思考：遇到问题时，尝试从多个角度去思考和分析。

寻找亮点：在困境中寻找积极因素，看到问题的另一面。

积极应对：采取积极的行动去解决问题，而不是消极抱怨。

## 知识窗

### 习得性乐观

很多人都听说过这样一个实验：实验人员把狗关在笼子里，只要信号声一响，狗就会遭到电击。在多次电击之后，即便实验者打开笼子，这些狗在听到信号声后，也不再尝试逃走。这种本可以采取行动，避免不好的事情发生，却选择放弃的行为，被心理学家们称为："习得性无助"。

然而，很少有人知道，心理学家们后来又做了一个实验：他们将那些已经学会"无助"的狗，再次放入往返箱里，并帮助这些狗跨越中间的矮闸，直到它们开始自己动为止。这时，心理学家们发现，当这些狗意识到自己的行为对停止电击有效时，它们原本的无助就被治愈了，开始主动跨越矮闸。原来，“无助”可以习得，“乐观”同样可以习得。

《越过内心那座山》的作者伊迪丝·伊娃·埃格尔博士曾是一位奥斯威辛集中营的幸存者。在那里，她失去了自己的父母，遭遇了暴力和死亡的折磨。这让她在很长一段时间里，都陷在无助的深渊中。然而，在经历了重重苦难之后，她却依然选择用乐观的心态去面对生活，并成为一名心理学博士，帮助无数身陷囹圄的人走出困境。

她在该书中写道：乐观，其实可以是被习得的。

**效应启发：**在职业规划和个人成长的道路上，习得性乐观无疑是一把强大的武器。它能够帮助人们保持积极的心态，勇敢面对不确定性和挑战，不断学习和成长。当人们遇到困难和挫折时，不妨运用习得性乐观的原理，通过认知重构、积极归因、感恩练习和挑战自我设限等方法，调整自己的心态，以更加饱满的热情和坚定的信心，迎接未来的每一个挑战。

（5）时间管理，掌控生活节奏。有效的时间管理能减轻压力，提升生活满意度，从而培养积极心态。

**案例分析：**赵雷（化名）通过制定合理的学习计划和时间表，确保自己能够高效地完成各项任务。他学会了拒绝拖延，珍惜每一分每一秒，这种对时间的掌控感让他更加自信和从容。

**方法详解：**

制订计划：根据任务的重要性和紧急性制定合理的时间表。

优先级排序：明确各项任务的优先级，先完成重要且紧急的事情。

高效执行：集中注意力，避免分散精力，提高执行效率。

（6）身心健康，打造积极心态的基石。健康的身心是积极心态的基石。

**案例分析：**王悦（化名）坚持每天运动锻炼，保持良好的饮食习惯；同时，她也关注自己的心理健康，通过冥想、阅读等方式放松身心。这种全面的健康管理方式让她的心态更加积极和稳定。

**方法详解：**

规律运动：保持适量的运动锻炼，增强身体素质。

合理饮食：均衡摄入各类营养元素，保持身体健康。

心理调适：通过冥想、阅读等放松技巧，保持心理健康。

## 自助测试

### 霍兰德职业兴趣测评

本测评旨在帮助人们探索自己的职业兴趣倾向，从而更好地理解自己适合从事哪些类型的职业。霍兰德职业兴趣理论将人的职业兴趣分为六大类型：现实型（R）、研究型（I）、艺术型（A）、社会型（S）、企业型（E）和常规型（C）。

请根据自己的真实感受，从每题给出的选项中选出最符合自己情况的一项（共24题）。

1. 当我在修理或组装物品时，我感到非常满足和兴奋。（　　）

A. 非常符合　B. 比较符合　C. 一般　D. 不太符合　E. 完全不符合

2. 我喜欢通过观察和实验来探究自然现象或技术原理。(　　)

A. 非常符合　B. 比较符合　C. 一般　D. 不太符合　E. 完全不符合

3. 我对美有独特的感知力，喜欢通过绘画、音乐或设计来表达自己。(　　)

A. 非常符合　B. 比较符合　C. 一般　D. 不太符合　E. 完全不符合

4. 我享受与人沟通交流，喜欢参与社交活动并结交新朋友。(　　)

A. 非常符合　B. 比较符合　C. 一般　D. 不太符合　E. 完全不符合

5. 我喜欢领导团队，享受制定计划和推动项目前进的成就感。(　　)

A. 非常符合　B. 比较符合　C. 一般　D. 不太符合　E. 完全不符合

6. 我注重细节，喜欢按照既定的规则和流程完成工作。(　　)

A. 非常符合　B. 比较符合　C. 一般　D. 不太符合　E. 完全不符合

7. 我对机械、电子或建筑等领域的技术问题充满好奇。(　　)

A. 非常符合　B. 比较符合　C. 一般　D. 不太符合　E. 完全不符合

8. 我喜欢深入研究科学问题，追求知识的深度和广度。(　　)

A. 非常符合　B. 比较符合　C. 一般　D. 不太符合　E. 完全不符合

9. 我擅长创作文学作品或诗歌，享受文字带来的乐趣。(　　)

A. 非常符合　B. 比较符合　C. 一般　D. 不太符合　E. 完全不符合

10. 我享受帮助他人解决问题，特别是提供心理或情感上的支持。(　　)

A. 非常符合　B. 比较符合　C. 一般　D. 不太符合　E. 完全不符合

11. 我对市场趋势和商业模式有敏锐的洞察力，喜欢策划商业活动。(　　)

A. 非常符合　B. 比较符合　C. 一般　D. 不太符合　E. 完全不符合

12. 我喜欢管理和组织事务，确保一切井然有序。(　　)

A. 非常符合　B. 比较符合　C. 一般　D. 不太符合　E. 完全不符合

13. 我对户外活动或体育运动有浓厚的兴趣，喜欢挑战自我。(　　)

A. 非常符合　B. 比较符合　C. 一般　D. 不太符合　E. 完全不符合

14. 我喜欢通过阅读、学习或研究来不断拓展自己的知识面。(　　)

A. 非常符合　B. 比较符合　C. 一般　D. 不太符合　E. 完全不符合

15. 我对艺术创作充满热情，喜欢通过不同媒介表达创意。(　　)

A. 非常符合　B. 比较符合　C. 一般　D. 不太符合　E. 完全不符合

16. 我乐于在团队中扮演协调者的角色，促进成员间的合作。(　　)

A. 非常符合　B. 比较符合　C. 一般　D. 不太符合　E. 完全不符合

17. 我喜欢创业或创新，享受将想法变为现实的过程。(　　)

A. 非常符合　B. 比较符合　C. 一般　D. 不太符合　E. 完全不符合

18. 我对财务管理、预算编制或会计有浓厚的兴趣。(　　)

A. 非常符合　B. 比较符合　C. 一般　D. 不太符合　E. 完全不符合

19. 我喜欢通过摄影、摄像或电影制作来记录生活。(　　)

A. 非常符合　B. 比较符合　C. 一般　D. 不太符合　E. 完全不符合

20. 我享受为他人提供咨询或建议的过程，愿意帮助他人做出决策。(　　)

A. 非常符合　B. 比较符合　C. 一般　D. 不太符合　E. 完全不符合

21. 我喜欢参与销售或市场营销活动，推广产品或服务。(　　)

A. 非常符合　B. 比较符合　C. 一般　D. 不太符合　E. 完全不符合

22. 我注重效率和准确性，喜欢处理大量数据和文件。(　　)

A. 非常符合　B. 比较符合　C. 一般　D. 不太符合　E. 完全不符合

23. 我对法律、政策或社会公正问题有浓厚的兴趣，喜欢研究并寻求解决方案。(　　)

A. 非常符合　B. 比较符合　C. 一般　D. 不太符合　E. 完全不符合

24. 我喜欢在教育领域工作，享受传授知识和启发他人的过程。(　　)

A. 非常符合　B. 比较符合　C. 一般　D. 不太符合　E. 完全不符合

**计分规则：**

根据所选答案，对每道题目进行计分。非常符合（5分）、比较符合（4分）、一般（3分）、不太符合（2分）、完全不符合（1分）。

将同一类型题目（如现实型R的题目）的分数相加，得到该类型的总分。

比较六个类型的总分，确定自己主导的职业兴趣类型及可能的辅助类型。

**结果分析：**

社会型（S）：倾向与人打交道，如教师、律师。

企业型（E）：倾向于事务管理和领导。

常规性（C）：遵章守纪，按部就班，被动型。

实际型（R）：以动手操作为主，行事独立。

研究型（I）：善思考、推理，求知欲强。

艺术型（A）：有创造力，渴望表现，理想化。

如果自己某个类型的得分远高于其他类型，说明自己在该领域的兴趣非常浓厚，适合从事与该类型相关的职业。如果两个或更多类型得分相近且较高，说明自己具有多元化的职业兴趣，可以考虑与这些类型相结合的职业领域。得分较低的类型可能不是自己的兴趣所在，但了解这些领域有助于避免自己选择不适合的职业道路。

**思考与讨论：**（1）根据测评结果，思考自己的职业兴趣与当前学习或工作的匹配度。（2）讨论如何在未来的职业规划中更好地发挥自己的兴趣优势。（3）分享个人经历，探讨如何在兴趣与职业发展之间找到平衡。

## 拓展延伸

### 心灵影院：《当幸福来敲门》

影片《当幸福来敲门》以其深刻的人生哲理和感人的励志故事，成了众多观众心中的经典之作。该片改编自美国著名黑人投资专家克里斯·加德纳的真实经历。克里斯·加德纳是一名普普通通的医疗器械推销员，妻子忍受不了经济上的压力离开了，留下他和5岁的儿子相依为命。因为没钱付房租，他和儿子被撵出了公寓。经过不懈努力克里斯赢得了在一家声名显赫的股票投资公司实习的机会，实习期间没有薪水，而且最终只有一人可以进入股票投资公司，克里斯决定走下去。为了省钱，每天晚上克里斯带着儿子去住收容所，吃饭靠领救济，但这些并没有摧毁父子间的亲情与他们的信念，他相信幸福总会落到自己身上。凭借勤恳的努力，克里斯终于迎来了那幸福的时刻……

这部影片告诉人们，在职场上如果想推销自己，其实可以制造很多机会，关键是要主动且努力地去争取。如果你有梦想，就一定要捍卫它。

### 有氧书吧：《觉醒——把人生设计成你想要的样子》

该书以个人工作中遇到的集中问题为主线，通过规划案例展现目前职场较为集中的“稳定”“跨界发展”“热门行业”“兴趣”“原生家庭”“35岁现象”“职场天花板”“我的职场我做主”等议题，从心理、文化、原生家庭等多个维度进行深入剖析，为读者呈现了一幅幅关于职业、生活与自我成长的复杂图景。

优秀的人永远将命运攥在自己手中，本书教会人们如何在复杂多变的社会环境中保持清醒的头脑，如何在职业生涯的每一个阶段都做出最适合自己的选择，最终实现个人价值与梦想的和谐统一。

# 项目十四

# 享受生命的美好

## ——生命教育

## 学习目标

- 学习目标
  - 知识目标
    - 了解生命的内涵和特征
    - 了解大学生生命教育的目标及内容
    - 掌握大学生生命自我教育的方法
  - 能力目标
    - 具备主动思索生命意义的能力
    - 具备认识自己、热爱自己及珍爱自己的能力
    - 掌握排解心理困扰的方法
  - 素质目标
    - 建立与他人相互尊重及沟通的关系
    - 促进个人理智、情感、意志和身体健康的平衡发展
    - 享有成熟和快乐的人生

## 故事导入

### 精彩地活着

2010 年，在《中国达人秀》节目中诞生了一位身份特殊的冠军。他并没有因为自己是“弱势群体”而被区别对待。恰恰是他自己的自强不息，打动了在场的许多身体健全的人。他用自己坚强的毅力、顽强的生命力在和世界做抗争。他就是“无臂钢琴师”刘伟。

当年的刘伟因为励志的成长经历被大家熟知，在那之后他的身上就有了“断臂王子”“断臂钢琴师”“全国残疾人游泳冠军”“吉尼斯世界纪录保持者”等诸多荣誉。

他没有了双臂，但他却用双脚弹奏出了美妙的钢琴曲，做到了许多常人都无法达到的高度。这是属于他的精彩和独特之处。

刘伟当年的励志故事也不仅是用脚弹钢琴这么简单。这个内心强大的断臂青年，至今都有一句心酸又励志的名言挂在嘴边。

“我的人生中只有两条路，要么赶紧死，要么精彩地活着。”

在他第一次登台时，他就已经是观众们眼中的励志偶像。

刘伟原本是个身体健全、活泼开朗的孩子。但是在他 10 岁那年，一场意外彻底改变了他一生。那年，刘伟不幸在一次意外中触电，双手被截掉。

从此，他和别人“不一样”了，周围的人都对他投来了异样又同情的眼光。"儿子，你没有什么和别人不一样的，别的孩子能干的事儿，你都能干；别人家的孩子能用手弹钢琴，你也可以用脚弹钢琴。"这是母亲第一次因为儿子想要走音乐之路，却碰到歧视他的音乐学校校长后对他说过的话。面对质疑，刘伟当年也直接回怼了这个校长，并发誓一定要证明给他看。

苦练了一年多后，他便有幸被邀请到了北京电视台为刘德华伴奏，让更多人认识到了他，刘伟的音乐之路也慢慢得到了更多人的赏识。

2010 年，23 岁的他参加了《正大综艺，吉尼斯之夜》。在这一年中，刘伟曾远赴意大利参加世界吉尼斯纪录。在当时创造了用脚打字，一分钟 251 个英文字母的世界纪录。同年又在《中国达人秀》中用双脚弹钢琴惊艳了全场，在亿万观众的注视下获得了全国总决赛的冠军。

在那之后，刘伟始终保持初心，创造了一个又一个奇迹。

**案例解析：**每个人对待生命的态度是不一样的，有的人无论经历什么磨难，最终都能积极乐观对待，赋予生命顽强的意义；有的人遭遇一次挫折，就从此阴郁消极，让生命黯然无光。无论我们经历过什么，都应该感受生命本身的美好。

### 心灵能量包

人生最宝贵的是生命。生命每个人只有一次。人的一生应当这样度过：当回忆往事的时候，他不会因为虚度年华而悔恨，也不因碌碌无为而羞愧;在临死的时候，他能够说:“我的整个生命和全部精力，都献给了世界上最壮丽的事业——为人类的解放而斗争。”

——奥斯特洛夫斯基

生命的用途并不在长短而在我们怎样利用它。许多人活的日子并不多，却“活”了很长久。

——蒙田

## 任务一 认识生命

### 一、学会定义生命

#### （一）什么是生命

什么是生命？生命的内涵是指在宇宙发展变化过程中自然出现的，存在一定的自我生长、繁衍、感觉、意识、意志、进化、互动等丰富可能的一类现象。对于人类而言，生命就是指生物体所具有的存在和活动的能力。哲学上讲，生命是一种偶然和必然，生是偶然，死是必然。意大利科学家伽利略曾说:“人类只有三件事，就是诞生、存在、死亡。”因此，对于个人来讲，生命只有一次，而且无论身份如何，生命的消逝是不可避免的。正因为人的生命不可逆且短暂，才有那么多的人珍惜生命，在有限的生命时间里，不断谱写出生命的新篇章。

### （二）生命的存在形态

人的生命存在形态有生物性、精神性和社会性三种形态。

#### 1. 生物性的存在

人是生物性的存在，生物性是人的生命的最基本特性，是人的生命的社会性、精神性存在的基础和前提。人的生命作为一个自然生理性的肉体生命而存在，人的生长和发展就必然要服从生物界的法则和规律，所以，衣食住行、吃喝拉撒、生老病死是每一个人必须具有的，也是每一个人无法逃避的。

#### 2. 精神性的存在

人之所以为人，就在于人不仅是为了满足自己的自然生命而活着，还要追求超越生物性存在的精神性存在。人要思考生命的意义和人生的价值，人要规划自己的人生，创造自己的价值，指导和提升生物性的存在。正是有了生命的精神性的存在，才使人的生命有了人文意义和价值，有了理性的意蕴和道德的升华。

#### 3. 社会性的存在

每个人要想生存下去，就必须参与和融入社会实践活动中，在与人的沟通、交往和互动中实现自己生命的发展，追求自己生命的意义，实现自己生命的价值。正是这种社会性的存在使人面对千差万别、千变万化的社会生活，能够有自身的生命智慧和坚定的人生信念；使人面对有生有死、有爱有恨、有聚有散、有得有失的有限人生和无奈命运时，有一种豁达的胸怀和安然的人生态度。

### （三）生命的特征

#### 1. 生命的不可逆性

从胚胎起，生命便一直生长、发育，以迄衰亡。它绝不会“倒行逆施”，返老还童。

#### 2. 生命的不可再性

生命，对任何人来说都只有一次。人们常说，“人死不得复生”，便道出了这个真理。

#### 3. 生命的不可换性

生命为个体所私有，相互不得交换，彼此不可替代。

#### 4. 生命的有限性

人生命的有限性表现在三个方面。第一，生命存在时间的有限，人的自然寿命一般七八十岁，最多百十来岁。第二，生命的无常性，表现在生老病死、旦夕祸福的不可预测，任何人都逃脱不了，任何人必然走向死亡。第三，个体生命的存在不能离群索居，不能不食人间烟火，每个人都需要别人的帮助、支持和关怀。正是生命的有限性才促使人通过努力思考、积极生活、发奋创造，去实现自己生命的意义。

## 心灵互动营

### 心理训练一：理解生命

请结合自己对生命的思考，从认识生命、感受生命、珍爱生命三个方面理解生命：

生命是______________。

生命是______________。

生命是______________。

生命是______________。

生命是______________。

生命是______________。

生命是______________。

生命是______________。

生命是______________。

生命是______________。

### 心理训练二：我的生命线

生命线就是每个人生命走过的路线，世间有多少条生命，就有多少条生命线。

**目的：**对过去、现在和未来的“我”做评估和展望，帮助学生思考过去一些重要事件对自身产生的影响，鼓励学生努力发现自己处理问题的正面力量与资源。通过描画自己的生命线，引发学生去思考自己的人生轨迹和生命的意义与价值，反思自己的目标和追求，并最终提升自己的生命价值。

（1）请准备好一张白纸及一支红笔、一支黑笔，要用颜色区分心情。先把白纸摆好，最好横放。

（2）在纸的中部，从左到右画一条长长的横线，然后在右侧画上箭头。接着，在线的最左侧写上数字0，在线的右方，箭头旁边，写上为自己预期的死亡年龄（预测死亡年龄的三个依据：个人的健康状态、家族的健康状态、生活地域的平均寿命），可以是68，也可以是100。

（3）在线的上面写上“×××的生命线”（×××代表自己的名字）和此时的年龄及今天的日期。

（4）在坐标系上，把自己这一生曾经历的大事和未来想做的事都标出来。如果有可能，尽量注明时间，将其带给自己的快乐和期待的程度标在线的上方，如果是自己的至爱，请用红笔将其标在自己的生命线的最上方。如果是挫折和困难，如父母逝去等各种意外发生，不妨用黑笔将其在生命线的下方标出来。

**讨论：**

1. 你想到了什么？
2. 这些给你什么启示？

## 二、知道感受生命

### （一）生命的平凡性

生命的平凡源于每个人平凡的出生。无论贫富、男女、肤色，每个人的起点都是一样的。生命的开始并没有什么特别之处，在母亲的怀中温暖成长。生命中大部分时光是平淡的，平凡的人居多，伟大领袖、商业巨头、名流学者等是少数。有时候，我们以为自己的生命平凡无奇，没有什么特别之处。但是，我们可以通过自己的努力和付出，在平凡中追求不平凡，将普通的生命变得特别起来。做一个积极向上的人，用自己的双手创造幸福和美好；做一个乐于助人的人，给别人带去温暖和快乐；做一个心怀梦想的人，永不放弃追求自己的理想。在每一个平凡的日子里，我们都可以成为这样的人。让我们从平凡中感受生命的美好，发掘自己的特别之处，用自己的力量去影响和改变世界，创造出更加美好的未来。

### （二）生命的挑战性

虽说生命是平凡的，但人的生命是有精神内涵的。每个人活着都有自己的梦想，这些梦想就是生命源源不断的动力，正是由于每个人在朝梦想奋进的过程中，发挥了潜力，提升了能力，生命才会因此熠熠生辉，人们才会通过不断地挑战自我感受活着的意义，才能实现自我价值。

#### 心灵互动营

#### 心理案例：枯井里的驴带给我们的思考

一天，一个农夫的一头驴不小心掉进了一口枯井里，农夫绞尽脑汁地想把驴子救出来，但几个小时过去了，驴还在井里痛苦地哀嚎着，最后这位农夫决定放弃。他想这头驴年纪大了，不值得大费周折地去把它救出来，不过无论如何，这口井还是得填起来，于是农夫便请左邻右舍帮忙，想将井中的驴埋了，以免除它的痛苦。农夫的邻居们人手一把铲子，开始将泥土铲进枯井中，当这头驴了解到自己的处境时，刚开始哭得很凄惨，但出人意料的是，一会儿后，这头驴就安静下来了，农夫好奇地探头往井里一看，出现在眼前的景象令他大吃一惊。当铲进井里的泥土落在驴的背部时，驴子的反应令人称奇，它将泥土抖落在一旁，然后站在泥土堆上面，就这样，驴将大家铲在它身上的泥土全部抖落在井底，然后再站起来，很快，这头驴便得意地上升到井口，然后在众人惊讶的表情中快步地跑开了！

在生命的旅程中，人们有时候难免会陷入枯井里，会有各式各样的泥沙倾倒在自己身上，而从这些枯井脱困的秘诀就是将泥沙抖落掉，然后站到上面！

事实上，人们在生活中所遭遇的种种困境就是倾倒在自己身上的“泥沙”。然而换个角度看，这些泥沙也是一块块的垫脚石，只要锲而不舍地将它们抖落掉，然后站上去，那么即使是掉落到最深的井里，人们也能安然地脱困。这个故事告诉人们：如果人们能以肯定、沉着、稳重的态度面对困境，那么助力往往就会藏在困境中，帮助人们战胜一切困难。

### （三）生命的承担性

每个人的生命都是父母给予的，一旦来到这个世界上，人们的生命就不仅属于自己，而且还属于家庭、社会等，因此，人们需要承担各种责任。首先，人们需要对自己的生命负责，要热爱生活，珍惜生命，练就一副强健的体魄，修养心性，让自己的心灵变得强大，在困苦面前勇往直前。其次，人们要自主选择自己的人生，敢于追求梦想，确定目标，并通过努力达成自己的愿望。再次，人们需要对家庭负责。人们的生命是从父母那里承继下来的，人们的成长也离不开父母的呵护和关爱，因此需要回报父母，回报父母的最好方式就是认真学习，锻炼品格，提升能力，节俭开支，为毕业后创造更多的价值奠定基础，并在学校学习一些如何择偶、经营婚姻家庭等方面的知识，为自己毕业后成功组建家庭、承担家庭责任做好准备。最后，人们需要对社会负责。每个人都属于社会的一分子，其自身价值的体现都需要通过服务社会来实现。因此，人们需要对社会负责，回报社会，为社会贡献自己的一份力量，只要社会整体进步发展了，人们才能得到更好的发展，收获更大的利益。

## 心灵互动营

### 心理案例：活出生命的品质

有一个生长在孤儿院的小男孩，常常悲观地问院长，像我这样没人要的孩子活着究竟有什么意义？院长总是笑而不答。一天，院长交给男孩一块石头说：“明天早上你拿这块石头到市场上去卖，但不是真卖，记住无论别人出多少钱，你都不能卖”。第二天，男孩蹲在市场角落，惊奇地发现不少人对他的石头感兴趣，而且价钱越出越高。回到院内，男孩兴奋地向院长报告了这件事，院长笑笑，要他明天拿到黄金市场上去卖。在黄金市场上，竟然有人出比前一天高十倍的价钱买那块石头。最后院长叫男孩把石头拿到宝石市场上去卖，结果石头的身价又涨了十倍，更由于男孩怎么都不卖，竟被传扬为稀世珍宝。男孩兴冲冲地捧着石头回到孤儿院，将这一切禀报院长，院长望着男孩这样说道：“生命的价值就像这块石头一样，在不同的环境下就会有不同的意义，一块儿不起眼的石头，由于你的珍惜而提升了它的价值。生命品质的高低取决于个体把自己的生命放在一个怎样的位置，当生命从社会和他人那里获得关注的时候，就具备了提高生命品质的前提，只要自己看重自己，自我珍惜，生命就会有意义有价值。”

## 成长时刻

《钢铁是怎样炼成的》一书中作者根据自己的生活所描绘出来的青年革命战士的形象勇敢、坚强，拥有顽强的毅力，相信自己的力量，并有“在任何情况下也不怕困难”的品质。这部作品告诉人们，一个人只有在困难中战胜困难也战胜自己，只有在把自己的追求和祖国、人民的利益联系在一起时，才会成长为钢铁战士，创造出生命的奇迹。

### 三、做到感恩生命

人们不能决定生命的长度，但可以决定它的宽度。为了让生命有更宽的宽度，人们需要不断拓展生命的内涵。在生命的内涵中，感恩是人们一直需要学习和表达的重要内容。感恩父母，他们赋予我们生命。在学校时每周打电话问候父母，在家里经常为父母分担力所能及的家务，每学年结束时向父母汇报自己的所有进步和收获，就是感恩父母。感恩老师，他们让我们掌握了知识和技能，教会我们如何去适应社会，努力学习，经常与老师谈谈心，就是感恩老师。感恩同伴，他们让我们品尝了友谊的美好，让我们懂得如何与人交往。关心同伴，在他们需要安慰和帮助时送上温暖的祝福和帮助，就是感恩同伴。人们不仅需要感恩帮助过自己的人，还需要感恩自己所经历的磨难和自然界的一草一木。磨难是人们生命中的一部分，正如巴尔扎克所说，人生是由各种不同的变故、循环不已的痛苦和欢乐组成，那种永远不变的蓝天只存在于心灵中间，向现实的人生去要求未免是奢望，正因为人生有着磨难和痛苦，人们才不断成长，才变得更加坚强，因此人们需要感恩所经历的磨难。自然界的一草一木是人们赖以生存的必不可少的东西，我们爱护自然、环保节约、尊重自然规律，就是对自然的感恩，每天心怀感恩，感恩身边的人，感恩每天所有所用的一切东西，感恩每天所看到的花草树木，就会发现生命是美好的，人生是幸福和快乐的。

## 心灵互动营

### 心理游戏一：最重要的五样

想想自己生命中最不可或缺的一些人和事物，请写下自己认为最重要的五样。现在假设自己生活出现了变故，五样中有一样保不住了，必须舍弃，请将它划掉；接下来只剩下四样了，生活又面临一次严峻的挑战，现有的四样又要舍弃一样，请将它划掉；看着眼前的三样人和事物，生活再次与自己开了个不小的玩笑，必须再放弃一样，请将它划掉；现在面前只剩下最宝贵的两样了，需要做最后且最艰难的选择，划掉一样，保留一样。

交流并分享剩下的最后一样，是否是自己最先写出的那一样呢？如果不是，说明了什么？自己依次舍弃的是什么？自己最终保留了什么？它为什么对自己如此重要？

### 心理游戏二：洞口余生

同学们以小组为单位，相互挨着围圈而坐，留一个出口。设想大家到郊外旅游，不巧遇到泥石流倾泻，大家被围困在几米的地下，只有一个出口，每次只能过一个人，且出口随时都有坍塌的危险，谁先出去谁就有生的希望。请每个人依次说出自己求生的十个理由。之后大家商量并决定逃出的顺序，最后全体讨论并述说自己的感受。

指导教师引导同学们把讨论的重点放在摆脱险境后将来生活的指向。请思考：听了别人的意见后，自己是否愿意修正原有的想法；小组依照什么标准决定逃生者的顺序等。

## 任务二　走近心理危机

正常大学生一般都是处于身心平衡的状态，也就是他们的思维、意志、情感体验与生理参数指标都处于某种程度的和谐状态。当有不适当的应激发生时，大学生原有的平衡状态就会受到破坏，这时他就会处在危机状态，会出现思维不清、意志失控、情感紊乱等情况。大学生自杀、杀人等极端心理危机表现形式当属此类。

心理危机是生命教育中重要的课题之一。生命教育旨在帮助大学生认识生命、尊重生命、珍爱生命，促进学生主动、积极、健康地发展生命，提升生命质量，实现生命的意义和价值。心理危机可以视为生命教育的一部分，因为它涉及到如何面对生活中的挑战和困难，如何处理心理上的失衡状态。心理危机不仅关乎个体的心理健康，也直接影响到个体的生活质量和对生命的认识。

危机之中隐含着危险，这也是我们必须注意到的一个重要方面。心理危机的出现，如无法应对生活中的重大变化或困难，可能会导致个体进入一种失衡状态，表现为焦虑、挫折、愤懑和迷茫等不良情绪反应。这种状态如果得不到及时有效的处理，可能会对个体的身心健康产生长期影响，甚至导致更严重的后果。

因此，生命教育心理危机的应对紧密相关。通过生命教育，个体可以学会如何面对和处理生活中的挑战和困难，提高应对心理危机的能力，从而更好地珍惜和提升自己的生命质量。

## 一、知道什么是心理危机

心理危机干预理论创始人开普兰从 1954 年开始对心理危机进行系统研究，他将心理危机定义为“面临突然或重大生活事件，个体既不能回避，又无法用通常的方法来解决问题时所出现的心理失衡状态”。

**心灵互动营**

### 心理案例：我该怎么办?

小于是某高校大一学生，他选择的专业不是自己感兴趣的，而且他发现自己在学习专业课时有些吃力，有的甚至学不懂，从此他就开始逃课，经常不去上课，白天在寝室玩儿或睡觉。他对自己到底是继续学习，还是转专业或退学，拿不定主意，但同时又无法允许自己这样浑浑噩噩地过日子。这种冲突频繁地袭击着他，让他每天度日如年，辅导员发现他旷课之后主动找他交流，他说出了自己的困惑，老师听后建议他寻求心理咨询，然后在自己情绪平稳后再做决定。他接受了建议，走进了学校心理咨询室，寻求专业心理咨询老师的帮助。

**案例解析：**大学生在生命过程中难免会遇到一些心理危机，如上面案例中提到的成长过程中的困惑、冲突等，这些危机给大学生带来了痛苦，但同时也磨炼着大学生，让大学生在痛苦中成长。

### （一）心理危机的身心表现

当人们遭遇危机事件后，身心会在未来数周内出现以下反应。每个人出现这些反应的范围或程度有所不同，但无论怎样，在危机事件后出现这些反应都是正常的，有些人在几个月后会自行缓解，有些人则需要专业人士干预才能恢复。

#### 1. 生理表现

失眠，入睡困难，早醒、做噩梦，易惊醒；头痛，心痛；食欲欠佳；消化不良、胃部出现问题等。

#### 2. 情绪表现

高度紧张、焦虑、恐惧和担心，缺乏安全感，害怕自己失去控制，害怕危机事件会再次发生，害怕自己或亲人会再次受到伤害。充满悲伤和无助感，经常会因亲人的死伤而哭泣，或者麻木、冷漠，觉得未来一切都是空的，不知道该怎么办。难以抑制的愤怒和内疚，觉得世道不公，责怪救援不到位，责怪别人理解不了自己的需要。强迫性的重复回忆，创伤事件会不断地在脑海中出现，一闭上眼全是恐怖的画面。

3. 认知表现

有的人认知功能会受到严重损害，记忆力减退，注意力不集中，思维变得迟钝，区分事物异同的能力下降，做决定和解决问题的能力欠缺。

4. 行为表现

行为和思维不一致，出现一些过去没有的行为，如突然迷恋网络或酗酒、回避他人、不愿与他人见面或交流、经常抱怨他人、拒绝接受帮助并认为接受帮助是软弱的表现，不能专心学习和工作，有时可能会出现对自己和周围的破坏性行为。

### （二）了解心理危机的特征

1. 普遍性

心理危机是普遍的，在一定情况下，每个人都有可能遭遇心理危机。对于年轻气盛的大学生来说，更容易出现心理危机。

2. 突发性

心理危机的发生往往是出人意料、防不胜防、不可控制的。

3. 紧急性

心理危机发生后，犹如急性病发作一样，需要紧急应对，迅速采取有效措施给予服务和帮助。

4. 无助性

心理危机会给人们带来强烈的无助感，使人不知所措，无所适从。

5. 危险性

心理危机会给人们带来一系列身心方面的反应，有些可能会危及自己或他人的生命安全，如自杀或伤害他人。

6. 双重性

心理危机虽然会给人们带来极其强烈的痛苦，但同时也隐藏着成长改变的机遇。成长是要付出代价的，不经历风雨怎能见彩虹，只有经历痛苦和磨难，才能成长成熟。

## 二、熟悉常见的心理危机

### （一）心理危机的种类

大学生在校期间可能遇到的心理危机主要有以下三类：

1. 成长性危机

成长性危机是指大学生在成长和发展过程中，可能会遇到环境改变或自身生理变化所带来的异常应激反应。对大学生而言，成长性危机主要有入学适应不良、失恋、就业失败等。这些成长性危机都是大学生在成长过程中必然要经历的问题，是成长中的烦恼，不一定会产生严重的心理危机，大部分大学生都能顺利度过，但也会有一小部分大学生不能顺利处理这些问题，引发较严重的心理危机。

2. 境遇性危机

境遇性危机是指出现突如其来的或罕见的超常事件，个体无法预测和控制时所出现的危机。境遇性危机是无法预测的，不是必然的，而是偶然碰到的，但对大学生来说是突发性的、灾难性的、震撼性的。这类危机有火灾，遭遇车祸、抢劫、强奸、绑架，突发重病等。

#### 3. 存在性危机

存在性危机是指由一些人生重要问题，如关于人生的意义、责任、自由、独立等而引起的心理内部的冲突和焦虑。作为大学生，可能比其他社会个体和自己的其他生命阶段更喜欢思考这些问题，“我活着的意义是什么”“我对家庭的责任体现在哪里”“我怎么才能更幸福”等。如果能顺利应对和解决这些问题，内心将更加和谐、安宁。

### （二）容易出现心理危机的时刻

（1）新生入学适应时期。

（2）期末考试或其他重要考试前。

（3）评选优秀、竞选干部前后以及受到处罚（考试作弊或其他严重违规事件被发现）后。

（4）成绩下降严重时。

（5）突发事件或重大变故后。

（6）与大学生密切相关的政策出台后。

（7）与别人发生激烈冲突后。

（8）关系破裂（友谊、恋爱失败或与父母闹崩）后。

（9）求职择业不顺利后。

### （三）容易出现心理危机的学生群体

（1）因环境适应不良而出现心理或行为异常的学生。

（2）因学习困难、学习压力过大而出现心理或行为异常的学生。

（3）患有严重慢性疾病且治疗周期长的学生。

（4）家境贫困、经济压力大、深感自卑的学生。

（5）性格过于内向、敏感，容易紧张焦虑，缺乏社会支持的学生。

（6）人际关系和个人情感受挫后出现心理或行为异常的学生。

（7）患有严重心理疾病，如抑郁症、焦虑症、强迫症、恐惧症、情感性精神障碍等疾病的学生。

（8）违法违纪后将面临严重后果从而导致惶惶不安的学生。

（9）遭遇突发事件（如遭遇性侵害、家庭发生重大变故、受到自然或社会意外刺激）而出现心理或行为异常的学生。

（10）因身边同学出现危机状况而受到影响，产生焦虑和恐慌的学生。

## 三、分析心理危机产生的原因

大学生出现心理危机的原因是多方面的，既有外在因素，如社会、学校和家庭等，也有大学生自身的内在因素。分析心理危机的成因，有助于处理大学生的心理危机状况。

### （一）外在因素

#### 1. 社会环境影响

当今社会，各行各业发展迅速、竞争激烈、节奏加快、人际关系复杂、生活压力增大，这些都大大增加了大学生的心理负担，不少大学生缺乏稳定感和安全感。不少大学生由于对社会的一些重大变革、文化转型、价值观念的转变无所适从，因此选择了消极应对，在校期间无所事事，无聊、空虚、寂寞成了这些大学生的生活状态。社会传媒，如电视、电影、网络和报纸等对一些消极负面事件大肆报道，也对大学生构成了极大的诱惑和暗示，让极少数学生走上了自我毁灭或毁伤他人的道路。

#### 2. 家庭影响

（1）家庭不完整。如父母离异后或父母之间关系紧张都会让子女缺乏安全感，极易产生自卑、自闭心理，在遇到挫折时容易采取极端手段。

（2）父母本身有心理问题。如悲观厌世，与周围人缺乏有效的联系，曾采取过自杀等极端消极方式应对困难等，这些都会对子女造成严重的负面影响，作为子女，极有可能习得父母的应对模式。

（3）父母教育方式不当。不少父母过分注重子女的智力教育、文化知识的学习，忽视子女性格、品德、自理能力的培养，忽视子女的心理疏导，导致不少子女以自我为中心、与人难以相处、不会关心他人等。在遇到心理危机之后，很难理性处理问题。

（4）家庭经济拮据。不少大学生因家庭经济情况不好而深感自卑，经常感叹社会不公。

#### 3. 学校影响

（1）大学教育与中学教育的侧重点不一样，大学教育更注重学生实践能力的培养，不少中学只埋头读书的学生到大学后很难适应这个转变，因而出现危机。

（2）与同学关系紧张，无法建立友谊。

（3）与老师关系不融洽。

（4）对学校环境不适应。

（5）学校心理健康教育软硬件设施不足，不能满足大学生的心理需要。

### （二）内在因素

#### 1. 心理容易失衡

不少大学生上进心强，具有较高的成就动机和抱负水平，一旦现实与理想差距太大，心理失衡，就会出现严重的心理危机；有的大学生心理承受能力较弱，或性格有缺陷，过于孤僻、自卑、抑郁、悲观，经历同样的一些刺激事件，这部分同学更容易出现心理危机。

#### 2. 价值取向单一

有的大学生价值取向过于单一和绝对化，将金钱、健康或成绩作为自己唯一的价值取向。如果家庭经济满足不了自己的发展需要，有的同学就很自卑；如果身体疾病始终不能痊愈，有的同学就开始绝望;如果在大学里成绩已经没有优势，有的同学就茫然不知所措。

#### 3. 求助方式不充分

每个大学生在大学里都或多或少会遇到一些困扰和冲突，但只有极少部分会寻求专业帮助，大部分都是自行解决，这种求助方式的不充分，导致不少遇到心理困惑的学生延长了痛苦时间，使本可以在没有严重时就能得到有效化解的问题变得严重。

#### 4. 心理支持系统缺乏

为了能有效维护大学生自身的心理健康，使其在遭遇危机时能减轻冲击和痛苦，大学生的心理支持系统应是多方面的。这些支持来自家人、朋友、同学以及专业心理咨询人员等，但有的大学生过于封闭，不爱与人交流沟通，遇事也不求人，这类大学生缺乏心理支持系统，当面临心理问题时，很难在短时间内走出困境，从而产生心理危机。

心灵互动营

## 心理测试：心理测量

这是一份心理学家提供的心理测量表，请仔细阅读每个题目，如果题目完全或部分符合自身的情况，请在括号里打“√”，如果不符合，请在括号里打“×”

1. 我对未来充满希望和热情。（　　）
2. 因为我不能把事情做好，我只好认输。（　　）
3. 当事情变糟时，我知道不会长久，如此心情就会好转。（　　）
4. 我不能想象在今后的十年中我的生活会是什么样子。（　　）
5. 我有足够的时间完成我想做的大多数事情。（　　）
6. 我预料我最关心的事情会获得成功。（　　）
7. 我感到前途渺茫。（　　）
8. 我怀有在生活中比一般人获得更多成功的希望。（　　）
9. 我运气不佳，也不相信会交好运。（　　）
10. 我过去的经历已经为我的将来打下了良好基础。（　　）
11. 展望未来，我能得到的都是些不愉快的事情。（　　）
12. 我不敢奢求自己真正想得到的东西。（　　）
13. 当我展望未来时，我料想会比现在幸福。（　　）
14. 很多事情的结果不像我期望的那样。（　　）
15. 我对未来充满信心。（　　）
16. 我从未得到我想得到的东西。（　　）
17. 将来我不可能获得真正的满足。（　　）
18. 对我来说前途渺茫捉摸不定。（　　）
19. 我想将来好的时间会多于坏的时间。（　　）
20. 追求自己想要的东西是徒劳的，因为几乎不可能得到他。（　　）

积分规则及结果解释：本量表共20个题目，其中1、3、5、6、8、10、13、15、19打“√”记零分，打“×”记一分，而2、4、7、9、11、12、14、16、17、18、20打“√”记一分，打“×”记零分，把所有得分相加即为总分。总分合计小于等于6分为无异常；总分合计为7～12分为有轻度无望感；总分合计为13～20分为有重度无望感（自杀意念严重）。

**提醒：**此问卷仅作为了解自己的参考，如有疑问，请咨询专业人员。

# 任务三　学会珍爱生命

## 一、养成健康行为

健康行为通常是指有助于个体在生理、心理和社会活动等方面保持良好状态的行为。躯体健康的人反应灵活、精力充沛；心理健康的人情绪自控力强，思维和言语富有理性，精神面貌好，行为符合社会规范。健康行为能改善身体状况，预防心理疾病，提高生活质量，能使人们的生活更加幸福，能使人们在学习和工作上表现出较强的创造力。健康行为，不仅能保持良好的心态，还能增强体质，预防各种疾病。

### （一）生活节奏有规律

由于现代社会工作和生活节奏加快，负荷加重，因此导致疲劳已成为危害大学生健康的一个重要因素。

生活节奏规律化是预防和消除疲劳的重要方法，除了饮食起居外，不论多忙，一定要给自己留出一些时间休息，学会交替使用人体各部分，培养一项业余爱好，要少熬夜，要牢记健康的体魄来自睡眠，没有好的睡眠就没有健康。

### （二）营养全面均衡

任何一种食物都不能提供人体需要的全部营养素，合理的膳食必须由多种食品组成。因此要实现个人营养均衡，必须做到以下几点：一是控制总热量，每餐以八分饱为度，一日总热量控制在 30 千卡 /kg；二是减少动物脂肪和甜食的摄入，增加豆制品、蔬菜水果等富含钾镁元素食物的摄入，一般保证每天摄入蔬菜 500g 左右；三是多进食富含多不饱和脂肪酸的食物，鱼类食物中含有丰富的 W-3 多不饱和脂肪酸，有降脂、降黏和降血小板聚集等作用；四是减少钠盐摄入量，建议每天钠盐摄入量控制在 6g 以内，目前我国平均钠盐摄入量为 10 ～ 13g，每日减少钠盐摄入量，可以直接降低高血压患病率。

### （三）体育锻炼有规律

保持适量的体育运动是预防和消除疲劳、保证健康的另一要素，长期不运动是导致肥胖、心脑血管疾病和骨质疏松等疾病发生的潜在因素。体育锻炼贵在坚持，步行、登楼、体操、慢跑都能达到缓解压力、消除疾病的目的，但运动要适度，不必强求，一般锻炼至微微出汗即可，冬天可以锻炼至全身暖和。

### （四）养成健康习惯

除了勤洗手、勤剪指甲、勤换衣服、勤理发、勤洗澡等一般卫生习惯外，还要自觉养成不吸烟、少饮酒、多喝茶等良好的健康习惯，适量饮酒可促进血液循环，消除疲劳，但每次以少量啤酒、少许葡萄酒等为宜。

吸烟能引发多种疾病，是一种不健康的行为。实验证明，戒烟可使心脑血管疾病的死亡率下降 25% ～ 40%。自觉养成不吸烟的习惯，不仅有益于个人健康，而且也是一种良好公共卫生观念的具体体现。

## 二、建立社会支持系统

社会支持系统是一组由个人接触所构成的社会关系网，通过这些关系网，个人得以维持其社会认同，并获得情绪支持、物质援助、信息服务等社会支持。完善的社会支持系统需要人们主动去建立。社会支持系统越健全，对抗压力的力量就越强大。

个人社会系统主要包括三股力量，分别是血缘关系、亲密关系、社会关系。血缘关系主要是指父母和兄弟姐妹，亲密关系主要是指伴侣和最亲密的朋友，社会关系则是包含最为广泛的一个支持力量，也是效果和作用最小的一个力量，主要是指关系不太紧密的朋友、同学、同事等。

表面上看，每个人的社会关系网都差不多，无非父母手足、同学同乡，但深入观察，每个人从中获得的支持却有很大差异。有些人在个人支持系统中与他人共享生活，充满幸福感，遇到困难时总能获得及时而有力的帮助，而有些人则不然，他们虽然和别人一样，也拥有客观存在的关系网络，却与其中的人相处得很糟糕，在陷入困境时，会迅速陷入孤立无援的状态。

### （一）具备社会支持理念

人们生活在这个世界上需要彼此支持，共同发展，所以在必要的时候要懂得求助，这与依赖不是一回事。依赖指的是自己明明能做的事也让别人为自己做；寻求支持指的是处于竭尽所能也难以应付的局面时才寻求他人帮助。社会支持具有双重功能，人们的困难需要社会支持的分担，人们的快乐也需要社会支持的分享。

## 心灵互动营

### 心理案例：痛苦的优秀生

某高职院校一名女生成绩比较优秀，但大一大部分时间却在低落和焦虑中度过，觉得活着意义不大，太累了。原来她的妈妈对她的期望特别高，而对她考入高职院校不满意，希望她一进校就抓紧学习，争取专升本，同时要求她参加一些活动，锻炼自己的能力。妈妈跟她在电话上的交流，更多的是询问她的学习情况。她说，进校没多久，有一次周末，她特想回家，她给妈妈打电话，妈妈却不让她回家，非让她在学校学习，瞬间她觉得活着真的没有意思，想起平常妈妈的做法，她的情绪一落千丈。她觉得妈妈根本不在乎自己，只在乎自己外在的成就，她有些怨恨妈妈，从此她情绪经常低落，学习效率降低。看着自己成绩下降，她又感到焦虑。后来她实在承受不了这种痛苦，主动走进了学校的心理咨询室寻求心理咨询，通过一段时间的心理咨询，她慢慢从低落和焦虑中走出来，并且学会了如何跟妈妈沟通交流，妈妈也察觉自己的一些做法不妥，开始有所改变，她与妈妈的相处变得和谐。

**案例解析：**

上述这位同学在出现心理危机之后，主动寻求心理咨询，解除了自己的危机。由此可知，大学生在出现心理危机之后，如何应对和解除危机，避免走上极端非常重要。

生命是一个人最宝贵的东西，是人生一切的根本，人的一切活动最基本的目的都是为了生命的存在，人的一切活动的最终目的都是为了让生命存在的更美好，所以人们要珍爱生命，为幸福人生奠基。

### （二）体会到人有助人的需要

在力所能及的情况下，助人会使助人者感到快乐，因而适时适度向人求助，还会提升人们的亲密程度。有的人由于缺乏自信，往往把寻求支持看作无能，其实不然，寻求支持也意味着向他人表示：今天我求助于你是因为我有困难，同时，也因为我有信心在将来某个时候也有能力向你提供帮助。

### （三）区分社会支持系统中不同关系所具有的作用

有时候人们求助失败，不是因为他们没有社会支持系统，而是因为他不懂得区分社会支持系统中不同关系所具有的作用。例如，有人要求合作伙伴能像朋友一样理解自己，这显然是不切实际的要求。

### （四）了解天生的社会关系

网络并不等于社会支持系统，社会支持系统需要平时的细心呵护，如果人们平时不懂得体贴、关心并帮助他人，不懂得与他人分享生活，那么人们就很难构建社会支持系统。

### （五）要有感恩的心

很多时候，一声“谢谢”，一句“要不是你帮我，我当时真不知道该怎么办好”这样简单的话，就会使助人者心里充满快乐和成就感，而许多求助者不懂得说“谢谢”，是因为他们有一个很大的误区，认为都是熟人，不说他也知道，而事实上，如果不说，别人就不知道结果，助人者助人的快乐就有可能转变为不满和疏远。

## 三、提升心理能量

心理能量，即心理力量，是促使人意识到自己的内心需求和主体性，驱使人采取适当行为的冲动、勇气、意志力及各种特征的情绪、感情等心理力量。如果建立社会支持系统能给人们提供外部的力量，那么提升心理能量则能帮助人们加强内在力量。

心理能量是可以转化的，主要有三种情况：均量转化、能量转化和引爆转化。均量转化是人对人的一种良性转化，如开心的时候和朋友分享、不开心的时候有朋友分担，这种转化是最良性、最值得提倡的转化方式。能量转化一般是人对物的转化，如不开心的时候有人会摔东西。东西破碎就是心理能量转化的结果，人将承受不了的能量转移到物体身上。引爆转化则是自己对别人的一种负能量转化，在遇到压力时容易被他人的事情激怒，并无法释放出来，如有人通过对身边的人进行打骂来转嫁情绪。

心理能量不可能凭空消失，人们所能做的就是根据它的规律来转化它、利用它，使人们拥有更幸福的生活。

20 世纪 80 年代中期，美国兴起了以人的积极心理品质和美好心灵为研究内容的积极心理学运动。积极心理学运动强调，心理学不应该总是关心疾病，而是应该更多的去关心人的积极心理力量，并用科学的方法把这种力量调动起来，发挥它的巨大作用。

美国心理学家马丁•塞利格曼曾提出一个著名的公式，即“总幸福指数 = 先天素质 + 后天环境 + 能主动控制的心理力量”。这个公式中所指的“能主动控制的心理力量”就是积极心理学要挖掘的力量，包括好奇、乐观、爱与被爱、交往、技巧、美德、工作能力、感受力、创造力、天赋、灵性、智慧、宽容、毅力、自觉等。

## 四、培养爱的能力

爱的能力是指和他人建立亲密关系的能力，对人的一生发展有着重要意义。具备了爱的能力，会引导一个人去真正的爱他人，也真正的爱自己，能真正体验到爱给人带来的快乐和幸福，一个心中有爱的人才会珍惜自己和他人的生命。

### （一）学会爱自己（自爱）

爱这个字眼听起来颇为悦耳。它散发出温馨，浸透着高贵，给人以温暖，即使在最平常的意义上，爱也能让人愉悦。可是如果他的前面多了一个前缀，变成“自爱”的时候，整个色彩就立刻起了变化。其实自爱是人类最基本、最本质的爱，成熟的自爱和健康的自爱是爱他人的基础，因此人们要学会爱自己（自爱）。

如何爱自己？就是让自己获得快乐，有快乐的满足感，它包括：①接受本来的自己；②要有目标和追求，有目标就会有奋斗，才会获得充实感和成就感；③学会和别人分享喜悦；④学会和各种人愉快相处；⑤学会宽容；⑥不要苛求自己；⑦保持一个好的心态；⑧不要陷入自私的误区。

### （二）学会爱他人

健康的爱是在爱自己的基础上将爱转向外界，学会主动关爱他人，尊重别人，培养爱的表达艺术，同时具备接受外界给予的爱的能力等。

爱不仅是一种能力，而且是一种生产爱的能力。因为爱是一种主动行为，当人们说“去爱”的时候，其实意味着说“去关心”“去理解”“去付出”。只有当人们的帮助达到无私、真诚的效果时才能引起共鸣，产生感动，这种爱才能被人接受，才能产生效果，别人才能通过你的爱、你的温暖、你的同情来解除心头的痛苦，这就是一种能力。只有把自己的全部身心、心力、精力尽量使用出来的爱，才会产生一种强烈的穿透力，才能到达被爱者的心田，这是一种震撼人心的能力。

一个人只有处处体现出对他人的爱，才具有积极向上的生命活力，才能对生活充满热爱，才能感染自己所爱的人，从而使一种无形的东西在被爱者身上复苏，使被爱者不再悲观和孤独，并将自己的爱也奉献出来，于是一个人的爱就变成了两个人的爱，产生了爱的连锁反应，这就是生产爱的能力。

### （三）提升自己被爱的能力

与爱一样，被爱同样是一种能力，但是人们常常只关注了前者，而忽略了后者，被爱常常意味着人们在别人眼中具备价值或吸引力，一个缺少自我价值感的人很难真正感受到被爱，他们常常处在焦虑和担心之中，随时害怕失去对方。精神病学家卡尔•梅宁格说过：“爱能拯救人——无论是施予爱的人还是得到爱的人。”因此，培养大学生爱与被爱的能力，应是生命教育中的核心内容。

据调查，人群中大概有一成的成年人难以享受被爱的感觉，他们对他人不信任，经常担心对方是不是真的爱他们，常常怀疑对方想离开，最后往往因为自己过于强烈的占有欲和控制欲，而把对方吓跑。健康的爱首先来自对自我价值的认可，相信我们值得被爱。

被爱的能力源自对自我价值的认可，源自对爱自己的人的欣赏和感激，被爱是一种美好的感觉，但如果不做任何主观努力任由爱的关系自然发展，任何关系都无法长久。善于欣赏和赞美他人的人能够更多地得到别人的爱，因为积极地反馈将提升对方的自尊心和自我价值感。研究表明，对他人的欣赏和赞美能够慢慢地让对方相信你是值得爱的，随着时间的推移能够不断地提升对你的满足感和信任，有助于保持更为持久的关系。

## 五、培养快乐的能力

快乐是一种能力，在任何时候都保持一种快乐的心情需要智慧。一位哲学家说过：人有避苦趋乐的本性。现实生活中人人都追求快乐，但结果大不相同，这便是因为快乐是一种能力。

心理学家提醒人们，快乐的动力来自心底，而非建立于外在的收获。现代人之所以感觉不到快乐，是因为对快乐的期望过高，导致感受快乐的能力下降。只要遇到一点不顺心的事，就立刻变得不快乐了，结果让自己变成生活中最不快乐的人。这些人不断糟蹋生命中那些本来可以让他们快乐的资源，让快乐变得越来越少，到了最后甚至连感受快乐的能力都慢慢丧失了。

快乐的关键是人们能否有意识地为自己找到快乐的源头。人们能从五感、情感、认知、贡献等途径获得快乐。

### （一）五感

人类透过感官与外界接触，当人们尝到美味的佳肴、听到悦耳的音乐、欣赏富有艺术感的名画时，人们会感到快乐。阅读不仅能丰富人们的知识，提高人们的修养，对喜欢读书的人来说，还是忘却痛苦和不幸的好方法，沉浸在书的海洋中，同样可以给人们带来无尽的快乐。

### （二）情感

除了五感带来的快乐外，人们也会为与他人建立情感而快乐。除了人与人之外，人与动物、事物之间亦可产生情感。情感的快乐，其关键在于投入。投入使人们能够全身心的去体验当下的环境。譬如，看一场球赛，如果全情投入，就可以在精彩的球赛中得到一份快乐。

### （三）认知

心理大师维克多·弗兰克尔曾提出，掌管自己的态度是人类的终极自由。人们不管面对多么恶劣的逆境，仍可凭着自己对事情的认知，为自己寻找快乐空间。例如，如果自己在某个挫折中学到了一些道理，便会感到快乐；又或在一项艰苦的训练过程中，人们知道最终的目的和意义，就能为自己的奋斗感到快乐。

### （四）贡献

除了满足于自己创造快乐，人们也会在为他人、社会、世界做贡献的过程中得到快乐，因为即使人们只是帮了别人一个小忙，或做了一件“让世界更美好”的小事，人们也都会感受到自己的存在价值，并感受到帮助人所带来的快乐和满足感。

## 自助测试

生命教育自助测量表旨在帮助大学生评估自己对生命教育的理解和实践情况，以及生命质量的相关方面。

### 生命教育自助测量表

#### 一、基本信息

1. 您的性别：

A. 男

B. 女

C. 不愿透露

2. 您目前所在的年级：
A. 大一
B. 大二
C. 大三

## 二、生命意识与态度

3. 您认为生命的意义是什么？（可多选）
A. 探索知识，追求真理
B. 实现个人价值
C. 为社会做贡献
D. 享受生活，追求快乐
E. 其他，请说明：__________
4. 您对死亡的态度是：
A. 自然规律，坦然接受
B. 感到害怕或忌讳
C. 认为是对生命的终结，应尽量避免提及
D. 其他，请说明：__________
5. 您是否认同“我的生命不仅属于自己，还属于家人和社会”这一观点？
A. 完全认同
B. 基本认同
C. 不太认同
D. 完全不认同

## 三、生命教育与知识获取

6. 您是否了解生命教育的概念和内容？
A. 非常了解
B. 有一定了解
C. 不太了解
D. 完全不了解
7. 您通过哪些途径获取生命教育的知识？（可多选）
A. 学校课程
B. 课外阅读
C. 网络资源
D. 社团活动
E. 家庭教育
F. 其他，请说明：________
8. 您认为学校是否有必要开设生命教育课程？
A. 非常必要
B. 有一定必要
C. 不太必要
D. 完全不必要

## 四. 生命实践与行为

9. 您是否主动参与过与生命教育相关的活动或项目?
A. 经常参与
B. 偶尔参与
C. 很少参与
D. 从未参与
10、当遇到生活压力或挫折时，您会如何应对?（可多选）
A. 寻求家人或朋友的帮助
B. 进行体育锻炼或娱乐活动放松
C. 寻求专业心理咨询
D. 自我调整，积极面对
E. 其他，请说明：________
11. 您是否愿意在他人遇到生命困境时伸出援手?
A. 非常愿意
B. 愿意，但视情况而定
C. 不太愿意
D. 完全不愿意

## 五. 生命质量评估

12. 您对当前的生活质量满意吗?
A. 非常满意
B. 满意
C. 一般
D. 不满意
E. 非常不满意
13. 您认为哪些因素最影响您的生命质量?（可多选）
A. 学业压力
B. 人际关系
C. 经济状况
D. 身心健康
E. 未来规划
F. 其他，请说明：__________

评分说明与反思：

基本信息不算分，3 和 13 题为多选题，每选择一个选项可加 1 分，最高分为本题所有选项数量；4~12 题选 A 加 5 分，选 B 加 4 分，选 C 加 3 分，选 D 加 2 分，选 E 加 1 分。将所有题目的得分相加，得到总分。

反思：

根据得分情况，分析自己在哪些方面表现较好，哪些方面需要改进。思考得分较低的原因，并制定具体的改进计划。例如，如果“生命教育与知识获取”部分得分较低，可以做出计划，多读一些关于生命教育的书籍或参加相关的讲座和活动来提升自己。

## 拓展延伸

### 心灵影院：《肖申克的救赎》

《肖申克的救赎》是1994年上映的美国剧情片。该片根据斯蒂芬·埃德温·金1982年的中篇小说《肖申克的救赎》改编，主要讲述了男主角银行家安迪因枪杀妻子及其情人的罪名入狱后，不动声色、步步为营地谋划自我拯救，并最终成功越狱，重获自由的故事。

### 有氧书吧：《直视骄阳》

作者欧文·亚隆是斯坦福大学终身教授、心理治疗界公认的大师、纽约时报畅销小说家，著有《爱情刽子手》《当尼采哭泣》等畅销心理小说，以及《给心理治疗师的礼物》《日益亲近》等心理治疗经典。在本书中，作者探讨了人们心中普遍存在却被长期否认和压抑的死亡恐惧，并以一位普通老者的身份对内心的死亡恐惧进行了自我表露和深刻剖析。

# 参考文献


[1] 苏琼瑶，杨美玲，王闪闪．大学生心理健康教育［M］．北京：中国轻工业出版社，2020.
[2] 陈家麟．学校心理健康教育：原理与操作［M］．北京：教育科学出版社，2002.
[3] 俞国良．心理健康教育［M］．北京：高等教育出版社，2005.
[4] 贺淑曼．健康心理与人才发展［M］．北京：世界图书出版公司，1999.
[5] 曾凡林，蔡飚．健康心理发展能力［M］．上海：上海文化出版社，1996.
[6] 王书荃．学校心理健康教育概论［M］．北京：华夏出版社，2005.
[7] 刘维良．学校心理健康教育实施与管理［M］．重庆：重庆大学出版社，2006.
[8] 梁利苹，徐颖，刘洪均，等．大学生心理健康教育［M］．北京：清华大学出版社，2017.
[9] 李进宏．大学生心理健康教育［M］．武汉：武汉理工大学出版社，2005.
[10] 蔺桂瑞，杨芷英．大学生心理健康与人生发展：成长，从关爱心灵开始［M］．北京：高等教育出版社，2010.
[11] 于涛，陈蕾．大学生心理健康教育［M］．北京：人民邮电出版社，2018.
[12] 唐琳．网络环境下大学生心理健康教育研究［M］．成都：西南交通大学出版社，2018.
[13] 唐宏．大学生心理健康［M］．北京：人民卫生出版社，2020.
[14] 刘钊泉，胡伟坚．大学生心理健康课堂与实践［M］．北京：化学工业出版社，2020.
[15] 汪艳丽，李斌，晏宁．大学生心理素质训练［M］．北京：电子工业出版社，2016.
[16] 朴素艳，孟繁华．大学生心理健康教育［M］．北京：中国农业出版社，2010.